中国社会学
经典文库

社区的实践

超级村庄的发展历程

折晓叶 陈婴婴 著

生活·讀書·新知 三联书店 生活書店出版有限公司

图书在版编目（CIP）数据

社区的实践：超级村庄的发展历程 / 折晓叶，陈婴婴著．—北京：生活书店出版有限公司，2022.12
ISBN 978-7-80768-390-2

Ⅰ.①社… Ⅱ.①折…②陈… Ⅲ.①农村社区－社区建设－研究－中国Ⅳ.① D669.3

中国版本图书馆 CIP 数据核字(2022)第198261号

责任编辑　程丽仙
装帧设计　范晔文
责任印制　孙　明
出版发行　生活書店出版有限公司
（北京市东城区美术馆东街 22 号）
邮　　编　100010
印　　刷　三河市腾飞印务有限公司
版　　次　2023 年 5 月北京第 1 版
2023 年 5 月北京第 1 次印刷
开　　本　635 毫米 × 965 毫米　1/16　印张 26.75
字　　数　348 千字
印　　数　0,001－5,000 册
定　　价　59.00 元
（印装查询：010-64004884；邮购查询：010-84010542）

目　录

再版前言

再次拿起这本二十二年前的著作，心中所掀起的波澜，并不亚于在那个乡村工业化巅峰时期的感受。以超级村庄为代表的非农化社区，正是那个时代乡镇企业蓬勃发展的产物。虽然时过境迁，在社会剧烈的变迁中，它们中有的已扩张发达得不像村庄了，有的衰败甚至消亡了，但是那个时代背景下其村其事的翻天覆地景象，仍历历在目，让人难以忘怀。

纵观这一历史过程，国策的变化影响深远，成为乡村工业兴衰的必要条件，否则在某些阶段就不会发生工业忽而突飞猛进、忽而又戛然而止的状况。但是，如果没有乡村发展需要打开“农工相辅”微观空间的内在需求，宏观机会仍然会从手边溜走或者得而复失，所以，把乡村的内在需求看作是一个补充进来的充分条件，这在本书重点关注的乡镇企业突飞猛进的发展阶段表现得尤为明显。

乡镇企业所代表的这一轮工业化，作为一种新的经济力量，落脚在乡村，因适应了与城市完全不同的乡土社会环境，形成了不同于以往任何时候的微观城乡关系和制度条件，因而，忽视城和乡任何一方，都会造成理解上的偏差。从研究工作的角度看，乡村工业化是一个经典研究议题，研究者众多且对于工业特别是与农业相距较远的工业，是否应该进入乡村，多有争议。聚焦这一长时段中乡村工业酝酿、发育、成长乃至衰落的生命历程，考察它在乡村的生存形态和组织行为背后的制度逻辑，探讨它何以在城市大工业和农业市场化的双重挤压下顽强生存，不但有助于认识工业聚集和扩散的规律和趋势，而且可以对事物有一个相对完整的认识，并对当下它所产生的影响有深入的理解。在这种思路下讨论问题，仍会有许多新的发现。这也是我们再版本书的一种意愿。

我们在研究 20 世纪 80—90 年代村庄工业化时，发现工业化和市场化力量可能比行政力量更为有力地促进了自然村落生活的衰落。但乡村社会在外部力量与内部动力之间始终存在一种张力：一方面村社区与外部大社会诸多体系之间的联系日益密切和加强，比任何时候都越来越成为宏观社会体系的次级结构；而另一方面却没有发生人们通常所说的那种社区解体的情形，社区内聚力和自主性也并没有因此下降，相反，社区不断寻找新的有适应力的方式与大社会结合在一起。这正是本书所论及的超级村庄生存和发展的主客观背景。这种在城乡关系变革中出现的新现象，为中国社会转型提供了独特的实践经验。因而，无论是认识乡村社区还是改造乡村社区，都需要新的思维和视角。

在本书中，我们将村社区的变迁放入城乡社会转型的宏观背景下去定位，考量外部的工业化和城市化力量对村庄所产生的影响，同时又关注村庄内部工业化对外部宏观社会变迁所产生的反向作用。在这种城乡互动关系中，我们特别强调了超级村庄这一类村社区的发展是一种内源性发展。这是因为，超级村庄是在内部条件不断成熟的情况下产生的，而不是行政力量推动的结果，变革的动力来自村庄内部，村庄是行动的主体，发展是对其内部的乡土资源，包括土地、人力以及社会性资源等充分开发和利用的结果。而引进工业时，其乡土社会的遗产与工业文明之间虽然存在许多矛盾，但在更多的方面它们又相互包容接纳。正是在这种视角下，我们描述和讨论了内生的“非农社会经济区”、内源的“自然城镇化”以及村社区生活实践的进程和村社区的重构等问题。

超级村庄作为中国那一特定时期的一个特别类型，可以说是工业进村之后村庄变迁的一种顶峰状态。它并不只是个别案例，而是在不同区域发展模式中都存在，这就为我们提供了比较研究的可能。本书所研究的村庄之一丰村，曾作为初始案例使我们对超级村庄有了一个定性的认识，确定了它的基本特征，从中获得的认识和结论，被用来作为比较研究中设立假设的基础和依据，它所提供的调查资料，也被作为与其他几类村庄进行比较的材料。[①] 在后来的研究中，我们从比较研究的角度讨论问题，关注在什么条件下才会出现村庄再合作的某种现象，反之在同一条件下又为什么会存在多样化的选择。我们的案例表明，不同的产权选择造就出不同的合作类型，"一村一制"似乎正是那个时期中国农村改革多样性的生动体现。从中可以看到，村庄合作体系的类型与地方发展模式之间有着密切的关联。研究发现，无论哪种模式中的村庄，都存在着建立社区合作体系的可能性，只不过合作的方式有所不同，即使集体制解体后，经营私有化的村庄也有发生再合作的趋势。这说明村社区成功的一个主要原因正是所具有的合作解决问题的能力，包括解决内部冲突的能力，因而它的社区公共事业也就具有了内部发展的动力。

对不同地区的发达村庄进行考察后，我们采用集体制合作体系、股份制合作体系、村政与民企合作体系这三种基本指标进行分类，在经济同样发达的邻近省市和长江三角洲地区选定了几个不同类型的村庄进行比较研究，同时还在每个案例村周边选择了一两个非超级村庄进行观察比较，以便对变迁发生的限制性条件进行说明。可观察的经验说明，20 世纪 90 年代农民的再合作之路是曲折艰难却又成果丰硕的，值得展望的是，它不仅有效地推动了村社区经济的增长，也促进了村庄公共事业的发展。通过深入地讨论村庄实践中的各类问题，我们延展了研究的主题，进一步发现了村庄工业化过程中新的经济力量与传统力量之间互动融合所产生的种种新的动力、规则、方式和关系，对于乡村日常工业生活的逻辑也有了更加深入的理解。

---

① 参见折晓叶《村庄的再造——一个"超级村庄"的社会变迁》，中国社会科学出版社，1997 年；《村庄的再造：一个超级村庄的变迁》，商务印书馆，2020 年。

值得进一步研究的是，村庄对内部社会性资源的利用，虽然有助于社区以合作的方式引工业进村并促进其发展，但是它对于工业的包容性表现出阶段性周期。从案例村的情景来看，工业发生初期利用社会性资源的守护作用是明显的，中期会随着工业的扩展进入平台期，甚至影响到企业家的投资意愿和企业管理，这不只与工业升级有关，也与产权性质的变化以及村庄合作文化的演进过程相互关联，而这又有可能促使游离于村社区的工业产业再次与村社区以新的方式产生再合作。这说明社会性资源是一种具有正负一体两面性，又极具变革能力的社会关系和制度体系。如何摆正经济增长与社区发展之间的关系，如何对社会性资源维系下的村企合一的产权模式进行改制，又如何持续推进社会性资源与乡村产业调整之间适配性的变革，业已成为企业和社区共同面对的问题。本书所涉及的超级村庄中所发生的优劣分化，在一定程度上反映出的正是对于这一类问题处理好坏的结果。

本书的研究工作，以1993—1998年期间作者深入其中的、几个典型个案村的调查资料为依据，对80年代后期至90年代中期乡镇企业和村社区的发展，以及国家与社会、城市与乡村、个人与集体关系演化中出现的新情况，提出了一些可供进一步讨论的问题。进入2000年以后，随着国家财政体制改革、城市化进程加快、国际产业链转换等宏观环境的变化，以及乡镇企业产权改制等微观制度的变革，乡镇企业经历了从高速发展到逐渐弱势以致转型的过程，出现了经营大规模私有化的趋势，最终被作为一种制度遗产载入了史册。但是，这种前所未有的工业化和非农化，使得中国农村不只在经济上发生了急遽变化，而且社会结构也发生了转型，乡村社区的日常生活也被打上了深深的烙印。虽然超级村庄在分化过程中有一些发生了产业失败、经济破产、合作体系解体或者走向畸形等情况，但存活至今发展良好的那些超级村庄，凭借着它们业已形成的地位和实力，迅速完成了产业和制度转型，因而仍然活跃在城乡之间，在乡村经济和社会建设方面发挥着它们独特的作用。

本书仅反映了超级村庄案例在发展趋势向上阶段的基本特征，但后来追踪到其中几个案例村的后续状况，仍然基本反映出上述分化的趋势。例如：

案例联村经过三十余年的工业化过程，逐步实现了由单一轧钢企业到大型联合型钢铁企业的跨越，并持续利用工业利润来补贴农业，实施“奖农补副”，支持村民发展自主产业，还通过“并队扩村”带动周围村庄实现共同富裕，推进工农副业融合发展，形成了高效的现代农业产业体系，保持着经济增长和社区发展的趋势。村办企业集团公司先后进行两次现代企业制度改革，由“村企合一”向“村企合伙”“村企合作”转变，但是并没有削弱集体经济，仍旧给村集体保留了企业25%的股权，集体经济仍然是股份合作制度的主轴。顺应城乡一体化的趋势和要求，以工业化带动城镇化建设，完成了本书所称谓的“自然城镇化”过程，建设了可供两万人居住的集中居住小镇，成为国家4A级景区、省五星级乡村旅游示范区和社会主义新农村建设示范村。

案例塘村的企业集团公司，在属地一直是地方标杆型企业，曾经是国内规模最大的工艺鞋生产出口基地，进入21世纪后，又瞄准了新的投资方向，开始走多元发展道路，产业向科技型、低碳化、轻资产、高增长发展。如今的集团公司已经拥有20余家子公司，总资产达70亿元，年销售收入近百亿元，成为集生物医药、化纤新材料、金融创投、地产置业于一体的多元化经营的企业集团公司。值得关注的是，与联村不同，塘村的村企关系经过了由合作到分离再到合作的复杂过程。企业改制私营化初始阶段，原集体企业不但与村集体在产权上剥离，改私后撤离村庄迁入市级开发区，扩张成为多种产业集合的集团公司。不过，这种分离却也似藕断丝连，数年后经济总量增长到一定程度，企业转而又与村集体合作，工业资本回归村庄，投资于生态农业和家园建设。其中既有资本获利的投入，也有与村委会合作的公益投入，在多种事业上取得新进展。这种工业进村、出村和返村的反复过程，充分展示出村企互动过程的复杂性以及反复利用村庄社会性资源所产生的不同结果。目前，塘村已获得康居乡村特色村、环境生态村、国家森林乡村、田园乡村等多个荣誉称号。

案例畔村延续着村政与民企合作的模式，先后兴办起40多家陶瓷工厂，产品销往全国各地，并且打开了国际市场。村集体一如既往地支持村民发家致富，在经济的起落中更加注重建设和发展陶瓷文化中心。如今的畔村已是陶瓷文化重镇，建有陶瓷博物馆、陶艺吧、陶瓷烧制技艺展示体验基地等。

案例丰村的发展条件已经发生了巨大变化，当年如日中天的“三来一补”企业早已撤离，机器生产的轰隆声已经减弱乃至消失，土地大多已被水泥覆盖，村庄业已改变为城市居民点，村（居）民从事着农业之外但也不同于工业的各种职业，体制上的“村改居”已然成为丰村这样临近大城市的村庄的必然归宿。由于村集体投资困难和经营失败以及社区治理等问题，股份合作公司的经营已经大大收缩，居民主要依靠高房租和多种经营维持生活。

案例北村曾是当地最早的“工业先进村”，但历经三次产业转型，一次又一次发生失误。在第一次产业转型即从农业村到工业村的过程中，过度工业化和非农化已经造成全村无一片可耕土地。在第二次产业转型即从工业转向服务娱乐业时，作为主业的宾馆别墅和游乐项目超出周边普通消费水平，只好依靠歪门邪道招揽大城市所谓“高端顾客”，结果受到法律制裁。在设想中的第三次产业转型即建立高科技农业园区时，北村虽然通过兼并邻村获得了土地，试图通过资本运作，建立高科技农业园区公司上市赢利，但其组织模式与村集体组织方式发生背离，最终成为村内外利益相关者谋利的手段。公司上市失败后，村庄实体经济被边缘化，产业和村政逐渐与村民日常生产生活割裂，导致村庄衰败。

……

上述案例三十余年中所发生的变化，基本反映出超级村庄变迁的多种面向，也折射出本书所强调的工业化、城乡一体化和市场化宏观制度背景与村庄内源性发展之间的张力，以及超级村庄在解决发展困境时的不同选择和不同治理方式所产生的不同结果。

我们的研究方法主要是定性的个案研究和比较研究。当时的研究基本上是循着老一辈社会学家开展中国农村案例比较研究的足迹，从丰村这一个案扩展到其他类型的村落，我们试图沿袭中国社会学类型比较的传统，更期待在案例比较方面有新的突破。除了比较同一时点上的案例之外，如上所述，我们当时观察的几个村庄后续的发展变化也各有自己的特点，也有值得继续追踪研究之处。

此书再版也有抛老砖引新玉的意图，期待读者再次关注这个领域，提出宝贵的批评意见，更期待有人能追踪这些村庄或进行相关的研究，从而进一步推动村庄的案例比较研究。虽然我们尽可能地对多个案例进行了较长时段的追踪，但从比较研究角度看，仍有许多缺失。所得结论，虽然可以形成一些理论命题，却并不能代表乡村变迁，更不能进行整体推论。个案研究向比较研究的跨越，包括历史阶段比较、纵向的和横向的比较等，尚需更多有比较意义的案例类型进入，也更加需要研究方法上的精进。

这，也是我们再版特定时期个案研究和有限比较研究的一种期待。

二十多年之后，我们还想再次感谢那些在调查中结识的朋友，那些为我们提供了无私帮助的地方各级干部、村干部、乡村企业家、村民等。当得知本书要再版时，这些朋友们的形象立刻浮现于脑海，虽已过去二十多年，但仍旧鲜活、生动，犹如我们仍在田野，仍在不厌其烦地向他们发问。他们当中有对于本地农村发展如数家珍的“老农口”，有善良而狡黠的创业者，有忠厚而智慧的村民……他们职业不同、社会地位不同，但都不求任何回报地协助我们的工作，没有他们也就没有这本书中展示给读者的研究成果。他们当中一些人至今仍与我们有密切的联系，不断向我们输送乡村发展的最新图景，使我们这些城里人保持着与乡村之间撕扯不断的人脉纽带。

这次再版仍保留了本书原貌，除去个别勘误外，未作修改和增补，难免留有很多疏漏和错误。用现在的眼光看，也许会对问题有新的理解和解释，但我们希望它作为一段历史记录原样呈现，让后来者了解历史，从而更好地认识当下、探索未来。

作　者

2022 年 4 月于北京

第一章
导　论

乡镇企业和农民流动，是20世纪90年代在我国农村改革中发生过的两件引人注目的大事情。值得注意的是，这两件在理论预期和假设上都与“城”或“镇”有关联的事，却都主要没有发生在城镇。统计资料告诉我们，从数量上说，70%—80%的乡镇企业办在村庄。[①] 小城镇人口在乡村人口中所占比重不高，人口聚集规模较小，农民就地“转移”和异地“流动”也在相当程度上落脚在经济发达地区的乡村。[②]

这种现象的存在，使几个与现代化和发展问题有关的基本假设并未能按照预期实现，即工业化的推进并没有大幅度减少农村人口（不只是户籍人口，而且是实际留在农村的人口）的数量；工业化与城市化特别是政策支持的城市化并未能同步进行，相反，却强有力地刺激了乡村社区特别是村社区的超前发展，造就了工业村的新形态。

从这个意义上说，乡村自身城镇化的过程与工业化却是同步进行的。20世纪80年代兴起的小城镇研究，对于乡镇企业和小城镇

---

① 辜胜阻：《非农化及城镇化理论与实践》，武汉大学出版社，1993年，第91页。另据1996年第一次全国农业普查数据，在全国16124个非县政府驻地镇当中，3万人以上较大规模的镇只有170个，占镇总数的1.05%，镇区人口不到5000人的镇有11985个，占总数的74.3%。每个建制镇平均户数1221.1户，平均人口4518.6人，其中非农业人口2071.5人，占45.84%，总人口7286.7万人，只占同年乡村总人口的7.9%。

② 《我国农村劳动力非农化进程加快》，载《中国信息报》1997年2月27日。

的关系进行了开创性的探索[①]，注意到了乡镇企业的崛起在中国基层社会发展和城乡一体化过程中的重要意义。不过，小城镇的研究主要以20世纪90年代以前农村发展的经验为依据，不可能概括90年代以来农村发展的种种新情况、新事物，其中之一，就是出现了为数可观的、十分引人注目的“超级村庄”。

超级村庄的兴起，在小城镇理论之后提出了一些新的问题。工业和企业制度不仅进入了村庄，而且在村庄扎住了根。在工业村基础上发生的自然城镇化过程，并没有彻底消灭乡村社会的结构和文化，反而使之对新引进的历来为城市所垄断的企业制度具有了适应力，在村庄基础上造就出了一种新的非农社会经济区。因此，村社区的未来前景远没有像人们曾经设想的那么暗淡。

在进一步的研究中，有两个基本事实不应该被忽视：一个是乡村工业化初期那种“村村点火”的情景，已经发生了很大的变化，市场竞争优胜劣汰，在不断“挤垮”和“再生”中，现时顽强生存下来的村办企业，已有相当的数量跻身于国家优秀企业的行列；另一个是农村改革先行于城市，“离土不离乡”既是城乡二元体制的产物，也是农民认识到在现有体制既限制他们进入城市，又提供了将城市资源引入乡村即“请工业进村”的机会的情况下，利用本土的优势，在乡村实现集体流动的主动选择。[②]正因为如此，他们才积极有效地再造了村庄，创造出了超级村庄这样一种新型的社区形态。显然，无论是认识村庄还是改造村庄，都需要从最基本的现实中抽象出新的概念框架，都需要新的思维和视角。

本研究以1993—1998年期间作者深入其中的、有典型性的个案村的调查资料为依据，对20世纪80年代后期至90年代中期以来乡镇企业和村社区的发展以及国家与社会、城市与乡村、个人与集体

---

① 江苏省小城镇研究课题组编：《小城镇 大问题——江苏省小城镇研究论文选》，江苏人民出版社，1984年。

② 折晓叶：《村庄的再造——一个“超级村庄”的社会变迁》，第4页。

关系演化中出现的新情况，提出一些可供进一步讨论的问题。

一、讨论的问题

1. 村庄的内源性发展

我们在理论描述的意义上使用“内源性发展”这一概念。为说明它究竟因何所指，源自何处，有必要先对与此相关的发展理论略加梳理，然后再来讨论本研究意义上的理论假设。

内源性现代化、内源发展战略和内源性发展概念及其分析框架

在现代化研究中，对于现代化的进程有不同的分类方法，其中一种重要的分类，是将现代化进程区分为内源性现代化和外源性现代化。通常，内源性现代化指社会变迁主要由社会内部现代化要素不断成熟引起，发展的原动力是在社会内部逐步成长起来的，是一种渐进式和主动的变迁过程；而外源性现代化则指变迁发生的主要原因在于外部环境的影响，是外在的工业文明冲击原有传统的结果，是引进或接受现代化要素的过程，因此含有较多的被动成分。例如列维（M. J. Levy）将英、美等最早实现现代化的国家称为“内源发展国家”，并对这些国家发展的特点进行了分析。尽管列维试图避免套用先发展国家的现代化模式来解释后发展国家的问题，但他还是认为，只有最早实现现代化的几个国家的现代化，是在自己内部因素不断成熟的基础上发生的，而“现代化的后来者”（主要指发展中国家）的现代化，则主要是从外部采借的过程。[①]

在发展理论中，对于后发展国家现代化的解释大致可以分为两个主要流派：一种理论认为，发展的动因与障碍均存在于社会的外部，应通过对整个资本主义世界经济体系及其变化的研究去解释

---

① 孙立平：《传统与变迁——国外现代化及中国现代化问题研究》，黑龙江人民出版社，1992 年，第 35 页。

后发展国家的现代化，如世界体系论和依附理论；而另一种理论认为，发展的动因与障碍存在于社会的内部，可以从外围体系本身找到变化的原因。在近年来的发展研究中，一些研究者指出，在大多数情况下，使发展成为可能的是内外部因素的结合，应从发展中国家的内部结构去寻找变化的主要原因。[①]

出于对发展中国家现代化过程中出现的问题的反思，20世纪70年代以后，内源性发展作为一种重要的发展思想，不断出现于发展理论与发展战略研究当中。但是，作为一种发展战略的内源性发展，与上述作为学术思想的内源性发展，在概念含义上不完全相同。根据联合国教科文组织的研究，内源性发展有以下四个特性：（1）需要经济学范式的转换，不是以经济人而是以人类的全面发展为自己的终极目的；（2）否定他律的、支配的发展，而谋求建立人类解放的社会；（3）组织形态与参与、协作主义、自主管理等有密切的关联；（4）重视地区分权与生态系统，并在此基础上形成自立性与稳定性。[②]

内源发展战略强调发展的多样性，认为西方的模式并不是现代化的唯一道路，各个国家应当走自己的发展道路，也就是说，各国的发展不是西方文明的传播或复制，而是发源于后发展国家的内部，主要依靠这些国家内部的力量实现，因此在现代化过程中必须尊重自己的传统。作为一种实践的内源发展战略，曾被联合国列为向发展中国家广泛推广的发展模式。

在联合国教科文组织提出"内源发展战略"的同时，日本学者鹤见和子通过对后发展国家现代化的研究，对"内源性发展"概念进行了新的理论概括。

鹤见和子将现代化理论中的"内源性发展型"与"外源性发

---

① 克里斯特·冈纳森：《发展理论与第三世界的工业化》，载罗荣渠主编：《现代化：理论与历史经验的再探讨》，上海译文出版社，1993年，第211–240页。

② 北京大学社会学人类学研究所编：《东亚社会研究》，北京大学出版社，1993年。

展型”的分类用于对后发展社会的研究，指出后发展社会不仅仅是模仿先进社会，而且要立足于自己的传统，改造外来的模式，使之适合于自己社会的条件，她把这种发展方式称为“内源的、自成的发展”。需要说明的是，她所说的内源性发展理论与一般现代化研究有所不同，其区别在于：第一，一般现代化研究中，研究的基本单位是社会整体，其边界是国家；而内源性发展论的研究单位可能是地区性的，是一个边界范围小于国家而且比国家受到更多限制的实体，如村、镇、城市社区网络等。第二，一般现代化研究以西方的历史经验为依据，而内源性发展理论则是以非西方国家的历史经验为出发点；与此相关联，一般现代化研究的发展模式是单一的，而内源性发展理论的发展模式是分散化和多样的。第三，一般现代化研究中将前工业社会的传统视为发展的障碍，认为应尽快以现代文明替代传统文明，而内源性发展理论认为，应继承和复兴前工业社会在社会结构、文化和精神方面的遗产，以纠正或防止现代化的弊端。第四，一般现代化研究以经济增长为主要分析指标，而内源性发展理论强调一些非经济的指标，如人的发展、环境保护等。①

改革开放以来中国村庄内源性发展假设

可以说，鹤见的内源性发展理论是我们研究的理论起点。我们同样在理论描述的意义上使用内源性发展的概念，而不将它视为一种发展战略。所谓内源性发展，是一种渐进式的发展过程，即是说，发展与结构变迁是由社会内部现代化要素不断成熟、不断积累引起的，又是一种主动进取的发展过程，发展的原动力来自社区内部，发展的主体是社区内部成员。

这种发展虽然改变了社会原有的传统，但并不以打破传统或灭绝传统为先决条件，传统与现代要素之间存在着相当多的相互接纳

---

① 鹤见和子、川田侃主编：《内发型发展理论》，东京大学出版会，1989 年。

与融合的关系。因此，我们的研究强调发展动力的内源性、发展模式的多样性和发展过程的相对独立性，同时注重揭示发展过程中社区内部传统与外来要素相互接纳与融合的深层原因。

当然，这一研究更重要的出发点是改革开放以来中国农村发展的实践。在对中国农村发展道路的研究过程中，我们感到，也许上述内源性发展不仅存在于最早实现现代化的那些国家，在某种条件下，在作为“现代化的后来者”的那些国家中也可能存在；不仅有可能存在于地区、区域、国家这样一些大社会中，在某些条件下，在村庄这样的小社会中也可能存在。我们认为，内在的变革因素是社会自然发展的基础。当我们讨论中国农村基层社会现代化进程时，倾向于采纳影响发展的决定性因素存在于社会内部的看法，并试图从内部结构与结构的变迁中寻找变化的原因，通过观察和分析外部因素如何融入内部因素、内部因素又如何接纳外来因素，来解释农村社区的发展过程。我们描述的对象是中国农村最基层的单位——村社区，并以农村改革开放以来的历史经验为依据，希望通过这项微观研究，来探讨改革开放以来中国农村基层社会发展的内在逻辑。

改革开放以来中国农村的发展是有目共睹的，值得注意的是，农村的发展，主要不是城市文明冲击的结果，而是改革开放政策下农村社区内部契机发展的结果。回想农村改革初期，僵化、封闭的城市与生机勃勃、日益开放的农村之间那种鲜明的差异，我们很难想象是城市工业的主动扩散带来了发达地区以后十几年农村经济的高速增长。当然，我们并不完全否认超级村庄发展过程中存在外部因素的影响，尤其是城市现代工业的影响，但是，从超级村庄发展的实际情况来看，真正起决定作用的是村庄内部的条件和因素，并且由于内因的不同，这种发展是分散的，发展的水平和发展的道路在不同地区存在着相当大的差异。关注这些差异，是进行比较研究的基础。从类型比较研究的角度，我们提出如下一些理论假设：

第一，内部条件的成熟程度，影响着村庄发展的渐进过程和水平；

第二，内部动力的强弱，决定着村庄变革的实际程度；

第三，内部乡土资源开发、利用和转换的程度，决定着村庄对外部资源利用的可能性和程度；

第四，乡土社会结构有没有弹性或者开放性以及程度的强弱，影响着村庄接纳和融入外来要素的可能性和程度；

第五，社区内聚力的强弱，既决定着村庄摆脱大社会控制的能量，也决定着村庄对大社会开放的程度。

经过对超级村庄与其周边相对落后村庄的比较以及对不同类型的超级村庄之间的相互比较，我们发现，就其本质来说，超级村庄的发展是一种内源性发展，这是因为：

第一，超级村庄是在内部条件不断成熟的条件下产生的，而不是外部行政力量推动的结果。在我们调查的村庄中，发展都表现为一种渐进的过程，他们或者在改革前或改革初期就通过农业、副业、手工业等完成了最初的资金积累，或者在改革开放后引进低水平的、初级的工业，以此积累资金并学会如何经营原来专属城市的非农产业。在这里，外部的要素正是通过与逐步成熟的内部要素的结合而对村庄产生影响，而不是作为内部要素的对立物出现的。

第二，变革的动力来自村庄的内部，村庄是行动的主体。在非农化过程中，村庄始终作为行动的主体出现，而不是作为城市工业扩散的客体存在的。几乎在所有的发达村庄，我们都可以看到主动地“请工业进村”的情形。在多数村庄，请工业进村是一个试错的过程，从开始的“饥不择食”，到有意识地选择最适合的产业，但无论遇到什么样的挫折，村庄始终在努力主动地寻找机遇，把握自己的命运。村庄变革的倡导者是村庄内部的居民，他们或者是多年管理村庄事务的权威人物，或者是改革以来迅速适应了新形势的社区精英。正是这些人，主动将非农产业引入村庄，在村庄中创造了适合于这些产业生长的小环境，并且不断地进行产业改造和升级。

第三，超级村庄的发展是对其内部的乡土资源，包括土地、人力以及社会性资源等充分开发和利用的结果。工业化过程中，村庄的产业经济资源和人力资源虽然有限，但它还拥有一笔丰富的具有影响外部资源配置作用的社会性资源。对这一笔资源的充分开发和利用，使超级村庄得以获取原本不属于乡土社会的各种外部资源，如产业信息、技术、人才、政策以及其他社会性支持，得以培育和发展出新的非农经济力量，参与大社会的经济竞争。

第四，引进工业时，乡土社会的遗产与工业文明之间虽然存在许多矛盾，但在更多的方面它们是相互接纳并相互融合的，说明村庄传统社会结构具有相当的包容性。在超级村庄发展中，乡土社会结构、社会关系及价值观念的变化不是通过激烈的冲突完成的，而是在这种相互接纳与融合的过程中逐步发生了变化。一些乡土社会的遗产被保留下来，通过与外部要素的巧妙结合，它们不仅没有成为发展的阻力，反而使村庄的发展水到渠成，自然而顺畅。

第五，村社区与外部大社会之间的关系和联结方式，显然并不完全取决于外部力量的强弱，也取决于内部社会性资源开发和共享的程度。超级村庄的发展，似乎也印证了这样一些看法：社区的内部聚合力、冲突和开放是内在统一的，是因为聚合而冲突，为了开放而聚合，依靠聚合而实现开放；[①]20世纪90年代中期以前，乡镇企业发展最重要的优势不在于它最能利用市场机制，而在于它最能摆脱国家计划控制，[②]其社会动力正在于乡村社区共同体在改革开放以来得到了发育和成长。

内生的非农社会经济区

从内源性发展的观点看，乡村工业化虽然是在城乡分割与体制分割这样一种双重二元结构背景下开始的，但也是在农民认识到在

---

① 项飙：《社区何为——对北京流动人口聚居区的研究》，载《社会学研究》1998年第6期。

② 秦晖：《“大共同体本位”与传统中国社会》（下），载《社会学研究》1999年第4期。

现有体制既限制他们进入城市，又提供了将城市资源引入农村（即“请工业进村”）的机会的情况下，利用本土优势在村庄集体实现向非农转化的主动选择。因此，农村劳动力的非农化一开始就走了一条“就地转移”的道路，“以人人不向城市集中而把工业拉进农村，使农村里的剩余劳动力可以向自办的工业转移。通过农村工业化来改善农村经济状况，以提高农民生活水平”[①]。这种农村工业化过程，被称为城乡联系的过渡模式，自 20 世纪 70 年代以来已经持续了近 20 年。农村工业化在传统的农业地域上发展出一批独立于农业之外的非农产业，使作为现代社会要素的企业进入传统的农村社区。人们用“异军突起”来形容农村非农产业发展的气势和给原有社会经济体系带来的震动，甚至将它称为“第二国民经济体系”，表示它已经达到与国民经济体系同构的水平，说明它对于提高国家工业化水平所做出的巨大贡献。

一些研究者注意到，近年来蓬勃发展的乡镇企业对于它所在的农村社区来说并不是由外部强制注入的陌生物，而是在农村社区内部由农民主动创造出来的。在这个意义上，乡镇企业不是外来的，而是内生的。[②]我们进一步注意到，在村庄中内生出的非农经济形式，与其他类型的乡镇企业比较起来，最大的不同之处是它有着更为深厚的乡土社会基础。它与村社区的社会结构紧密相连，交织融合成了一种新型的非农社会经济结构。这个结构是非农经济和社区实体的结合物，既是一种经济构造又是一种社会构造，既不同于单纯的企业组织又不同于单纯的社区，既不是城又不同于乡。在空间形态上，我们称它为“非农社会经济区”。这类社区除一般社区所具有的地域性、生活共同体等特征之外，还包含了大量的经济要素。在这里，社区不仅意味着行政区划、共同生活的地域或共有的

---

① 费孝通：《中国城乡发展道路》，载《中国社会科学》1993 年第 1 期。

② 李培林、王春光：《新社会结构的生长点——乡镇企业社会交换论》，山东人民出版社，1993 年，第 22、76 页。

文化，还具有相对独立的经济结构。同时，它又与一般的工业小区截然不同。它是在原有的农村社区的基础上发展起来的，经济要素不是从外界强制注入，而是通过内外结合的自我发展不断生长；企业与社区间的关系不是相互独立或相互隔离，而是紧密地结合在一起；原来农村社区的社会关系并未遭到大规模的破坏，而是被相当多地保留下来。

超级村庄就是这样一些在乡村社会中内生出的非农社会经济区。

社区经济，是这个非农社会经济区特有的经济类型。它与国民经济或主流经济有密切的关系，但又具有相对独立性，有自己内部的经济调节机制，不至于在宏观经济政策调整时首当其冲地被“大”经济吞没；它不受国家财政的支持和产业政策的保护，具有农村社区居民自治的性质；它在经济上已经深深地参与了宏观经济体系，但仍以村社区为其基本的利益边界。作为经济形式，它具有现代企业组织经营和管理的基本特点，但是作为社区性的经济，它又具有社区的社会特征。它不仅是一种乡土性的、受到特定社会关系制约的经济构造，而且还是一种社区性的保护性经济，内部不但有受保护的产业和职业，而且有产业、行业、收入分配、扶贫救助等方面的调节政策。

社区合作体系，是这个非农社会经济区的内部组织方式。这个非农社区的运作主体，不是由外来行政力量赋予权力的政府，而是由村民经过再组织建立的合作体系。

不过，再合作不是一个纯粹自发组织的过程，公社体制的遗产——村组织和村集体，经过改造后仍然是新的合作体制运作的支柱和内核；再合作也不是一个“再集体化”的过程，而是在逐步明确包括村民家庭、村民团体、小村集体和大村集体的产权关系和独立经济利益基础上的再合作。

作为经济构造，非农社会经济区是社区经济的一个重要面向，是社区经济的组织形式。作为社会构造，它是一个由熟人社会的长期利益和现实实践中的即时利益相互结合而形成的社区合作体系，表现为一种“社区共同体”形态，具有社会保障和社会支持系统的功能和作用。无疑，村集体合作体系是推动超级村庄持续发展的重要社会经济机制，它在促使村庄获得巨大经济成功的同时，也有效地推动了村庄的社会发展。

社区行动规则，是这个非农社会经济区内部秩序的维持手段。在这个非农社区中，有自治自律的社区公共秩序，维持的手段既不是纯粹外生的法规和市场原则，也不是纯粹内生的社区规范和文化价值观念，而是由“群定”的、经过内外生规则相互融入磨合而形成的规则体系。这一套有特色的内外融合的规则体系，既帮助村庄实现内部自治，又使它易于参与外部大社会的竞争活动。

内源的“自然城镇化”

有关现代化问题的经典研究告诉我们，工业化和城市化是一对相互关联的不可分割的历史现象。这种理论的基本假设是，工业化会促使农村居民向城市迁移。发展研究中的“依赖理论”也似乎印证着这种看法，认为受到中心（或都市）制约的“边缘”（或乡村）难以摆脱萎缩和长期落后的命运。按照这些理论预设，处于边缘末端的村庄，前景无疑是暗淡的，终将走向消亡。然而，从内源性发展的观点来看，这些理论预设却是值得反思的。

黄宗智在研究 20 世纪 80 年代中期苏南乡村工业化问题时，注意到“80 年代的小城镇发展主要是由大量的白天在城镇工作的村庄居民促成的”，认为这种情形是国家控制农村向城市移民的种种限制性政策带来的必然后果，“这意味着尽管有了乡村的工业化，总体来说农民仍被限制在他们的村庄里，农民受雇于工厂并不意味着迁居到城镇，而且有的新工业点就设在村庄里，并非设在乡政府所在的‘中心地点’。其结果是出现了大量的半农半工的村庄”。[①]这种现象被概括为“不舍城市化的工业化”。

这种概括显然注意到了中国乡村工业化与城市化的不同步性（这里所谓的“城市化”是指农村人口向建制城镇移民），但没有注意到不同于“农村人口向建制城镇移民”的另一种城镇化的新现象。20世纪80年代中后期特别是90年代以来的实际情况发生了很大的变化，一些半农半工的村庄已经成长为本研究所称谓的超级村庄。由于这一类村庄的基本经济功能转向工业，自身的社会特质已经发生了向非农的转化，那些设在村子里的工业点发展很快，作为龙头的企业不仅具有中型或大型企业的规模，而且还进入了地方或国家达标优秀企业的行列。不仅现有的村民不愿意离开，已经离去的重又返回，而且有大量外来的农民工进入其中，就在村庄里直接转变成非农人口。村庄的传统景观也已经大大地改变，拟似城市了。它们中有的已经成为地方实际上的非建制的“中心地点”。这种情况不只出现在苏南，本研究所涉及的其他沿海或内陆的超级村庄也都发生了这样的变化。这说明伴随乡村持续工业化过程的，是那些有竞争能力的半农半工村庄自身向城镇的转型。这种情况亦被概括为乡村工业化之后出现的农民“造城运动”，并且认为这样一种自发的、自然的城市化是农村改革以来中国城市化不同于以往的最为突出的特点。[②]在这里，我们将这种现象概括为“含自然城镇化的乡村工业化”。

所谓“自然城镇化”，是相对于政策推动下的“行政城镇化”而言的。这是两个被分割的双重的城镇化过程。城市化实际进程的加快，往往是国家和地方工业化与城市化政策推动的结果，不仅外国的经验如此，我国以往的经验也是如此。所不同的是，我国的行

① （美）黄宗智：《长江三角洲小农家庭与乡村发展》，中华书局，1992年，第292、294页。

② 同上书，第291页。

政建制体制与城镇化政策相互照应，政府往往控制工业化的布局，出于某种政策考虑设置大中型乃至小型工业项目。而且，行政建制和级别往往直接影响和决定着城镇化的进程，我们称这个过程为“行政城镇化”。问题在于，城市化政策的偏差往往会扼杀自然城镇化的过程。确定城市的规模和中心功能，安排适宜的工业和非农产业项目，给予行政建制和财政支持，是我国以往计划性城市化政策的主要内容，它们主要是依靠国家利用计划来绝对控制资源的分配来实现的。也就是说，在计划体制控制下，实际上的自然城镇化过程是难以实现的。我国以往小城镇的萎缩和不发展，就是这种政策产生的负面效果，也说明改革前我国的城市化过程主要是一种政策推动的行政城镇化过程，因而在计划体制下任何村庄都难以存在自然城镇化的可能性。

农村经济体制改革之后，乡镇企业在农村蓬勃发展，促使社会资源分配的规则发生了变化，乡村不仅将一部分本土资源截留下来，而且还从体制空隙中将一部分城市资源引入乡村，从而启动了乡村工业化的过程。地方的城镇化政策也开始有利于小城镇的发展。在这种情形下，行政限制已经无法阻挡由乡村工业化带动的自然城镇化过程，于是出现了如上所说的自然城镇化和行政城镇化并存的局面。

一方面乡镇企业办在乡镇所在地，促进了那里自然城镇化的过程，于是国家建制城镇的数量也不断增多。此外，国家改革了“五级政权四级财政”的财政体制，使乡镇一级有了财政上的支持，进一步推动了小城镇的发展。在这个层面上，存在着行政建制与实际的城镇化水平不相符合的情况，不过自然城镇化与行政城镇化两个过程最终达成了一致。

另一方面，乡镇企业办在村庄，也带动一部分村庄发生了自然城镇化的过程，这个过程正是村庄内源性发展的一个重要面向。特别是本研究涉及的如联村、丰村和畔村那样由半农半工的村庄发展而成的超级村庄，虽然没有国家和地方城市化政策和财政的支持，也没有行政建制的设置，但实际上已经具备了城镇的基本功能；虽然户籍人口没有转为国家认可的非农户籍，与暂住的非农人口一样都不能计入城镇统计人口，但实际上聚集的从事非农工作的常住人口已经达到或超过建制镇的人口。它们中有的已经超过了周边乡镇的发展水平。显然，在这个层面上，自然城镇化的过程已经大大超前于行政城镇化的进程。目前，这个现象对我国农村城市化和城乡关系正在和已经产生的重要影响，开始受到学术研究的关注，但尚未受到政策上的重视。

村庄自然城镇化受到研究和政策上的忽视，与人们对“小城镇”概念的误解有一定关联。近年来在一些经济发达地区，普遍实行“乡”改“镇”的举措，使人们从理论和政策上都误认为建制镇就等于小城镇。实际上，社会学意义上的小城镇有其特定的含义。这种社会实体是以一批并不从事农业生产劳动的人口为主体组成的社区。无论从地域、人口、经济、环境等哪一个因素看，它们都既具有与农村社区相异的特点，又与周围的农村保持着不可缺少的联系。我们把这样的社会实体用一个普通的名词加以概括，称之为“小城镇”，即“一种比农村社区高一层次的社会实体”①。这样的小城镇概念更多地是一个功能性概念，不是与某一行政区划相联系，由于在决策中显得不易于操作，人们往往将它与行政区划相提并论，结果概念的可操作性加强了，却失去了社会学的色彩。②

社会学意义上的小城镇，一般是地方的中心，但并不是说给予了行政建制的，就一定自然地具有这种作用，这种作用并不是所有在建制上升格为镇的乡镇都可以达到，反之，也并不是说没有镇建制的社区就不能达到。从十余年农村工业化的实践中可以看到，村庄摆脱了对城市的依附之后，以乡镇工业为主导的经济反而快速起

---

① 江苏省小城镇研究课题组编：《小城镇 大问题——江苏省小城镇研究论文选》，第8页。

② 王晓毅：《农村社会学在中国的发展》，载《农村经济与社会》1994年第4期。

飞，从而打破了以往那种“最边缘的地区必定也是发展最慢的地区”的发展格局，昔日只在建制城镇或地方中心区域才有的城市功能，现在位于边缘区域的超级村庄里也同样有所发展。

实际上，超级村庄形成后也的确与周边的乡镇在“谁是经济、文化和服务中心”上存在着竞争。从学术研究的角度看，谁是事实上的中心以及为什么和怎样成为中心，才是有价值而应该重视的问题。于政策而言，目前一些超级村庄并不都出现在城市郊县或城市化地带或者发达地区，有的就地处远离中心城市乃至远离乡镇的地方，在相对落后的周边地区拔地而起，并在诸多方面实际上发挥着地方中心的作用。因此，在政策上也不能不考虑究竟如何布局城镇乡格局的问题。

不过，由工业化推进的乡村自然城镇化，是否与一般的或政策推进的城镇化具有同样的规律或发展规则呢？这是一个有待深入探讨的社会学问题。值得进一步思考的是，乡村的自然城镇化，特别是在村社会的基础上直接发生的社区转型，虽然在实际的人口规模、产业结构和职业结构以及生态和人文景观上，都完成了向城镇的转变，但是在反映社区本质特征的生活方式特别是人际关系方面，仍然相当程度上保持着乡土生活的方式和秩序。

那么，应该如何看待这两个显然不同步的变迁过程呢？有关城市变革的研究认为，城市兴起的先决条件，除去人口聚居方式、工业化、职业专门化、教育以及分工合作制度以外，居住民拥有家族或血亲以外以及地缘以外的社会关系的文明，也是一个重要条件。“结交与组织是出于目的与计划，不是出于感情或先天存在的关系。人的文明必须达到了这个地步，才能建立具有规模的城市。”[①] 显然，这是从人际关系和生活方式的本质方面来看待城市的，并且把社区的组织方式和社会关系结构视作统一的事物。

不过，在我们所研究的超级村庄中，这两种情形是同时存在，

---

① 杨懋春:《近代中国农村社会之演变》，巨流图书公司，1984年，第269页。

共生共荣，相互促进的。也就是说，工业化和自然城镇化并不一定会必然消灭村社会的结构和文化，而后者也不一定与前者是绝对不相容或对抗的。从这层意义上，我们更愿意将自然城镇化的过程理解为“拟制村社的城镇化”，即将村社会的关系模式直接带进或移植进城镇化了的新型社区的过程，将由此而产生的新的社区形态称作“非农社会经济结构”。这种可能性不仅在我们所涉及的超级村庄中存在，而且在一些大城市中由农民“造出”的带有城镇化特征的“都市村庄”中也存在。[①]

因此，我们虽然从统计判定和政策反思的意义上认为可以将这类社区纳入城镇范围，并给予政策上的支持，但是从学理的意义上考虑，即使在行政上将它们视为建制的城镇，而实际上这类社区仍有自己一套固有的运作方式，仍然不能简单地将其直接归为“城镇”社会类型，因为至少在社区本质特征上，它们并没有完成向城镇的转型。传统人际关系在这些村庄被再利用，亦是村庄得以超前发展的特定条件，那种互惠合作的、利用血缘地缘关系和集体制组织资源建立的合作体系，仍然具有持久的生命力。

对自然城镇化和政策城镇化加以区分的意义在于，首先，这两者的分离说明城镇形态和组织形式与社区的社会结构是两个可以相互独立存在的要素。

毫无疑问，工业化和城镇化已经基本改变了超级村庄的外部形态乃至组织形态，但是如果把组织与结构加以区别，就需要重新评价“以往的因循守旧的看法，即认为现代化、都市化削弱血缘联系，并是在全新的基础上创立的一种新型社会组织。工业化确曾产生了一种新型的组织，它的外形结构纵然近似于现代西方社会中的组织结构，然而，它并不一定适应内在的结构变化。这表明，基本

---

① 王春光：《社会流动和社会重构——京城“浙江村”研究》，浙江人民出版社，1995年，第五章。

的社会结构仍不大受社会组织变化的影响”[①]。

这也正是我们在所研究的超级村庄中看到的事实。其次，村社区形态向城镇的转化与乡土社会结构的延续并存，说明在“乡社会”与“城社会”之间存在着中间形态的社区生存和持续发展的空间，而且是一个很有可为的空间。

2. 生活实践的进程

对社会学研究者来说，“实践”最重要的特征并不是相对于“理论”而言，而是相对于基层社区现实的即时即地的意识形态和日常生活逻辑而言。从这层意义上来说，社区变迁的实践，主要不是经典理论或国家意识形态单方面的落实，也不是官方行动或政策单方面实施的进程，而是农民（包括社区精英）日常生活活动对此做出回应和建构的进程。

农民的日常生活实践，主要发生在特定的社区环境中，而这种环境在近半个世纪以来最大的特点是，屡次发生结构性的变迁。不同地区的社区变迁史都告诉我们，乡村社会中的社会经济政治结构乃至意识形态和道德规范，都一直处于不断被改造和再建的过程中。在这个动态的过程中，农民生活实践最重要的内容之一，是在大社会输入的意识形态和行为规范与内部世代繁衍的社区生活规范之间，进行种种复杂的斗争、妥协和磨合。

事实证明，农民的生活实践与大社会的社会实践，在村庄这个层面上并不是自然结合的，而是双方经过错综复杂的策略互动，才逐渐找到逻辑上的共同性。对于研究者来说，只有认识到农民的生活逻辑与国家意识形态之间的相互作用，才能动态地把握、理解和解释社区实践的复杂性和多样性。

与乡村社区自身的不断变化相对应的是，现时期农民日常生活

---

① （日）中根千枝:《日本社会》，许真、宋峻岭译，天津人民出版社，1982年，第8页。

实践的范围实际上也已经发生了很大的变化，特别是在我们所观察的这一类超级村庄中，已经发生了从行政到自治、从农到非农、从小社区到大社会的变化。这一类变化对农民的日常生活同样产生了重要的影响。从国家或地方的角度来说，割断与村庄的行政指令性关系，意味着在放松对村庄的行政控制的同时，也不再负有为其承担经济风险的责任；而对于村庄来说，相对于失去国家计划为其承担经济风险的保证来说，摆脱大社会行政体系的控制，将有可能为它们带来新的更大的发展机遇和经济利益。当然，这只适用于那些意识到这种机遇并且能够牢牢抓住它的那些村庄，如我们观察的这一类超级村庄，多是利用了这样的机遇而大获成功的。

对于大多数村庄来说，仍然有可能在失去国家最低保障后，就失去村庄独立生存的能力，从而走向凋敝。从这一比较的视野观察超级村庄的发展，使我们对小社区内部的原动力如何回应外部大社会的结构性变迁，有了一些确实的把握。

从农业向非农业转化，是那些在经济上获得巨大成功的村庄所发生的另一种变化。这一实践过程，对农民个人和家庭以及村庄的影响都至为深远，以至于这些村庄在产业变革和生活方式变革的实践进程中都踏上了不归路。然而，社区的非农化实践，并没有如一般城市化理论假设的那样，将村庄自然地带进城市化体系，而是将村庄造就成了一种特殊的新型社区——非农社会经济区。非农化实践的另一个结果是加强了农民与外部社会的互动，农民的经济生活开始从小社区走向大社会，打破了原来乡村经济各自孤立的生活圈子，与宏观社会经济体系发生了某种密切的联系。但是，本土的非农化还没有足够的力量促使社区的经济和社会生活与主流社会接轨，它仍然在很大程度上囿于社区，处在社会经济的边缘结构上。这种生存环境的尴尬和存在方式的不确定性，正是我们考察农民现实生活实践的一种独特视角。

对农民日常生活实践的关照，使我们不能不对社区文化中的“小传统”给予关注。“小传统”从总体上来说是农民文化，以农民为主体，基本上是通过口传的日常生活实践在农村中繁衍的。这种“小传统”浸透在农民的日常生活中，而且从未真正退出过村民的生活世界，在改革开放中国家彻底放权，村庄实现自治后，又出现复归与再建。但是考虑到中国社会是一个复杂社会，在这个社会中发展起来的社区，难免受大社会的中央集权、地方政府、社会阶层和“大传统”的意识形态影响或冲击，[①]特别是近半个世纪以来，国家政权曾直接深入村庄，并且长达20余年之久，国家政治的仪式化运作弥漫于农民的日常生活，改变着人们原有的整合的生活逻辑和乡土社会的文化景观。[②]

我们在本书中将大小传统在农民日常生活中的冲撞，特别是文化冲撞和政治冲撞，也包括在观察的视野中，并且动态地理解大小传统之间的相互作用，把它们在村社区层面上的相遇，看作“小传统”能动性地解读“大传统”的实践。

在这种理解中，关注农民对实践加入的主动关怀是非常必要的。社区选择就是这种关怀的形式之一。从本质上说，社区选择就是对实践过程加入人的主动关怀。不过我们在本书中强调它不是农民个人（包括社区精英）行动的经验，而是社区总体实践导致的结果。社区总体的选择实践，不是个人选择实践的简单相叠，而是选择者与社区的选择结构之间互动的实践。即便是那些对社区选择过程有决定性影响的精英个人的选择，也须以各种方式或多或少地进入这个程序，经过复杂的博弈过程，将他们个人的目标和理想转化为社区的目标和理想，使之主导社区的合作实践。

研究这一过程，在理论上将不可避免地涉及主体的选择行动与社会结构之间的关系。在如何解释二者关系上，目前有三种理论倾向，其中“社会结构决定论”和“理性选择理论”是两种主要的解

---

① 王铭铭:《社区的历程：溪村汉人家族的个案研究》，天津人民出版社，1997年，第8页。

② 郭于华:《民间社会与仪式国家》，载《读书》1999年第9期。

释模式，但具有截然相反的解释取向。

社会结构决定论特别强调客观的、由历史延续下来的结构因素对于人们行为选择的重要性，因而导致解释上的简单化倾向，即把人们的行为与社会结构之间复杂多样的关系，只看成是由结构决定的单一关系。它的“根本弱点就在于给许多本来是‘因人异事’的动态依赖现象纳入了‘虚假必然性’的框框，使其失去了在历史现实中屡见不鲜的互动性和多样性的光彩。结果往往是使形式上最具体的历史结构性描述反而变得远离历史的动态真实”①。特别是这一理论忽视了社会结构本身处于一个不断被改造和被再建的过程中，而这一动态过程将会导致人们在选择时出现多种可能性。

理性选择理论正是在这一点上与社会结构决定论发生了分歧，从而在方法论上否定了社会结构决定论。“道理很简单。第一，社会结构所允许的可行的行动，往往不是唯一的，而是常常有数个可行性方案。第二，更重要的是，在客观条件和主观认识之间有一条巨大的鸿沟，而在同样的条件下人们仍然可以产生不同的认识。所以，我们可以不断增加和改进我们关于主体与客体关系的认识，但却不能在它们之间简单地画一等号。”② 理性选择理论特别是在此基础上发展起来的博弈论分析，对功能主义的机械因果分析方法提出了更大的挑战。其中最有成效的是关于个人理性行为与集体非理性后果这一矛盾现象的分析，它使人们开始重新思考为什么理性的原因会导致非理性的结果这样一些重要问题。

对于复杂社会的社会变迁进程，特别是发生激烈变化的变革实践进程来说，仅仅使用选择性这个单一因素来解释，仍然有所欠缺，仍然难以解释问题的全部。这已经为许多学者所认识，一些学者已经认识到社会结构与理性选择之间是相互影响的。如何在它们

---

① 何高潮：《地主·农民·共产党：社会博弈论分析》，（香港）牛津大学出版社，1997年，第225页。

② 同上，第228页。

二者之间找到适当的分析概念、中介因素或结合部，目前正在成为另一种有价值的理论取向。提出“抉择构造”①，即是其中一种尝试，是对解释中国革命历史进程复杂性的一种有益尝试。这一理论探索试图通过对中国革命历史过程的动态分析，解释结构和选择在具体历史过程中的关系。我们在本书中主要参考了这一分析框架，因而在理论上也同样面临着如何解释“结构和选择在具体的变革实践中的关系”这样的挑战。

对社区现实建构的讨论，是我们对这一挑战做出的另一个回应。社区建构更加具有对实践过程加入人的主动关怀的特征。由于我们强调社区实践中人的行动所具有的能动作用，因而当我们看待超级村庄这样新的社区形态时，就不能认为它只是由历史和传统“结构”出来的，它还是经过人的主动关怀“建构”出来的。这里讨论所谓建构问题，同样涉及实践者的行动与社会结构之间的关系。在本书中，我们将社区变迁看作参与实践的人与特定社会关系之间互动的产物，它们二者之间的相互影响形成一种即时即地的现实的建构。

与此相应地，在方法论上，我们也试图使用建构主义范式，即将“客观现实”看作研究者与被研究者之间互动的产物，研究者对被研究者的理解，也是一种即时即地的现实建构，是双方知识和意义的共振和融合。②我们比以往更加自然地让自己的意见“在场”，参与被研究者之间的讨论，而不是有意识地与被研究者之间绝对地拉开距离并以此来控制自己对对方的影响。我们与一些被研究者之间建立的自然而和谐的关系，确实鼓励我们在处理主客体关系时更加积极地利用自己和对方的个人特征。

如何对生活实践的进程加以记录，不仅涉及方法论问题，也需要进行理论上的思考。把社区规则看作实践的特征，使我们得

① 何高潮：《地主·农民·共产党：社会博弈论分析》，第22页。

② 陈向明：《质的研究中的“局内人”与“局外人”》，载《社会学研究》1997年第6期。

以通过一系列成文的或不成文的表述，了解到社区的人们大致做过或者会去做哪些事情。的确，“对社会研究来说最重要的那些规则类型，是与制度化实践的再生产紧紧交织在一起的，而所谓制度化实践，就是在时空之中最深入地积淀下来的那些实践活动”[①]。

我们在本书中将社区规则体系的内容归为三种类型：第一类“制度背景”是外生变量，是一系列确定村庄经济活动和社会生活的大前提，由国家或地方制定的基本的政治、经济、社会和法律制度，它向村庄的深入反映出“大传统”在村庄实践的进程；第二类“非制度安排”是社区的内生变量，是在社区内长时间通行的，包括承诺、信用、约定、惯例、关系网络、意识形态等在内的一系列非正式的但具有制度性作用的规范，它是村庄“群定”的规则，它在村庄中得以通行反映出的恰恰是社区“小传统”的实践进程；第三类“制度安排”的情形最为复杂，它是上述内外生制度在村庄层面的融合，它们共同构成村民日常生活实践最基本的内容，也表现出这些实践活动最基本的特征，正是大小传统在村庄层面的融入磨合。

以社区的实践进程作为叙述框架，一般来说是符合惯例的。社会学者在进行案例的实证研究时，与人类学者相似，通常是在做了长期的区域性田野调查之后，坐下来把所获素材整理出来，同时把这些素材当成是验证某种理论的证据写出来成为专著或民族志（在这里应为社区志）；然后从社区背景出发，把具体的素材组织成章节加以罗列分析；最后，分析过的素材创造出一个整体的社会—文化形貌，作为验证理论的经验事实。[②]

本书基本上遵循这种研究方法，但在叙述体例上有所不同。传统的社区志或民族志倾向于对事实的整体或全面的记录和整理，任

① 安东尼·吉登斯：《社会的构成》，生活·读书·新知三联书店，1998年，第85页。

② 王铭铭：《社区的历程：溪村汉人家族的个案研究》，第7页。

何人在阅读过这样一本作品之后，他都可以根据自己的理论架构重新对这些事实加以分析和解释。它的价值在于，即使作者在行文过程中已经融进了自己的理解和诠释，但由于文体还保留着事件的原貌，使得这样的著作可以一再地被引用和重新研究。[①]

本书所采用的叙述框架与此有所不同，由于采用对多个案例进行比较研究的方法，我们是以实践进程与问题意识之间的对话作为叙述框架的。用意同样在于实现案例研究与理论模型之间的对话，不同的只是更加强调了“问题”的重要性，而不是讲究叙述的整体性和故事性。

我们研究中的问题意识来自两个方面：一个是通过在原有的理论体系中给自己的研究定位，从中找出社区研究得以进一步深化的理论角度。另一个来自从社区实践中发现的“真问题”。这些问题往往不同于表面躁动的热点问题，也不一定是热门话题，甚至不是可以随便打上问号或发问的那些问题；而是经过由表入里，不断追问“为什么”之后，所发现的那些在实践中沉淀下来，而后又不断浮现的或者永远隐藏在表象之下但对事物的发展具有指导作用的问题；这些问题也不是那些由某种方法论或思维模式带来的“虚假必然性”造成的因果关系问题，而是避开了诸如结构功能主义的因果解释方法，能够对解释错综复杂的社会现象之间的联系提供引导的问题。也就是说，“真问题”涉及生活实践的复杂性，例如，它引出的不是理性原因会自然导致理性结果的问题，恰恰相反，引出的是理性原因为什么会导致非理性结果的问题，反之亦然。

虽然本书侧重于观察社区二十余年来的现实实践进程，但并没有将它与实践的历史进程相隔断。不过，这里的历史视野不同于典型的社区史，还只限于两个层面：一个如前所述，是注重于制度化

---

① 黄树民：《林村的故事：一九四九后的中国农村变革》，素兰译，张老师出版社，1994 年，陈其南序，第 4 页。

的实践，通过对社区最重要的规则类型和体系的考察，来把握那些在时空中最深入地沉淀下来的实践活动；另一个是对组织和制度遗产以及文化遗产的关注，通过描述和分析现实实践活动中可以观察到的遗产痕迹，将现实与历史加以联系，以说明社区变迁是如何从“过去”推进到“现在”的。

3.“村社区”的重构

本书将“村庄”和“社区”两个概念重合在一起，并不是想犯同义反复的错误。我们仍旧在“地域共同体”这个意义上使用“社区”这个概念，意指地域性的、具有某些共同价值标准和相互认同心理的自治社会单位。基于这种理解，社区是一种实体单位，而“村”无疑是最接近上述特征的社会单位。社区研究作为一种特定的方法，也是将社区与村落作为同一对象来界定的。

不过问题在于，中国村庄经过历史变迁，特别是经过近50年来的重新组合后，现在意义上的村庄，已经具有了行政村和自然村的双重结构，无论在社会—文化形貌，还是政治—经济形貌上，都大大不同于传统意义上的社区了。因而有学者说如今的中国有两个概念最为混乱，一曰“市”，二曰“村”。就“村”而言，老百姓平时所说的“村”都是指传统社区——自然村，然而现在公务文牍上的“村”却一般是指基层的一级行政区划，相当于公社时代“三级所有”中的“大队”一级。前者是自然形成的共同体，后者则是人为的设置。[①] 这里所说的混乱在于，把没有传统社区特点的行政村也作为“村”来指称。人们还注意到，工业化后的村庄由于自身在社区形态上的变化，也正在造成另外一种混乱，那就是面对工业化的“村”时，不知道究竟是将它定位在“城”还是定位在“乡”，因为对工业村这种新的社区形态来说，“城”和“乡”的因素已经是混合存在的了。然而更加让人困惑不解的是，现代国家建立后，

① 秦晖：《耕耘者言》，山东教育出版社，1999年，第340–345页。

在国家—社会关系格局中还有没有传统社区生存的空间，社区的作为是什么，等等。

现有的研究在面对上述问题时，或者较多地将村庄作为一个笼统的整体的概念，在解释问题时忽视行政村与自然村之间在社区形态上的差别；或者过于强调国家力量对社区传统的破除和影响，没有注意到在国家建构行政村的过程中，社区的实践行动所具有的建构作用。一些研究者虽然认识到社区生存的潜在能量，注意到社区并没有消失，社区生活有回归的趋势，但是没有特别关注到国家权力退出村庄，或者外来的工业化力量深入村庄，对村庄的社区性格所具有的再塑造作用。

我们在研究中把“村社区”作为一个被国家和农民社会双向建构过的概念加以强调，试图把社区形态和功能在村庄特别是在行政村的复归和再建作为一种新的理论和实践问题加以讨论。

一个可以旧话重提的问题是，自国家政权深入村庄，建立了受大社会系统控制的行政村后，还有没有社区？

这一疑问的提出，与学术研究力图在社区场域中重新审视国家与社会的关系有关联。一种有代表性的意见是人类学者提出的。有研究指出，对于多数汉学家来说，社会人类学的社区研究无法提供分析国家与社会关系的有力工具，他们的理由是，中国的传统国家政权只渗透到县一级的行政地区单位，县以下的镇、乡、村主要是由民间社团和社会组织控制，是一种自治性的社区。

有学者对这种传统汉学观提出批评，并通过镇、乡、村的个案研究发现：在传统时代，中国的社区的确离中央权力机构的行政控制中心较远，且具有较大的自主性；不过当时的国家培养一批地方精英分子，以意识形态和象征的等级制，把这些精英阶层吸收到国家的势力范围之内，利用他们的网络控制民间社会和社区生活。

20世纪以来，国家的行政力量不断地向下延伸，使社区成为“细胞化”的社会控制单位，把新的政治精英阶层改造成这些“行政细胞”的“管家”，造成社区国家化的倾向。从而，社区生活也成为类似于国家运作的东西。[①] 这一看法隐喻着现代村庄已经失去了社区的意义，变成了由国家权力下移而“做出”的一种社会行政单位。

其他与此相近的研究，还从普遍性文化向地方扩展上对这一现象进行了概括，认为“现代民族—国家”所创设的实际上不只是“经济发达社会，还是一种国家与社会的新关系”。在这种关系中，传统帝国与社会之间的遥远距离被大大削减，新的国家通过社会时空的重新域化获得对个人的直接监控，旧有的社区性社会再生产方式被“普遍性知识取代”。[②] 一项对中国南部村庄近半个世纪的文化变迁的实证研究也指出，农村中有一种全国性文化明显抬头的特征。传统上小型、半自治或独立的农村社区，慢慢被以中央政府为主的大众文化所取代。[③]

这些研究都从不同程度上描述和分析了中国乡村社区在近半个世纪以来，从原来较为自立和自治的社区，转为国家全民社会一体化之“细胞”的过程。这些研究的价值在于，突破了以往社区研究中把社区想象成纯自然的，因而也是封闭的、内部整合的、一个个相对独立于社会的自治社会单位的传统，将社区置于“国家—社会”关系的宏观的开放的分析框架之中。但是相应地说，这些研究也忽略了中国乡村社会及其文化的复杂性和再建构性。

另有一些研究在这方面做出了努力，特别注意到了中国社会变迁的绵延性、历史在现实中的回归性，认为这种历史的绵延性和回归性给予汉人社区在现代场合中得以延伸的空间，其具体表现就是所谓“传统的复兴”“社区生活的回归”。近年的社会调查

---

① 萧凤霞：《华南的代理人与受害者》，1989 年，转引自王铭铭：《小地方与大社会——中国社会的社区观察》，载《社会学研究》1997 年第 1 期。

② 汪熙、魏斐德主编：《中国现代化问题——一个多方位的历史探索》，复旦大学出版社，1994 年。

③ 黄树民：《林村的故事：一九四九后的中国农村变革》，前言，第 11 页。

发现，在现代国家建立之后，社区并没有在中国社会消失或完全被“细胞化”，并且其作用有愈演愈烈之倾向。因此，汉人社区史的叙述框架尚需包容“倒逆时间”的观念，描写“从现代到过去”，“细胞化”以后的社区寻找它们原有的生存根源的“怀旧”过程。①

就近年社会调查所提供的资料和我们的实地观察，行政村的建立并没有完全破坏自然村落的结构。在几种主要的村庄类型如主姓村、单姓村、杂姓村和移民村中，行政村建立之初，原有自然村落都较为完整地被保留了下来。一些有价值的研究成果表明，国家政权力量深入村落的整个过程中，都经历着外部力量冲击与村落传统之间的互动和博弈，“三级所有，队为基础”的集体制框架就是这种互动的结果。其中，生产队的区划结构与传统农民的居住结构在空间上相吻合，就是这一产权框架的基本社会基础。“以村为队”，使农民得以求助于自然村落提供的社会功能，将部分农民的自私行为在“村—队”的空间结构中转化为切切实实的维护集体利益的行为。这可能正是一把解开由国家推行的公社制度为什么得以在乡村传统社区生长的奥秘的钥匙。②

这些研究表明，村落社区的形态和潜在价值在农业生产和生活方式下，并没有因为村庄的行政化而彻底遭到破坏。甚至可以认为，村庄行政化并不是造成社区解体或消失的根本原因；行政村并不一定就是社区的对立物，伴随着它自身的独立利益和自治权力的增长（在公社化时期这一过程已经开始），它也有可能被建构成具有社区内在特质的社会单位。这，正是本书打算进一步关注的问题。

对社区生活和传统回归的讨论，较多地出现在探讨农村改革后

---

① 王铭铭：《小地方与大社会——中国社会的社区观察》，载《社会学研究》1997年第1期。

② 张乐天：《告别理想——人民公社制度研究》，东方出版中心，1998年，第7页。

乡村文化重建和社会经济发展的研究中。这些研究认为，在近20年的农村改革中，当国家政权力量的控制在乡村萎缩或者说退出村庄，村庄实现自治之后，已经或正在发生社区传统的复兴和回归。不过，现有的关于社区生活回归的研究，将面对一个解释上的挑战，那就是国家政权退出村庄后，社区的形貌和功能是否可以自然恢复？如果我们承认国家政权力量向村庄的延伸并不是自然村落或社区衰落的充分条件，那么答案就是否定的。或者从根本上说，将“国家政权退出”与“社区生活回归”作为一种因果关系，原本就是一个虚假问题。我们的研究力图说明，这种复兴和回归，并不是由外部力量退出自然引发或者说可以必然实现的，而是被创造和再建构出来的。

我们还注意到，现有的研究对国家政权力量进入或退出村庄给予了相当的关注，但对另一种外部力量即工业化和市场化力量对村庄变迁的影响却没有给予足够的重视。实际上，村庄的社区特质之所以受到怀疑，还有另一种外部力量在起作用，村庄被结合进入大的甚至宏观一体化的贸易体系，与被结合进入上层的行政体系一样，也有可能使它们成为专为市场生产的单位，从而失去独立生存的可能。①

那么，在这种情形下，究竟还有没有“社区”呢？已有学者在讨论地方传统在现代化中的角色时对这一问题给予关注，认为现代化的过程并没有摧毁地方型的民间传统与社会，也不意味着“小型的”“孤立的”“只有祖先而没有文化”的社会向所谓“大型的”“全民的”“有文化”的社会演化。②

虽然我们不能将自然村的解体与学术意义上的“社区消失”混为一谈，因为前者说的是结构形态的破坏，而后者说的是社会—文

---

① （美）施坚雅：《中国农村的市场和社会结构》，中国社会科学出版社，1998年，“第一部分”。

② 王铭铭：《社会人类学与中国研究》，生活·读书·新知三联书店，1997年，第297页。

化形貌的丧失，但是如果我们把结构和文化看作一体两面的东西，它们二者之间是可以相互印证的。如果只从结构的意义上讨论这一问题，那么在可以观察到的经验事实中，特别是在发生工业化而农业萎缩的乡村中，自然村落的衰落在近20年的村庄变迁中，较之前30年的集体制时代更为明显。也就是说，工业化和市场化的力量，可能比行政化的力量更为有力地促进了这一变迁。

在我们所观察的这一类超级村庄中，工业进村，不仅使自然村落几近丧失了经济共同体的作用，社会支持系统的作用也正在丧失。由于土地的大规模非农使用，原有的土地社区所有权逐步向行政村集中，而农业的萎缩和承包方式的改变，也使土地的分配打破了原有自然村的界线；土地利用上的需要和生活方式的城市化，促使新的社区规划永久性地打破了传统的聚居方式，新的街坊邻里关系冲淡了原有社区支持系统的亲和力。在其他类型的村庄中，还可以看到由于地方市场的发育，村庄人口大规模移居或定居市镇经营买卖，或者由于大中城市的吸引，村内中壮年人口整体移向城市，从而使村庄成为“空壳村”，村落趋于解体的情形。

那么，即使村庄面临的两种最主要的外部力量——国家行政体系和宏观贸易体系都将村庄结合于其中，村庄还有没有独立性或者说还有没有社区共同体的特质呢？有学者依据近代史方面的实证资料，对此做出过肯定的回答，认为即使村庄已经结合于大的贸易体系或上层的行政体系，农民仍有“只以村庄整体成员的身份和意识做出行动”的可能。[①] 当然中国近代史上这两种力量对村庄的控制和影响，都远不如近半个世纪以来这样深远，但是，即使在今天，我们也同样可以惊奇地看到，与大社会的一体化进程相对应的，正是社区独立性和自主性的不断增强，特别是我们所观察的这一类超级村庄，今天它们在回应大社会一体化进程时，其地方或社区共同

---

① （美）黄宗智：《华北的小农经济与社会变迁》，中华书局，1986年，第21-26页。

体的特点和力量，恐怕比以往任何时候的村庄都更为明显、更为强大。并且，在这种与大社会的互动中，它们正在重新建构一个完全不同于传统村庄的村社区。

由此我们引出下一个应给予讨论的问题：村社区被再组织和重构的可能性和实践问题。

从村社区变迁的进程中可以看到，中国乡村社会在外部力量与内部动力之间始终存在一种张力：一方面村社区与外部大社会诸多体系之间的联系日益加强，比任何时候都越来越成为宏观社会体系的次级结构，另一方面却没有发生人们通常所说的那种社区解体的情形，社区内聚力和自主性也并没有下降，相反，社区不断寻找新的有适应力的方式与大社会结合在一起。

这种似乎“不合逻辑发展”的事实，表明村社区在乡村发展中仍然是一种有生命力的地方力量。也正是在这种张力和逻辑下，村社区的再组织和重构才更具有现实的基础和可能性。

首先，村社区并不是作为“历史残留”而逐渐消失的[①]，而是在新的国家—社会关系、新的城乡关系、新的个人—集体关系格局中，可以作为扮演新的角色的社会文化遗产而重获生命力的。

其次，“社区生活的回归”并不是传统社区形貌的简单再现，而是一个创造性地利用传统社区的社会性资源，再组织社区生活的过程；也不是一种历史的必然，而是一个创造和重新建构的过程。一些案例研究已经证明，民间传统在近年的复兴是一个自发的过程，并且与改革之后人们对传统社区认同、网络及意识形态的需求有关，与民间社会—经济的发展有密切关系。[②]我们在本书中也力图说明，所谓重构，实际上不是复兴和回归某种传统模式，而是依据乡村现实发展的需要而弘扬社区文化和意识形态，再组织社区生

① 项飙：《社区何为——对北京流动人口聚居区的研究》，载《社会学研究》1998年第6期。

② 王铭铭：《社会人类学与中国研究》，第298页。

活，重建社区共同体的过程。

再次，社区外联方式的重构对传统社区形态和功能提出了新的挑战。从超级村庄这个层面来说，村社区的重构似乎也是在“不合逻辑”中进行的，其中最重要的内容之一，是在重建社区内聚力的同时，使社区的对外联结方式更加具有开放性。在这些村庄可以发现，社区内聚力的增强和社区对外开放性的增强，始终是一对既相互冲突又相互融合并且还是相互促进的共生现象。这与我们对传统意义上的社区的想象和理解很不一样。例如，这些新型社区的边界出现了多元化趋势，它们的经济边界日益开放而社会边界仍趋于封闭。[①] 这与传统理解中社区是自然形成的、自主的因而也是相对封闭的地域社会，已经有所不同；这些新型社区已经与外部的大社会体系发生了日益广泛的联系，已经成为宏观社会体系至少是经济体系的次级结构，加入了社会一体化甚至主流经济一体化的进程。与此同时，它们的自主性和相对独立性也在增强，这与传统理解中社区由于自主和独立，与大社会体系之间是相对分离或隔离的，即“社区”是相对于“社会”而存在的，也已经大不相同；这些社区以本土为基础发展“根据地”，但是其经济的触角已经深入大社会，建立了联系广泛的经济网络组织，实际地参与了宏观经济体系的再组织，这与传统社区所强调的地域性社会，也有了相当远的距离。

总之，村社区的存在和发展，也使我们必将面对重新构建社区概念体系和分析框架的任务。一个可行的方法应是，使社区概念脱离经典的社会学文献，并把这个概念作为进一步阐述问题的出发点，同时把它们与可靠的最新研究成果和相关的理论资料联系在一起。这，正是我们试图努力完成的一项重要工作。

---

① 折晓叶：《村庄边界的多元化——经济边界开放与社会边界封闭的冲突与共生》，载《中国社会科学》1996 年第 3 期。

二、研究的方法

1. 村庄作为研究单位

本研究关注的是中国基层社会的变迁过程，不过，把观察的焦点集中在村庄，并不只是研究者个人的学术偏好，同时也出于几个方法论方面的思考。

其一，改革开放以来，中国农村的发展是在城乡分割和体制分割的双重二元结构背景下展开的，农村既受到分割的背景带来的限制，又得益于内部结构转型创造的活力；既在分割的体制外发展，又对体制内的宏观结构产生着日益重要的影响。由于我们关注的是基层社会变迁中外部力量与内部新动力之间是怎样相互作用的，因而处于城乡交汇处、国家与基层社会交界点上的村庄，恰是研究中较适宜的观察点。

其二，乡村工业化和市场化的过程，并不一定改变村庄对于农民生存和发展的基本意义，村庄仍有可能是农民在非农经济生活和社会生活层面的功能完整的单位。本研究旨在探讨外来的工业化力量、内在的社会结构与社区居民的抉择之间的相互影响。在一个功能完整的社会生活单位里，这三种要素之间相互关联，其中的每个局部都与其他部分相互作用，身处这样一个系统中的观察，有可能比较全面地把握基层社会变迁的内在逻辑。

其三，我们所观察的这一类超级村庄，已经具有相对自治的社区结构，但是这种自治和由此发生的内向聚合力，并不就意味着回到社区传统，重新构造出一个新的“世外桃源”；所谓“功能完整的单位”，也并不就意味着封闭和隔绝。今日之村庄，已经显示出复杂的社区特征：社区内聚力的增强和社区对外开放性的增强，始终是一对既相互冲突又相互融合并且还是相互促进的共生现象。这种开放性，已经不同于集体制时代那种由国家计划一统天下的开放性，在这里，我们看到的不是大社会力量向村庄的“注入”、

“渗透”或“延伸”，而是村庄向大社会的“进取”、“参与”和“融入”。把村庄看作一个开放的系统，对村庄变迁进程中的重大事件的脉络进行开放式追寻，将是把我们带出村庄，找到它与大社会互动和联结的基本方法；对村庄外联方式变化的考察，也正是观察国家与农村基层社会关系变化的极好途径。

其四，村庄虽然是宏观社会经济体系的最末一端，但是十余年来，社会变迁的过程并没有完全遵循从中心到边缘（或从都市到乡村）逐级扩散的模式。农村改革的先行性，给边缘地带以新的发展机会。村庄在摆脱对大社会体系和城镇的依赖，经过自我发展之后，出现了一些异常发达的超级村庄。它们的存在，将深刻影响宏观社会经济体系的资源分配方式和发展规则。将研究的出发点放在村庄这一端，使我们有可能从边缘的或非中心的角度，重新观察和认识宏观社会体系变迁的内在规律和新的特点。

2. 探索性研究与个案研究方法

近年来，随着对后发展国家研究兴趣的不断扩展，发展研究中的西方中心主义面临着强有力的挑战。许多学者指出，在历史、社会的研究领域内，不仅许多理论、模型不能直接用于解释非西方国家的问题，一些源于西方历史、社会研究的概念也无法准确地描述非西方国家的事实，因此过去被广泛接受的一些研究范式也需要更新。

同样，在对于中国改革开放以来社会经济发展的研究中，过去发展理论中的一些预期、假设、命题乃至于概念也无法直接应用于对中国发展问题的解释。我们需要通过对中国社会的深入缜密的观察、发掘或建立适用于中国情况的概念和命题。因此，我们目前进行的超级村庄研究，主要还不是对于某些现成理论的验证，而是一项探索性的研究。

在社会学的研究中，个案研究方法经常被运用于社会现象比较复杂、有关理论又不十分完善的场合。个案研究方法所涉及的调查对象较少，因而能够对较多的项目进行调查，比较容易形成完整的印象，同时，也便于研究者根据调查中的发展及时修改自己的调查内容及研究方案。与此相比，样本调查由于调查对象较多，对调查的事项不得不有所限制，调查开始后也很难对调查内容进行修正。

这样，对于一项涉及事件较多的探索性研究来说，个案研究方法应当说是一个比较有效的方法。作为我们研究对象的非农社会经济结构十分复杂，我们需要对这一事物的全貌进行缜密的观察，发现其中一些过去未曾被注意和记录的事实，然后才有可能进行归纳、分析和比较。出于这种需要，我们选择了个案研究方法。

我们希望通过对少数村庄进行比较详细的调查，尽可能多地了解深层次的、本质性的东西。同时，由于我们的目的是讨论中国农村的结构性变迁及城乡关系的变化，我们选择了目前农村中经济最发达的地区进行调查，并以欠发达地区作为比照。改革开放以来，这些地区的经济高速发展，经济结构与社会结构变动最为激烈，是研究农村变迁中首先受到关注的地区。当然，我们无意将这一类农村看作全国农村的典型或缩影，以此来概括目前或将来中国农村的发展道路，只是想通过对一些已经走向转型的事例的调查和研究，来逐步推进比较研究，将观察的点由先发达地区逐渐扩展到正在发展的地区，再到非发达地区和贫困地区，使观察逐步接近整体。

另外还需要说明的是，我们的工作不是一项纯理论的研究，一些概念和命题尚未经过反复的比较、提炼和验证；也不是一项政策性研究，目的不在于针对具体问题提出政策性建议或可行性方案。本研究旨在描述现实生活中已经发生但易于受到忽视的那些变化，说明这些变化“为什么”发生，它们所揭示出的新现象“是什么”，以及未来的变化趋势又将会“怎么样”，等等。

3. 从单个案例到比较研究

个案研究方法有它自身的局限性，其中被说得最多的是代表性问题和有没有一般的理论抽象价值。如果我们只对单个案例进行观察，不管它自身的情况多么复杂有趣，它所提供的资料和启发性的观点多么有益，就研究的全过程而言，仍不过停留在收集个案的初始阶段。如果我们逐渐增加个案，将研究扩展到类型比较阶段，最终就有可能更接近于整体。因此，将单个案例扩展到类型比较，是我们为克服个案方法局限性所做的一种努力。

研究当然首先从单个案例开始。对丰村的研究始于1992年底，而后在1993年和1996年又经过两次时间较为集中的追踪调查。对这个村子的研究，使我们对超级村庄有了一个定性的认识，确定了它的基本特征，从中得出的认识和结论，被用来作为比较研究中设立假设的基础和依据，它所提供的调查资料也被作为与其他几类村庄进行比较的材料。其他两种类型的村庄是在对不同地区一系列发达村庄进行考察后选定的，调查集中在1995年、1996年和1998年的6个月中间。

类型的确定，主要依据村庄内部特征和外部环境两个维度的差异指标而定。分类中参照了乡镇企业研究和社区分化研究中比较科学的一种分类方法[①]，这种分类方法用集体化程度和工业化程度，作为分类的两个主要维度，交互分类出四种社区分化类型，如高工业化高集体化、高工业化低集体化、低工业化高集体化和低工业化低集体化。不过，将这种分类方法直接用于超级村庄分类时，工业化已经是一个共同具有的特征，不再具有分类的意义，而“集体化”如果表明的只是集体经济总量在社区全部经济总量中所占有的比重，或者在集体企业就业的人数占社区全部就业总人数的比重，也已经不能反映超级村庄的再组织化特征和合作水平。因此，对超级村庄的分类需要加入新的反映社区差异的指标。

我们主要采用另外两个分类标准：一个是表示社区内部组织水平和合作方式的指标，主要分为集体制式合作、股份制式合作、村

① 王汉生等：《工业化与社会分化：改革以来中国农村的社会结构变迁》，载《农村经济与社会》1990年第4期。

政与民企合作三种类型。这个指标不仅反映集体化水平的高低，而且主要反映合作水平和合作方式方面的差异。这个指标与反映地区发展模式的分类指标略有重合，比如集体制式合作方式多发生在苏南模式中，股份制式合作方式多发生在珠江模式中，而村政与民企合作则主要发生在晋江模式和与之相近的其他地方模式中。

这样分类之后，我们在高工业化低集体化地区，同样找到了村中虽然没有集体经济，但村财政实力雄厚，村政组织与民营企业合作紧密，村社区的社会事业发达，亦发展成为超级村庄的例子，如在本研究中作为比较类型之一的畔村和义村等。

另一个分类指标是表示村庄外部工业化条件和背景的指标，主要分为大城市工业背景、外向型工业背景和小工业背景三种类型。这个分类的考虑，不仅要反映超级村庄分布的特征，还要反映工业外力导入的程度与村庄内在组织化程度之间的互动关系。这个指标也与反映地区发展模式的分类指标有一定的重合，比如大城市工业背景多发生在苏南模式中，外向型工业背景多发生在珠江模式中，而小工业背景则发生在晋江模式中。

经过上述两个分类指标的交互与筛选，我们最终选定用集体制合作体系、股份制合作体系、村政与民企合作体系，作为对超级村庄进行分类的基本指标，分别选出具有这三种合作特征的三类村庄，作为比较研究的案例村。

在研究深入到对社区组织和制度进行比较时，我们还引入了另一个分类指标——“家族组织功能（强、弱）”，用以表示村庄内部自然结构的状态。用这一指标与“集体组织功能（强、弱）”进行交互分类，使我们得以将以上三种类型又放入另一个分析框架中，以便考察在社区做出现实制度选择时村庄两种主要的组织遗产之间有无关联，以及其中哪个与之关系最为密切。

需要指出的是，上面列举的三种合作体系的类型，只是超级村庄定性分析中分类工作的尝试。分类的对象仅限于超级村庄比较集中的几类地区，其他分散在西部乃至边远省区的超级村庄，尚未在研究之列。调查再深入之后，很可能还会提出一些新的类型。我们并不期望仅靠几次短时间的调查就对超级村庄的类型做出全面的归纳，也不想断言这几个村庄就是超级村庄的典型代表，我们只是希望在这几个村庄的调查中能够有所发现，并通过研究这些个案，逐步进入比较研究的终极阶段。

还应该说明的是，找出和确定类型只是比较研究的开端。个案比较研究不同于对经验现象进行大量统计分析的定量研究，其中最大的难题之一，不在于我们实际上选用了多少个案例，而在于即使扩大了案例，被观察到的仍然是一个固定的关系，不能找出证伪的依据。确定案例的类型，帮助我们在扩大案例时增加了影响因果关系的不同变量，有可能通过对不同地区和不同模式的比较，找出超级村庄发展的惊人的一致性；也有可能在同等社会、经济和文化背景下，发现它们因为内部构成的不同而在发展上出现的差异；还有可能把不同类型的个案放入更为广泛的社会背景中去考察，而不仅仅局限于研究它们自身独立发展的前因后果。

不过说到底，我们现有的研究尽管分类型地扩大了个案的数目，但这些案例相对于乡村社会体系来说，仍属于其中一个相同类型，分析的仍然是一个大的案例——超级村庄，只不过涉及了它的内部变化。因而，本研究只是在比较研究上迈出了很小的一步，也只是为局部性地验证理论上的某些假设提供了一些可能。

三、涉及的村庄

1. 观察的范围

本研究观察的客体是中国乡村社会的最基层单位——村庄。观察点依据研究主题确定在两个范围内：一是经济发达村庄，以总产值超亿元的村庄作为观察的起始范围，亿元村是本研究意义上的超级村庄的雏形；二是发达村庄较为集中的地区，根据亿元村的分布状况，选择东部和南部地区作为观察区域。此外，也关注到散布在其他一些地区的异常发达的或知名度较高的村庄。

根据一项有关中国亿元村的报告[①]，初步统计，到1992年底，全国工农业总产值超亿元的行政村已达430个，约占全国行政村的万分之五点四，主要分布在以下几个省份中：

亿元村分布表

<table>
<tr><th>省份</th><th>个数</th><th>位次</th><th>综合发展指标排位</th><th>省份</th><th>个数</th><th>位次</th><th>综合发展指标排位</th></tr>
<tr><td>江苏</td><td>123</td><td>1</td><td>7</td><td>上海</td><td>I0</td><td>9</td><td>2</td></tr>
<tr><td>山东</td><td>70</td><td>2</td><td>10</td><td>四川</td><td>9</td><td>10</td><td>27</td></tr>
<tr><td>广东</td><td>47</td><td>3</td><td>5</td><td>北京</td><td>8</td><td>11</td><td>1</td></tr>
<tr><td>辽宁</td><td>46</td><td>4</td><td>4</td><td>山西</td><td>4</td><td>12</td><td>13</td></tr>
<tr><td>浙江</td><td>44</td><td>5</td><td>9</td><td rowspan="2">江西、湖南、吉林、安徽</td><td rowspan="2">各2</td><td rowspan="2">13</td><td rowspan="3">—</td></tr>
<tr><td>福建</td><td>18</td><td>6</td><td>11</td></tr>
<tr><td>天津</td><td>16</td><td>7</td><td>3</td><td>广西、陕西</td><td>各2</td><td>13</td></tr>
<tr><td>河北</td><td>12</td><td>8</td><td>12</td><td rowspan="2">湖北、黑龙江、云南、新疆</td><td rowspan="2">各1</td><td rowspan="2">14</td><td rowspan="2">—</td></tr>
<tr><td>河南</td><td>12</td><td>8</td><td>24</td></tr>
<tr><td colspan="8">合计：共23个省（市、区）430个村</td></tr>
</table>

注：1992年尚无亿元村的省份有：海南、贵州、内蒙古、西藏、甘肃、宁夏、青海省等。根据作者1996年的调查，甘肃等省已经出现亿元村。

该表根据“中国亿元村分布表”整理，载高俊良、宗泉超主编《中国亿元村》，今日中国出版社，1994年。该报告所用资料与作者调查时在各地农经部门看到的档案资料大致相同，故可认为来源丁此。不过其中并木收进一些有名的超亿元村，如原大丘庄村、丰村等，故仍是一个不尽完整的全国性资料。

表中“综合发展指标排位”根据朱庆芳“1991年各省市区社会发展水平的比较与评价”，《社会指标的应用》，中国统计出版社，1992年，第54页。

在以上村庄中，总产值超过5亿元的有10个，超过2亿元的有近70个。亿元村总产值为685.23亿元，村均产值1.59亿元；年人均纯收入最高的达1.58万元，集体积累最多的有6亿元。1996年

① 高俊良、宗泉超主编：《中国亿元村》，今日中国出版社，1994年，第1–4页。

作者调查时，这些数字已经大大增加，并已经出现了多个超10亿元的村庄。据专家估计，这类村庄数量已逾千。

亿元村在区域分布上有如下一些特点：（1）与地区综合发展水平之间有一定的正相关关系，即分布较为集中的地区一般来说正是综合发展水平较高的地区，总趋势呈现出东多西少、南多北少的格局。在全国有亿元村的23个省（市、区）中，仅东部和南部沿海辽宁、河北、天津、山东、江苏、上海、浙江、福建、广东9个省（市）即达380家，约占全国亿元村总数的90%，分布最集中的江苏省有123家，占总数的28.6%。（2）大多集中在城市边缘和一些经济、文化，旅游中心附近。（3）也有相当的数量散布在非发达地区和远离城市及中心的地区。这些村庄的发展与地方的发展水平并没有相关性，有的几乎就是在相对落后的农业地区拔地而起，独树一帜。在这两类地区，这类村庄的发展十分迅速，有的已经有超过乡镇的趋势，正在成为周边地区新的经济和社会文化中心。（4）无论在哪一类地区，亿元村中实力特别强大的并不能连片形成，也很少有相邻的两个村庄同时成为超级大村的，这说明村庄的发展存在“先发展效应”。

上述亿元村正是本研究观察的基础村庄。

根据亿元村的分布特点和本研究对超级村庄的分类标准，我们确定东部、南部和中西部分别代表集体制经济、股份制经济、家庭工业及私营经济三种发展模式的市（区）作为调查地区，调查涉及的村庄共15个，分布在苏南地区、珠江三角洲地区、福建省和山西省等地。

这些村庄在当地的亿元村中具有一定的代表性，不仅经济实力居于高位，农工副三业相辅，而且村组织发育健全，有的已经具有“准政府”职能，村内各项公共事业发展良好，村民职业实现了向非农的转化，等等，并且大多自然成为周边地区新的经济和服务中心，已经具有本研究意义上的超级村庄的基本特征。

除这些村庄之外，本研究还关注到了几个全国知名的超级村庄，如原大丘庄村、华西村等，对这些村庄分别进行过为期5—10天的实地考察，再如丘二村、刘庄、南街村等，也收集了有关的文献资料。这些知名村庄各自都有特殊性，虽然不包括在我们的个案研究之内，但是对它们的了解，为本研究提供了更为广泛的知识背景。

此外，我们还关注到了一些散布在非发达地区但在当地是屈指可数、颇有名气的相对发达的村庄，如兰州市的大、小雁滩村，山西省的义安村、楼东村等，对这些村庄的了解，也为我们的研究提供了新的背景知识。

2. 个案村的基本情况

本研究选择三种类型的若干个村庄作为个案村，按照学科惯例分别给它们取了学名，其中，以联村作为苏南模式中以集体制合作体系运作的代表村庄，同时还涉及同一地区的北村和塘村以及中西部的贾村等；以丰村作为珠江模式中以股份制合作体系运作的代表村庄；以畔村作为晋江模式中以村政组织与家庭工业和私营企业的合作体系运作的代表村庄，同时还涉及中西部地区的义村等，以做比较和印证。

下面列出的只是三个代表村庄的基本情况，以便读者对本书所涉及的对象有一个大体的了解，而其他村庄的资料，将在各个章节的具体论述中加以罗列。

联村位于苏南地区，是1970年春天围垦起来的一个江边小村，因全村农民分别来自周边多个乡镇，故取名“联”。全村总面积约0.54平方公里，原有耕地644亩，由于工业生产规模不断扩大，90年代时耕地面积已不足100亩，人均约1分耕地。全村下设11个村民小组，有279户，总人口911人，为杂姓村。该村1995年兼并了与之接壤的两个行政村（村有关统计数据尚不包括这两个村），69%的村民已经以非农职业为主业。该村80年代初始办小手工业企业，1984年后，集中办轧钢企业。现全村以轧钢工业为主导产业，另办有水产养殖农场，农户仍保留有责任田。村办钢铁集团公司现有职工1748人，其中外来职工1348人，占77%。全村拥有固定资产1.85亿元，1995年工农业总产值已突破10亿元，其中工业总产值达到8亿元，销售收入达到8.12亿元，利润总额1829万元，利税总额3144万元，是当地经济效益最好的乡镇企业之一。村办企业就其产出能力而言，已经相当于80年代中期国内中型钢铁企业的规模。1994年，村办省级企业集团公司被国家统计局列为全国500家最大乡镇企业第52位，被农业部评为全国1000家最佳经济效益乡镇企业第88位。村内道路、水电等基础设施良好，医疗、教育、文化娱乐设施齐全，商业集贸市场繁荣，是当地有聚集力的市场中心。该村始终以村集体经济为主，同时也鼓励村民发展家庭个体工商业，在苏南模式中具有一定的代表性。

丰村坐落在广东沿海沙田平原，位于珠江出海口东北角，广深公路北侧，在广州东南约135公里，深圳西北约55公里的地方。所处地区自20世纪70年代末建立改革开放的经济特区之后，在中国经济上具有开创性的主导地位。村土地总面积为6.8平方公里，原有旱地930亩，水田800亩，鱼塘500亩，后来随着工业项目增多，城市建设征地，耕地逐渐减少，现已所剩无几。全村下设5个小村合作社，有579户，共2035人。该村为单姓家族村庄，成村已有600余年历史。该村20世纪80年代前无工业史，80年代初在当地率先引进来自香港的“三来一补”对外加工装配业务，目前有这一类加工企业共121家，是村中占主导地位的产业，村办股份公司在当地三家国营企业参股，成为控股公司，村内还有三家村办小企业和一个酒店，后承包给村民个人经营。村民劳动人口已经全部转为非农职业，村中另聚集有各类外来打工人员近四万人，成为具有相当数量的、稳定的、非农暂住人口的超大社区。该村1995年创外汇（港币）1.1亿元，村财收入1.07亿元，集体总资产达10亿元，人均收入1.9万元。村内基础设施良好，各类社区公共事业发达，正在形成当地有影响的金融、商业、文化娱乐、医疗、教育中心。该村不仅是南部对外装配加工业的重要基地，也是南部最早实行股份合作制的村庄之一，特别是它所实行的由多元产权构成的共有体制，在南部具有一定的代表性。

畔村地处闽南地区，从泉州市沿着福厦公路往南驱车 1 小时即可到达。全村面积 2 平方公里，原有耕地 700 余亩，村里开办家庭工厂后，耕地有所减少，现余 600 亩。全村下设 8 个村民小组，有 621 户，共 3302 人，为单姓家族村落。该村是闽南陶瓷的发祥地之一，据说唐宋时代陶瓷业曾鼎盛一时。改革开放之后，村内的传统陶瓷业复又兴盛，形成以家庭和联户企业为主体的“一村一品”式陶瓷专业化生产基地。现村内有两个企业集团公司，57 家企业，均为私营，专门生产建材瓷砖系列产品。1995 年全村工农业生产总值达 2.1 亿元，创利税上千万元，村财收入 140 万元，人均收入达 4000 元。该村原办有 2 家集体企业，后来承包给村民个人经营，目前没有集体企业，但村集体组织健全，掌握村财收入，办有多项社会事业，拥有公用设施、电站、农贸市场、学校、医院等社会服务设施和资产，村组织与企业之间建立有密切的互助合作关系，仍然承担着全村的整体规划建设、社会福利和公共事业以及社会发展诸多方面的责任。该村是这一地区村政与民企有效合作，共同推进村庄发展的代表性村庄。

第二章
宏观社会体系中的村庄与超级村庄

有关村庄与宏观社会体系之间关系的解释，过去一直受到“大社会”中心论的影响，村庄被认为是宏观社会体系的边缘结构，它的发展往往遵循从城市中心到农村边缘逐级扩散的模式，并且作为边缘最末一端的村庄，在工业化和城市化的进程中最终将走向消亡。这种解释模式提供的是一种“大社会”结构化“小社区”的分析框架。新近的成果对边缘地带的发展给予了不同以往的解释，认为边缘地带（或卫星市镇）的衰落或发展都受制于其本身的边缘或卫星地位；今日之最为低度发展，最为落后乃至封建的地区，昔日与都会的关系最为密切；这些地带一旦减弱它们与中心都会的连接，它们的经济发展特别是工业发展反而能够快速起飞。[①] 还有一些研究也从中国改革开放以来“大小共同体”关系的动态变化上，对“小共同体”摆脱了“大共同体”的控制后所取得的发展给予了富有启发性的解释。[②]

我们在这里想要说明的是，农村改革以来，“大社会”与“小社区”关系的动态变化，的确给予最边缘的村庄以新的发展机遇和可能，其中最重要的是村庄有可能以自治的方式重新挖掘、安排和利用本土资源，使自身发展成为社会性格极其复杂的超级村庄，又

---

① A.G. 弗兰克：《低度发展的发展——依赖理论的基本假设》，载萧新煌编：《低度发展与发展——发展社会学选读》，巨流图书公司，1985 年，第 163-166 页。

② 秦晖：《“大共同体本位”与传统中国社会》（下），载《社会学研究》1999 年第 4 期。

有可能以自己为中心，用新的连接方式与宏观社会体系建立较之以往更为密切的联系。

一、村庄资源的截留、开发和非农利用

村庄的资源具有乡土社会的特征，土地和人力构成农业经济和社区生存的基本资源，不仅支撑着农民向土地讨生活的农作方式，而且也凸现出自然经济中人地矛盾的基本内容；村庄中还潜藏着一笔丰富的社会性资源，即社区中特定的社会关系和人际关系网络，它们存在的长时段性和超稳定性，使它们较之社会其他区位关系更加具有资源开发的价值。除此以外，社区组织在中国村庄中也是一笔特定的、可为自治的农民加以利用和运作的社会性资源。

这三笔资源，在村庄非农化的过程中被不断地加以开发和利用，给村庄工业化带来实际的好处和便利，从而转化成为农民在与大社会竞争时可资利用的组织资本、经济资本和社会资本。

1. 土地和人力资源的非农安排

土地资源在转作非农用时具有如下一些特征：

（1）土地是不能再生产的资源，相对于非农需求来说，它也是稀缺资源。在我们所调查的人口密集的东部和南部乡村，当地的土地资源不论相对于农业需求还是非农需求都已是稀缺资源。农业时期，依靠精耕细作，可耕地的面积和产量都已经达到相当高的水平，而人均仍处在一个低水平上。办工业之后，土地对于村庄的意义并不亚于农业时期。由于不能大量地被再生产，非农用土地的价值越高，对村庄资本自我积累的意义就越重要。

（2）土地不会因使用或消费而消失或移位，因而具有常驻性。土地的用途一经转换，就是办工业的基础条件，村庄既有优先利用的便利，也有让土地的非农利用不出村庄的条件。在我们所调查的超级村庄中，土地的非农用化程度很高，除去少量土地在城市

化过程中被国家征用以外，大量的非农利用大多是由村庄自己进行的。

（3）土地所有权具有双重形态，在非农化的过程中，非农所有权实际上向行政村一级集中。按照我国土地法，农村土地所有权具有农民集体（生产队或自然村集体）所有和国家所有的双重形态，双重所有权界限是通过土地的用途来划分的，即土地的农用所有权归农民集体，非农所有权归国家。在非农用土地所有权的层面上，国家政策规定，所有者不得将土地自由挪用于住宅建设和其他非农产业。以后随着乡村工业化的进展，乡镇和村庄对土地的非农用需求增大，为了从宏观上控制土地的使用，又规定了土地非农使用的初级审批权由行政村掌握。初级审批权的出现，实际上表明国家控制权的下移，特别是在村庄非农化速度加快，而国家土地管理机构尚不健全的时期，行政村实际上对土地的非农使用拥有了事实上的控制权和决定权。另外，土地使用一般具有一经转化为非农用地，就不再回流或不再可能作为农田的规律，因此，自然村集体对土地的农用所有权，在非农化程度高的村庄中实际上已不复存在了。这样，就为村庄在行政村一级集体地利用非农用地和实现村政规划提供了可能。

村庄的人力资源，相对于土地和农业来说是充足的或过密化的。从非农化的角度看，乡村工业的发展在一定程度上解决了农业过密化的问题。但是，这里往往有一个误解，认为非农化的人口是农业的剩余劳动力，而实际上，由于劳动力转移的驱动力量是工业与农业的比较利益机制，因此，村庄的人力资源从农业向非农产业的转移，不是按照消解农业过密化的规律进行，即是说，从农业转移出来的人力，从数量上说不是相对于农业的过剩劳动力，而可能是弃农的人力，从质量上来说，转移出的不是不适宜务农的人力，而是农村中的青壮年和文化程度较高的人力和精英。因此，村庄的人力资源在转作非农时具有如下一些特点：

（1）工业优先选择的规则，使村庄里年轻力壮和文化程度较高的劳动力首先转向工业。

（2）村庄劳动力的人力资本投入较低，恰与工业化初期技术含量较低、劳动密集型企业进入村庄形成优势互补。而当村庄积蓄起经济实力之后，大多进行人力再投资，竭力培养自有的人才，以适应产业升级和技术改革的需要。

（3）农村基层干部、文化人和有经济头脑的精英人物，是村庄工业化的首要人力资本。

（4）脱农后的村庄人力仍有兼业的特点和条件，由此形成村庄特有的人力资源蓄水池。

土地资源和人力资源的上述特点，使村庄在工业化过程中具有了如下一些优势：

首先，村庄有可能将土地和人力资源有效地截留在村庄，在村庄内自我开发，用尽用好，这是如超级村庄这一类采用整体非农化策略的乡村社区得以快速发展所不可忽视的一个条件。从这个角度来说，“请工业进村”，实则是村庄在没有外援的自我发展中，强烈地意识到自己的主体地位，一方面积极地开发本地的物资、人力和社会性资源，另一方面有效地阻止它们外流，将它们截留在村庄，以增强自身发展的主动选择能力。

其次，这两种资源是吸引城市工业转移特别是外来资本投入村庄的本钱。在我们所考察的长江三角洲地区，城市工业的加工点办在村子里，其中重要的原因即是利用那里现成的土地资源和廉价劳动力。在珠江三角洲地区，来自香港等地区的对外加工装配业务也大多直接进入了村庄，同样也是为了利用那里廉价的土地、厂房和劳动力。从这个角度来说，村庄不仅有可能将本土的资源截留下来，而且有可能以此为“诱饵”将外部的资源请进、拉进或挖进村庄。

再次，为村庄进行低成本的资本积累奠定基础。村庄在工业化初期，土地几乎是无成本的投入，劳动力的投入也是廉价的，而且能以兼业的方式无成本地、不造成失业动荡地帮助企业根据需要吞吐劳动力。这实际上成为村庄节约投入，进行资本积累的基础。这正是超级村庄在发展初期，有条件与乡镇及其他投资主体竞争并且效益较高的原因之一。

2. 社会性资源的非农利用

村庄拥有的社会性资源，不同于土地和人力等有形资源，它们潜藏在乡村社会结构的脉络之中，包括特定的社会关系、家庭关系、亲属网络，还有种种受感情、信任、承诺及其他文化价值观和道德标准约束的人际关系，等等。这些资源在城市社会中也存在，所不同的是，在乡村社会中，它们具有浓厚的血缘和地缘色彩，具有长时段性和超稳定性，并且是社区性的，以村庄为其边界。

社会性资源有着这样一些特点：它们不为个人所掌握或垄断，是为处于特定关系结构中的所有成员所共享的；它们虽然普遍存在，但只有被加以开发和利用，能带来好处和便利时，才能转化为有效社会资本，在特定条件下，还有可能转化为经济资本；[①] 它们以社会关系作为载体，而社会关系则是一种能够“影响资源分配的资源”；[②] 它们具有情感性，亲密性和排他性，不在关系网络中的人不能够利用；资源、信息、社会支持可以借助它们而运动；[③] 它们还可以滚动和增殖，以“关系的关系”的方式不断再生产出来。[④]

在村庄工业化的过程中，这些资源成为农民手中的一笔重要资本。正如一些社会学研究所指出的，经济行为紧密地依靠着前进中

---

① （美）詹姆斯·科尔曼：《社会理论的基础》，邓方译，社会科学文献出版社，1990年。

② 陈俊杰：《关系资源与农民的非农化——浙东越村的实地研究》，中国社会科学出版社，1998年。

③ 李路路：《社会资本与私营企业家——中国社会结构转型的特殊动力》，载《社会学研究》1995年第6期。

④ 宋林飞：《“苏南模式”的社会机制与经济机制》，载《江苏社会科学》1995年第4期。

的社会关系结构，作为个体的人，并非只关心自己，只会单纯计算最大利润和最低成本；作为个体的人，还拥有一些不为他自己所控制的社会资源，这些构成他们特有的一大笔社会资本。[①]

在我们所观察的超级村庄中，农民利用这笔社会资本，完成着如下一些特殊的事情：

利用它们所形成的社会支持系统，建立保护性的社区经济。这种经济结构可以为农民整体地转向非农提供大社会无法提供和满足的机会，帮助他们提高职业和社会地位，并且形成一种新的非农经济力量，有效地参与到主流社会经济体系中。

利用它们的社区共有性，建立村集体合作体系。在血缘和地缘关系网络下的社会资源，往往是社区性的，具有内聚和排他的倾向，这正是村集体采取社区性的合作行动的社会基础。因此，超级村庄中的村集体合作体系不仅是一种经济结构，也是一种社会结构，一种社区成员间结成的社会支持系统。它在有效地促进经济发展的同时，也推动着村庄社会事业的发展。

利用它们的再生产能力，结成能量巨大的社会关系网络。这个网络的基础是村社区内以血缘和地缘关系为特点的人际关系，采用滚雪球的方式，将村庄结成的各种“关系的关系”向外推展开来。如村干部在地方行政部门或城市单位的战友、熟人、上级，在外工作的亲属或原籍村民，下放的干部和知青，以及由他们再向外推出的各种关系，等等，依靠他们与外部行政体系以及市场体系结成盘根错节的关系网络。

另外，还利用它们影响资源配置的能量，获取其他一些原本非乡土的重要资源，例如体制内的、城市中的或市场中的工业资源、技术、信息、人才、非正式的行政支持、政策优惠以及其他社会性支持，等等。这样，超级村庄就不仅有效地利用了乡土资源，还将

① 周敏：《唐人街——深具社会经济潜质的华人社区》，鲍霭斌译，商务印书馆，1995年，第29页。

乡土资源转换成了大量有价值的非乡土性资源，进而也将社会性资源转化成为经济资本。例如，以投入关系来获取物资资源、金融资本和经济政策（如股票上市额度等）以及专业人才等生产力资源，为村庄求得直接的经济利益，等等。

我们在探讨超级村庄何以能在十余年的时间里，积蓄起如此雄厚的实力，实现如此快速的经济发展时，感到社会资源的上述特点以及村庄对它们的有效开发利用，是应该给予充分注意和研究的。

3. 双层组织结构与基本功能单位

中国村庄具有自然村和行政村的双层结构，其中一类与联村相似，行政村由多个自然村组成，另一类与丰村和畔村相似，行政村与自然村相互重合，因为原本就是一个大的自然村落，往往还具有家族组织的基础。两相比较，自然村是在自生自长中形成的村落，行政村则是外来行政力量强化的结果。

中国村庄作为一级正式行政单位，是 20 世纪 20 年代末以后的事。据近代史方面的研究，华北村庄自治状态的打破是在 30 年代末，那时乡村政权体系逐步完善，国家政权进一步深入到了村庄，使村庄成为最基层的行政单位。[①] 乡村两级的行政设置一直延续到新政权建立，此后虽然为新政权所取代，但乡村作为行政单位的功能却仍然保留着。[②] 50 年代以后，自然村因行政管理需要，或联合或分割成行政单位，便成了行政村。

不过，村庄作为国家计划直接控制的基层行政单位，则是在人民公社体制建立之后。1958 年成立人民公社，公社代替了乡的建制，行政村则名之为生产大队，简称大队。公社体制的作用之一是

---

① 王福明：《乡与村的社会结构》，载从翰香主编：《近代冀鲁豫乡村》，中国社会科学出版社，1995 年，第 4–10 页。

② 费孝通：《江村经济》，戴可景译，江苏人民出版社，1986 年。

保证国家权力渗透到村庄，旨在强化村庄成为一个行政单位，以稳定国家税源，完成城市工业的原始积累。

1984年后又恢复行政村的叫法，但实际上在公社解体之后，乡镇成为国家行政体制的最末一端，已割断了国家与村庄的直接行政联系。村庄作为村民自治的社区，不再是国家和地方行政旨意的执行者，村委会的建立，可以说在一定程度上重新恢复了村庄自治的传统。

那么，村社会的双层结构对于农民的基本生活有着怎样的意义呢？

关于中国农民生活的基本范围和村庄的功能，曾经有过两种完全不同的见解。其中之一是费孝通和黄宗智对村庄共同体的研究[①]，他们视村庄（自然村落）为中国社会最基本的功能单位，在经济和社会生活层面都属功能完整的单位。其中之二是施坚雅（G. William Skinner，1925–2008）关于基层市场共同体的研究[②]，他断定村庄不是中国农民生活最基本的单位，认为这个基本的功能单位是包括数个村庄在内的市场共同体。施氏的研究关注的是20世纪40年代的中国村庄，他虽然走出了村庄，注意到了基层市场对于农民生活的重要性，涉及了村庄经济和社会生活开放的一面，但他否定村庄对中国农民生活的基本意义，却是有待商榷的。费和黄的研究都证明，三四十年代的长江三角洲和华北平原，尽管农民对周边集镇或乡镇有生活上的依赖，但村落仍是农民赖以生活的基本功能完整的单位。50年代以后，自然村从名称到行政沿革都多有变动，但其基本的形态、功能和生活秩序并未受到破坏，无论合作社还是生产队，都从农业生产和生活上进一步强化了它作为基本功能单位的作用。

相对于农业时代农民的生存和生活范围而言，自然村无疑是一

① （美）黄宗智：《华北的小农经济与社会变迁》，第一章。

② （美）施坚雅：《中国农村的市场和社会结构》。

个功能完整的基本的互助单位，而行政村则更多地具有行政管理方面的职能。工业化特别是大工业进入村庄之后，这个基本的生活单位的范围便发生了变化，村民的业缘关系、组织活动和公共生活都已经扩大到行政村的范围，新的公共设施、服务机构、福利设施和住宅等，也以行政村来规划和建设，因为这样更为经济、有效和便利。新的经济组织也往往在行政村基础上组建，因为这样才能集中利用土地和劳动力资源，才有条件形成实力强大的集团公司，对外的信誉和扩展也才更有基础。

可以认为，工业化使行政村作为基本功能单位的作用突出起来。在我们考察的超级村庄中，自然村的非农经济职能已经不完整甚至不存在了。在以集体制方式办大工业的联村，企业集中在行政村，农业大部分是以集体农场的方式管理，自然村不再是一级经济单位，只负有某些行政职能，如传达上级指示、评比文明户、指导少数农户事农等；在实行股份合作制的丰村，自然村虽然是一级资金产权集体，仍有集体收益和分配，但不再是一个可以独立进行经济活动的经济单位，必须与行政村集体合作，才能完成资金股份的经营活动。同时，村民的工作范围也早已突破自然村的范围，村庄居住区规划之后，自然村聚居的传统格局也被打破。现时超级村庄中的自然村更像是一个居民委员会，担负着准行政的职能，处理着村民日常生活中与人际交往有关的各种事务。与之相反，经过村民自治和工业化的改造，行政村反而成为社区性的经济、政治和文化共同体以及对外联络的组织和社区基础。

如果我们关注的是工业化、非农化以及外来力量与村庄内在结构的相互作用等涉及农民现实生活的变迁过程，那么，自然村和更大范围内的经济组织显然都不是一个较为完整的切片了。虽然大多数行政村并不是一个自然形成的“事实上的群体”，却是大工业进村之后形成的更为完整的地缘和业缘群体。这正是我们在研究超级村庄时所不能忽略的基本事实。

二、村庄在宏观体系中的位置及其越位的发展

施坚雅曾经根据他对中国国家行政等级和市场等级结构的分析，把中国分为八个“大区域”，每个都是一个大的经济体系并且与自然地理区域相符合；每个区域也都围绕它的中心都市形成八层等级的“中心地”模式，最高中心地是全国性大城市，最低是一般性集镇。从而，“城市化本身促成了核心地区—边缘地带的差异”，从行政管理、经济的辐射能力、商业的覆盖面积乃至资源、交通、贫富程度和开放性等，都依其中心地等级的高低而递增或递减。[①]施氏因为在这个庞大的体系结构中忽视了村庄的地位和作用，而受到激烈的批评。[②]

施氏对于中国村庄作为社会最基本的功能单位的忽视，无疑是应该受到批评的。无论从村庄作为农民实际生活的最基本的功能单位，还是从村庄作为基层市场的实际参与者的角度，中国村庄实际上都是区域体系结构的最末一端。不过，施氏对中国传统城乡格局所做的归纳，仍有一定的借鉴意义。

从“城—镇—村”宏观体系的角度看，在上述区域体系结构中，传统村庄显然处在边缘地带最末一端的位置上，无论从行政管理的层级和水平，从城市化的序列和程度，还是从经济和社会发展水平上，都是如此。不过我们看到，十余年来，农村经济体制经过改革之后，乡村的发展具有了突破这种格局的条件和可能。

首先，农村改革先行于城市，东南部沿海地区开放优先于内地。这样，就给改革开放较早地区农村的发展先打开了绿灯，使乡村的发展具有以下新的条件和机遇：第一，农村的发展快于城市，必定冲击原有的城乡格局，体制松动产生的间隙，成为农民可以在

---

① （美）施坚雅：《城市与地方体系的等级结构》，《中国封建社会晚期城市研究——施坚雅模式》，王旭等译，吉林教育出版社，1991 年，第 144–159 页。

② （美）黄宗智：《华北的小农经济与社会变迁》，第一章。

其中进行大量创造的空间；第二，事实上的城乡壁垒仍然存在，因此农村地区特别是村庄的发展更多地表现为内部结构的转变；第三，城乡改革上的落差，使乡村相对摆脱了城市的控制，发展的内在冲动和实际水平都远远强于以往。

其次，国家与乡村基层社会的关系发生了变化。其一是村庄实行基层政权组织自治。自治权的建立，使村情特点更加突出，各显其能，村自为政，差不多成为十余年来乡村社区运作的基本方式。由于村庄各自面临的初始发展条件不同，村情各异，因而决定了它们各自有不同的分化方式，不同的收入分配、职业结构、权威体系和意识形态。[①] 因此，村自为政，对村庄的影响是深远的，作为一个政治背景，它是激发村庄内源性发展的制度环境；而作为一种运作方式或体制，它则是促使村庄急剧分化，在拉开差距的基础上培育超级村庄的有效机制。其二是乡村财政权下移。人民公社体制实行"三级所有，队为基础"，基本的核算单位有三级，而执行"准财政"职能的是公社。不过，公社虽然带有最基层政权组织的某些特征，却并不是一级完整的财政单位。撤乡建镇后，国家在一段时期内仍然实行"五级政权，四级财政"的体制，乡镇一级并无实体财政。直到1983年国家改四级财政为五级，财政权力下移，乡镇财政才成为国家财政中最基层的一级，担负起为国家分配、管理、监督乡镇财政收支的重任。但这种财政权下移的影响实际上已经波及村庄，虽然村级经济上缴的管理费是构成乡镇财政的重要部分，某些地方还实行"村财乡管"，但是乡镇对村级财政基本上不能直接管理和控制，这样，村庄的聚财、理财和投资自主权大大增强，有可能在经济高速发展的基础上积蓄起财政实力。其三是国家与基层社会关系的变化，使村庄在一定程度上摆脱了行政体系的制约，有条件利用非正式的关系网络直接进入社会的宏观经济和社会

---

① 阎肖峰：《新时期中国农民独特的分化道路》，载《农村经济与社会》1991年第5期。

体系，与诸多高层行政部门和市场体系直接发生联系。

再次，城乡互动的方式发生了变化。农村体制改革的后果之一就是乡村基层社会的经济和社会利益相对独立化，乡村的发展从依赖于城市的辐射到与城市发生竞争。村庄由于原来就是从城市逐级辐射中获利最少的社区，因而对城市的依赖和受城市工业的制约也就相对较小，在新的互动关系中，它反而可能获利最多。

在上述宏观背景下，村庄若能抓住机遇，充分利用自己本土资源的再创造能力，构筑起保护性的社区经济，就有可能在经济和社会诸多层面上超前地发展，直接地参与宏观经济体系的竞争，打破宏观体系原有的从中心到边缘的发展秩序和格局。事实上，目前东部和南部经济发达地区的村庄，已经有实力实现这种越位的发展了。它们已经超越了乡村工业化初期那种“村村点火”的低水平发展阶段，正在形成与乡镇办、县市办乃至国家大中型国有企业竞争甚至超越它们的新局面。

我们以调查地之一、乡镇企业发达的太仓市的工业经济状况为例。

太仓市工业企业基本经济指标比较

项目	单位	1994年	1993年	+、−%
一、工业企业单位数	个	1030	1031	−0.1
1. 部省工业	个	3	3	0
2. 市属工业	个	130	118	10.2
3. 乡镇工业	个	490	502	−2.4
4. 村办工业	个	407	408	−0.2
二、职工平均人数	人	151439	152436	−0.6
1. 部省工业	人	1677	1808	−7.2
2. 市属工业	人	26989	27108	−0.4
3. 乡镇工业	人	81053	78796	2.9
4. 村办工业	人	41774	44724	−6.6
三、产品销售收入（不含税）	万元	1534609	—	20.3

（续表）

项目	单位	1994 年	1993 年	十、一%
1. 部省工业	万元	2987	—	11.1
2. 市属工业	万元	191746	—	22.7
3. 乡镇工业	万元	846236	—	19.4
4. 村办工业	万元	493640	—	20.9
四、利税总额	万元	83519	75020	11.3
1. 部省工业	万元	375	372	0.8
2. 市属工业	万元	14352	10390	38.1
3. 乡镇工业	万元	41941	40614	3.3
4. 村办工业	万元	26851	23644	13.6
五、利润总额	万元	48484	40370	20.1
1. 部省工业	万元	247	268	−7.8
2. 市属工业	万元	7352	5433	35.3
3. 乡镇工业	万元	23171	21531	7.6
4. 村办工业	万元	17714	13138	34.8
六、年末固定资产原值	万元	402931	334288	20.5
1. 部省工业	万元	4362	2682	62.6
2. 市属工业	万元	102232	83985	21.7
3. 乡镇工业	万元	222245	186496	19.2
4. 村办工业	万元	74092	61125	21.2

资料来源：《太仓市国民经济主要统计指标（1994 年）》，太仓市统计局编，1995 年 3 月。

从这组统计数据可以看到，村办企业的个数和职工人数都有减少的趋势，特别是职工人数减少的幅度比乡镇工业和市属工业都大，但其经济效益指标却大多有所提高，增长的幅度全部超过乡镇工业，销售收入、利税总额和利润总额的增长也都超过部省工业，并且分别比乡镇工业的增长高出 1.5、10.3 和 27.2 个百分点。这说明，村办工业的超前发展局面已经形成，正在向高效益、高产出和高技术过渡，很显然，村庄经济已经不处在发展水平的最末端了。

在这些村办企业中，产值过亿元的已经有 14 个，其中 2 亿至 5 亿元的有 3 个，8 亿元以上的两个，最高的已达 9.88 亿元。[①]

经济的持续增长和高效益，也为这些村庄社会事业的发展提供了财力上的支持，它们中有许多在社会经济综合发展水平上已经超过周边乡镇，已经成为我们所说的超级村庄了。

三、超级村庄的基本特征及中间形态[②]

超级村庄，是研究者为这类发达村庄所起的学名[③]，它的基本特征大致可以归纳为：

第一，已经形成以乡镇企业为主体的非农经济结构，工业产值和非农产值已占村庄全部产值的绝大部分，成为产值过亿元乃至过十亿元的发达村庄。

第二，已经形成稳定的可用于村政和公共事业的村财收入。村财政的形成使这类村庄的政权建设和各项公共事业有了财力基础，村政的功能也随之完善起来，已经具有初步的“准政府”的村政结构和职能，如经济的、仲裁的、村政的、福利保障的结构和职能。

第三，村社区的经济组织已经不是一个以本社区为边界的封闭型经济组织，而采用了现代集团公司的模式。它们不仅迅速向村庄以外扩展，经济的触角已经伸向城市、海外，甚至以参股的方式渗透到大中型国有企业，成为其他公司的合作者或投资者，而且村公司也往往吸收村域外的经济合作伙伴或者投资入股者，经济网络边

---

① 《太仓统计年鉴（1995）》，太仓市统计局编，1996 年 4 月。

② 该章是“超级村庄的兴起与新型城乡关系”课题的阶段性成果之一，曾发表于《社会学研究》1997 年第 6 期。

③ 参见王颖：《社会转型的层级结构分析》；折晓叶：《社会转型的结构性要素分析》，载陆学艺、景天魁主编：《转型中的中国社会》，黑龙江人民出版社，1994 年，第 130–164 页。

界是开放的。[①]

第四，村社区的人口成倍增长，聚集了大量的外来劳动力，有的已超过村民人口总数的几倍乃至十几倍。虽然外来人口大多是打工者，与村民有严格的社区身份上的差别，没有永久居住权，流动性很大，但是外来人口作为总体，已经有较为稳定的规模，成为村社区的“准居民”。

第五，社区内部已经形成以职业和身份多元化为基本特征的社会分层结构。由于这类村庄的村办工业、基础设施和公共事业与城市有着相当的同构性，因而职业结构也极其复杂。虽然非农化是这类村庄职业结构的基本特征，但与其产业结构相一致，村里尚存在着农业车间或农场工人、专业养殖大户和种粮大户。又由于村内聚集有大量的外来非农职业人口，村籍作为新的社区身份的特征加强，对超级村庄的社会分层体系也有着十分重要的影响。

第六，村政设施和公共事业发展迅速，村民的生活方式和文化价值观念发生了巨大变化，一种新的生活方式和价值观念正在形成。村社区已经发生了自然城镇化，大多已经超过周边乡镇的发展水平，成为地方事实上的经济、文化和社会服务中心。

具有上述种种特征的村庄是如此不同以往，那么，它们究竟变化和发展成什么了呢?

作为一种新的社区形态，超级村庄存在的方式既不同于传统意义上的“乡”，又不同于现代意义上的“城”，而是表现出诸多的中间性特征。可以看到，超级村庄既以企业或企业集团的方式存在，又保留有典型的村社区特点；既是自治性的民间社会，又执行着“准政府”的各种职能，还在国家与农民的关系中起着中介的作用；既是工业化的社区，又保留着乡土社会的某些生活秩序和原则，表现出非城非乡又亦城亦乡的特点。因此，“超级村庄是什么”

---

① 折晓叶:《村庄边界的多元化——经济边界开放与社会边界封闭的冲突与共生》，载《中国社会科学》1996 年第 3 期。

就不单是一个新的常识性的问题，也是一个值得研究的理论问题。怎样给超级村庄在社会结构的体系中定位，它的未来发展前景如何，成为需要进一步探讨的理论和实践问题。

1. 作为企业或公司的村庄

超级村庄发展的启动过程是工业化，因此，从村庄转型为企业组织，是它完成的最基本的一种变革，经过十余年的发展，至今大多已经成为集团公司。

集团公司不仅是村庄新的形象，也是村庄实际上借以生产、经营和管理的最基本的组织形式。在一些村庄里，公司集党政企权力于一体，村委会往往作为集团公司的一个分支机构，主管农业和村政事务，村财政也是公司财政的二级核算单位。有的村庄中，农业部分干脆就是企业的一个车间或农场，生产、经营和管理也是以企业的方式进行的。从这个意义上来说，村庄就是一个企业，是以企业或公司的方式存在的。

从变迁的角度看，村庄与企业之间的关系，大体上正在经历从村办企业到企业办村再到村企分离的变化过程。

在这里，村办企业不仅是指企业产权的归属关系，也指以村庄的方式办企业。超级村庄早期正是在这个过程中将村组织的结构引进企业组织，并且由于“党支部书记—董事长”“村长—总经理”这类新的社会身份的存在，这种结构一直在起作用。

而企业办村，一方面指管理方式上的一些新变化，另一方面也指企业经济实力强大后，成为村政事业的财力后盾，村政事务的所有费用均由企业支出的现象。超级村庄的企业在管理方式上虽然非常接近于城市企业，但实质上还是不同的，它对村社区负有不可推卸的责任和义务。尽管在一些村庄已经可以看到企业与村庄在管理上相对分离的趋势，但是企业与村社区的关系仍不同于城市单位与其职工居住社区之间的关系。

首先，村民是企业的所有者，但不一定是企业的职工，而企业的职工却又大多不具有村民身份，企业必须首先为全体村民承担义务和责任，企业的目标中也必须包括有村庄发展的多种目标在内。

其次，这种多元的目标体系与城市企业的“办社会”不同。它的收益分配政策的覆盖面主要不是企业的职工而是全体村民，它不是以收益再分配的形式让职工同时享有福利保障，而是让村民以财产所有者的身份直接享有财产收益。目前，企业对村庄和村民主要承担以下责任和义务：

（1）以拨款方式支付村庄建设和村内一切社会事业的费用，特别是支付农业科技、机械和服务体系发展的费用。在企业与村庄相对分离的村庄里，由企业按年将一定比例的企业纯收益拨给专理村财的机构，由村委会统一规划使用；在没有分离的村庄，则以实用实销的方式支付经过村组织核实的各项费用。

（2）村民应缴纳给国家和地方的所有税赋，一般都由村企业统一支付，村民不再承担任何外来的税费。

（3）以工补农，扶持村内尚存的农业生产并在社区内部消除工农业剪刀差所造成的差别。目前可以看到的做法主要有：以奖农金鼓励和补贴农业生产者，以土地股分红或补地金的方式偿还被征土地的收益，以农业车间的方式组织农业生产，以企业工资的形式支付从事农业者的报酬等。所有这些方式的基本目的是将村庄里仍然务农者的收入与企业工人基本拉平。

（4）给村民以福利和保障。超级村庄里的福利和保障种类多样，程度各异，归结起来主要有三类。一类是基本的生存保障，由土地保障转型而来，由于土地的相当部分已经用作非农业，土地对于村民的终极保障的作用已经由稳定的集体再分配取代，一般以人平分配的形式替代日益减少的土地收益。人平分配一般由村办企业支出，形式多样，有现金分配，也有实物分配，还有集体为村民统一办理的社会保障以及各种优惠待遇和福利等。参加分配的人一般必须在土地承包时承包有集体的土地，未承包者（一般是自愿放弃承包的长期外出户）和新进入者（一般是婚嫁者和新出生者）则需酌情处理。即使在那些没有集体企业却已工业化的村庄里，村组织也以各种方式的分配替代村民原有的土地保障。在有的村庄，村组织甚至将国家支付的征地费存入银行，作为本金用以保障全村人口的基本生活，每月将利息按人均分配给村民，其数额大体可以买足一月的口粮。另一类是带有扶助、奖励和补偿性的福利，这部分福利不是以人平分配的方式，而是以扶助老弱病残、奖励上进和救助困难为目的来分配的，包括医疗津贴、老人津贴、敬老院制度、奖学金制度等。还有一类是公益性的福利，也以企业的收益支付。从上述意义上说，超级村庄的企业又是社区性的，是村庄与企业杂交的产物。

在这里，值得考虑的一个问题是，企业作为法人组织，具有与社区不同的行动目标，具有与市场相对应的独立的资源、利益和义务，那么，它又怎么能与作为社区、对应于村民的村庄合为一体呢？这种合一的状况维持的限度是什么呢？

这是一个需要对非农企业的社区存在方式专门加以讨论的问题。我们在“社区经济”一章中将对此展开详细讨论，这里只指出，办在村庄里的企业不同于一般的乡镇企业，更不同于一般意义上的企业组织，它的行动目标中，社区发展一直是终极目标之一，并且在村庄成为一个非农社会经济区之后，社区的主要目标也在相当程度上仍然与企业达成一致。社区与企业在资源配置上的相互配合，一直是企业降低成本，获取高效益的保障，因而两者之间的配合至少在超级村庄的村办企业中是成功的。不过，在这些村庄中我们也看到了村企分离的现象。

村企分离，是企业办村的演化形式。近年来，一些超级村庄的企业组织迅速向村域外扩展，有的组建了集科、工、贸和投资开发于一体的省级企业集团，包括有跨城乡、跨行业、跨部门、跨地区的多种企业；有的已成为由多元产权主体构成的股份有限公司，股权中包括村集体股、村民个人股、国有企业股（村公司为控股公司）和社会股。村企业组织与行政组织从目标到所对应的空间，都发生了分离。前者的目标需要更集中于经济效益，所对应的是市场空间，而后者的目标需要更集中于社区的规划、建设、利益调节和管理，所对应的是地域空间。有的村庄在村委会名下成立了正式的村财政所，由村总公司每年按比例将总收益中的一部分一次性拨付给财政所，由村委会统一规划，专门用于村社区的基础设施建设、社会事业及村民福利。不过，由于超级村庄都实行党政企合一的领导体制，村企一体，仍是它特有的社会组织形式。

2. 作为“准政府”的村组织

按照我国基层政权设置方式，乡镇政府是行政体系的最末一端，行政村则是一级群众性的基层政权自治组织。在一般村庄里，村组织的结构大体是一样的，党支部和村委会是其基本的组织形式，外来行政体系赋予它们的基本功能是帮助村民实行“自我管理、自我教育和自我服务”。

与一般村庄不同的是，在超级村庄中，伴随着经济的迅速发展、人口的大量聚集和社区生活的日益复杂化，需要一个代表公共利益、职能多元化的社会机构。村组织具有长期的行政经验和专门的职能机构，又受到国家行政体系的认可，自然而然地担当起这种职能，因此，超级村庄的村组织比以往任何时候都得到了充分发育。在村组织基础上发育的某些机构，已经在某种程度上具有了地方政府的结构和职能，所不同的只是没有一级正式的地方政府机构设在那里，没有为之赋予相应的外在的行政权力。

超级村庄的村组织已经具有如下一些方面的政府职能：

（1）制定社区政策，实施经济发展目标，规划和建设社区公共事业。这些村庄大多制定了中长期的经济与社会协调发展规划和战略。

（2）具有乡村司法意义的民事调解机构和治安保卫机构，其中民事调解机构不但处理村庄内部的民事纠纷，而且处理企业内部的劳资纠纷，有的还聘请专业律师专门处理村庄与外界的经济和司法纠纷。治安保卫组织也已经由“一个治安主任劝架”发展成为一支专业的治安保卫组织，不但装备精良，训练有素，有的还与地方公安部门驻村的派出所联合形成保卫村庄的治安网络。

（3）具有财政拨款的能力，设有聚财、理财、借贷意义的财政和金融机构，这些机构在村内企业的财力支持下，不但有实力直接向村政事业拨款，而且具有为企业扩大再生产融资的能力。

（4）推行社区协调、平衡和公平政策。调查所及的超级村庄，都推行“有差别的共同富裕”的社会目标，即村集体内部不但允许差别，而且鼓励依据贡献不同，在收入和待遇上拉大差距，但同时又制定有各种救助贫困、帮助致富、平均机会，以及在收入上实行“上不封顶下保底”等提高最低收入线的社区政策，并且依靠村财的支持发展公共消费和福利事业，以提高村民的绝对生活水平。

（5）制定社区福利和保障政策。福利是超级村庄经济成果的共享形式之一，也是村政功能的重要目标之一。村庄的福利往往直接参照城市单位的做法，名目和形式基本分不出差别，有的福利化程度甚至高于国营企业，由最初的水电免费供给或发放退休金、养老金等，发展到后来的十余项非货币供应的福利，如：免费供给水、电、煤气、粮；免费入幼儿园、上小学；发放入学奖励、养老金、独生子女费、军人补贴；享有公费医疗或医疗保险；甚至将农业税和各种上缴费用的减免也列入其中。不过，村庄福利政策总的特征是“补”而不是“包”，是保障而不是炫富。新的合作体制鼓励村民依靠投资获取高收入，主张村民按照各自不同的能力发家致富，而福利主要是以扶助老弱病残，奖励上进和提高村民的整体生活水平为目的的。以“补”为内容的福利，显然也是实现“有差别的共同富裕”的一种积极的村政政策。

（6）为村民创造充分的就业机会，也是超级村庄村组织首要的和最直接的社会目标之一。村组织的职能优势在于，它不仅可以通过直接办企业的方式创造大量非农机会，而且可以在村内制定安置村民就业的政策。这些政策往往是以户为单位，以机会均等为原则的。即使没有村办企业或村办企业不能充分吸收村民就业，村组织也制定有各种鼓励村民自己创业的政策和措施。

村组织的上述职能和作用，虽然已经是典型的“政府职能”，不过它们不是“法定”的而是“群定”的，不是行政的而是自治的。

3. 作为“拟城聚落”的工业村

工业革命之后，城市的兴起和发展无疑是以工业化为主要条件的。任何地方，一旦有了工业，就有了城市兴起的契机和征兆，但这并不是一个充分条件。可以看到，超级村庄在外部景观上已经拟城化，也具有了相当的城镇功能，特别是已经形成了聚集非农产业和人口的功能以及地方中心的作用，但是，在内部组织构造、生活方式和人际关系等方面，还不具有典型的城镇意义，目前完成的只是向工业村的延展。而这些“村社会”的结构和特征，仍是它持续发展的生命力之所在。

首先，超级村庄仍是一个相对封闭和独立的小社会，它的生长和发展并未正式纳入地方城镇化的政策体系。20 世纪 90 年代之后，尽管超级村庄得到了地方越来越多的肯定，但是在很大程度上它的发展仍然具有很强的自发性与民间性。在一些地方，虽然城镇化政策已经对这些村庄有所涉及，但由于目前并没有形成能够兼顾国家、地方和村庄权利的土地流转政策和制度，依靠地方行政推动的城镇化政策在村庄的实施仍有一定难度；一些地方实行的土地股份合作制，虽然对于促进土地的规模化经营和社区成员的职业流动以及城镇化建设具有一定的作用，但这种制度仍以法定的村庄土地集体所有权为基础，土地的非农使用照旧是以村庄为边界。因而村庄的自然城镇化过程实际上仍然是自生自灭的，行则突破地方城镇化的格局超前发展，不行则萎缩、破产和解体。从这个意义上来说，自然城镇化的过程仅仅使村庄完成了向工业村的转型。

其次，作为“村社会”的超级村庄，其结构与“城社会”仍然有相当的不同。一是农业与超级村庄始终有“剪不断，理还乱”的命脉相连关系。二是超级村庄在其经济结构逐步开放的同时，在社会结构和文化上仍然保留着相当的封闭性。这种封闭性在某种程度上类似于城市以单位为边界的集团性分化造成的封闭性[①]，所不同的是这种封闭性在村社区文化的支撑下，以土地所有权支配下的地缘关系为基础，其资源和利益的流动是以村庄为边界的。权益不出村造成的村庄与外界的壁垒，与城市社会集团性的壁垒一样，共同构成中国城乡社会结构变迁的两大基本问题。三是超级村庄在相当程度上仍然保留着村社会的组织结构、行为原则和人际关系准则，在某些领域中，它甚至还是起主导作用的关系模式。从这个意义上来说，它更像是一个"拟城聚落"。

4. 作为城乡之间的中介社区

工业在村庄生根后，原有的村庄破裂了，出现了非城非乡又亦城亦乡的中间特征。在社区形态上，它成为兼有城乡特点、联结城乡关系而又具备独立运作功能的新型社区。

首先，它本身成为城乡结合体，从乡这一方改造了原有的城乡分割格局，在村社区内部实现了城乡关系的融合，缩小了城乡差别，在这方面它有着类似于小城镇的性质。它通过乡镇企业把城市工业、科技、资金、设备、原料和人才与农村劳动力、土地与闲置资金紧密结合起来，同时又通过与城市的联营、协作或自我推销和经营，将其产品推入市场——开始是农村市场，以后逐渐进入地方、区域乃至全国性的市场，从而使城乡之间建立起一种内在的经济联系。这种联系既是实质性的经济协作和合作，又具有平等竞争的关系。由于超级村庄以自身的经济实力参与合作和竞争，在这种关系中基本摆脱了对城市的单纯依附。

其次，它自身作为乡一方新的经济、文化和服务中心，成为城

---

① 北京大学"社会分化"课题组:《现阶段我国社会结构的分化与整合》，载《中国社会科学》1990年第4期。

乡社区联结的中介。它通过社区日益扩大了的“业缘”关系，把村庄与跨城乡、跨区域、跨行业、跨所有制、跨行政区划乃至跨国的企业、公司和各类组织联结起来，打破了城乡、条块、所有制乃至国别的界限。

再次，它本身表现出非城非乡又亦城亦乡的中间特征。一方面，它主要的生产方式、人口的职业构成、社区的基础设施和服务机构、组织系统的复杂程度以及建筑人文景观，都已经类似于城市而有别于以往的乡村，从这个意义上说，它是城镇的一种“准形态”。另一方面，它在产业上仍然保留着农业，建有农业基地和优质的特产农业，村民中还有相当多的人在工业与农业之间兼业，或者在工业出现季节性间歇、转产、停业时还会返回农业。因而，工农业之间的剪刀差在村社区内部通过工业的收益补给农业，在村民家庭内部通过有人务工有人务农，从而成功地得到了调整和缩小，在村社区内部成功地改变了工业与农业分割以及工业剥夺农业的历史。

超级村庄的产业大多仍然是工农副相辅，并且建有贸、工、农一体化的集团公司。集团公司作为三种产业利益的统一代表，依仗工业和贸易的高额利润，积极推行以工补农、以工建农、以工促农的社区政策，将工业积累的资金部分返还给农业，以促进农业的发展。返还的方式则根据土地集中程度或农田承包方式的差别而有所不同，如有的由集团公司集体经营，统一投入，有的以“奖农金”“建农金”等方式支付给承包户；同时，一般还有大量的资金投入农田基本建设、农业服务体系、农业科技改造和特产农业的培育等方面。超级村庄对农业扶持的积极性，一方面源于它的农村社会和农业产业基础，“以农为本”仍然是占统治地位的社区意识，而且土地和农业对于大多数超级村庄来说仍有保障的意义。另一方面，大多数经济发达地区已经将土地变成了水泥路，在粮食生产日益减少的情况下，农业实际上已经再次成为有利可图的产业。在调查所及的村庄，差不多都有在村域外再次投资农业的打算，有的已经在产粮区购买土地，准备生产和经营农产品，有的已经以扶贫的方式扶植农业村庄，发展自己在村外的农业村。

可以预见，在20世纪90年代中期以来出现的新的“农业热”中，财力雄厚的超级村庄必定成为这类投资的中坚力量。经过几年的努力，超级村庄有望通过自己的投资和发展农业的实际经验，成为城乡之间、工业地区与农业地区之间新的粮油经营者。此外，目前唯有在超级村庄这个特殊形态的社区中，集团公司才能作为工农业利益的统一代表，才有条件和可能在本社区内把工业利润无条件、无报偿地返还于农业。

显然，超级村庄作为城乡关系格局中的新型要素，无论与城一方还是与乡一方都有了不同以往的关系。我们将这种新型的带有中间特征关系的稳定形态称作“非农社会经济结构”，在社区类型上将它归纳为“非农社会经济区”。

5. 作为国家与农民之间的中介领域

国家与农民的关系，是研究乡村变革时始终无法回避的问题。本研究关注的是它们二者发生关系时以何作为中介领域，即它们实际在哪里相遇的问题。以往的相关研究关注过村组织要素，如乡绅、村长、家族①以及自然村落、行政村②在其中的作用。在这里，我们关注的是改革时期村集体特别是超级村庄的村集体合作体系在其中的作用。

在改革前的国家与农民关系中，村集体即处于法定中介的位置，“国家、集体与个人”是这种关系的基本格局。不过，改革前以公有财产关系和共同劳动为特征的集体经济，由于受到计划经济的严格控制，并不存在理论上所表述的那种纯粹的集体经济关系，

① （美）杜赞奇：《文化、权力与国家：1900–1942年的华北农村》，王福明译，江苏人民出版社，1994年，第57页。

② （美）黄宗智：《长江三角洲小农家庭与乡村发展》，第178页。

而是一种依附于计划经济、为国家工业化和全民经济服务的集体经济。集体组织实际上更多地认同于国家，而农民对集体则缺乏基本的信任和归属感，不但与集体财产相结合从事共同劳动的积极性不高，而且一部分农民也会同样参与对集体财物的侵占和蚕食。因此，集体作为二者间的桥梁作用是十分有限的。农村实行家庭联产承包责任制后，这种关系格局发生了两个方向的分化。

一是公社行政体制和村集体经济解体，村庄组织在经济和行政两个方面的职能都大大削弱，个体农户与国家在更高的行政层面上相遇。例如在许多地区，农业税赋由乡镇的征粮机构直接从农民的上缴粮款中扣除，或由乡镇的有关机构根据造册上的不足数额直接下到村庄，由村组织协助补征，等等。此外，在传统的集体经济组织解体后，无论经济领域还是社会领域新的中介组织都尚未发育成熟，没有新的组织能够替代原有集体的中介作用，这也使农民与地方政府在多个领域中直接相遇，引起各种新的问题。

二是在乡村工业化过程中，新型的村集体合作体系在超级村庄中发育成熟，它的基本类型中不仅包括原有集体制未彻底解体的合作形式和以村集体为主导的新型股份制合作形式，也包括分散经营的民营家庭企业或个体企业与村组织之间的合作形式。这种合作体系，由于以村集体为核心和主导，既利用了传统集体保留的行政资源和政治意识，与国家行政体系之间有着天然的联系，又由于行使自治权，在产权关系上具有完全的独立性，组织职责也由主要对上级行政负责转变为主要对村民负责。这种新型关系，使它有可能真正成为发育成熟的中介领域。不过，有一些研究对于农村社区精英集体的行为趋向是否能够向民回归提出质疑，认为基层社区精英有可能在官民之间形成一个实体化的阶层，从而前后不着边，既不代表国家政权，又不反映基层民意。[①] 这的确是当前农村基层社会发展中一个值得研究的新问题。这个问题与具体社区的自组织状态和

① 张静：《农村基层政权研究的若干问题》，载《中国书评》1996 年第 5 期。

社会结构严密完整的程度有关，这实际上决定着村庄精英角色转换时的立场和取向，当然这种软约束发挥作用的条件还有待观察和研究。

在我们所观察的超级村庄中，农民再组织的程度较高，村庄内生的社会结构保持着完整性，村民的利益仍然集中在村内，并未被地方市场分散地拉向村外，同时，村民对社区事务的参与程度较高，因而社区精英作为村集体组织的代表，便难以完全不顾社区利益而径自发展精英集团的独立利益，他们在策略上会更多地着力于发展村集体与社区各种力量之间的合作关系，更倾向于回归村民社会，成为基层社会的民间统治精英，并且让村集体合作体系成为联结国家与农民的中介领域，从而规避“两头都不着边”的政治风险。

具体来说，首先，村集体合作体系是农民集体地争取国家体制资源的中间桥梁。在现有体制下，农民创办乡镇企业只依靠个体的经济活动难以完成，还需要挖掘乡村社会的社会性资源，依靠集体的合作行动来完成。从这个意义上来说，村集体合作体系就不仅仅是个体制偏好问题，也是农民在处理与国家和政府关系中所采取的理性的经济行动和社会行动。

农民借助合作体系寻求的体制资源主要有：政策支持，如国家对集体经济的各种优惠政策、各种地方行政审批文件等；政治待遇，如政治意识形态方面的支持、村庄和村干部的行政级别待遇（如在苏南发达村庄有可能升格为“党委村”）等；经济资源，包括正式的市场机构控制的经济资源，如原材料、销售渠道、科技项目和技术转让权、股票上市额度、银行贷款等。在争取这些资源时，村集体合作体系较之村民个人或家庭有更多的优势，更易于为正式的体制和机构所接纳，它既可以利用原有的行政体制关系，在制度性空间内获取一定的支持，又可以利用非行政性组织的身份，在非制度性空间里积极地创造。

其次，村集体合作体系是国家以新的方式介入乡村社会的中介。农村实行家庭联产承包责任制和村庄自治之后，国家对乡村基层社会的介入方式和程度，一直是理论界和政策管理机构关注的问题之一。关于新政权建立之后国家介入乡村的方式，已有研究指出，新政权虽然没有把国家机关延伸到村庄一级，但是国家机器借助另一种非正式的国家权力机构党组织来进行领导和管理。在生产大队一级，党支部替代了国家政权组织，并且党组织一直延伸到每一个自然村落。[①] 注意到这一特点，仍然有助于我们分析集体制解体后国家如何介入乡村的问题。换言之，有无集体经济或集体组织实体，并不是考虑这个问题的关键，关键在于以党支部为核心的村组织是否还发挥有效的作用。固然，我们可以对自治条件下村庄权力结构的实际内容加以讨论，但是，不论其自治程度多高，党组织系统作为外来权力对村庄的影响和作用都是不可低估的。因此，“党支部建在村里”是研究国家与乡村和农民关系时所不可忽视的问题。

在我们所考察的超级村庄中，以党支部为核心的村组织无疑是权力的正式中心和农民再组织的主导力量。这也是我们可以在那些没有集体经济和集体组织实体的超级村庄里发现有合作体系在有效地促进村庄发展的原因所在。此外，党政企在村庄层次上有效地合为一体，也是我们研究国家介入乡村方式时应特别关注的问题。在我们所考察的超级村庄中，都实行党政企高度合一的管理体制，这个合一的体制，正是国家和地方的政权组织、行政力量和各类法人组织与农民发生联系的中介，而国家对村庄的介入也就通过这个体制来进行。

在这种关系格局下，国家和农民在村集体合作体系这个层面上切实地相遇了。超级村庄的村集体合作体系处理着农民与国家之间的如下一些问题：（1）代替农民上缴国家税赋和地方税费。采取这种替代方式的，不仅是那些将农民的承包土地集中使用或转作非农使用的村庄，即使在农民仍然承包有土地、从事家庭农业生产的村

① （美）黄宗智：《长江三角洲小农家庭与乡村发展》，第 178 页。

庄，也实行这种方式。一些超级村庄兼并了周边村庄后，实行的第一个优抚待遇就是免除承包户承担的国家税赋和地方税费。这个政策对于农民来说，接近一种福利，而对于国家和地方政府来说，则改变了与农民相遇的方式。在税（费）赋上，村集体合作体系成为二者实际上的相遇点，国家和地方政府不再直接与农民发生关系。（2）替代农民与国家和地方政府部门打交道。村集体合作体系是村庄自治条件下，农民在利益互惠原则下的再组织形式，是农民从分散化到再合作时共同利益的直接代表者。他们与国家和地方政府以及外部世界的各种关系，都依靠这个新的合作体系来处理，包括涉及土地、房产、税费、市场等方面的经济利益问题，也包括涉及社会服务、劳资关系、治安、村际关系等方面的社会利益问题。

由于超级村庄在社会特质上具有上述种种中间特征，我们难以为它在既定的社会结构中定位，因而也就自然地引出了它究竟只是变革或转型时期的一种过渡形态还是一种可持续形态或者说是一种新型的结构要素的问题。回答这个问题还有待时间的验证和理论上的深入探讨。不过从超级村庄发展趋势来看，上述中间特征虽然是村庄在急剧变革时期集中形成的，但带有深厚的乡土社会基础，并不是一项行政政策和某些规章制度就可以改变的。并且，正是由于它们的存在，超级村庄才在十余年中处于一种持续发展的状态。只要超级村庄发展的制度背景和经济条件不发生根本性的变化，中间特征仍然使它有可能利用两种体制互补、城乡互补、村企互补的优势，持续而稳定地发展。除此而外，这些中间特征的存在，也正在对城乡关系以及国家与农民关系的发展产生着积极的影响。从中值得我们深思的是，中间要素作为一种新型结构要素，可能正是未来中国社会结构变迁的一个重要内容。

第三章
社区经济

工业在村庄生根，并且成长为一种新的非农社会经济结构，是超级村庄经济生活变迁最重要的内容之一。由于工业进入村庄，本身造成了分散化，从经济聚集和规模效益的角度来评估，对它的批评始终不绝。不过，今天我们面对的，已经不是什么工业该不该进入村庄的问题，而是工业和非农经济为什么能够在村庄生根，以及这一类非农经济是不是一种纯粹的经济现象，离开了村社区它还有没有生存的可能性等问题。

我们注意到，无论赞成还是反对兴办乡镇企业的人，几乎都承认所谓“城市聚集效益”，在乡镇企业的发展过程中，提倡改变乡镇企业布局分散状况的呼声从未中断过，许多研究者曾反复指出乡镇企业尤其是办在村庄里的乡镇企业的种种不经济甚至消极作用。尽管如此，十几年以来，分散于村庄的村办企业并没有因此停止发展，也极少出现向原有城镇集中的趋势。出于经济布局合理化或利益最大化的考虑，许多人曾提出乡镇企业向小城镇集中的建议，许多地区也提出将乡镇企业向小城镇集中的发展战略，在已有的镇区及邻近区域建立工业小区，试图使乡镇企业向现有的城镇集中。但是，尽管各地区几乎都将工业向小城镇的集中作为发展目标之一，然而在实施的过程中，几乎所有的地方政府均从实际情况出发，采取了变通的策略。

我们在调查中看到，许多县市、乡镇在划定工业小区或开发区，提供各种优惠政策的同时，除了在原有城镇的周边地区建立工业区之外，又在许多工业已经比较发达的行政村域内，划定了相当一部分工业小区。从布局上看，这些小区仍然是相当分散的，不过它们自身却在产生着增长极化效应，不仅将自己的工业和非农产业留在了村庄，而且把其他一些外来经济力量拉进了村庄，有的规模甚至不比乡镇周边的工业区小。

那么，引工业出村的举措，包括各种优惠政策，为什么难以成功呢？原料来源和产品销售都与村庄无甚联系的企业，为什么有可能集中而不去集中，做工的人可以择地而居，迁移无碍，为什么有可能走却不走，这就值得问一问了。工业固着于村庄的原因很多，其中最值得注意的是那些可以使经济优惠政策都难以发挥作用的各种社会性因素。看来，非农经济的进村或出村，都不是一种纯粹的经济现象。

村庄里的各种非农经济活动已经构成了一种很特殊的经济类型——社区经济。

社区经济是在从计划经济向市场经济转型的过程中从村社区内部产生，它有着深厚的乡土基础，但早已不是过去乡土社会中自给自足的自然经济；它与外界市场有着密切联系，但又与市场经济的其他类型有明显区别。它具有相对独立性，有自己的内部经济结构、劳动力市场和经济调节机制；它又具有相当强的乡土性，与农村社区居民自治有密切的关系，尽管在经济上已经深深地参与了宏观经济体系，但仍以村社区为基本利益边界。社区经济的重要特征之一，就是在结构变革过程中将大量的乡土社会关系带入新的结构之中，而社区经济自身正是在对乡土社会资源的充分开发和利用的基础上发展起来的。

一、非农经济的社区存在方式

工业和其他非农经济进入村庄之后，村社区除去具有农村地域性社会共同体的某些特征外，还包含了大量的非农经济要素。村社区不仅意味着行政区划、共同的地域或共有的文化，也不仅意味着向土地讨生活的农业互助单位，而且还是为市场目的而运作的非农生产和经营的聚集地。这样看来，在传统的有着严密社会关系结构的生活聚集区内，实现非农生产和经营活动的聚集，是超级村庄的重要特征。

1. 以社区为基础的生产和经营

聚村而居，是我们所研究的这类社区经济最基本的社会基础。从历史成因上说，“农民聚村而居的原因大致说来有下列几点：一、每家所耕种的面积小，所谓小农经营，所以聚在一起住，住宅和农场不会距离得过分远；二、需要水利的地方，他们有合作的需要，在一起住，合作起来比较方便；三、为了安全，人多了容易保卫；四、土地平等继承的原则下，兄弟分别继承祖上的遗业，使人口在一地方一代一代地积起来，成为相当大的村落”。[①] 这种聚居方式原本就是农业生产和经营的基础。

对于超级村庄来说，聚村而居就不仅具有生活上的和农作上的意义，而且具有非农生产和经营方面的意义。因为聚村而居与一般的聚居不同，它可以提供一般的聚居方式所不可能提供的土地资源、土地所有权和土地保障，提供人力资源、兼业劳动条件和家庭保障，提供社会性资源、社会支持系统和社区保护，并且这些资源和保障世代承袭，具有相当的稳定性。我们在前面已经说过这些资源和保障对于村庄非农化的意义，从社区经济的角度看，取资于村，同样也是非农经济安身立命的基础。

土地、厂房和物业。在苏南等地区，村办工业初期进入的大多是规模较小的手工业，许多都利用了公社时期留下的大食堂或仓库做厂房，对土地的非农需求是伴随着产业在社区内不断升级和再创造逐步加剧的。在珠江三角洲地区，外来的加工业进入村庄，一开

---

① 费孝通:《乡土中国》，生活・读书・新知三联书店，1985 年，第 4 页。

始就对土地提出了非农化的需求，因为专业化的标准厂房需要适量集中大片土地。村域内的土地虽然已经分散到各户，但集体所有权明确，易于集中，可以直接转型为厂房和物业，于是那些具备了交通和其他基础设施的村庄，就比其他社会单位有更多引进工业特别是大工业的便利条件。

工业区和生活区。聚村而居，可以使工业区域就在村庄原有聚居的区域边上直接扩展出来。原有的居住区不但可以直接为生产提供劳动力，在生产进一步扩大后，还可以为外来工提供居住场所。在几个调查村中，都可以看到从传统生活区向工业区自然延伸的区位上的变化，由此可见，这种便利曾使村庄节约了大量因工业聚集而需要付出的工人居住区的建设费用，因而也成为工业化初期村庄比乡镇更有条件低成本引进工业的原因之一。不仅如此，这种聚居方式还进一步为非农经济在村庄存在，提供了兼业劳动的条件和可能性。

工农兼业。兼业方式是乡镇企业得以生存和发展的重要社会经济条件之一，不仅在企业发展初期，即使在今天的超级村庄，也仍然具有产业自然调节、就业风险保障等作用。兼业方式在超级村庄中，不只是劳动方式，也是村庄内部劳动力市场存在的一种方式。兼业方式对居住地和工作地之间的距离有一定要求，一般在村镇之间和村域内才有兼业的可能，而村社区可能是更适宜于兼业的地域环境。除去地域环境外，兼业方式存在的更深层原因，在于村庄社会结构方面的特征。关于乡村传统经济结构的可融性和农工相辅的特征，已有深入细致的研究。[①]这种本来就对农工相辅留有余地的传统经济结构，是以乡村内部生长出来的家庭手工业和兼业的方式为基础的。在村庄工业化初期，苏南大部分村办企业仍然有效地利用了这种传统经济结构的特点，将那些资金投入较少、劳动密集、

---

① 费孝通：《江村经济》，戴可景译，江苏人民出版社，1986年；沈关宝：《一场静悄悄的革命》，云南人民出版牡，1993年，第112页。

可兼而从之的工业企业引进了村庄。

不过，发展到现时的乡镇企业，早已超越了家庭手工业和兼业的阶段，而在苏南以外的那些素来并无传统手工业或是手工业甚少的乡村，也存在大工业进村的现实。那么这些既不能纳入国家计划体系，又不同于传统家庭手工业的乡镇企业，办在村庄的基础何在呢？可以看到，村庄传统社会结构的某些方面对工业具有很大的可融性。

第一，兼业不仅体现了乡村传统经济结构的经济合理原则，也体现了传统社会结构的社会合理原则。在兼业的劳动人口结构中，村民乃至外来打工者仍将土地和农业看作最终的生活保障，在工业上，用时则来，不用则回，对企业没有终身保障的要求。

第二，村庄内的兼业是以户为单位的，家庭内部在农工商业上自有合理的分工，工农业的剪刀差和以工补农在家庭内部就得到了初步调整。家庭仍然是农民工得以生存的保障单位。因而在劳动力剩余的条件下，村庄中一方面存在着兼业的劳动方式，另一方面还自然存在着非兼业的潜在劳动人口，这些正是非农经济的生产和经营活动赖以存在的社区基础。

土地、人力和资金在聚居基础上的结合。土地、人力和资金的结合，是办工业最基本的条件，而这些条件在乡村工业化初期，都潜藏在村庄里。土地归村集体所有的体制，使村集体可以与农户协商让利后，将土地直接收回，派用于工业。村民异地流动的风险和成本过高，也使绝大多数村民仍然留在村庄，他们更易于接受村庄精英倡导的自办工业，实现集体向非农转移的主张。家庭联产承包责任制的实行，增加了农业积累，并且藏富于民，在那些实行股份合作制的村庄，最初的工业启动资金就是依靠村民集资而来的。正是这样一些条件，使已经发展成为超级村庄的村庄，在办工业初期比乡镇更占有优势。

社区集体合作方式。非农经济大规模地集中在村域内，也是利用村庄传统集体组织方式和社区社会关系资源的结果。虽然集体组织方式在所有权制度上不如私营方式明晰，但是传统社区内部在这种集体组织方式下，却有自行解决内部冲突、合作处理问题的能力。[①] 聚村而居，使这些组织资源更易于动用，在村社基础上建立的长时段的信任结构也更为稳定可靠，超级村庄村民的整体非农化，就是在聚居基础上实现集体合作行动的结果。

2. 以社区为依托的产业再创造

村社区的工业化是在原来农村社区内部条件不断成熟的条件下开始的，非农产业发展所需要的资金主要来自社区内部的农业或手工业积累，大多经历了由农业—手工业到低水平的工业再到现代工业的发展过程。在这个过程中，引进城市工业只是工业化的第一推动力，而工业借助村社区的支撑不断再创造，才是发展的本质内容。

联村是 20 世纪 70 年代在长江荒滩进行围垦后由移民建立的村庄，建村后一直以种植水稻等粮食作物为主业。村民来自附近的四个乡镇，大多是家庭生活比较贫困的农民，因移民过多，人均耕地仅七分多，大队成立不久，就成为远近闻名的穷队。1973 年，为解决村中的困难，曾经在上级的支持下办了一个织布厂，为上海一家公司加工包装布。织布厂当时有 14 台小织机，二十多个工人。据回忆，这个织布厂除了解决二十多个劳动力就业之外，没有给大队带来太多的利益，几年后就关闭了。

党的十一届三中全会后，联村农业经营类型首先发生了变化，从单一的粮食经营转向多种经营，他们利用靠近长江滩涂的自然条件，将沿江的三百多亩低洼地改造成鱼塘，发展淡水养殖业。到第二年，淡水养殖业盈利 8000 元，这实际上是联村的第一笔集体积累。在此基础上，联村开始发展工业，1980 年至 1984 年期间，先

---

① 参见马丁·维茨曼和许成光，转引自周雪光：《西方社会学关于中国组织与制度变迁研究状况述评》，载《社会学研究》1999 年第 4 期。

后办了水泥预制品厂、水磨石厂、光学仪器厂、玉石厂、家具厂、花边厂、花砖厂等。联村在 1984 年以前所办企业的资本与技术含量都非常低，如光学仪器厂工人不足十人，只有一些极为简单的设备，名为光学仪器厂，实际只不过为上海的一个厂加工门镜，玉石厂、家具厂、花边厂等也都是手工生产，一些生产工具还是村民自己带去的，实际上与家庭手工业没有太大的区别。这些企业起初都与附近的大城市或城镇工业有不同程度的联系，但这种关系并不是城市工业为自己发展的需要向外的扩散，而更多是村民为自己的生存与发展千方百计引进来的。为了引进这样的工业，村干部动员了自己的全部社会资源，如与村书记在同一部队中服役的战友、会计的表舅以及人托人介绍来的外地师傅等。生产的组织方式也与过去农业及手工业的组织方式十分接近，如采取记工分红等分配方式，总之与现代企业相去甚远。但这些小企业不仅为联村后来的发展积累了资金，更重要的是，过去以农业为主的农民们开始学会如何进行工业生产，如何将自己的产品推销到市场上去，如何找到工业生产所需要的原料；同时，他们通过生产和经销，大大扩充了自己的社会网络。

村庄内部条件的不断成熟，后来成为联村社区经济发展的重要基础，到 1984 年，村组织断然决定关掉这些手工生产的小企业，集中资金和精力投入钢厂的建设。同样，轧钢厂也是从最初仅 15 万元固定资产的小企业，一步步发展为总资产 6.2 亿元、固定资产 3.3 亿元、在同行业中较有实力的中型企业，而且组建了省级企业集团公司。

畔村的发展过程虽然与联村不同，但也可以见到类似的情况。他们从农村传统的手工业制陶业起步，不断积累资金，进行技术改造：企业由制作生活和生产用的粗陶到生产高档的建筑陶瓷，由使用以柴草为燃料的土龙窑到使用以煤为燃料的倒焰窑和多孔窑，再到以燃油、液化气为燃料的辊道窑，在产业积累的基础上，生产方式不断发生着变化。

上述产业再创造的过程，显然利用了村社区的几个有利条件：一是社区固有的乡土资源，如土地、人力和社会性资源；二是社区内部的产业积累；三是村社区的自治权。在这些条件支持下，村庄将乡土性资源有效转化成了非农资源，降低了产业积累的成本，在社区内部实现了产业的升级、调整和合理布局。这样的产业再创造，离开了社区的经济和社会支撑，几乎是不可想象的。

3. 以社区为基地的经济扩展

经过十余年的发展，超级村庄的非农经济活动空间在本村域内几乎达到了极限，向村域外扩展似乎是进一步发展的必由之路，因而一直在加剧。不过，我们看到，在不断向外扩展的活动中，实际上存在着两个内在的逻辑。一个是万变不离其村，不管经济活动的边界扩展至多大，村庄都是生产和经营的核心，不但主体的经济活动离不开本土的地域空间，而且域外经济依靠本土经济提供担保、调节和保障。另一个是经济扩展的边界并不是无限制的，除去受制于自身的经济实力和其他体制的或市场因素的制约外，还受到社区意识、社区支持系统以及社区保障等因素的制约。

首先，我们看看已经扩展出去的是些什么。

加工点。超级村庄一般都在本村域内形成了某一种主导产业，产业扩大以后，有条件的就开始向周边村镇扩展。扩展出去的一般都是初级加工点，生产加工的核心部分设在本村，大多不会转移出去。塘村的制鞋业开始向外扩展时，设在镇上和邻村的加工厂仅负责一个配套产品如塑料底加工或一道加工工序，后来有的逐渐发展成为受本部控制的成品生产分厂，有的一直只是半成品生产分厂。这种扩展方式可以集中产业，达成协作，避免同业竞争。

销售网。超级村庄的生产加工点多安排在周边村镇上，销售网络则根据原料和产品类型，可以一直扩展至全国各地的大中城市。联村的主要产品是钢材，销售网已经覆盖华东地区包括上海、苏州、杭州、南京、南通、无锡、衢州等大中城市，畔村的建筑陶瓷产品的销售网点也已经遍及全国多个大中城市。这些网点把村内加工基地生产的产品推销到大市场，有条件的还在当地购置房产，挂牌营业，它们与村内企业保持着最密切的联系，既是村内企业的推销员，也是市场行情的晴雨表。联村在华东地区的销售网点，每1—2日就要派人往返于村点之间，销售与生产之间保持着密切的联系，以销定产，以销促产，使这个村办集团公司的产销率近年来一直较高。

参股经营。丰村是南部实行股份合作制较早的村庄，在具备一定的经济实力之后，就开始尝试在村域外特别是在城市扩展产业。经过几年的努力，除去购置房地产外，还以投资入股作为向外扩展的方式，先后在深圳的三家国营企业购买股份，分别成为控股公司。

商贸公司。超级村庄向外扩展的另一种方式是在地方开辟的开发区内开办商业贸易公司。商贸公司的业务比较灵活，不一定与村内的主导产业发生联系，哪样赚钱干哪样，但如果村内产品品种优良，信誉较高，有可能打入国内市场或国际市场，商贸公司便以经营自己的产品为主。联村在当地最大的港口开发区内开办的商贸公司，就以本村的优质钢材产品为主要经营内容，力图打开国际市场。

办事处和经营部。有能力的超级村庄大多根据各自经济活动的市场范围，在地点适宜的大城市设有办事处和经营部。联村在上海的办事处和经营部设在浦东开发区内，那里不但是钢材经销的大市场，而且是新的经济信息中心，设在其他城市的销售经营部也兼有办事及收集经济信息的业务。丰村设在深圳市的办事处地处商贸金融中心，除去一般性的办事业务外，主要的任务是金融公关，每年定额完成一定数量的借贷款任务。这些办事处和经营部在当地都有稳定的业务和公共关系，是村内产业的信息窗口。

目前，生产性产业扩展出去的尚不多见，已见到的只有极不稳定的房地产业。显然，已经和可能扩展出去的，是村域内生产基地的经济触角。

其次，我们再看看扩展出去的能不能站住脚。

丰村在90年代初期开始向外扩展时，曾经在海南省海口市和广东省惠州市、东莞市、中山市等地置办有房地产或工业科技园区。经过几年的经营，目前大部分产业已经收缩或处理掉，只留下设在东莞市与其连宗的另一个村庄里的房地产，等待深圳地区有可能再度复苏的房地产热。

村域外房地产的收缩，与近年来地方房地产业的普遍不景气不无关联，但是，这些办在域外的产业，一方面失去了村庄在地方经营多年的关系网络，遇到问题难以处理，另一方面失去了本土社区内的产业调节和互补的支持，因而难以为继，这也是收缩的重要原因。

丰村办在村域内的商业房地产，虽然也同样受到了冲击，但是村公司及时调整内部产业政策和投资分红比例，以其他产业的收益对经营商业房地产的分公司给予适量补贴，使它得以暂渡难关，而且总公司还为它确定了“暂不盈利，保本经营”的策略，使它不至于倒闭。而对在海南省置办的房地产，却因无力惠及，最终使其以赔本告终。

村庄经济向域外扩展与否以及扩展的程度，显然与主流经济给不给它域外生存的空间，它能不能利用本土提供的种种便利和社区内形成的经济保护不无关联。另一个例子发生在联村。尽管村办钢材集团公司的经济触角已经伸得相当远，集团公司的领导成员中已经有相当一些人不是本村村民，他们也曾感到仅在联村的范围内难以实现他们更宏大的抱负，但他们以及他们创办的事业却从未离开过联村这个社区环境。联村的生产发展到目前的水平后，曾多次考虑向外发展的问题，但始终未能下决心在本社区之外再开办实业，仅在外面发展了一些商贸事业，其主要原因也在于担心一旦失去社区的依托，又没有域外生存的经济空间，便会丧失原来发展中的种种优势。

最后，我们再看看已经发生了集中化和物业化的村庄，还有没有可能“弃工”。

我们在讨论乡土资源非农利用时说过，土地在经过非农利用即转换为厂房和物业之后，一般就不可能再复转作农用。在工业化地带，村庄的大片土地变成水泥路面后，恐怕已经永久地失去了再度耕种的可能，即使工业化失败，村庄也难以再选择从事农业的生计，因此将工业和其他非农产业的主体或基地留在村庄，也是村庄在这种情形下最明智的选择。

目前，大部分超级村庄仍然在探索向域外扩展的形式和可能性，已经扩展出去的尚不稳定，能不能以及用什么方式在域外长住，仍然是一个有待时间验证和理论探讨的问题。在目前的经济体制下，超级村庄以投资为形式的对外经济扩展无疑是十分困难的。另一种经济扩展形式是兼并村庄和域外办村。兼并村庄不仅仅是村庄在经济方面的向外扩展，它同时也改变了原来村庄的行政边界，扩大了村庄的整体规模。

在我们调查所及的村庄，也已出现兼并经济落后村庄或域外办村的现象。如联村、北村等村各自都兼并了相邻的村庄，华西村则在东北和西北地区建立了新的华西村。兼并采用的主要形式是与周边经济落后的村庄合并，被兼并的村庄成为超级村庄的一个部分，统一调配使用土地和劳动力；被兼并村的村民可以享受超级村庄村民的全部或部分社会福利。在许多地区，出于扶贫的需要，发达村庄兼并贫困或经济落后的村庄受到了政府的大力支持，其中有些甚至有相当强的行政命令色彩。超级村庄之所以主动提出或接受政府的兼并建议，除了帮助落后村庄脱贫致富的考虑外，多数也是出于自身经济发展的需要，尤其是工业发展对于土地和劳动力的需要。因此，可以将村庄兼并看作一种新的经济扩展形式，兼并的结果使超级村庄的土地面积与劳动力成倍增长，缓解了土地短缺对经济扩展造成的限制。不过，对于社区经济来说，这种改变原有社区边界的经济扩展也必然会带来新的问题。由于我们调查的超级村庄的兼并活动都是刚刚开始，以目前掌握的资料还难以对这一问题进行深入的讨论。但是，这无疑是值得我们继续追踪观察的重要现象，它对于社区经济的研究可能具有重要意义。

4. 以社区发展为目标的经济行动

我们在前面讨论企业与村庄的关系时已经指出，村办企业与城市的各类企业乃至乡镇办的企业都不同，它对村社区负有连带的责任和义务，企业目标中包括村社区发展的多种目标在内。这正是非农经济依托于社区而存在的基本属性之一。

社区经济的目标主要在于本社区的发展。联村 1996 年度计划投入村社区建设的费用达 1200 多万元，其中包括拓宽和新修道路，建集贸市场、村委会办公楼、卫生院、学校、排灌站、村民住宅及村民公墓等。丰村的年经济收益中 70% 以上转为村财政收入，专门用于村政建设和社区内经济项目投资。畔村虽然以家庭企业的方式经营，但民营企业都对村政建设负有不能推脱的责任和义务，村里各项社会事业和基础设施建设投资中，民营企业的捐助占有相当大的比例。

由于多元化目标的作用，在社区经济运作中市场原则并不是主宰一切的，社区内部的社会关系和人们之间的长期利益关系往往起着实际的调节作用。村社区在经济上追求的不是绝对利润的最大化，也不是单纯的经济目标，而是以保障村民利益为前提的相对利润的最大化，同时还包括社区公平、社区发展以及让村民共同富裕的社会目标。因而，在村庄经济发展的过程中常常需要抑制或牺牲一定的经济利益，通过村政功能的作用，让村民人人都能分享到村庄经济发展的实惠。

丰村在实行股份合作制初期，有两部分村民没有投资。一部分是对股份合作制持有怀疑态度，害怕个人资产被充公和平调的村民，另一部分是并不富裕，拿不出多少钱投资的村民，大约占 45%。股份合作分红的第一年，村民的收入就因有无红利而出现了很大差别。这时，如果采用抑制股本的权利来避免收入差别，就意味着扩大企业的劳动成本，缩小其利润部分，以减少红利。这既不符合企业经营目标，也损害投资者的利益。在村域内，村政的调节功能只能以不损害高投资者的信心和对无投资者实行保护为原则。村组织决定暂时放缓企业投资（尽管这些向“三来一补”企业的投资，在当时可望获取高额利润），先从村财中拿出一部分钱，以人均 5000 元对无投资者实行“贷款入股”，以有偿借贷的方式，实现投资机会的公平。借贷者起初每年的红利都用于还贷，大约五年后可以还清。还清后，贷股转为自有股份，获取红利分配。这种运筹资金的做法，显然是出于实现社区公平的社会目标。虽然这种做法以牺牲当前的经济利益为代价，却使村庄在工业化的过程中，得以取信于村民，吸引了村民的资金和劳动力，迅速实现了土地、资金、劳动力和其他社区资源向大村（行政村）的集中，从而完成了村庄的原始积累和扩大再生产，建设了村政设施，发展了福利事业。

二、社区经济的内部结构

非农经济的社区存在方式，决定了社区经济的内部结构具有内向聚合力的特征。这种凝聚力来自两个方面，一是建立在共同的文化，习俗基础上的乡土社会关系，这是建构村庄社会共同体的前提条件，另一个是建立在土地集体所有权基础上的经济利益关系，这是建构村庄经济共同体的前提条件。这两重关系对于社区经济的形成和构造都具有决定性的作用。

1. 以土地集体所有权为核心的共有产权结构

社区经济与村庄以往的集体经济不同，它不一定采取集体制的方式操作和经营，也不一定只存在集体所有权一种形式。从调查所及的超级村庄来看，内部产权主体和产权形式已经有多元化趋势，但是，无论产权特别是所有权结构多么复杂，社区内都存在一种共有产权形式和结构，它仍然以土地集体所有权为核心，并且通过各种方式将村内其他分散化的产权关系与社区共有产权联系起来。

丰村的社区共有产权结构最为典型。丰村举办的股份合作组织中，村民的股份主要由土地股、集体股和资金股三部分构成，其中，土地股是村民以有价偿还的方式将所承包土地的使用权再次归还给村集体，集体股是在土地股基础之上的扩展股份，二者都是参加集体人平分配的依据，只有资金股才是入股社员实际投入的有价股份。这种在集体（土地集体所有权）与个人（资金所有权）双重股权基础上形成的共有权体制，在保证村集体公有经济占主导地位的条件下，承认个人所有权，允许集体经济与其他多种经济成分共存，对生产资料共同占有。

这种社区共有制度主要建立在三种所有权基础之上。

一是个人财产所有权。个人财产所有权的特性是，权利可以转让、继承、赠予和抵押，但不能清退，其终极权利归村集体所有。因此，这种个人所有权不同于私有制基础上的个人所有权，它是在生产资料共同占有基础上重新建立的个人所有权，即共有之下的个人所有。

二是集体财产所有权。丰村在重建集体经济时，形式上仍然保持了公社体制下的二级集体所有权，即小村集体和大村集体所有权。所不同的是，小村集体已经被改造成为股份合作社，大村集体则被改造成为股份经济联社，二者之间在行政关系上仍然保持上下级关系，但在经济关系上已成为相互独立的经济实体。“各小村的固定资产永远属于该小村所有，大村不得占有其股权。”[①] 村集体财产的所有权由各级集体组织掌握，其所有权只在名义上平均到成员，实际上是集体不可分割的整体财产。集体财产所有权还体现在通过签订长达 40 至 50 年的契约来实现自己的终极所有权。这种终极所有权，实际上是个人财产与集体财产以股份形式结合而成的一

① 引自《丰村经济联社章程》，非正式出版物，1991 年。

种新型的集体所有权。

三是社区财产所有权。随着集体经济的发展，村社区形成了自己的村财，这部分财产是两级集体经营所得利润中预留的部分（一般是 30%），属于全体村民所有。村财由村委会掌管，主要用于村社区的福利事业，凡具有村民身份者均可享有。

在上述所有权基础上建立起来的共有权体制，显然是法人成员共有，其共有性体现在多元产权主体共同占有生产资料，在产权上集体所有、法人企业所有和个人所有权相互不可侵犯，又共生共荣；在经营管理上共有共营；在权责利上共享共担。因而，财产的占有方式也发生了根本性的变化，村民不再自然地占有社区资源和财产，占有者必须以股东的身份参与其中，必须有资金的投入和劳动的投入，才能完整地、充分地享有村社区的所有利益。村民共有，一方面体现村民对社区资源、集体财产和股份联合公司财产所有权的全面的共同占有，另一方面体现村民对社区利益的共同占有。从本质上说，村民共有是在新的联合基础上形成的社区所有制。

在实行集体制的联村和以家庭工业和私营企业为主的畔村，虽然社区产权结构与丰村很不相同，但也都存在着以土地集体所有权为核心的社区共有产权形式。例如在联村，无论村民是否在村办企业中工作，作为“分田人头”，都是社区共有产权的享有者，可以享有集体给予的补地金和奖农金。在畔村，虽然没有集体经济，但每个家庭企业或私营企业都与社区公共财权有内在的联系，它们既是公共财的当然纳税者，也是公共财的所有者和收益享有者。关于这种产权关系的形成和意义，我们将在后面章节中详细论述。

2. 以非农为主、农工相补的产业结构

在超级村庄这样的非农社会经济结构中，存在着以非农为主的产业结构。这里我们以工农业产值和就业比例作为描述产业结构的指标，以联村和丰村为例：

联村和丰村工农产业结构及劳动人口结构（1995年统计数据）

村名	工农业		工业		农业	
	总产值	总人数	产值（%）	人数（%）	产值（%）	人数（%）
	（亿元）	（万人）	（亿元）	（万人）	（万元）	（人）
联村	8.02	0.20	8.01（99）	0.18（90）	114（01）	193（10）
丰村	1.84	3.01	1.80（98）	3.00（99）	433（02）	1000（01）

从产业构成和就业结构来看，超级村庄都已经形成了以工业为主的非农经济结构。不过，农业和其他非农产业的比重虽然微弱，但是在社区经济中却有着重要的平衡作用。社区的领导机构始终负有调节不同产业间关系的责任。

在我们调查的联村，主导产业为钢铁工业，在主导产业之外还发展了外向的贸易业和服务于本社区及邻近社区的第三产业，同时还存在大量小规模的家庭手工纺织业。这些产业的发展，不全是工业带动的结果，有一些是作为工业的补充产业而存在的，比如家庭织衣业，就是对钢铁业不能满足妇女就业需求的一个补充。另一方面，农业仍然是非农社会经济区产业结构的重要组成部分，在联村始终是对钢铁业市场不稳定而且潜伏着大起大落危机的一种必要补充，甚至具有就业保障和终极保障的作用。

实际上，村组织始终通过调节农业与其他产业的收入差距，来保证农业的发展，从而也为工业提供了支持和保障。在这些村庄，工业与农业之间不仅存在以工补农的单向支持，也存在农业对工业的支持和补充。

同样，在以个体经济为主的畔村也存在着类似的结构。畔村除以建筑陶瓷为主导产业外，村内还有村集体经营的变电站，有银行、旅社、商店、集贸市场等第三产业，同时也保留了原有的农业。

不同的是，这两个村采用了不同的调节方式，联村对属集体所有的产业采取类似于公司内部分配的办法来进行调节，而畔村则通过类似于税收的村财收入来调节。

在我们去过的其他一些超级村庄，也都存在内部复杂的产业结构，由于社区经济构成了经济共同体形态，因而可以由统一的社区权威组织（村集体合作体系）根据市场行情及时进行平衡和调节。在一些村庄中，不同产业都有所发展，还有着产业互补的意义，比如当某个产业由于市场的原因处于低谷甚至破产时，尚有其他产业可以支撑，甚至从其他产业的发展中补回社区因前者失败而遭受的损失。

3. 以社区公平为手段的收入分配和调节机制

社区经济中，产业间的收入差别是通过收入的再分配来调节的，这种再分配包括直接的收入分配和间接的福利分配。

在联村，直接的分配是用以工补农的形式实现的。1985 年村办钢铁企业发展，工业收益相对稳定以后，村民每种一亩地，村里发奖农金 700 元，同时免缴一切税费；种苎麻，每亩补 200 元；种桑和养蚕，每张蚕纸补 200 元。

补贴多少，一般要参照工业上的个人收益，原则是使村民中从事农业经营者的收入（补贴加农业收益）大致与从事工业生产者的收入相当，有时为了鼓励从事农业，这个收益还要略高于从事工业的收入。

社区的福利则包括由村里出资的合作医疗、免费或低收费的幼儿园和中小学教育、村民养老金及困难户补助等。丰村已经基本上没有农业产业，村民中除去个别养殖专业户之外，已经没有从事农业者，村公司对村民收入差别的调节是以保障村民人人都有股份投资，以集体对村民实行人平分配、村民福利等政策，不断提高村民的绝对收入水平来实现的。在以私营经济为主的畔村，情形又有所不同，村集体名下没有企业组织，并不能在产业之间、企业之间实行直接分配和调整，补贴和调整是以福利性的分配为主，分配形式多种多样，如直接分红、由村代缴全部税费、实物分配等。

应当指出的是，无论是何种形式的分配，分配依据的都是社区成员身份，也就是说，这种分配不是普遍针对目前居住或工作于本社区的人，而是仅仅针对具有正式社区成员身份的人。对于绝大多数人来说，社区成员身份是一种先赋的地位，是由于出生于本社区或与本社区成员缔结婚姻关系而得到的。社区身份是社区内所有资源分配的重要依据，尽管社区经济对村民和外来人口都提供了就业机会，但社区内的分配政策和就业政策却是首先让社区成员受惠的。

4. 保护性的内部劳动力市场

社区经济形成的同时也形成了社区内部的劳动力市场，这个劳动力市场为本社区内的村民和进入社区的外来农民提供了较为充分的非农就业机会。

对于具有社区身份的人来说，这个劳动力市场是保护性的，首先保证本社区的村籍居民就业，为村民提供受保护的职业和升迁途径，帮助他们得到在社区以外不容易得到的管理类和技术性职业，以保障他们集体流动到相对较高的职业地位上，获得优厚的待遇和较高的声望。村民中已经成长起一个企业家和管理者的职业群体，他们宁可投身于村庄的企业而不到外界去谋生，主要是因为村社区为他们参与社会竞争和提高社会地位提供了更为有利的条件。我们可以从村民现有职业结构看到这个特点（见第八章）。

对于没有社区身份的人来说，这个市场是竞争性的，他们可以通过竞争达到一定的职业地位，但有些职位对于他们来说是封闭的，他们几乎完全没有可能获得这些职位，如主管会计等与财务有密切关系的职位。在收入方面，他们只能得到工资收入这部分，而不能参与社区户籍居民的其他分配。

随着社区经济的发展和向外扩张，社区内劳动力市场日益开放，但村籍居民与外来人口之间的流动壁垒仍然存在。外来工人的流动性相当大，并且大多是跨区流动；而村籍居民的流动主要在社区内部，流动频率远不及外来工人。当外部经济环境不好或内部经营出现问题时，首先受到威胁的是外来人口，他们的职业很不稳定，不能享受就业方面的保障。

从社区经济的结构性特征中我们可以看到，社区经济目标包括以下几个方面：首先，它不是单纯追求经济增长，而是以整个社区的发展为目标，因此除经济领域的活动外，社区投入很大的力量发展公用事业和公共福利事业。

第二，解决本社区劳动力就业是社区经济的重要目标，农村最初发展非农产业的目的，一个是提高农民生活水平，另一个就是解决剩余劳动力的出路，因此社区经济对社区正式成员的就业提供了相当多的保护。

第三，再分配以调节社区内收入差距为目的，以保障每个社区居民至少能维持最基本的生活，并逐步实现共同富裕。

第四，由传统农业经济发展起来的社区经济，重视协调工农业生产，努力防止农业萎缩。这一方面是因为上级政府部门仍把这些非农社会经济区当作农业社区，并规定了大量农业社区的任务；另一方面是因为社区自己也始终视农业为安身立命之本，是躲避市场风险的最后保障。

第五，培育新的经济力量以进入主流经济体系。社区经济为农民转向非农提供了外部社会无法提供的机会，让他们整体地谋求新发展。社区经济使村民及其社区作为一个整体面对外部世界，以克服参与大社会竞争时的软弱无力，最终形成一种新的非农经济力量，一种能够为乡镇企业和农民进入社会大体系、参与国内和国际市场竞争提供渠道的经济和社会结构。

三、社区经济的相对独立性与开放性

超级村庄的经济活动虽然依存于社区，但并不完全囿于社区，具有既相对于社区又相对于主流经济的独立性。在这里，我们仍称占国家经济主导地位的国民经济为主流经济，就目前而言，它既指以国营大中型企业为核心的国民经济系统，也指享有国家体制内资源配置的国民经济系统，与此相对应的为非主流经济。当然，目前主流与非主流经济的实际格局，因为乡镇企业在国民经济总量中占有的比重大大提高而有所变化，不过出于分析和比较的需要，我们仍然在原有的意义上使用主流经济的概念。

社区经济虽然根植于社区的地域环境，但它的非农生产和经营活动，一开始就不只是为满足社区需要，也是为市场目的进行的，这个市场也不只囿于地方市场，它已经扩展至国内大市场，像联村的钢铁产品和畔村的建筑陶瓷产品，都是为国内大市场而生产的；甚至扩展进国际市场，如丰村的“三来一补”企业那样，一个小范围的村庄内经济，就是为国际市场生产产品的外向型经济。即使是那些伴随工业进村而发展起来的第三产业，一开始是为社区日益增多的人口服务的，以后也随着服务能力的增强，逐渐转变成对外服务的产业，服务范围不但有扩展的趋势，而且服务能力增强，使许多超级村庄具有了地方中心的地位。

因此，这类社区经济首先在生产经营上是相对独立于社区的，其次就企业的法人组织身份来说，也是相对独立于社区而与大市场相衔接的。作为法人组织，它的经济活动领域不再受通常意义上所说的地方性的限制，而在区域间的市场上与其他法人组织频繁接触，丰村的股份公司甚至参股到地方的国营企业中，经济生活已经打破了原来乡村经济各自孤立的生活圈子。

另一方面，社区经济相对于主流经济来说，也具有相对独立性。它虽然日益深入地参与主流经济的活动，但就其本质来说，只是主流经济的边缘结构，仍然是地方性的非农经济力量。它既不受国家的也不受地方的财政支持和产业政策保护，具有农村社区居民自治自营的性质。这种性质虽然使它缺乏国家和地方的行政支持和产业保护，但也不受其限制，这使它有条件灵活运作，不失时机地抓机遇，利用主流经济可能提供的时机和条件，发展自己，壮大自己。

从这种意义上也可以说，20 世纪 90 年代中期以前乡镇企业发展的最重要优势，与其说是能利用市场机制，不如说是能摆脱行政控制。无论是私营型（如温州）还是集体型（如苏南）乡企，在这一点上似乎是共同的，在不发达与发达地区这一点也基本相似。[①]

联村办轧钢企业的例子，就能够说明这个问题。联村人能够在一个江边小村成功地创办轧钢企业，正是在摆脱了主流经济的制约和大社会的行政控制后，不失时机地抓住了三次国民经济发展高潮带来的机遇的结果，按照联村人的说法是“机遇面前，人人平等”。联村的总结中记录了这段经历：

> 1985年，在我们轧钢厂创建之初，刚刚转入正常运转之时，就赶上了国家经济发展高潮的到来，全国钢材市场出现了价格迅速反弹、销量急剧上升的好势头。我们通过努力，开足马力抓产出，广开渠道促销售，全年实现利税近200万元，因此，才能在1986—1987两年连续扩建了两条生产线。1988年，由于国家金融政策的松动，在全国出现了基建高潮，国家建设、地方基建、农民私人建房全面上马，导致国内钢材市场上货源紧缺，供不应求，而我们新建的两条轧钢生产线又刚好进入了正常生产状态，再加上我们的联营单位确保了原材料的供给，而且价格比较低，因此，我们全力以赴抓生产，全年共生产建筑钢材2.2万吨，而这时市场价格已从去年的1200元左右不断上升，至10月底已经达到2200元/吨，不到10个月，吨钢价格增长1000元，这种情况虽属不正常的经济现象，但是我们却由此而壮大了经济实力，赢得了宝贵的发展机遇。这一年取得实际效益650万元左右，这使我们在后来两年多的宏观调控严峻形势下，不仅顺利渡过了难关，而且还相应地保持了一定的发展，并拿出了200多万元资金进行设备技术改造。

① 秦晖：《“大共同体本位”与传统中国社会》(下)，载《社会学研究》1999年第4期。

> 1992年，是我们联村前进历程中又一个辉煌之年。当我们通过两年多的技改，生产能力有了大幅度提升，经营管理水平、人员素质得到提高，技改配套、技术练兵初见成效之时，由于国家调控暂告段落，信贷规模开始松动，全国范围的经济建设高潮又一次到来。我们在前两次抓住机遇发展自己已经取得成功的基础上，使出全部力气，全速前进抓牢现有生产，全面出击抓好原材料供应，全力以赴拓宽销售渠道，同时，分出一部分专业人才抢抓项目建设。这一年，我们依靠原有的轧钢生产设备，日夜加班连轴转，保证吃饱开足，年生产钢材5.5万吨，实际经济效益突破了3000万元，为后来三大项目的投资建设打下了厚实的基础。

除此以外，社区经济还以村社区作为基本的社会保障和社会支持系统，在主流经济发生问题时，它虽然受到影响，但是并不绝对地受其左右。联村办轧钢业，始终面临着巨大的市场风险，但在社区内始终保留的高产农业和收入殷实的家庭机织业，使得社区经济具有内部产业调节的余地。这样，在90年代初期，当轧钢业普遍面临市场不景气时，工厂便有条件在不造成社区人心动荡的情况下，让不上岗的村民职工暂时歇业回家，从事农业和其他家庭副业，工厂则集中有限的资金，进行设备和技术改造。当市场一复苏，它经过技术改革降低了成本的产品，很快就打入市场，在华东地区占有了一定的市场份额。

社区经济的独立自主性，使超级村庄的经济具有了开放性特征，这种开放性不是以出让资源、流转资源、打破市场壁垒为特征，而是以村庄作为发展的核心向外推展，直接参与大市场经济为特征。虽然现阶段的超级村庄在某些经济行为上，如投资和就业，仍带有发展初期那种孤立封闭的社区发展模式的某些特征，但是超级村庄的村办公司已不再是一个以本社区为边界的封闭型经济组织，往往包括了村域外的经济合作伙伴或入股投资者，同时，它自已也往往是其他公司的合作者或投资者，它的经济网络边界是开放的。以调查所见，超级村庄都以自己为发展的核心，与地方经济以及更大范围的主流宏观经济之间发生着相当多的联系。

实际上，在非农化的过程中，村社区的非农经济一开始就不可能是完全封闭的，许多村庄不仅从城市引进工业项目，而且积极发展与村域外其他单位之间的合作关系，这种由村庄主动发展的合作关系，一般都是以村作为主体和中心的。

联村与镇供销社的合作关系颇能说明问题。1984 年，在联村筹办轧钢厂的同时，地方政府号召各级供销社主动帮助贫困村发展生产，而当时供销社已经从全民所有制改回集体所有制，重新成为一个经济实体，需要拓展经营领域以增加利润。镇供销社的书记曾参加过驻联村的工作队，对村里的情况较为熟悉，对村书记个人也比较了解，用供销社负责人的话来说，“知道他开拓性强，办事认真”。因此，当村书记与他讨论在联村办厂的问题时，双方一拍即合，决定联合办一个建筑材料厂，15 万元资金由供销社出，联村出土地房屋。后来联村方面考虑办钢厂更合适，即改为办钢厂。这一合作的决策者是村，供销社仅仅扮演了出资者的角色。到现在为止，联村仍与供销社保持着密切关系，包括经济上的往来和人员上的往来。供销社在联村工作的有四十多人，而村公司总经理目前则兼任供销社的副主任。

社区经济与更宏观层次的主流经济也日益发展出实质性的联系。一些研究已经注意到，“乡镇企业是在城市经济体制改革举步维艰，国营大中型企业尚未挣脱传统体制的羁绊，经营机制尚未转变的有利的市场环境中迅速成长起来的。乡镇企业不受传统体制的重重束缚，也没有对国家的依赖，自诞生之日起，就以商品经济为导向，面向市场求发展，形成了富有创造性的、充满活力的管理机制和经济机制。乡镇企业的发展不仅弥补了当时市场有效供给的不足，而且以其灵活的经营机制所产生的‘冲击波’，有力地推动了城市经济体制改革的进程”[①]。联村的经济正扮演着这样的角色。

以联村的销售网络为例，联村在村外的第一个办事处于1986年设在杭州。这是因为钢厂最初的销售对象是建新房的农民，而当时浙江农村正掀起一股建房热。从江苏到浙江虽不能算是就地销售，但毕竟是从农村到农村，与城市经济没有多少联系。到1989年开办第二个办事处——上海办事处时，情况就相当不同了。轧钢产品进入上海的契机是浦东建设对建筑钢材的大量需求。开始是与国营的浦东金属材料公司联合销售，借助金属材料公司原有的销售网络打开了在上海的市场。目前销售网点遍及上海所有的钢材市场及每一个郊县，据说较稳定的客户有几百家。上海办事处的销售对象与杭州相比有了很大的变化，客户包括参与浦东建设的建筑队、房屋开发公司、金属公司，以及一些单位办的第三产业等，自然也包括了上海郊县的农村用户。这不仅不是就地销售，而且是从农村销往上海这样一个特大城市。虽然我们没有了解到联村轧钢产品在浦东市场的具体占有率，但从其客户数量也可以想象它与城市经济的关联程度。在苏州经营部迁址的招待会上，我们见到了前来祝贺的部分客户，其中包括苏州市建材总公司、苏州市金属总公司、苏州农工商总公司、张家港市工程技术设备成套联合公司、衢州金属材料总公司、锡山市化工轻工总公司、昆山市物资再生公司、湖州冶金工业总公司、江苏非金属矿工业物资公司等。可以看出，苏州办事处从事的已经不是面向农村的，而是面向城市的经营活动。

还应该注意到的是，村社区经济与城市主流经济的关系，与其说是城市工业向农村的扩散，不如说是农村对城市资源的利用，是社区经济向城市的渗透。社区经济的发展不仅弥补了城市市场有效供给的不足，而且它的有效经营机制还对城市经济体制改革产生了巨大影响，我们将在后面的有关章节中对此加以专门讨论。

---

① 杜闻贞、张二震主编:《农村工业区与农村发展新阶段》，江苏人民出版社，1992年。

四、社区经济的乡土性和相对封闭性

社区经济，从根基上看仍然是乡土性的。我们说它具有乡土性，那是因为考虑到在村社基础上长成的非农经济，与城镇地域上的不完全相同，它是一种在城乡经济或主流与非主流经济接触的边缘上发生的很特殊的经济类型。尽管就其经济特征来说，社区经济已经完成了由农业向非农的产业转化，形成了以工业为主导的产业结构，同时也已经与大市场建立了日益密切的联系，但是，乡土社会的影响还是无处不在，可以说渗入了它经济生活的各个部分。

社区经济在某种程度上仍然取资于土地，以农业为根，与土地有着密切的联系。在调查所及的超级村庄中，不管其工业化程度多高，都没有发生完全弃农的现象，即使地处城市化地带的村庄，在村域内已经没有发展农业的余地，仍力图通过发展村域外农业来保证实现农业发展目标。这种与农业命脉相依的情形，表明了村社区经济并没有完全“离土”。

社区经济有明显的地域性。从前面的讨论中可以看到，村社区在地域上的边界，往往成为社区经济难以逾越的地域界限。不仅大多数企业建立在本社区的地理范围之内，生产过程基本上是在本社区内完成的，而且社区的自我服务体系越来越完善，自成与其他社区相对独立的小社会，村民的就业及其他一些经济性和社会性的活动也都是在本村域内进行的。造成这种地域性特点的原因，除去我们前面提及的内外部因素外，土地的集体所有制也是社区经济地域化的基本根源。由于土地不能自由流转，农民实际上没有可能通过出卖土地获得进入城市产业所需要的资本，即使在像晋江这样以私营企业为主的地区，村民所办的个体企业也聚集在自己的村庄。另外，工业化过程将土地保障转变成了集体福利保障，这也使这些仍然承担有市场风险的企业保持着与社区最密切的联系。

不过，超级村庄的社区经济在保持上述地域性特征的时候，经济生活的地方性特征已经明显地减弱了。在这里，地方性是指经济活动范围仍有地域上的限制，区域间接触少，经济生活隔离，各自保持着孤立的社会圈子；也指地方保护主义造成的在土地、人力、资金、技术等要素市场上形成的阻碍要素流动的市场壁垒。如果从社区壁垒的角度看，社区经济依然带有地方性的特点，存在生产资料和资本缺乏横向流动，资产存量的重组、转移和流动遇到社区壁垒的障碍，企业存在低水平的、平面式的数量扩张等问题。[①] 不过，村社区经济虽然自成体系，具有明显的地域性，但是一开始就没有进入地方“块块经济”和部门“条条经济”的壁垒之中，相反，它是在打破地方和部门保护性经济的条件下产生和发展的。因此，我们在超级村庄中并没有发现它比乡镇经济具有更浓厚的地方性特点，它的经济扩展活动往往跨越地方而直接与区域市场和国内更大范围的市场发生联系，同时由于它与乡镇经济存在竞争，地方保护主义一般也难以对它产生作用。

社区经济中还延展着乡土社会关系。社区经济建立在乡土社会基础之上，不仅受制于社区既定的社会关系，也有利用这种社会关系运作的便利。在几个个案村经济发展过程中，都可以观察到乡土社会关系进入企业，并在其中延续和再生的情形。

在大多数超级村庄中，社区组织精英直接创办企业和公司，他们所拥有的党支部书记—董事长、村长—总经理的双重身份，将村社区的组织结构和组织方式引进了企业和公司。联村和丰村的经济组织机构都是具有这种结构的典型。村民作为社区成员，在社区经济发展初期，整体进入企业组织，也将社区的社会关系整体带入了企业组织内部，以后，随着企业规模的扩大，村民虽然不再是企业职工的主体，但企业领导机构和管理层级的主体仍然是村民，他们在处理企业内部或外部的人际关系甚至经济关系时，仍然大量运用原本存在的、利用起来得心应手和更有效率的、可以节约交往中谈

① 杜闻贞、张二震主编：《农村工业区与农村发展新阶段》。

判成本的血缘和地缘关系以及行政关系。具有书记、村长、组长身份的企业领导，即使在处理企业内部问题时，比起利用企业科层的或经济制约的权力，更有效的倒是利用亲属（亲戚）的、地缘的和行政的关系。

这种乡土社会关系与秩序的延续，与人们生活在一个不易发生根本性变化的社区熟人互识社会中有直接关联。在村社区基础上发生的血缘、地缘关系与工业化之后新的业缘关系总是相互缠绕在一起。个人之间的互动关系，绝不单纯是在工作中形成的契约的、具有流动性的关系，更主要的还是共同生活的、非一时性的关系，是不可能或难以改变的，有时还是埋没个人的、时时处于公共监督之下的公共生活关系。因此，人们在经济生活中依据的往往仍然是乡土关系基础上建立的信任结构，也往往追求尊重内部的社会关系、人们之间的情感和长期利益的关系。我们在超级村庄现代企业组织中见到的正是这样一种乡土性与经济科层化相融合的新型关系。

这样一些乡土社会关系并没有随着工业化而消失，而是作为社会资本进入了企业组织，并且还有相当大的再生可能性。一些研究已经注意到，“社会资本具有自身的增值机制，即当社会资本投入企业活动之后，不仅带来经济上的增值，而且还会再生新的社会资本”[①]。超级村庄正是在乡土性社会关系不断被运用、转化和再生中，获得了发展的原动力。

社区经济的上述特征表明，在社区经济中，乡土性的连带特征——封闭性仍然大量存在。这种乡土社会的封闭性，除了被人们经常提到的负面影响之外，在一定条件下，还可以表现为社区内向聚合力的增强。在超级村庄的发展进程中可以看到，社区经济边界的开放，显然使村庄与更大范围的社会大体系的联系日益加强。村

① 宋林飞:《“苏南模式”的社会机制与经济机制》，载《江苏社会科学》1995年第4期。

庄比任何时候都越来越成为宏观体系至少是宏观经济体系的次级结构。

但是，在上述情形加剧的同时，我们却没有看到过去人们一般描述的那种村庄解体的情形，恰恰相反，中国乡村工业化和超级村庄发展的现实，向我们提供了另外一些事实和发展模式：村庄经济的高度开放性与村庄的内向聚合力和自主性的增强同时并存，并互为因果和补充。伴随乡村工业化的不是所有村庄的萎缩和消亡，而是相当数量的村社区超前发展，它们的社区结构不断膨胀和完善，村政功能更加强化，使村庄之间的差距拉大，利益问题突出，村庄的自我发展和自我保护成为一对并存的相关问题。在这种情形下，虽然村社区由于经济边界的开放和社会流动的加剧，已经不是传统意义上的封闭社会，但是原本在村落文化中存在的社会边界的封闭性仍然存在，并且还具有了新的适应力和两面性。

在村社区文化作用下产生的社会边界的相对封闭性，具有双重影响。一方面，它与市场原则作用下开放的村庄经济时常发生冲突，要求经济发展为村庄利益做出必要的让步，经济理性必须依据村社区文化进行某些修正，这一现象正在成为村庄经济持续发展中的难题；而另一方面，这种封闭性与村庄经济的开放性之间又是共生共荣的，村庄的内向聚合力和合作精神、自我利益的保护机制以及传统组织资源和社会关系在现代产业组织中的有效应用等，又成为村庄在孤立无援的自我发展中能在经济和社会两个方面都获得巨大成功的保障。

因此，即使是超级村庄，目前也仍然保留着乡村社会规范和生活秩序，在社区形态上目前也只完成了向工业村的转型。正是在这个意义上，我们说它具有中间社区的特征，正在完成自然城镇化的过程。不过，这种中间社区究竟只是一种暂时的过渡形态，还是一种可持续发展的、有着生存根基的新社区形态，仍然有待时间的验证和理论上的探讨。

总之，在超级村庄发展的现实中，我们似乎可以找到某些乡村传统文化再获新生的契机。因此，在乡村工业化和城市化的过程中，村社区文化究竟有没有存在的根基，它将以怎样的方式合理地存在，仍然是中国乡村工业化和城市化过程中的重大理论和实践问题。①

① 折晓叶:《村庄边界的多元化——经济边界开放与社会边界封闭的冲突与共生》，载《中国社会科学》1996年第3期。

第四章
社区合作体系

集体制对中国农村发展的利弊问题，一直是学术研究关注的主题之一。在农村改革初期，分散经营和私营化，似乎解决了原先集体制下农业的低生产率问题，农村社会普遍存在的贫困和落后状况也有所改善，因此，在理论上人们也就顺理成章地推崇“理性小农”[①]在市场经济下的可持续性。[②]

但是，市场经济是否必然导致分散化和私营化，仍然是困扰理论界的大问题。苏南模式的出现和存在，提供了坚持集体制同时又取得乡村工业化成功的例证，使人们重新面对理论上的真空。有人认为中国农村有增长而无发展的原因，不是来自集体制结构，而是来自农业“过密化”[③]。还有人认为，集体和合作经济完全能够被市场经济所容纳[④]。这些研究由于关注到中国基层社会的组织资源、乡村工业化和农村社会结构的内在变化规律，因此在理论上和实践上都具有一定的合理性。

---

① 参见西奥多·W. 舒尔茨：《改造传统农业》(Theodore W. Schultz，1964. *Transforming Traditional Agriculture*. New Haven，Conn.: Yale University Press.)；恰亚诺夫：《小农经济的理论》(A. V. Chayanov, 1986. *The Theory of Peasant Economy*. University of Wisconsin Press.)

② 参见国务院农村发展研究中心发展研究所综合课题组：《农民、市场和制度创新——包产到户八年后农村发展面临的深层改革》，载《经济研究》1987年第1期。

③ （美）黄宗智：《长江三角洲小农家庭与乡村发展》，第十、十一、十二章。

④ 石秀和：《社会主义市场经济与合作社的价值》，载《财贸研究》1994年第6期。

但是，我们也看到，这些研究只涉及了传统集体制未彻底解体的实际，并未对集体制已经发生的实质性变化给予充分的注意，因而，既没有关照到组织创新对乡村社会变迁的实际意义，也无法解释在传统集体制解体后，个体农民在工业化过程中为什么要以新的方式与村集体合作，更不能解释农民从彻底分散化又走向再组织化时，为什么对集体制或合作制既加以利用又要实行改造。

本章将阐明，近二十年来中国农村变迁的一个主要内容正是农民在村域内的再组织化，而社区合作是再组织的基本取向。不过，这种再合作不是一个纯粹的自组织的过程，公社体制的遗产——村组织和村集体，经过改造后仍然是新的合作体制运作的支柱和内核。但也要看到，这种再合作也不是一个简单的再集体化的过程，而是一个既承认合作者个人的财产权利，又强调法人成员共同占有的合作行动。经过这样再组织的社区合作体系，正是当前推动村庄持续发展的重要社会经济机制之一。

本章还将阐明，近二十年来中国农村变迁的另一个重要内容似乎又与上述过程相反——在一些地区，带有集体制特色的乡镇企业发生了转制或改制，出现了经营大规模私有化的趋势。但是，这一变化是否真正动摇了农民再组织或再合作的可能性，是应该受到关注的“真问题”。本章将提供一个集体制解体后经营私有化的村庄发生再合作的实例，用以说明村社区成功的一个主要原因正是它具有合作解决问题包括解决内部冲突的能力。[①]

一、集体与合作

在展开讨论之前，需要指出集体与合作这两种现象在当前各自发生的新变化，以便对它们究竟何指重新加以确定。我们是在如下

① 参见马丁·维茨曼和许成光，转引自周雪光：《西方社会学关于中国组织与制度变迁研究状况述评》，载《社会学研究》1999 年第 4 期。

几层意义上使用“集体”一词的。

作为社会—文化类型的集体。在这一层意义上，它指的是前改革时期和前乡村工业化时期的农村集体组织。这一概念所强调的是它的传统性和与计划经济的相适应性。据此，我们将公社时期的集体称为传统集体。传统集体是与“一大二公”“平均主义”“平调”等概念相联系的。“公”的性质、“平均”的程度和“平调”的范围，虽然以“三级所有，队为基础”来确定，但实际上，上一级的集体对下一级始终存在不同程度的控制和平调的权力，因此作为基层的两级村集体，并不是一个产权明晰、利益明确的经济主体。农村经济体制改革之后，以土地为基础的三级所有制的集体框架虽然保留了下来，但是它们之间的关系已经发生了实质性的变化。

从我们调查所涉及的长江三角洲、珠江三角洲、福建省晋江地区和山西省晋中南地区来看，超级村庄的村集体，无论是从传统集体直接延续下来的，还是传统集体解体后又重新组织起来的，与传统集体最大的不同之处是，外部产权和利益边界是十分明确的，集体与集体、集体与国家之间建立了新的经济关系。两级集体都成为经济上独立、需要直接面对市场的产权和利益主体，上一级的集体乃至地方政府已经无权无偿平调下一级集体的资产和劳动力。

当然，各地区的实际情形有所不同，在传统集体制没有彻底解体的苏南地区，乡镇政府与村集体之间仍有着诸多行政上的制约关系，地方政府对村庄事务的干预仍然有力。即使如此，从总体上来说，村集体已经由公社时期主要对上级行政负责，转变为主要对村民负责的“自治集体”了。

由于集体所有权也归属于村民所有，上级行政组织并不能决定村内事务，也不能对村庄之间的利益随意进行平调。即使需要村庄为地方的发展做出特殊的贡献，比如，以行政方式推动富村对贫村的扶贫项目，以捐助为名目向超级村庄收取各类费用等，其所用方式也与传统集体制时代大不相同，须以正式兼并或帮扶的方式，明确两村之间的利益关系，或以公开的方式承认村集体捐助的名义，甚至明确某条市政道路是由某村捐助修建的，或以吸收村集体主要负责人进入乡镇党委领导班子的方式，对村集体所做的贡献给予政治上的认可和奖励，等等。

集体内部的产权关系则比较复杂，目前仍然存在着多种形式。在联村一类集体制没有解体的村庄里，集体资产虽为全体村民共同所有，但内部产权并不明晰。不过，目前村办企业中试行的资金股份制，正在使企业产权中村集体股份与村民职工股、外来职工股之间建立相互独立的产权关系。而在南部像丰村一样实行了股份合作制的村庄里，内部产权则发生了实质性的变化，以村集体为内核的共同所有权，建立在既承认个人所有又强调法人成员共同占有的基础之上，内部产权已经进一步明晰化。上述种种变化，使改造后的村集体成为市场主体，因而也使它变成了改革时期和乡村工业化时期可供借鉴和借用的有效组织资源。

作为经济形式的集体。在这层意义上，传统集体是以生产资料集体所有制和共同劳动为基础的经济形式。就此而言，它不完全是一个乡村的概念，它与城镇的集体企业同属一类概念，往往被认为与城镇“准计划体制”下的集体单位有着共同的属性，它们既是生产资料联合实体，又是劳动联合实体。如若不发生共同运用生产资料办产业的经济活动，或者没有共同的劳动活动，集体组织形态就不复存在了。

然而，在我们所研究的这一类超级村庄中，村集体在这两个方面都发生了很大的变化。工业化过程中，一些村庄的村集体已经演变成为非经济实体的集体。这种变化发生在传统集体经济已经不复存在，而以个体和私营经济为主导的地区，如本研究所涉及的福建省晋江地区。这个地区的超级村庄如畔村一样，村集体组织在行政村层次上仍然保留着完整的结构，不过村集体既不掌握村办的经济实体，也不组织村民共同劳动，但它掌握着一大笔村财（公共财），拥有大量的集体固定资产。这些村庄的集体组织已经演化成为一种聚财、理财和用财的“财政集体”，其功能和运作的机制更接近于政府，但行为的取向却是村民合作主义的，是村庄在发展社区公共事业，与大社会竞争中保护弱小的家庭工业，解决村民个人和家庭难以解决或不便解决的各类问题，以及推行社区公平政策时的一种合作实体。

至于劳动集体的特性，即使在那些村集体掌握着实力强大的经济实体的超级村庄中也发生了变化。村集体在强化自身成为生产资料的法人成员所有者的同时，并不能避免集体内部的劳动联合与资产联合之间相互分离。分离源自两个方面，一方面，不论工业化方式有什么不同，也不论村集体保障村民就业的动机和实际程度如何，工业进入村庄都从根本上改变了村民在传统农业和集体制下自然就业的方式，即不可能一进入劳动年龄就成为劳动集体的当然成员。工业企业对劳动力的选择有人力资本方面的要求，因而有一部分集体成员并不能同时成为集体企业的就业者。在联村那样尚留有农业的村庄中，这个问题还不明显，即使不能在工业中就业，仍可继续从事享有集体补贴的家庭农业。在村民的观念中，失去做工的机会，虽然有地位落差的看法，却没有失业的概念。但像丰村那样在村内已经没有或很少留有农业的村庄，不能进厂工作的村民，其劳动与资产就已经确确实实地发生了分离。

此外，村民的就业状况还与村内企业的所有制性质有关。联村的企业是由村集体直接创办的，创业初期，村民就业并不需要进入劳动力市场，而由集体直接安排，后来虽然需要经过企业的劳资部门正式安排，但是村集体和村干部的意见仍然起着决定性的作用。而丰村的企业主要是从香港引进的“三来一补”加工业，企业的经营和管理权属于港商，村集体虽然有向商家推荐村民就业，要求企业优先安排村民就业的协商权，但是招工的决定权在港商，村民进厂工作必须首先进入劳动力市场，村集体并不能绝对保障村民的就业。

另一方面，村庄工业化之后，就业的需求发生了很大变化。从集体一方来说，创业初期不仅需要集中村内的财力和物力，也需要村民以共同劳动的方式支持企业的发展。而当企业规模扩大，外来劳动力大量涌入之后，对村民就业的需求就相对降低。企业在培养本村管理人才的同时，更需要从外面聘用为数不少的专业技术人才，在优先解决村民就业的同时，更需要雇用大量外来的体力劳动工人。因此，村集体在不能或不宜对村民实行传统的终身雇用制的情况下，便逐步将对村民的就业保障转变成福利保障。在实行股份合作制的丰村，还将土地保障和就业保障转变成了股份保障。

从村民一方来说，从集体那里得到合理的福利保障或股份保障之后，个人对就业的需求也发生了变化。村民可以依据个人意愿选择职业，他们一般希望做管理类的、有技术的和非体力劳动的工作，并且由于大量外来工实际上已经别无选择地从事着企业里重体力的、非技术性的和社会地位较低下的工作，村民从整体上也有可能从事职位较高的职业。因此，如果他们在村内企业找不到合意的工作，就会另寻高就，或者从事收入较高的个体工商业，或者寻找其他的就业途径。

总之，从事与集体资产并不直接结合的生产劳动和经营活动，而又不改变他们作为集体资产所有者的身份，并享有产权分配的权利和保障，已经成为超级村庄村民就业的一种新现象。这一类的村集体实际上已经演变成为一种“产权集体”，主要是村民在生产资料和产权上的联合实体。这种变化在长江三角洲和珠江三角洲的超级村庄中都存在。

作为与个人相对的、由社区成员联合起来的、有组织的集体。这一概念涉及个人与集体的关系，强调的是集体的行动和利益。在这一层意义上，集体是一个社区性组织，是村社区里特别有价值有潜力的一笔组织资源。不过在传统集体制时期，集体的行动和利益往往与集体主义精神相联系，即强调一切从集体出发，把集体利益放在个人利益之上，绝对地否定个人利益和局部利益存在的价值和合理性，而集体由于没有独立的产权和利益，更像是进行社会管理和社会控制的机构，往往不能保护其成员的利益，更不能为他们提供参与社会竞争和谋求发展的机会，因而也就不能够得到社员的普遍认同和维护。

在现时的超级村庄中，经过改造的社区集体具有了与以往不同的社会功能，它首先是村民在利益上的联合体，是村民在追求共同利益时依靠合作行动加以利用的组织资本。这个互益的社区共同体，首先承认个人利益存在的价值，在此基础上又强调整体利益的重要性，并且主张依靠集体行动来谋求整体的社会利益，并获取个人相对最大化的利益。其次，它不仅仅是经济上的互益形式，也是一种强化了的社会支持和保护系统。在这个社区整体中，村民个人的物质和人力资本都有限，但是利用集体组织所提供的社会性支持就有可能整体地改变社会地位，获得在外部大社会环境中不易得到的好职业、高收入和相应的社会地位。

上述三个方面，基本刻画出了本研究所涉及超级村庄中村集体的基本特征：（1）现时的村集体，继承了传统集体的部分遗产，如土地产权和集体积累、组织资源和行政框架，但绝不是传统集体的简单复制和翻版，而是一种有效的组织创新；（2）产权和“公共财”权是工业化条件下村集体的本质经济内容；（3）村集体不只是一种经济形式，也是一种社区共同体的社会形态。

相应地，我们也从下述几个角度来理解合作的社会学内涵。

作为经济联合形式的合作。在这层意义上，合作是一种经济上和保障上的互益形式。合作的前提是保证每个人都有最大限度的利益，因此个人不能只单纯地计算自己的最大化利润和最低成本，如果他有利用社区内部社会性资源的需要，而这种社会资源往往是他自己作为个体所不能控制的，利用的条件就是加入合作，并且自愿出让一部分个人利益，以换取合作产生的互惠效益，或者说获取相对最高的收益和最好的结果。

这种合作在农民个人流动受阻的情况下，显得特别重要，因此也是一种保障社区成员集体地转向非农职业的互惠形式。

作为社区集体行动和互动方式的合作。在这层意义上，合作是一种社区性的集体行动，每一个社区成员都有参与其中的权利和义务，也有参与程度强弱乃至退出的自由。不过，在现时的超级村庄中，已经不存在天赋的合作权利，出让土地承包权和获取资金股权往往是重新获得合作权益的必备条件。合作强调集体行动的意义，目的是保证整体的共同利益，因而对个人行动也有各种约束；但这种约束又不同于传统集体制，不是不要个人利益，而是为了造就一个大多数人的利益都能得到保障的环境。

合作是村庄作为整体为了达到村民共同的目标，由村集体直接参与其中，有意识推动的、由村民彼此配合的联合与互益行动。这种合作内部的共同联系是地缘性的，是以村为边界的。

作为村社区文化的合作。村社区文化以村落特有且共享的道德伦理、社区规范、社会制度、典章法律等为主要特征，它可使具有村社区同样生活方式的人在社会生活中形成特定的社区形态。在这里，村社区文化是一种扩展了的和被建构了的村落文化，它较之传统的村落文化[①]更具有开放性，它包括对行政社区资源和利益共享的行为规范和价值观念。这种文化既是传统的，又受到大社会意识形态的影响，经过乡村工业化而被赋予了新内容，因而在村庄的社会结构发生变化时，它显现得尤为充分。这层意义上的合作，显然不仅是一种经济资源和利益共享互惠的文化，也是一种重视社区内部的社会关系、情感和长期利益的文化。

这种文化的价值观具有双重影响。一方面它有助于激发社区的内聚力，在个人经济和人力资源不足的情况下，帮助村民实现整体的经济价值和利益；另一方面，它时常与市场原则相悖离，时常需要以社区政策的强制力量来牺牲一定的经济利益，以达到让村民人人都能分享村庄经济成果的目标，因而，它与共同富裕的社会意识有一定的关联。在我们所研究的超级村庄中，普遍都推行让村民“人人都富裕起来”的社会目标，只不过在这个目标中已经大大减

---

① 李银河:《生育与村落文化》，中国社会科学出版社，1994 年，第 58 页。

少了平均主义的色彩。

对我们的研究有意义的是，集体与合作这两种现象在超级村庄中总是联系在一起的，即村域里的合作是一种以村集体为轴心和主导的合作，合作的倡导者和组织者都是村集体组织及其领导，他们是村庄内最有权威的力量，既是传统组织资源的继承者，也是最早接受工业化意识的新的变革力量在村中的代表。由于他们作为村庄利益的代表，对村社区的整体发展有着义不容辞的责任和义务，因此在将村庄变成经济强村的同时，也有效地推进了村庄的社会发展。另外，村集体合作体系实行党政企合一的体制，掌握了村庄的政权、人事权、财权和以土地为核心的物权，同时又是合作行动的产物，具有动员村庄社会性资源的能力，因而拥有比任何个人，包括企业家、“理性化的个人”或精英都强大的能量。[①] 最后，村集体合作体系是村社区性的合作组织，村庄传统的社会关系仍然是它建立的社会基础。村庄内部组织结构（既包括家族结构也包括传统集体组织结构）是否具有内向聚合力，对村集体合作体系的建立及其运作方式，无疑具有深远的影响。

在我们所研究的超级村庄中可以看到，村庄社会关系所具有的强烈内向聚合力和排他性，对村庄的持续发展始终具有积极或消极的双重作用。据此，我们有理由认为，超级村庄的村集体合作体系，不仅是一种新的经济体制，也是一种有效的社会体制。

还应该说明的是，村集体合作体系的类型与地方发展模式之间有着密切关联。从数量上说，我们所涉及的超级村庄主要分布在东部的长江三角洲地区和南部的珠江三角洲及其他地区。学术研究中一般将这些地区的发展模式归纳为“以乡（镇）、村集体工业经济为主体的苏南模式”“以外向型和内部股份合作制为主导的珠江模式”和“以家庭经济或私营经济为主体、家庭工业为主导、专业市

---

① 景天魁：《从制度层面看精神文明建设》，《苏南精神文明建设模式》，中国社会科学出版社，1996 年，第 162 页。

场为依托的晋江模式”。我们的研究发现，无论身处哪种模式中的超级村庄，都存在着村集体合作体系，只不过合作方式有所不同，大致也可以分三种类型：一种是集体制合作体系；另一种是股份制合作体系；还有一种是村政与民企合作体系，近年来发生集体制转制的村庄，大致也可以归入这一类。下面我们将以联村、丰村和畔村作为这三种类型的代表，分而述之。

二、三种合作体系

下面列举的三种合作体系，是不同的社会经济背景下的产物，各自都在村庄的工业化和社会变迁过程中发挥着重要的作用。需要指出的是，我们提出类型的目的，是突出这些超级村庄内部运作机制的特点，使我们对集体和合作的认识不至于停留在一般化的、笼统的甚至陈旧的概念上，而注意到各类超级村庄的个性和特点。当然，在突出特点的同时，也不应该忽视各个合作体系所具有的共同性质。

1. 联村的集体制合作体系

集体制合作体系主要发生在苏南地区的村庄。苏南地区是我国乡镇企业的发源地，一些村庄在公社时期就开始办社队企业或集体副业，到实行家庭联产承包责任制时，村集体或多或少已有一定的积累，村组织也仍然实力在握，一般只将土地分田到户，集体积累仍然聚而不散，成为以后创办工业企业的基础。相应地，在办工业上也采用集体制的方式，村办企业在这些村庄就理所当然地成为经济支柱。即便近年这些地区的村庄出现了集体制转制，但从超级村庄的情形来看，村集体控制的股份大多仍然占股本总额的60%以上。

联村的情况就是如此。这个村子的集体经济始终由村组织一班人集体运作，副业和工业从来没有搞过“一脚踢”的承包制，被称为典型的苏南式集体经济。但是，这并不意味着村里的经济唯集体制一统天下，村里尚有大大小小的、由村民举办的个体经济存在。不过，这些个体经济在行业或产业上从来都与集体企业有所不同，原因有两个方面：

一是小手工业如裁缝、木匠、泥水匠、纺织和小买卖，一直是村里人的传统家庭手工业和行当，那些有手艺的村民，不愿意或不宜进厂工作的，在有财力之后，多驾轻就熟地在村里村外做起个体经营来；二是村集体利用村政政策加以干预和引导的结果。村里在办小企业时，吸收村民进厂工作的能力有限，村集体曾允许村民外出打工或从事个体工商业。在关停这些小企业时，既不宜将女工安排进轧钢厂工作，新产业的技术性工作又不是大多数村民可以胜任的，村集体便再次动员村民根据个人的具体情况“尽早转向”，鼓励村民开办小商店、搞运输、从事有特长的“五匠”工作，还给从事个体经营创造一些便利的条件，比如在村内主干道两侧修建了商住两用楼，上面住家，下面开店。

不过，从集体的角度来说，允许搞个体经营主要是从解决村民的就业问题出发的，并不允许因此而削弱集体经济，与此同时也相应地制定有种种限制性的规定。比如村民搞个体经济或办厂子时，不能开办与集体同类型的企业，不能从集体电网上拉工业用电线路。这样，村子里除去集体企业之外，不可能再办起私人的工厂来。集体在处理小企业时，并不允许村民个人购买，而是或卖或送给了邻近的其他村子，以便确保村内的财力、物力和人才都集中在集体企业里。

这与苏南地区大多数的村子情形一样，村办工业初期，在所有制上实行彻底的“一边倒”，绝不允许私人与集体争项目、争人才、争资金、争市场。目前苏南一些乡镇企业实行企业转制，将一部分集体小企业转卖、租赁给私人或联合团体，或实行公有民营，这种情形在我们所观察的这一类超级村庄中也有所见。这类村庄目前都面临产业上的重大调整，一般都是为了集中力量发展主导产业而为之。虽然大多已经允许多种经营成分存在，但也制定有种种确保集体经济的政策，有的村子还定有“允许一村两制，但不允许一家两制，更不允许一人两制”的规矩，以避免集体的资产、经营业务和关系资源通过身跨“两制”的个人而流失。

村里允许集体以外的其他经济存在，这便意味着有一部分村民甚或有相当数量的村民，已经或潜在地与集体之间只存在资产权的关系。那么，作为产权共有的集体，与村民之间有着怎样的合作关系呢?

首先看看合作的边界如何确定。村里根据土地承包时有没有承包集体的土地，来确定新的产权合作集体的成员资格，凡是没有承包土地者，不再是集体的当然成员，虽然保留村籍，也可以在集体企业中任职，但不能享受任何与集体产权的收益有关的分配和福利。这种情形，在我们所考察的各类超级村庄中都存在，“分田人头”都是村内合作的最基本的边界。比如联村中有一例自动放弃承包权的，这户村民常年在大城市里从事个体经营，承包土地时已经有稳定而颇丰的经营收入，因为没有余力承包土地或照料转包的事情而自动放弃承包权，也就不再成为集体的成员。近年来，户主有意回村购买房产，还想得到村内为承包地转作非农之用的村民所提供的土地费，村里虽仍将他作为村民加以对待，但是不允许他享受与“分田人头”一样的购房优惠和与土地有关的任何收益和待遇。

这说明土地产权不仅是集体产权的核心，是村民参与集体合作的必备资本，而且以土地权为核心的地缘关系，在村集体合作体系中也具有十分重要的意义。它是日后村民从集体获取各种分配和福利待遇的依据，也是村内再合作的基本边界。在联村，村民的收入主要通过职业而获得，集体分配的内容很少，但是凡属福利性质的待遇都与土地权有关。村集体还将所有的补贴项目都与现有的土地联系起来，例如，凡承包土地者，不论当前是否在村中工作，都补贴土地费；为从事农业者设立奖农金，集体代替村民上缴土地税和农业税，等等。这种确认办法利弊都有，利在于承认村民对集体经济发展所做的贡献不同，肯定原村民已有的贡献；弊则在于加深了合作边界的封闭性，以致难以处理新村民如新嫁进来的媳妇、新出生子女的待遇等问题。目前，村内尚有一些变通性的政策用以解决这部分人的问题，比如，新嫁来的媳妇年轻力壮，一般都安排进村办企业工作，新出生的孩子每年补贴 500 元学费。另外，农户是以家庭为单位计算收入和安排生活的，家庭内部并不区分谁有无承包土地，有没有土地收益，这些差别在家庭内部平衡了，因此，这类问题目前并不十分突出。但是，按土地补贴是否应改为按人头分配，这已经是村干部思考之中的问题了。

其次来看看集体与参与共同劳动的村民之间的合作关系。以“分田人头”划定村集体的产权边界，实际上是在工业化条件下将村民的土地保障转化成了产权收益保障。这样，在促使村民劳动权与资产权分化的同时，也加速了共同劳动群体与非共同劳动群体之间的分化。共同劳动群体与集体之间保持着完全的合作关系。联村目前在村企业中工作的村民共 400 人，占村民总数的 44%。在村办企业试行内部职工股份制后，联村的产权实际上由两部分构成，一部分是集体产权，另一部分是集体企业联合产权。于是，在企业工作的村民就同时拥有了两种产权身份，成为村集体资产所有权及其收益权最完整的所有者和享有者，而作为集体的合作者，他们不仅出让了自己的土地承包权，也实际地向集体企业投入了股份合作的资金。

再来看看集体与非共同劳动群体之间的合作关系。这部分村民包括两类，一类是从事个体工商业的，另一类是在镇办企业或村外其他乡镇企业中工作的。1979 年时，从事“五匠”职业的个体户有 25 人，1996 年初，这个数字已经上升到 159 人，其中 68 人常年在外地。20 世纪 70 年代末以前，这个村子没有村办企业，但有一部分村民在村外的社队企业里工作，其中大部分人的工作是由集体按照招工指标安排的。据统计，在县办企业工作的有 4 人，在社办企业工作的有 28 人，在其他社队办企业工作的有 82 人，总计 114 人。村办企业发展后，在村外企业工作的人数逐渐减少，目前只剩下 23 人。

1982 年之前，村集体对外出工作和在本村小企业工作的村民实行“收入转队记工”的办法，要求非共同劳动群体将劳动收入计入集体名下，使他们与在村内从事共同劳动的村民一样，仍与集体之间有着密切的经济合作关系。之后，在村办企业日益扩大、企业职工工作积极性问题越来越突出的情况下，村组织考虑到如果职工工作好坏与个人收入不挂钩，收入差别只与原属生产队的经济效益好坏相关联，不利于调动职工的积极性，同时，记工分配的办法与企业管理方式之间也常常出现矛盾，于是，取消此法，在企业中实行工资制，个体户的收入也不再上缴生产队，不再参加生产队的集体分配。为了拉平工资收入与务农收入之间的差别，村办企业每年向生产队按劳动力和土地“下拨”款项，以补不足。

1983 年两级集体统一产权，实行并账时，不再实行此法。这以后，村集体与非共同劳动群体之间的关系发生了很大变化，虽然这部分村民是当年的“分田人头”，无论他们在哪里工作，都是集体产权的所有者和收益享有者，但与在本村企业工作的村民之间就有了差别，因为没有共同劳动者的身份，他们无权在村企业内入股，不再是企业股份联合产权的所有者和收益享有者，他们与村集体之间只保留了土地产权的合作关系。

最后再看看集体与外来职工的合作关系。联村的企业中，村民只占职工总数的 23%，外来职工占了绝大多数。其中，外聘的管理人员 23 人，技术人员 62 人，占外来职工总数的 6.3%，其余为一线操作工人。企业集团领导班子 9 人中，仅有 2 人是本村村民，这个比例明显少于其他两个个案村。除去这个村庄成村较晚，由多个村子的村民杂合而成外，主要的村干部来自外村，没有是否本村人的偏见，也是形成这种格局的原因之一。这个村庄已经形成的村集体与大量外来职工之间的特定关系和合作内容，与一般超级村庄大体是相同的。有所不同的是，联村的外来职工虽然不是村集体的成员，但在村办企业内部试行股份合作制之后，按照职位分配入股的份额，在年终工资和奖金结算时一次扣除，因此每一个管理层干部都在企业中入有股份，其他职工也可以按照一定的比例在企业入股。股份可以转让也可以继承，但不能退股，因此集体企业也与外来职工之间在经济上建立了较为稳定的股份合作关系，他们也成为村庄新的股份产权的主体之一。

这种股份制与南部丰村的股份合作制有所不同，它是一种在劳动合作关系基础之上的资金股份合作，以企业职工为合作的边界，共同劳动的职工身份（而不是村民身份），是入股合作的先决条件。不过，合作主导者仍然是村集体，新的投资入股关系并不涉及以土地产权为核心的集体产权。目前村集体的内部产权尚未进行股份制改造，村民与集体资产的关系仍然沿用集体公有的方式，外来职工则与集体产权没有任何关系。由于村内除去与土地有关的补贴以外，由集体直接进行的分配很少，村民与职工的收入主要来源于工资和经营收入。工资是依据职务而确定的岗位工资，由村庄内外的劳动力市场加以调节，是否具有村民身份虽然影响到能否在某些职位上任职，但并不成为决定工资多少的依据。因此，在这个村庄中，虽然村民与外来职工之间存在着产权拥有者身份上的和由此带来的保障上的差别，也存在着村民身份认同上的差别，但村庄在经济上的排他性正在逐步减弱。

2. 丰村的股份制合作体系

股份制合作体系主要出现在珠江三角洲地区的村庄里。这个地区的村庄大多经历过集体经济彻底分散化，以至于完全复归到小农经济的过程。20 世纪 80 年代中后期以后，在乡村工业化的推动下，农民重又在村域内组织起来，以股份合作制的方式办工业，与之相伴随，村社会也发生了再组织的过程。其中值得关注的问题之一就是，村集体仍然是村庄再组织的主导力量，是新的股份合作组织的内核和轴心。但是，这种村集体合作体系不同于苏南的集体制合作体系，村民与集体之间的新型关系是建立在既承认个人的私有资金产权，又强调集体法人产权不可分割的基础之上的。

丰村是其中具有代表性的一个例子。[①]这个村庄在实行家庭联产承包责任制时，村民对“一大二公”集体的背离是彻底的。分家析产时，不仅土地承包到户，原来集体的耕牛、犁耙、仓库，甚至猪圈也全部分给了农户。唯一保留的一个小农具加工厂也因为经营不善而转包给了个人，农民曾经一度把合作和集体视为畏途。从80年代初中期开始，这种情况发生了变化，大量“三来一补”的对外加工业务从香港涌入这一地区，村庄面临着“请工业进村”的种种机遇。

村民们在办工业的过程中，看到单家独户的组织方式不能满足先进大工业的需求，逐渐地倾向于联合，但是不愿再接受昔日那种“一大二公”的组织形式。实行家庭联产承包责任制以后，众多农户经过农业经营和务工经商，已经有了相当数量的积累，他们对家庭和个人财产的观念从来没有像现在这样强烈。新的联合不可能再次将农民的个人财产“归大堆”，更不可能建立在否定个人财产的基础之上，只能建立在以农户为投资主体，并且明确各自在联合后形成的新合作组织中占有份额的基础之上。丰村从20世纪50年代初期互助合作运动的经验和80年代香港经济的示范中，嫁接出股份与合作的二重体制。在这个体制中，村集体始终处于主导地位。

首先，村集体在融资中发挥了特殊作用。村民联合的动力源于工业资金的筹集。在20世纪80年代的农村，农民的资金来源只有两个，一是向银行贷款，二是靠自己集资。20世纪80年代中期，正值国家经济调整，银根紧缩，农民个人贷款的可能性很小；已成空壳的集体经济既无财产可以作为抵押，又无信誉可言，向银行贷款的余地也很小。但是，村民个人的银行存款在这一时期已达百万

---

① 该部分已作为阶段性成果发表，见折晓叶：《农民再合作的制度体系和社区基础——对南部中国一个超级村庄的实地考察》，载《中国社会科学季刊》（香港）1996年夏季卷（总第15期）。

元之多，村内的民间财力已成规模，建一个厂房的启动资金，本村人就能解决。

但是，向村民借钱有三个问题需要解决。

第一个问题是用什么方法才能把村民的钱借出来。香港股份公司的融资办法给了他们一个启发，以股份投资的办法集资，承认村民投入资金的个人所有权，不平调，不充公，联合使用，自己管理，自己工作，就有可能为村民所接受。

第二个问题是由谁来直接集资。家庭联产承包责任制实行后，村集体在经济上已成空壳，在行政上仍沿用公社体制下的管理办法，这两种体制身份在当时都不可能成为直接的集资者，必须创造一种新的组织形式来承担直接集资的功能。村域内的股份合作组织正是这种需求下的产物，股份合作组织是村民唯一可以接受的新合作组织形式，由它直接向村民集资，才能把村民的私有资金明确在各户名下，并交由合作组织联合使用。

第三个问题是由谁作为初期集资风险的承担者。股份投资是一种风险投资，村民在投资初期难以承担投资风险。为减少农民初期投资的后顾之忧，从而愿意出资合作，村集体用公共积累资金作为抵押来承担初期的风险。这样做，使村集体承担着极大的压力，因为与银行贷款相比，它要支付股息和红利双重代价，并且由集体独立地承担风险，但这样做，能鼓励村民投资，并确保村集体在新的合作体制中的主导地位。

其次，村集体借助合作重整了集体经济。村集体在股份合作经济中既扮演着组织者、推动者和初期投资风险承担者的角色，又扮演着入股者的角色，因此集体经济能否重建或恢复，成为社区股份合作组织发展中的重要问题。80年代初，丰村在集资的过程中开始重建集体经济，对原来的生产队进行整编，重新组建成小村合作社，并利用股份制完成了集体经济的原始积累。

比如，集中土地，作价入股。行政村成立经济发展总公司，向自然村再次征地，自然村以土地作价入股，在行政村一级经济中占有股份，参与分配。土地经过两级集中，最后以有偿形式归还集体，集中在行政村。

又如，收回部分集体财产，作价拍卖。村集体在集资过程中，将原来承包给个人的小企业收回，作价十余万元拍卖。出资者获得股东身份，参与分红，集体则收回资金，作为原始积累资金用以扩大再生产。

再如，利用资金使用权产生集体积累。在发展村社区股份合作经济中，两级集体经济和所有制体系逐步完善，但是大工业的引进，使行政村经济的优势更为明显。行政村负责村政方面的建设，包括道路、水电、通信、生活、卫生、娱乐等设施的建设，并且以此作为参与村域内所有企业的股份，分配时一般要以纯利润的 30% 作为集体提留，用来扩大再生产。正因为集体积累的速度和再投入的能力高于个人，集体始终是占绝对优势的大股东，而且村民的资金一旦入股，其使用权也转交给了股份公司董事会。由于村集体是大股东，实际上资金的使用权是由村集体掌握着，使用的主导方向也是为大股东服务的，丰村人称这一过程为“借个人的钱生集体的财”。

最后，村集体通过法人资产的形式确定了在股份经济中的主导地位。丰村是一个集体化水平较高的社区，村营经济发展公司的股份在股份公司的总股份中占 35%，下属 5 个经济合作社占 10%，其他法人企业占 5%，个人（主要是村民）共占 50%。[①] 虽然上述比例决定了村集体在股份合作组织中的地位，但是村庄股份合作经济中资产的集体特性，却是由资产的法人化决定的，其原因有两点：

其一，法人资产是经营权的产物。丰村股份公司的资产，是在以集体股为主导的基础上，把私人股转化为共同占有股而形成的。这种资产的所有权虽然归投资者所有，但其使用权或经营权已归股份公司管理者所有，投资者虽然是共同所有者，但不再直接干涉公

① 引自《丰村股份有限公司章程》，非正式出版物，1992 年 9 月。

司资产的经营，在这种情况下，私人所有的原始资产已经转化为公司的法人资产。由于村集体是股份公司的大股东，自然成为法人资产的代表。法人资产一旦形成，原始持有者对资产的经营和管理权立即转移给公司董事会，在董事会决策下经营。因此法人资产不再是所有权的产物，而成为经营权的产物。在这里，经营权具有十分重要的意义。这种情形与家庭联产承包责任制不同，后者是一种控制权的分散，即它实现的是土地所有权（归集体）和控制权（归农户）的产权分离，而村社区的股份公司实现的则是控制权的集中，即它的资产所有权分散在村民个人手中，但控制权却再次集中到集体手中。持股者虽然有权自由转让股权，但不能退股，因而其控制权不再可能从集体手中转出。对使用权或经营权的控制，使村集体成为股份公司法人资产的主要创造者，其法人资产的利益也主要归村集体所有。

其二，法人产权是股份产权的转型。丰村的股份合作制度，在产权结构上破除了单一产权，不但在村域内形成了两大产权主体——村集体和村民个人，而且随着股份合作向村域外的扩展，产权主体趋于多元化，出现了国营股、集体股、法人企业股和个人股。这些不同性质的股份一经联合，股份产权和法人产权就发生了分离，产生了双层产权制度·股份产权在形式上承认入股者对入股财产的所有权，但这种所有权此时已经转化为参加企业管理和分红的权利，实际上股东对入股的财产不再有支配、占有、使用和处置权。虽然股东持有的股份在一定时期内可以“转让、赠予、继承和抵押，但不得退股”[①]，因而这些财产也就不可能逆转复归为原始产权。这个转化无疑是变革性的。法人资产一旦形成，股份产权就交由法人管理，成为参股者联合所有。在村集体执掌董事会的情况下，法人产权实际上就归村集体掌管。

这种法人资产的集体性质，还由于入股者资产的终极所有权归

---

① 引自《丰村股份有限公司章程》，非正式出版物，1992 年 9 月。

村集体而被进一步强化了。丰村的股份合作制度对产权做了如下限制[①]：股份公司和“三来一补”企业的现有资产40年后一律归村集体所有；个人股份产权50年后一律归村集体所有，其后股东自动解除股权。

产权年限的限定有两个意义，其一是限制个人资本的权利，其二是强调集体的终极权利。对个人资本的限制，由于50年是一个较长的经营和受益周期，在此期间投资者的利益已经充分收回，保护了投资一方的权益，因而对外商、村内外企业和村民都比较有吸引力。终极权利归村集体，是村集体对社区资源和资产权的收回，是对社区利益的一种保护。这种限制实际上将社区集体与股份公司在利益上区分开来，终极利益保留在社区，由社区成员包括村民股东享有，而与非社区股东无关。

显然，丰村新的合作体制改造、重建和包容了原有的集体经济，并且以此为内核，建立起新的法人成员集体所有的新体制。这个事实告诉我们，合作和集体行动本身与市场经济并不相悖，关键在于新的合作体制能否根据市场经济的需要来进行改造和调整。

由于合作中首先重建了集体经济，并在以集体产业为主体股本的基础上向村民集资，因而，无论集资多少，集体始终是大股东，而且村营经济实体的领导机构始终未改变，始终以村集体机构为主体，这样，其他股东再也不可能具有合伙人身份，只能有向集体入股者的身份。如此构建的股份合作组织，实际上是以村集体经济为主体的联合股份制。在这个合作体系中，合作的主体有农户或村民个人、农户之间的初级联合体、小村（自然村）集体和大村（行政村）集体，每一个主体最终的合作对象都是大村集体，都与大村集体享有平等的资产权利机会。并且，这种合作发生在多个层次上，经过合作的新集体，在产权关系和社会特性上都发生了深刻的变化。

---

① 引自《丰村经济联社章程》，非正式出版物，1991年。

这个合作体系的外部产权关系是十分明确的。村民以自己所拥有的村民身份来认识这个关系，由于拥有村民身份，他们可以直接或间接地从村股份合作企业增加的利润中获益。在村民看来，村股份合作企业的财产是全体村民共有的；而外村人则是受聘的、来打工的或者只是个投资者，除去工资或红利外，对村民的共同财产权利不能存有任何非分之念。

从制度上来说，村集体经济具有社区共有的性质，村集体经济的所有权不同于股份合作组织，它不是以村民的原始资产所有权为依据，而是以土地拥有权和社区身份为依据的，即归属于全体村民共同所有。这种共有的性质体现在村民权利上是“一人一票”，体现在分配上是“一人一份”。但这种共有性绝不同于公社时期的“一大二公”，由于新的集体财产是在股份合作基础上，依靠对集体资产和个人资产的使用权产生利润积累而成的，因而也是法人成员的集体财产。它具有如下两个特点：一是不可分割性。村集体财产是村民谋取共同利益的物质基础，具有不可侵犯性，不允许通过任何形式分割给个人。个人与集体经济之间由于股份联合，个人不能不关切集体的发展，集体是大股东，大股东的利益一旦受损，村民小股东的利益也必然受损。二是排他性。村集体经济由于采用股份合作的形式，只为真正成为法人成员的集体所共有，非法人成员，包括集体以外的任何一级政府或单位或个人，都无权分沾或平调它的利益。由于丰村所有村民的名下都有股份投入，法人成员已经扩展到全体村民，因而这种排他性又是以村社区为边界的。

合作体系的内部产权关系虽然复杂却也基本清楚。村民和各种层次的股份合作实体，都是以各自投入股份的方向和份额，来确定自己的财产权利。每一户村民都可以清楚地说明自己在村内哪家工厂和酒店有多少投资，合作者是亲朋还是小村合作社或大村合作联社；在小村合作社有多少股份，小村合作社又投入大村联社多少股份，等等。由于每一层级的产权都是以股份形式确定并且依此进行红利分配的，这种产权的排他性便具有了法律上的意义。

经过这样的合作之后，集体的含义发生了变化。集体包括两重含义，一重是传统的属于全体村民所有的集体经济实体，另一重是以传统集体为内核的、由投资而又具有村民身份的法人成员所有的新集体或合作经济实体。而当这种集体或合作实体以现代公司经济的模式（在珠江三角洲的超级村庄里冠以“股份总公司”的名称，在长江三角洲则称为“集团总公司”）运作时，新集体制或合作制便无论在形式上还是内容上，都转型为与市场经济配合的市场主体了。

上述丰村这种个人与集体合作又以集体为主导的新型关系，在村社区发展的诸多方面都产生了十分深刻而引人注意的变革意义。

3. 畔村的村政与民企合作体系

村政与民企合作体系，主要出现在私营和个体企业发达的东南沿海晋江地区，在中部的晋中南地区也较为普遍，而且苏南一些村庄的集体制企业转制为私营企业后，也出现了类似的合作体系。如果按照集体经济的产值和就业人数在村有经济中所占比重来衡量村社区集体化的程度，那么这类地区村庄的集体化水平可以说很低甚至没有集体经济。

在前两类合作范式中，村集体作为产权主体，名下都办有实体性的企业集团公司或股份公司，直接掌管企业经营权，尽管与以往的传统劳动集体在性质上有了差别，集体仍然负有安排村民就业的义务。而在晋江地区的村庄中，却难以再见到这类村集体。在我们考察的一些超级村庄中，这类村组织并不直接创办企业，名下并无经济实体，但掌握着数量可观的村财。从公社时期延续下来的村集体，在行政村一级上仍然保留着完整的组织机构，掌握着村财，料理着集体的事情。

在晋江地区，村财的主要来源大致可以归为两类。一类是村集体虽然不直接经营，但掌握着可供经营所用的集体财产。这个地区的乡镇政府所在地往往是一个专业化的地方市场，如陈埭镇有鞋产品市场，英林镇有成衣市场，瓷灶镇有建筑瓷市场等。与这些市场相邻近的村庄，在沿路两侧建起店面房，大多形成“前店后厂”的生产经营格局。建房的资金主要由村集体筹钱投入，部分依靠村民集资。建成的店面即为集体财产，出租或出卖给包括村民在内的经商者，收回的钱归入村财，或用作扩大再生产，或用作村内公共设施的建设，或存入银行，利息用来进行集体分配。另一类是村庄并不具有邻近乡镇市场的优势，村集体没有专供经营用的集体财产，村财主要来源于村内众多私营或个体企业因使用集体公共设施而支付的费用，用途也与前一类村庄大致相同。畔村就属于这后一类村庄。

在畔村分布着大大小小 57 个家庭企业，大部分与制陶业有关。一村一品，是包括畔村在内的当地村庄的生产经营特色。当地有烧陶的传统，烧陶产业最早就源于畔村，村里至今还留有古龙窑的旧址。陶土就产在村里，传统的烧陶工艺对场地、设备和人工的需求不高，投资的数额一般富裕的农户都有办法解决，而镇区就是一个陶瓷产品的专业市场，因此，村内的企业绝大多数是由村民家庭或联户家庭办的。村集体早期也曾办过两个厂子，一个生产建筑琉璃瓦，另一个生产外墙瓷砖，后来都转卖给了个人经营。村干部认为这种转让很有利于村行政的发展，“企业让有经验的村民去办，村里只要有稳定的收入来源，就可以集中精力去搞村子的建设，去办村民个人办不了的事情”。目前，村集体名下没有一家企业，却与村内所有的私营或个体的家庭企业有着财政上的联系，每家企业都是村财政的当然纳税者。在村里，村组织并不直接控制产业资源和劳动力资源，不但产业全都是家庭或联合体办的，劳动力也由村庄内外部的劳动力市场自由调配。但是，村组织却掌握着土地资源和村庄内外部的人际关系资源，这些资源即是村组织与村民合作的真正资本。

我们在前面分析土地资源的非农利用时已经指出，在工业化过程中行政村实际上对工业用地有着更为实际的权力，村民办厂必须由行政村组织初审方可上报国家土地管理部门正式审批，经国土部门正式批准的土地才可转为非农之用。在土地转用制度尚未健全时期，村组织的审批权就是转用权，即使在审批手续不断完善的情况下，村民申请非农用地，不但要征得行政村的支持，一般还要请村组织里有影响的人物到上级审批部门去周旋。因此，村民经营的企业与村集体之间虽然没有直接的经济往来，却有着互惠合作的关系。有时这种合作关系也会作为村集体对企业的无形投入，企业亦会让一部分利益给村集体作为村财。

畔村最大的一家企业，由村内 5 家人联户发起，与香港一家设备有限公司合资，另有武汉工业大学以技术入股，20 世纪 90 年代初期动议办厂时，村内已无合适的土地用来建造大型厂房。办厂的牵头人找到村书记，希望村里出面帮助他们审批到一块离镇区较近的地皮。村书记多年担任村干部，又是当地有名的劳动模范和人大代表，与上级行政部门和邻近村镇“人头熟，关系深”，经他多方努力，最终企业在村外申请到一块地理位置适中的土地，并办理好了用地手续。企业组建股份有限公司时，特邀村书记担任名誉董事长，并给村集体一定数量的“干股”，所分红利作为集体收入，归入村财。

伴随工业用地的增加，村内的公用基础设施必须有所发展，首先是修路、通工业用电和用水，其次要建立公共服务设施。这些一般不是村民个人的行动目标，并且个人也无力完成，即使个人有力量出面组织，在村内外也难以得到政府和公众的信任和支持，而村组织直接掌握着土地所有权和审批权，以及动员人力资源的能力，因而在这方面能有很大的作为。村集体在初审非农用地时，有权优先对村内发展公共设施的用地进行规划。公共设施一般由村集体出面贷款、集资和组织实施。村内的企业因为使用这些公共设施，须支付费用，费用由村内协商而定，收取后全部归入村财。

畔村的村财中最大的一笔就来自村办电站收取的用电提成费。村办电站的过程，颇能说明村集体与村民家庭企业之间的合作关系。

20世纪80年代初期，村民在离城偏远的村子里办厂，虽然有就地取材、就近利用劳动力的便利，但是修道路、拉电网一类的事情，单家独户都办不了。企业若单独申请从主电网上拉工业用电线，不但费用高，而且也不是个个都能从供电部门搞到批文，因此由村集体出面办集体电站，“既增加集体的固定收益，又方便群众”，成为集体和个人共同的需要。村集体独自投入500余万元建电站，建好后，向村里每一家企业提供服务。电费由村集体与供电部门统一结算，再由各企业根据用电量按价上缴村里，上缴费用中包括支付给电站的服务费用。电站为每个用电户安装一只电闸，既作计量用也作控制用，如果企业无故不按约定上缴电费，集体有权对它拉闸断电。这个规矩是不成文的内定规则，因为缴不缴电费既关系到集体利益，又关系到其他企业的利益，敢于触犯的人并不多。这一笔村财年收入可达100余万元，成为村集体办村政事业的基本费用。

除此而外，村集体在经济活动中的调节作用也是显而易见的。畔村的几十家企业分散在村民家庭中经营，大多生产同类产品或配套产品，建立一个既允许合理竞争又不至于互相拆台的互惠合作网络，不仅是企业的需要，也是村领导考虑的问题。村里倡导文明经营，发动企业之间开展互竞互助活动，厂与厂之间进行“信息互相交流，技术互相支援，供销互相兼顾，原材料互相支持”，这个网络的牵线人就是村集体组织。村集体组织还牵线搭桥，帮助一些有条件联合的企业之间建立企业集团。经过几年的努力，这个村子在分散经营的情况下，在企业之间形成了协作和合作关系，使全村逐渐发展成为可以生产系列化建材陶瓷产品的专业化生产基地。

除去经济活动外，村民遇到其他难以解决的问题也会找村里商量解决，或当某个问题成为大家共同的难题时，村集体就会出面组织和协商处理。村里一些外来的服务机构就是在这种情况下由村集体出面请进村来的。这个村子的制陶业做大以后，当地的专业市场已经不能满足他们销售的需要，村内五十余家企业，家家都有供销员在外地跑业务，全村有四百多人经常往返于村内外。一时间，出行和汇兑款成为村里人难办的事情，于是，村集体根据村民的需要，陆续将民航售票处、邮电所和银行都请进了村。这些机构进入村庄，一方面因为村庄经济和社会事业的发展有了这方面的需要，使这些机构便于开展业务；另一方面也因为村里为它们的进入提供了便利的条件，比如，为了顺利地把民航售票处请进村子，村集体出资建好了房屋，购置了设备，安装了电脑和电话机等。这家售票处是民航在镇域内设的第一个点，进入畔村后，不仅方便了本村的村民，而且也满足了周围村镇村民的需要。

村民与集体合作，还出于寻求政策保护的需要，在资源短缺的情况下，这也是谋求资源和节约成本的一种有效方式。在组织资源城乡二元结构下，村民个人办工厂几乎无法直接与行政系统打交道。首先，村民需要借助集体的名义，才能获得政策上的支持和便利。初期的个人企业一般都挂靠在村集体名下，财务由村集体统一管理，而企业仍由个人或家庭经营。其次，即使政策允许，村民个人与多个政府部门打交道的社会成本也太高。一方面，政府的行政机构多不对村民个人办公，村民若是个人出面与政府机构打交道，一般只能利用非正式的人情关系网络，所支付的关系费用太高；另一方面，每个企业都分别与多个政府部门打交道，因为“门槛不熟，关系不硬”，对外的谈判成本也很高。

在村庄内部，企业与企业之间、企业与农户之间也往往有多种经济和民事的问题需要协调和解决，也会增加内部谈判的成本。对于村组织来说，处理这些事务要比村民个人容易得多。村组织作为集体利益的代表，也比个体容易为政府所信任和支持。村干部一般都有着多年与行政机构打交道的经验，在地方有熟悉的人际关系，有的还有特殊的社会身份，如人民代表，劳模等，由他们出面办事，有时并不需要付出太高的费用，甚至可以找到特殊的支持，办成特例的事项，如在村庄开道路、拉高压电网、办中学、建医院，以及在村外审批到工业用地等。因此，村民更倾向于以合作的方式，由村集体专事这些“涉外”的事项。

不过，仅用交易成本的思路来解释问题似乎只解释了一部分。我们还发现，在这些工业化的村子里，不管交易成本高低，有些事情是个人无论如何也做不到、办不了的，例如村内的公共事务、公益事业、社区福利等，只能采取社区合作行动，由合作体系的法人组织出面来办理。

村组织办理这些事务时，一般会要求民办企业给予捐助，并且需要向各企业收取一定的公用设施使用费和企业管理费用，以便于聚财并支持村政事业的发展。在畔村，村集体聚财需要以一定数量的村财作为基础，村干部认为没有固定的村财收入，就不好与村民商量事情，有村财做底数，每当村里办一项事业时，如果集体能出大头，各企业就会出小头，还有一些甚至愿意无偿捐助，这样，村里的事情就好办了。村民经过比较，只要由此付出的成本小于个人行动的成本，就会请求或者接受村组织的帮助并且支付应付出的费用，即使费用较高，村民也会因为办企业需要，或是因为捐助本村的公益事业而愿意为之。畔村的高压电网、中学和筹划中的医院都是通过这种方法办的。这样，在积累村财的基础上，村政组织也有了充分的发展。

显然，村政组织与村民家庭企业之间存在着一种相互需要的共生关系。虽然这种合作不是实质性的经济合作，但在私营经济发达、社区公共事业需要发展的地区，是至关重要的。企业为了争取外部资源，必然求助于村组织，而村组织只有扶植好企业，才能获得更多的村财收入，社区的村政和建设事业才有望发展；合作减少了村内企业的行政谈判费用，经营活动更接近企业行为；而村组织则不承担与某个企业直接有关的经济风险，不干预企业的经营活动，专事村政建设事业。

在这种合作方式下，村庄的公共财不是村集体直接经营企业的结果，而是通过提供公共服务而向企业征收的类似税收的费用。这些费用上缴村组织后，便公共化了，村庄设有专门的财政机构（在有的超级村庄已经出现了村级财政所）来管理村财，有义务定期向村民公布收支情况。理财机构专门化后，还进一步强化了聚财的功能。在畔村，修路建校造医院征集的专项费用、村财的银行利息、村组织的服务收益等，都可以并入库存，以作专用。

村财的使用，主要是以拨款的方式支持村庄的公共事业，发展公共性消费；以再分配的方式提供村民福利，为村民提供基本的生活保障；以特殊补贴的方式，救助村里的老弱孤寡和困难户，奖励和资助上学进修等。我们在研究中发现，这种合作方式的存在，也打破了那种认为“高工业化，低集体化”的社区分化类型下，由于村组织缺乏可以直接控制的集体经济资源，因而丧失权威，难以整合，无力左右村庄的社会分化，难以发展社区公共事业的假说。[①]

如果说畔村只是一个案例，我们据此难以对问题得出不同的结论，更难以说清楚究竟是社区公共性的发展导致了这种村政与民企的合作，还是因为单姓家族村的传统内聚力使然，那么位于山西省晋中南的另一个案例——义村，则为我们提供了一个多姓村内部也同样发展出村政与民企合作的反证（后文还将详述）。这种合作的社区合理性究竟在哪里呢？看来，我们不得不从社区公共性特质生长的角度，对问题再做一番考查了。

三、合作行动的社会结果——共有物品

在上述三种合作体系中，畔村和义村一类的合作体系对我们有着特别重要的意义。一般来说，集体制或股份制合作体系中，由于奠定着较深的传统集体经济基础，其社区产品带有“公共性”（我

---

① 阎肖峰：《新时期中国农民独特的分化道路》，载《农村经济与社会》1991年第5期。

们称之为“共同性”）似在预料之中。但是，选择了私有经济的村庄，在实践集体经济缺位的合作中，也同样产生出在规模和公共性上并不亚于其他两种合作体系的“公共物品”（我们称之为“共有物品”），这实在是与选择者的私有化初衷不相一致的“未预料之后果”[①]。

于是，我们从三种不同类型的合作行动中都看到了两个共同的社会结果：一是合作行动产生了很强的一致性，即在合作的同等条件下，村民参与合作行动的成本和收益之比，以及他们所承担的风险等，虽然在不同主体之间具有差别，但是受益或受损是一致的和共同连带的；二是合作所创造出的结果一旦产生就具有公共性，由社区成员共享，享有时不计其身份、地位和其他差别，最为明显的就是那些建在村内的公共设施，办在社区的公益活动等。这个结果，无疑对村庄共有产权的再生产具有重要意义。

那么，我们是否可以认为这些社区物品真的具有通常意义上的公共性呢？

1. 关于“共”与“公”和“私”的讨论

划分公域和私域是讨论社会空间时最常用的两分法，由于忽略了这两种领域之间还存在一个独特的领域，一直受到市民社会理论的批评。市民社会理论的核心观念是认为在私人领域和公共领域之间存在着一个王国，它由众多的自愿组织构成的网络填充着。这些组织基本的民主功能，一是通过“中介制度”这一缓冲区来保护个人对抗强大的国家权力，二是通过训练个人并创制社会网络来约束个人主义并培养合作精神。[②]

我们且不讨论市民社会理论本身，只是从它对社会空间的三维

---

① 安东尼·吉登斯：《社会的构成》，生活·读书·新知三联书店，1998 年，第 2 页。

② 赦思：《非营利组织与民主》，《市场社会与公共秩序》，生活·读书·新知三联书店，1996 年，第 363 页。

划分中可以发现一个十分有作为的新兴领域。如果将这一发现运用于村庄发展的研究，就形成了我们现在讨论的共有物品或共有领域问题。

从村社区的角度看，公域和私域的划分确实过于简单了。在村庄里，公与私有许多时候是分不清楚、划分不开的。那种分不清、划不开的领域，通常具有双重性质，在村民话语中常常被称为“公家事”。而“公家事”与“国家事”是被村民严格加以区别的。国家事是外在的力量，对村民具有某种“公共权威性”，正是理论上所谓的“纯粹公共领域”；公家事则是村庄内部的公共领域，一方面与国家事有一定的联系，是国家事的折射，另一方面则与放大了的私人领域有着某种重合，是社区小共同体内部共有的公共空间。

这两种领域的重合，在丰村和畔村那样的单姓家族村，有时是天然地混同的，在联村那样的杂姓村，则以社区联盟的方式不断地形塑着，必要时还被有意识地强调着。

社区合作行动创造出的共有物品，与这类公家事一脉相承，具有介于公与私之间的复杂品质和性格。它的公共性不同于经济学理论上所讨论的“纯公共物品”。按照公共选择学派的界定，纯公共物品同时具有消费上的非竞争性和排他性，就是说，当纯公共物品被一个人享用时，不会减少他人从中获益，这是所谓非竞争性；同时，任何一个人也不可能排斥他人享用，或者说排斥的成本极高，这是所谓非排他性。因而参与消费的人越多越好，这样可以降低人均分摊的成本，同时因为具有非竞争性，又不会产生拥挤成本，人们的效用不会因人数增加而减少。显然，具备这种品质的是一种国家公共物品，比如大到公共政策中的国防，小到公用设施中的路灯，任何人不管其愿意与否，都得消费相同的数量，缴纳相同的费用（税收），不存在进入或退出的选择。

村社区的共有物品不具备这种特性，不过它有些类似于上述理论讨论的“非纯公共物品”，其特点是服务范围受空间的限制，只给一定区域和组织内的人们带来好处，并会随着消费者的增加可能出现拥挤，因而有的虽不排他但具有竞争性，如道路、剧场等，有的具有非竞争性但排他，如电视频道等。最典型的非纯公共物品是地方性公共物品和俱乐部物品。村社区的共有物品与它们最大的共同点在于，它们都是由一些人共同生产、提供或享用，以付费或纳税或某种交换为条件进入消费，退出后即不能再消费。但是二者又有相当的不同，最大的区别在于，典型的非纯公共物品在进入或退出消费时可出于自愿，不存在选择，其前提是进退（在这里指从一个社区迁往另一个社区的流动）必须是充分的，可以既做到自愿又做到自如，即所谓可以“以足投票”，在社区间有流动的自由，而且迁移可以不付成本或少付成本；而我们所讨论的这一类村社区的共有物品，在消费时甚至连这个条件也不具备，也就是说不存在“以足投票”的可能。

可以看到，这一类共有物品在消费中既具有竞争性又具有排他性，为了避免更多的人争先享用，村内定有限制人员自由流入的村籍制度，以便使有限的村财能够保障共有物品的持续供给。虽然从理论上说，已经进入的人有退出的自由，但是由于这一类超级村庄提供的共有物品包括一系列非货币化的公共福利配给，不可能被带走，因而增加了退出的成本；又由于这些村庄的共有物品在当地乃至全国农村地区中都是高品质和大数量的，因而退出几近于失去理智。

由此看来，村社区的公共物品只具有小共同体共有的品质，更加接近于扩大了的私域，或者更确切地说，它还是一种具有传统色彩的公域。它的目标不是发展社会公共性，甚至于也不是发展地方公共性，而是发展以小共同体为边界的社区公共性。之所以还称它为公域，是因为在社区范围内它公平地惠及所有的法定成员，而且因为有些公共物品一经产生，对有条件进入社区打工的非村籍成员也不可避免地具有公共性。因此更贴切地说，它具有界于公与私之间的共有性质。

2. 社区共有物品的几个特点

除去具有竞争性和排他性以外，村社区的共有物品还具有如下一些特点：

（1）不具备完全的公共性格

村社区在中国传统中是以家长式结构组成，是“私性”很强的社会或组织，在这一点上它有如中国传统中的“民间社会”，如行会、帮会等。①即使在我们所讨论的这一类工业化的超级村庄，小共同体的“私性”也仍然有新的发展。就其内部产权组织来说，在丰村那样的家族村，有时仍然由血缘的亲疏来决定，股权在社会化过程中也仍然为村里人保留特权，甚至分红利率也内外有别；社区的福利和公益范围以社区身份来严格加以限定，所以不容易产生具有普遍意义的公共游戏规则。有人甚至认为，在经济上它们无论姓私还是姓公，都仍有以“能人”为中心，以小共同体为依托的“庄主经济”的特点。②

这虽然在某种程度上说明村社区的社会经济和政治过程保留有相当的“私性”，缺乏让社会成员参与其中的空间，而且在对外交往中也保留有相当多的小共同体“私性”，以至于有的村庄已经成为地方势力的一种，但这并不是这一类村庄社会性格的全部，它们在村庄内部的福利、公共事业、公共政策、村规民约，以及对外的交往和谈判中，大多呈现出了令社区成员信任的“公性”，这正是它们对社区成员具有聚合力的原因之一。它们在向地方提供公共服务和经济辐射等方面，也表现出了地方中心的作用。

这样双重的不完全的公共性格，一方面可以看作是社区共同体在脱离大社会体系的严密控制之后传统私性的表现，另一方面也可

---

① 林毓生：《“创造性转化”的再思与再认》，刘军宁等编，《市场逻辑与国家观念》，生活·读书·新知三联书店，1995 年，第 248 页。

② 秦晖：《“大共同体本位”与传统中国社会》（下），载《社会学研究》1999 年第 4 期。

以看作是村庄外部公共物品匮乏，大社会公共政策对它排斥而产生的一种反向推动。特别是大社会系统的公共政策对它的排斥，使村庄的公共性格难以发展，它没有正常的渠道进入地方或国家公共政策的制定和推进过程，这种在自我保护和相对封闭的社区环境中发展出来的共有物品，怎么可能要求它形成完全的公共性格呢？

（2）不具有完全的公益性

在村子里，“何为公益”是一个值得观察和思考的问题。特别是在畔村和义村那样以经济私有化为特点的村子里，公益服务产品并不是由村集体生产甚至也不是由它直接管理，而是由发了财的私营企业主直接或间接提供的。在村里人的意识中，个人发财是一件让人羡慕的事情，并不会受人责难，但是只顾个人发财，而不给别人“沾光”则会受人怨恨。①

私人企业主介入和增进村庄的公益，在意识形态上大多恪守的也是这个观念，他们对办公益的理解更加接近于“共同沾光”。在集体制和股份合作制的村子里，共同沾的是合作结果的光，在私有经济为主的村子里，共同沾的则是同村人发财的光。沾光作为一种公益，在这几类村子里都被认为是公平的、合情合理的。

这时的所谓公益，就不同于国家或地方的公共政策，它的边界必定不是社会的，而是严格的社区的。在社区内部，可以沾光的人也经过严格界定，主要是有村籍身份的人，外来的暂住者除去可以享受社区的某些公共性很强的设施外，并不具备资格享有大部分公益，其中最核心的是共有福利那部分。这些超级村庄的村财中有相当部分被用作支付村民的福利，福利的对象是全体村民，并以村籍来严格限定可以享有的人数，以便使村财有能力对之加以保证。

可见，村庄公益也具有复杂的社会性格。一方面它参照着国

① 参见王斯福：《面子的方位——当代中国乡村的公共空间与对公益的说法》，王铭铭、王斯福主编：《乡土社会的秩序、公正与权威》，中国政法大学出版社，1997年，第403页。

家的城市公益政策，村里人称之为“城里人有的我们也都有”，并以人人有份的方式加以配给；另一方面它又充分地发挥着小共同体利益分配的共有原则，让“共同沾光”成为聚财、理财和分配的意识形态基础。这一类的沾光公益，在村子里是公平分配、人人平等的，即使是贪利的干部，也会绕开这个环节，避免因此而受到公众的注意。对于非村籍成员来说，这类公益无疑具有强烈的排他性和竞争性，以至于村庄的合作体系不能不将村籍人口的增减，作为一项重要而公开的政策加以考虑。

（3）通过合作的“引导之手”供给的共有物品

从畔村的变迁经历可以看到，私人的理性行动并不能自然地产生社区的理性行动。社区共同理性只有经过“引导之手”或是经过适当的制度安排，才能求得有效的社区集体结果。[①] 在我们所观察的这一类超级村庄中，这个“引导之手”即社区合作体系支持下的村政府行为。

在一个村庄中，共有物品怎样供给和消费，也如同社会的公共领域一样，是难以依靠村庄内部市场来解决的。在以私营企业为主的村子里，共有物品的生产是一项可以由市场调节的行为，比如村里的道路、医院、学校，既可以如畔村那样由村组织向私人集资筹款来建造和提供，也可以如义村那样直接由私营企业修建和提供。但是问题在于，由谁来组织这些物品的供给和消费，由谁来付费，谁来利用和管理。解决这一类问题，就要有点“集体行动”或“公共选择”，靠个人之间的直接交易去解决公共物品供给问题，由于交易成本太高而得不偿失，往往会导致“市场失败”的结果，而最经济也最通行的办法是由政府来管理这些事情。[②]

在我们所观察的这三类村子里，由于合作体系的存在，这里所

---

① 张宇燕：《奥尔森和他的集体行动理论》，刘军宁等编，《市场逻辑与国家观念》，第170页。

② 樊纲：《作为公共机构的政府职能》，刘军宁等编，《市场逻辑与国家观念》，第11页。

谓的“政府”（主要是政府功能）是不缺位的。合作体系作为一种公共机构，它最基本的职能就是组织解决最关键的“公共财”的筹集，组织公共物品的供给和消费，制定解决问题的办法，监督税费收缴，制定和落实分配和消费的政策、规则和惩处办法，以此来引导和安排村域内共有物品的供给和消费。

问题在于，在村子里，共有物品的供给和消费似乎并不是一个交易问题。我们在讨论畔村的合作体系时已经指出，不管交易成本多高，有些事情是个人无论如何也做不到、做不了的。作为村子里的共有领域，问题的解决也是一个需要“引导之手”安排的社会政治过程。

在联村和丰村，由于村集体组织直接掌握和管理着共有物品的生产、供给和消费，因而这个政治过程主要是在两个具有法人资格的机构——村总公司（共有物品的生产和供给者）和村委会（共有物品的管理者）之间进行。只要谈判的结果是增进公益的，一般都会受到村民拥护，每年以办几件（有时是十余件）“大事、实事、好事”的名目向村民大会公布。

在畔村和义村，则由于村组织并不直接生产和供给共有物品，这个政治过程就更为复杂，参与者更为广泛，村委会、各私营企业乃至村民家庭，都会直接参与公共政策和规则的制订和监督。村委会只有在各方面达成协议后，才能聚集村财，安排共有物品的生产、供给和消费。在这方面，它们比联村和丰村有更为公开化、明晰化的制度措施和实施办法。

第五章
社区选择

在研究者的观察视野中，出于比较的目的，往往把具有某些同质性的超级村庄归为一类，有意忽略它们内部的差异。一旦将它们分别归入各自所处的地域环境中，它们就会显得格外地与众不同，因为周边村庄与它们之间有着相当大的差距。虽然这些村庄都处于大致相同的地方背景和发展模式之下，但它们之间的差异和分化却是非常明显的。对这一现象，如果我们仅仅用历史发展的必然性或是结构变迁使然来解释，显然是过于简单了。

我们不得不注意到这样一些基本的事实：

首先，村庄在十余年中的变革是一个极富动态的过程，这种动态性要求在解释变革结果时不能只凭借社会结构的因素来进行，因为变革本身就是一个不断改造社会结构的过程，而村民正是改造社区的基本力量。因此，本章把行动主体的许多主观因素也包括在分析范围之内。

其次，社区变革是一种社会实践，但它不是个人行动的经验，而是社区总体实践导致的结果。在这种实践中，社区选择具有建构的意义。因而我们得以看到，在同一个地方结构下，不同的社区选择行动造就不同的村庄类型，每一种选择都有一个不同的结果。就像万花筒每旋转一下就会出现一个不同的图形一样，这每一种结果似乎都带有一定的偶然性，但在决定旋转的时间、向度和力量大小上，包含有当事人的选择意向。这种选择意向不是选择者随意的行动，尽管制度是由人选择的，但制度本身及其实际运行过程又规定了社区主体的行动方向。所以，在分析选择与结果之间的关系时，我们又不能完全忽视社会结构所包含的客观条件对结果的作用。因此，本章用“选择结构”① 作为客观结构与主观选择之间的中间变量。所谓选择结构，是指社区总体在选择中所遵从的规则和秩序，它强调的是，社区既有的社会结构与社区成员面临变革的主观选择策略之间具有内在的联系，是不可分离、相辅相成的。

下面让我们从村庄的选择实践对此加以说明。

一、案例中的选择结构

案例 1. 北村决定“不分田”

1980 年 9 月，中共中央召开了关于农业生产责任制的座谈会，下发了“中发〔80〕75 号”文件，对是否实行包产到户问题，作了“区别不同地区、不同社队采取不同的方针”的规定，小岗村搞起的家庭联产承包责任制经验被推上了中国农村改革的历史舞台。

两年之后，1982 年春，北村所在的苏州地区的社队也开始实行分田到户。县委已经下发通知，有的公社正在丈量土地打桩圈地，隔壁大队已经分完了土地，开始分生产队的耕牛和农机具，连拖拉机也分到个人家里……北村与全国无数个村庄一样，面临一个重大的制度抉择：分田不分田？

当村里大事的决策者——党支部和大队的 16 名干部在队部坐下来商讨时，他们面对着两方面的压力。一方面，如果随大溜搞分田到户，似乎与北村当下的村情不相符合，村里的干部和村民对此没有表现出太大的积极性，反而顾虑重重；另一方面，如果不随大溜，“分田到户是中央抓下来的”，全国全县都在搞，根据形势和舆论，不搞显然是不行的，北村恐怕不能特殊也无法特殊。

---

① 参见何高潮：《地主·农民·共产党：社会博弈论分析》，第 21 页。

村民疑惑，干部下不了决心，怕顶不住压力，做与不做显然都担有风险。最终的决心是由村书记下定的：

> 我想好了。我去找县委领导反映，我们村不搞分田到户，生产队里所有财物都不分……这个责任我担着。我相信县委、县领导会实事求是的。

村书记的这个决心是十足理性的，首先来自他对村情的判断。北村与小岗是两个差别很大的村子，北村人多地少，全村耕地只有几百亩，人均不足八分田，在这八分田上无论做多少，也只能解决温饱问题，北村近年搞以副补农、以工养农，集体经济有所发展，村民的温饱问题正在解决。新的目标不是解决温饱问题，而是如何实现小康生活；北村地处长江堤下，年年发生水灾，以往与自然灾害做斗争靠的是集体财力、物力和人力，分田到户搞单干，个人的积极性虽然调动起来了，但集体的力量分散了，与自然灾害抗衡的力量就有可能削弱；北村地处苏南平原，适宜机械化耕种，队里已经为此投入财力，买回了大型联合收割机，如果分田到户甚至连机械也拆分了，农业机械化还是否有望实现？村书记认为北村的村民已经看明了这些情况，所以才对分田到户没有表现出特别的兴趣。

村书记的另一种理性，来自他对中央政策和地方政府态度的把握。自从中央〔1982〕一号文件下发后，村书记“几乎每天都在一遍遍地逐句细看”，记熟了其中关键性的词句：“目前实行的各种责任制，包括小包工的定额计酬，专业承包联产计酬，联产到劳，包产到户，包干到户、组等都是社会主义集体经济的责任制。”他认定中央并没有说“包产到户，包干到户”是农村唯一的生产形式，中央允许某些地区结合本地实际情况，进行其他形式的生产责任制。因而，北村的路可以由北村人自己走。

村书记下决心时对地方政府的态度并没有多少把握，村民也认为他不听上面的，恐怕会被撤职。因为当时正传“有个地委书记顶着不搞分田到户被调离，有个县委书记被撤职”的新闻。但是，村书记仍然决定担着挨批的风险，越级直接找县委书记反映情况。县委书记因事未见，他倒幸运地找到了素不相识但愿意认真听他倾诉的县长。下面是别人记载下来的他与县长之间的一番对话：①

村书记：……我们大队不打算搞分田到户。

县长：怎么？分田到户，搞家庭联产承包责任制这个政策不好吗？

村书记：不不不，这个政策当然好。

县长：那你们为什么不搞呢？

村书记：分田到户不太适合我们的实际情况哩……我们想搞另外一种专业生产责任制，想搞多种经营，以副养农，以工养农。我们考虑过了，实行家庭联产承包责任制，当然可以调动农民的积极性，增强他们种地的责任感，不过像我们村人多地少的情况，一亩地就是打2000斤粮食，也很难富裕起来。我们算过了，我们大队有500多个劳动力，全大队的土地即使按照目前的耕种条件，也只要一小半人足够了。要是实行机械化耕种，顶多三四十人就忙过来了。这样，绝大多数劳动力就浪费了。这样做不利于我们的发展。我们想抽出一部分劳动力搞副业，余下的人都来搞工业。……这样一来，农业搞上去了，副业和工业也搞起来了。粮食产量提高了，经济收入也增长了。

县长：哦，你们抽出一小部分人种田，真能把全大队的土地种得了种得好？

村书记：能。我们大队这几年搞副业挣了一点钱，耕田机、插秧机早已买了。耕种已经实现机械化，最近又派人去桂

① 张茂龙：《为官一任》，作家出版社，1996年，第30页。

林买回了联合收割机，全大队庄稼收种已经不成问题。再说，农忙的时候，搞副业和工业的劳动力还可以抽出一部分搞突击哩。

县长：你们这些想法，老百姓赞成吗？

村书记：老百姓都赞成哩！

县长：你们党支部讨论过吗？

村书记：讨论过。

……

县长：实行家庭联产承包责任制是中央号召的，县委发了文件，全县农村都要搞。按说你们大队也不能特殊的。中央和县委要求农村搞家庭联产承包责任制，其根本的指导思想还是想尽快把农业搞上去，把老百姓的生活搞好。老百姓的利益就是共产党的利益。你刚才讲的情况也有些道理，我们共产党历来主张因地制宜，实事求是，归根到底要有利于生产，既然你们已经有这个不搞分田到户的设想和理由，我建议县委同意你们试一试。好在全县也就你这个大队，影响不了大局。作为一种形式试验吧……

这段记载中的故事情节，在村子里不止有上述一个版本，但描述的基本事实大致相同。也就是在这个故事发生之后，北村才真正不搞分田到户的。虽然后来一份地区内参材料上点了该村书记的名，列举出他“违背中央家庭联产承包责任制的政策，全村不搞大包干，仍吃大锅饭，搞集体经济”的罪名，但是北村仍然坚持了下来。据说，北村是全国数得出来的没有搞过分田到户的村，而著名的华西村、大邱庄、南街村都曾有过分田到户，不久后重又集中的经历。

北村在这一事件中的选择，显然不是决策者心血来潮、随心所欲的主观所为，而是基于一定的选择结构，即基于有权做出抉择的人对内外环境的了解和认识，对具体选择的一系列有关可行性和可能性的准确判断。①

案例 2. 丰村偏好“共有制”

丰村与北村在对待分田到户问题上做出了完全不同的选择，丰村人不但把地和农机具分了，就连大队的仓库也划分成无数个小格子分给了农户，而且主张分田和决定分田的人首先就是村干部，他们很自豪地描述过当时的决策过程：②

> 1979 年冬天，大队从传闻中得到安徽凤阳县土地承包的消息，马上行动，在一个月内把近四千亩土地全部承包下去，农民积极性一度提高，在 1980—1983 年出现了专业户和万元户。1983 年 7 月，正式撤销“政社合一”，改人民公社为区，大队为乡，1986 年又改区、乡建制为镇、村建制，集体制正式结束。

丰村人做出这样一种选择实际上也不是随波逐流的结果。在这个村子按照改革政策实行家庭联产承包责任制之前，这种变革的内在冲动和小改小闹就已经存在了。一些小村的村长说，公社时期社员没有干活的积极性，为了完成生产任务，有时候（比如农忙时）就偷偷违背上级的指示把土地和产量包给更小的几个作业组。虽然这只能解决一时的问题，没有制度化，也没有尝到多少甜头，但由此却促进了生产大队推进改革比其他地方更早更快。

那么，村干部为什么会带头放弃集体制呢？老村长和村书记回答说，村集体在 20 多年的辛苦中没有留下多少集体财产，当干部的本来就没有什么权力，再加上村里人心背离，生产难搞，没人愿意再干下去。在这个村子里，村干部换过五轮，集体制也没能保住

---

① 何高潮：《地主 · 农民 · 共产党：社会博弈论分析》，第 21 页。

② 折晓叶：《村庄的再造——一个“超级村庄”的社会变迁》，第 61 页。

哪个干部不下台，当然，更重要的原因还是干部们也想找到一个更好的共同致富办法。

之后，分散经营没有维持多久，丰村最终选择了股份合作制。据记载，丰村是中国南部最早实行股份合作制的村子，它的新型组织体制带有原创性，起过示范作用。股份合作制最早在南部推行，又逐渐普及，无不与这一地区引进来自香港等地的“三来一补”企业有关，明显带有该地区市场结构的特点，丰村的选择无疑也在这个结构影响之下。

但是，丰村是第一个选择这种制度并做出示范的村子，先吃螃蟹的人在制度上的偏好无疑具有重要的意义。我们在分析丰村将工业化与新的合作体制嫁接，实行股份合作制的原因时，曾经对其客观因素做过较为充分的展示。① 如果仔细地对其选择过程加以考察，还可以进一步发现，这个村庄对制度的选择与其抉择人的制度偏好有着直接关系。

丰村的书记是农村干部中不多见的爱读书的小知识分子，读过邓小平、毛泽东的著作，也读过马克思的文章，还读过欧文的书。1979 年担任村副书记，1982 年升为正职。他参与了由村干部策划的解体村集体的过程，在手中掌握有决策权后，他公开了自己的政治理想：“我想当个新欧文，在村子里建立一个新乌托邦。”他由此得了“×欧文”的绰号。他的政治理想究竟根源于何处，我们可以不加细究，不过，丰村引进股份制，却是他捷足先登香港后带来的“舶来品”；而将股份制与以村集体为轴心的合作制相结合，进而改造成为人人都是股东的共有制，则是他实现自己政治理想的结果。丰村书记的这一段描述袒露了他的实际想法：

> 50 年代的合作制度，最大的问题是没有真正实行按股分红，不仅是土地入股没有分红，后来供销合作社农民也有资金

---

① 折晓叶：《村庄的再造——一个“超级村庄”的社会变迁》，第 61 页。

入股，也没有分红，农民至今还有意见。可是股份制到底是什么样子呢？谁也没见过。这要庆幸我们离香港近，改革开放后有机会对香港进行观察和研究。我多次去过香港，看到绝大部分工厂、商店、银行都是实行股份制，集社会资金为己所用，参加投资的人也很关心本企业的利益。我们想办工业，既缺土地又缺资金，能不能也用股份制的办法集中土地和资金呢？当时我们周围没有一个乡一个村搞股份制，翻遍了报纸也没找到一篇报道说有任何一个乡村在办股份制。可是，其他行业可以搞的，农业为什么不可以？城市可以搞的，农村为什么不可以试一试？资本主义搞成功的，社会主义为什么不能也试一试？我们打算在村里做一个尝试。不过，像我们这样的村庄，搞股份制要考虑一个问题，就是让村民人人都成为股东，让股份制成为达到共同富裕的一种手段，这是我们作为村干部的责任，也是我们搞股份制与香港人最不同的地方。

共有制显然是抉择人的制度偏好的一种结果，如果有人不喜欢“人人都是股东”这样带有公平色彩的做法，对股份制做另一种形式的改造，那无疑产生的将是另一种结果，农村股份制改造在各地出现的种种差异就是最好的说明。

对研究有价值的是，我们所观察的大多数超级村庄，差不多都像一块制度试验田，每个村庄都有自己崇尚的“小”政治意识形态，村庄的抉择人各自都在最大限度地利用基层自治权，进行着制度选择和体制试验，因而我们每到一村都有新鲜感，“一村一制”似乎正是中国农村改革多样性的生动体现。不过，值得注意的是，无论超级村庄中的制度和体制怎样百花齐放，我们都可以从中发现共同之处，它们无一例外地恪守着共同富裕（在大多数村庄实则是提高富裕的绝对水平，保留相对水平上的差异）的基本道义，因而新的改革行动既受到村社道德的认同，又受到“大”政治意识形态的认可，这正是它们得以成功进行试验的基础所在。

案例 3. 畔村和义村要办私营企业

畔村和义村是我们在超级村庄中找到的另一种类型的村子，它们最终在经济所有权上放弃了集体制和合作经营，而选择了企业私有化制度。

在村庄的自然结构上，南部的畔村与丰村一样，都是单姓村庄，家族集团的内聚力和功能都很强，但是在经济制度上却没有选择集中程度很高的股份合作制度。虽然如前所述，畔村在行政村一级上仍然存在很强的社区合作关系，但在经济制度上却寻求了分散化的私有方式。这说明自然结构的紧密程度与集体化水平之间，并不一定存在正相关性，所以非紧密型自然结构的村庄如联村，却有可能选择集体化程度很高的经济制度。畔村选择经济私有化，显然与其村落工业传统和地方市场类型有密切的关系。

义村带有中西部村庄的一般特征，没有明显的家族集团的力量，是村落传统深厚的社区。那些在村外办了工厂、企业的私人老板，在成功之后仍不断向村庄投入财力，办医院、修公路，兴办公益事业，言辞和行动中多少都表现出他们对村庄的重视。他们虽有乡土社区情结，但坚持分散化的经营制度，以至于这个村子成为当地有名的出"大老板"的地方，全县三大私营老板，这个村子就占了两个。这种情况自然影响到该村对集体经营企业的私有化处理，村书记最终认为，企业还是由私人经营为好，这样更有利于聚集村级财政，使村干部专心于村政事业。

义村的工业以洗煤炼焦为主，这种工业在初始阶段对资金要求不多，设备简单，十分有利于个人经营。虽然该县并不是产煤基地，村里也没有煤资源，但周边县的煤资源丰富，地方市场又非常活跃，产供销较易于联结，这些条件无疑都成为影响义村选择经济私有制度的客观因素。

不过，义村的这种选择并不完全是客观条件使然，因为选择始终是在村政组织与民间经济能人的博弈中进行的，最终村政组织没有能够主导选择，而是采取了由否定到默认再到合作的态度。村组织和企业双方都不回避这个问题，因为现有的行政和财政格局正是博弈中产生的最好结果，受到双方欢迎，这可以双方各自的概述为据。村书记说：

> 开始自己不赞成办私营企业，村里和私人企业之间还有些矛盾，但也挡不住人家。村里虽说也办了两个集体企业，却又折腾不过人家。后来看明白了，集体的厂子不好办，干脆也卖给私人了。现在自己是“维持会长”，在私人企业之间周旋，每年也能给村财政要下几十万块钱，办村里的各项事业。

村里最大的一家由私营转成股份制企业的一位副总经理说：

> 这个局面来得不容易。这厂子是他父亲办起来的。以前，他父亲是小队会计，办厂时，把小队队长和队里近两百人都带进厂来了，只有个别人没来，搞个体户了。搞个体户的也是靠这个厂，给厂里送煤、养车。在村里，私人的厂办得比集体的厂好。和村里的关系，原来总是有些不好说。现在，作为村里最大的企业，他们厂给村里办了许多公益事业，除了每年固定给村里上缴占地费外，还给村里修了一条路，建了一所中学，过年过节还捐助一些钱。

现在，义村形成了与畔村相似的合作财政和公益制度。村财政的主要来源是各私营企业上缴的占地费和赞助费，年收入 40 万元至 60 万元，主要用于村政事业和公益事业。村集体组织也已经转型为财政和公益集体，执行着类似于政府的职能。

在义村的选择中，我们既看到地方市场的作用，也看到选择主体与社区政策博弈的结果，还看到在村社区基础上的经济私有化并不一定使社区解体，选择中的博弈过程有可能使村庄在新的经济基础上实现全社区在财政和公益上的合作。新的社区合作体制，成为人们选择分散化的“未预料之后果”。

案例 4. 贾村的“分合三部曲”

贾村在制度选择上曾一波三折，反复尝试。早在 20 世纪 50 年代初，贾村就是合作化的典型村，60 年代是全国全省农业战线的先进典型，被国务院命名为“全国农业机械化十面红旗”之一，70 年代末再次受到国务院嘉奖。在村里的档案室里，我们看到了记录自合作化以来村中重大事件的各种资料，特别是那些老照片，一种历史感油然而生。贾村历史上的辉煌无疑与集体制经济有关，因而到了 80 年代初期农村实行家庭联产承包责任制时，对土地“下户不下户”，干部和群众举棋不定，议论纷纷，其中一个疑虑就是老先进过去干错了没有，不分是不是不听话、不改革。

当时，贾村成为全县三百多个村庄中少数几个按兵不动的村子。村干部在做出选择之前，决定走出去看一看。他们跑了全县几十个不同类型的村子，观察分析和比较哪种形式的责任制好，回来后又在村民中进行了“如何实行生产责任制”的讨论，最后定下了选择的基调：要改革，不乱来。其实质是保留集体制的遗产，对其利弊做个取舍。他们选择了“三田到户，一集中，五统一”的经营管理办法。

所谓“三田到户”，就是自留田、口粮田、饲料田按人口平均分配，以户分散经营；“一集中”就是对大部分以生产商品粮为主的责任田实行连片种植，按能（力）承包经营；“五统一”就是对一家一户想办而办不好或者办不了的事情，诸如机耕、调种、排灌、植保、收打等五项农事作业，采取专业承包，实行统一服务。这些被后来人总结为“统分结合”。

三年后，贾村又对土地经营做了更为集中化的调整，将口粮田和自留田合二为一，仍归农户承包经营，将饲料田收回并入责任田，由集体统一经营，承包给种田能手管理。

贾村对体制和制度的选择并未到此结束，统分结合毕竟给“分”开了口子，让各家各户都有了在土地上均等发展的机会。不过，让村里人意想不到的是，分的结果是村中出现了能人经营的私营经济，“分田到户，闲了干部”，村干部成为首先富起来的一批人。

当时的情形是，党支部书记与一个副书记联合办起塑料厂，村委会主任成了个体经商户，另一个副书记自己办起农具修配厂，一个总支委员办起个体沙发厂，两位村委会副主任则是种地的好把式，种粮、栽瓜、养母畜。村里几个主要干部户户都富裕，一年下来户均纯收入达 1.2 万元，而村中除去 14 个经营理发、缝纫、小商品的个体户年纯收入近 3000 元外，大部分家庭的年纯收入在 3000 元以下，还有 30% 的家庭不足 1500 元，与 7 个村干部的收入相差 8 倍。

这种差别在当地和其他农村地区是一种比较普遍的现象，村干部在分散化后的市场经济中首先转化为新的经济精英，似乎成了一种规律，我们在不少村子都看到人们逐渐接受了这种差别，但在这个老先进村却引起了很大的非议。有意思的是，不仅村民们对此“侃二话”，不满意这种“各人顾各人的世道”，村干部们也对自顾自地“带头致富”心有疑虑，干得不踏实，甚至觉着干部当得理亏。

村书记决定再走出去看一看。这一回他带着一个村民悄悄出村，到外省外县，最后在大邱庄村看到的集体大企业，让他觉得最对路子。回村后，书记把外面的见闻和自己的不安告诉了其他干部，他的新主意是“重新集中力量，发展集体企业”。他决定把自己的厂子归集体，并提议其他党员干部也这么办，目的是让新的集体经济有个启动的力量。

村书记对这一作为提出的口号是“亏了我一个，富裕全村人”，接着他又提出让支委们全部退出自己承包的（包括家属承包的）土地，交给种田能手耕种，腾出手来带领群众共同致富。书记称之为“断自己的后路，破釜沉舟，背水一战。搞得好，全村人有吃有穿都过好日子，搞得不好，群众还有地做，干部们连家属一起都得挨饿受冻，丢人败兴了”。其他村干部也决定到外地去看一看、学一学，回来后便商定把自己的厂子交给集体。村民们认为让干部们白交自己的产业不合适，最后议定以低价折给集体，暂不收取折价款。同时，承包土地的干部们全部退出了承包地，经商的干部们也收起自家的摊点，无一例外地集合在新的村办经济实体农工商联合公司之下。

这一选择事件发生在 1986 年，与该村实行“土地下户”相隔不足三年。至此，贾村重又开始了“集体经济为轴心，个体经济作补充”的时代。目前，它在当地属于为数不多的集体化水平高，村政公共设施好，推行社区福利，减少贫富差距，实现共同富裕的村庄。

在贾村的选择中，我们始终能够感觉到现实的市场理性与历史必然之间的默契，村干部们之所以放弃眼前的经济利益，将正在发展的私营企业以低价交给集体，显然是受到了村庄集体意识形态的影响，无疑集体制的组织遗产在它的制度选择中发挥着重要的作用。这种作用在其他村子里也同样可以发现，只不过表现形式有所不同，对此，我们还将在后文专门加以说明。

案例 5. 联村和塘村“抓大放小”

我们在苏南地区观察的超级村庄，在发展的初中期大多数在体制和制度上都带有那一地区集体制的浓厚特征，许多村子甚至不允许在村域内办个体或私营企业。后来，在这些村子里大多又发生了小企业私有化，继而大企业股份化的事情。现时，人们称之为企业转制。其实，转制这种对企业制度的重新选择和安排，在联村和塘村都不是近几年才有的，转的原因和办法也颇为多样。

联村和塘村都是苏南地区颇有名气的超级村庄，早在这一地区的意识形态中十分强调集体经济不可动摇的年代，他们放手小企业发展的过程就已经开始了。

如前所述，早在 20 世纪 80 年代中后期，联村在将 8 个小企业关停并转时，就将个别尚有效益的企业卖掉了，不过，卖的是个别，大部分宁停不卖，而转的直接目的是集中力量办好村办的主导产业轧钢业，即实现企业集团的产业调整。与此相应，为了解决因产业单一给村民带来的就业困难，村里开始允许个人在村域内办私营企业和个体商业。其原则不是市场的，而是社区理性的，即所有的非集体企业均不能与集体企业在同一产业和营销上发生竞争。

塘村的“抓大放小”，初衷与联村相似，也是为了将制鞋业发展成为村中的主导产业，因而将与之不搭界的油漆厂、调味品厂等几个小企业转卖给了村民个人。他们的原则与联村不同，买卖的条件是这些企业要与村办的主导企业形成劳动力上的互补，还要接受村组织对全村职工收入差别的调整和平衡。村里的私营油漆厂厂长对此做过这样的描述：

> ……我接这个厂的时候，职工有两百多。后来因为不需要这么多人，鞋厂把我的职工调过去了近一半。我们之间为什么好说呢，因为都是一起的，都是一个老板承包过。他老板（指村书记兼董事长）比我年纪小嘛，比较谈得来的，你做你的，我做我的，有事大家都好商量。当时并不是因为鞋厂需要人，是我同那边商量的。我说我这里人太多，你能帮我解决点过去吗？我们都是统一的，工资在哪个厂都差不多的，都商量好的。如果鞋厂那边不能接受，我这边肯定不能裁员，那是不可以的，要做好稳定工作嘛。本村的村民，厂子应该负这个责任的。当私营厂长和以前当集体厂长，在这件事上没有什么变化，一回事。为什么呢？不管我这个厂搞得怎么样，他在家里跟你是邻居，他应该有这个工作有收入嘛。

如果说“放小”的选择与调整产业的经济政策有关，是经济理性发生作用的结果，那么“抓大”的政策和运作方式，则更多地反映了社区选择过程中决策者的主观意识和社区的社会结构之间相互运作的关系。

联村和塘村在抓大企业时，都陆续试行了股份合作制，也都是当地尝试较早的村子。这两个村子都没有像南部的丰村那样实行全体村民入股，而是实行职工入股，更多地强调对企业的贡献，而不是村民身份，因而更像是一种企业股份制，而不同于社区股份制。

选择这种股份制形式，在两个村子都有其社会基础。联村是一个在 20 世纪 70 年代才组成的杂姓移民村，主要干部均来自村外。这种干部组合上的开放性，使外来干部进入该村历来没有太多的障碍。现有领导班子中，不仅企业集团的领导具有外来人或原镇级国家干部身份，就连村委会主任也由原任镇农工商公司副总经理的外来干部担任，这是在其他一些村子不多见的。

这些外来干部对该村特别是对企业的发展有很重要的贡献，因而，承认其贡献、给予其利益、留住其人心，成为选择股份制的一个重要原因。因为只有实行企业股份制，才能打破原有的村社区所有制对他们的排斥，使他们在企业产权中占有属于个人的一份份额。

村民们对此做法并没有大加反对，一是因为企业的股份化以干部职工首先各自拿出资金（实为在工资和奖金中扣除）入股，再由公司配股的方式进行，对企业有投入，成为承认他们产权的理由；二是因为这些外来人并没有直接享受村社区的福利和奖励政策，在村民对产权的认知中，企业产权与村民权利并不是一回事。由于产业的局限，村民中只有少部分在村企业中工作，大部分远离企业，对企业索求的只是那部分剩余产权和利益，要求用来补贴农业、建设村政、增加福利。他们已经将自己对村办企业的产权意识转化为对这部分具体利益的索求，因而他们才会对外来干部入股企业不加反对。相反，却对被兼并村的村民实行本村村民的待遇、分享企业拨给全村的利益，表现出十分的不满。

塘村在对主导企业进行股份合作制改造的时候，之所以以职工为入股对象，不强调村民身份，一方面因为该村 90% 以上的村民在村办企业里从事力所能及的制鞋工作，另一方面这个村的企业集团与村委会，因为执掌者不同，在职能和财政上一直都是分开的。以职工为对象的股份合作制，既照顾到了绝大多数村民的利益，也维护了企业家的利益。

可以看到，塘村在对企业股份化时，并没有让所有的村干部都成为企业股份的当然拥有者，不在企业任职的村主任和其他村干部没有股权证，他们也接受这个现实，并没有对此表示出太多的异议和不满。这种股份和股权选择及设计，显然加入了抉择者个人的产权意识，强调精英特别是经济精英的权利，实则是企业创办者在面临从基层政权中退位时对自己利益和贡献的索求。

塘村主导企业的创办者、现任村书记兼董事长对此有成熟的考虑，他说：

> 出股（股份化）是为了调动职工积极性，不在厂的当然不给。村里得到的好处只会比以前大，不会小。另外，股份制会解决政企分开问题。这十几年搞起来的厂，政企不分开，很快要倒下去。如果我本人不担任书记了，搞个接班人上去，好的还行，不好的，他要工厂出钱，书记最大，谁敢不出？这是很危险的。实行股份制后，书记不能再干涉了，一切由董事会决定。

联村和塘村“抓大放小”的经历，对转制这一制度选择做了部分诠释。我们看到，转制是制度选择的结果，不断的选择过程是制度创新的基础；转制并不一定意味着村庄产权制度发生根本性的变化，经济产权的私有化可能带来新的社区公共财政产权和公共物品产权；转制是社区选择结构成熟，认知产权进一步确立的产物。在现时第一代乡镇企业创办人即将退出社区权力中心时，转制也是企业经营权与所有权合二为一，创办者个人对产权索取、对经营权保留的结果。

以上列出的只是我们所观察到的超级村庄中几个有代表性的案例，目前尚无足够数量的样本村进入我们的分析框架，因而在比较的意义上，这里的分析仍有很大的缺失。不过，从上述重要事件中，仍可大致概括出村社区的选择结构的几个基本要素，比如：选择主体的认知能力（包括对制度的偏好和对机遇的判断等），社区的认同感、内聚力和趋同倾向，社区的组织和制度遗产，以及地方背景和条件等。这些，我们将在后文中逐一展开讨论。

从上述诸多重要事件中可以看到，社区选择是一个处于理性选择和社会结构两极之间、个人选择和群体选择两极之间的一个中间层次的概念。任何两极中的单一概念，都无法解释选择的复杂性。虽然我们已经认识到两极之间是互相影响的，但是如何解释它们在具体事件中的关系，仍然是我们面临的难题。

在初步对案例进行分析后，我们大致可以对此做出一点归纳。

由于选择结构中包含了选择主体的许多主观因素，同时又将这些因素的影响置于社会客观条件之下，因此，从理性选择与社会结构之间的关系来说，选择结构具有这样一些属性[①]：

（1）它不是个人主观因素的随意发挥，而是个人在一定社区结构下的选择，既建立在选择者对自己所处社会经济环境特点的认识和了解的基础之上，又建立在自己对社区合作者或外界力量的利益以及他们的策略行为能力的了解的基础之上。即使选择者是自主权较高的个人或社区整体，在选择时也需要准确地把握上述问题。

（2）选择是对即时即地的、必须做出决断的具体事件的可行性、可能性和可取性的一系列判断，这些判断带有主观性，但受到选择结构的制约。

（3）选择结构的变化与社会结构的变迁并不一定同步，或者并不一定以后者的完全改变为前提。选择结构的变化与选择者对结构加以主动关怀有关，因而往往具有建构的意义。

---

① 何高潮：《地主·农民·共产党：社会博弈论分析》，第21页。

（4）选择结构所具有的主客观双重性使它的改变有可能是有意识的，所以谁在社区的重大选择中把握了选择结构，谁就能够对其他参与者产生影响，并掌握选择的主动权和领导权。从案例中可以看到，在村社区中，这个权力往往是由社区精英掌握的，因而他们也就成为选择的倡导者和引导者。

从个人与集体选择之间的关系来看，集体选择并不是个人选择的总和，社区选择也并不等同于集体选择，即它不是一种预设中的人人都参与的或选择权力均等的选择。如果一个村子在面对必须做出选择的具体事件中，采取大家“一致同意”的集体行政方式，实际上就是不选择，至少在村民层面上并没有选择的意识和承担风险的准备。绝对平等的自由选择，实际上使村民处于无选择能力的状态，而在村社区这样小范围的、人们相互熟悉的、社会生活公开程度相对较高的社区环境下，选择也不可能或者大多数情况下不是由权威人物独断做出的。在村社区里，那种不能引起社区普遍赞同的选择，并不是一种想做就能做的事情。

实际上，大多数村庄选择了第三种方式，即一种介于个人选择和集体选择之间的方式，创造出一种将个人和集体的能量都融入其中的选择的中间结构。

这种选择方式也造就了超级村庄合作行动的逻辑：在二元结构的两极之间寻找中间地带，这包括在国家与社会关系中寻找中间地带，在精英与农民中间寻找结合地带，在大传统与小传统之间寻找中间地带。

二、权威个人和群体的选择策略

在这里，我们首先假定所有参与选择的人都是有认知能力的行动者，他们的认知能力来源于个人和社区的实践意识，受到习惯、承诺、信任等非理性因素的影响，也受到怀疑、批判、对抗等理性因素的影响。在社区成员中，这种认知能力存在高下不等的层级结构，认知能力越高者往往参与的程度越高。此外，认知能力还受到未知条件的制约，因而选择是对风险的对抗，也是对未预料结果的承担。当然，这只是一种理想化的假定。实际中，选择还受到知识和信息传播过程的影响，相当数量的参与者并没有达到一定的认知水平，甚至是在知识和信息残缺不全的情况下进行选择的。因而，各自的选择策略不尽相同，其中，权威人物与其他群体之间的差别最大。

村庄里的权威人物，一般都是村里公认的大能人。由于这些村子有着强烈的致富愿望，又与外界特别是地方政府有着密切的行政及经济往来，因此，村里的大能人特别是经过市场经济筛选的大能人，在村子的正式政权组织中也都占有最高的领导职位。他们的头衔和身份繁多，但最重要的是集村中的党政企大权于一身，拥有“党支部书记—董事长”的称谓，有的甚至还兼任村长。

集权，是超级村庄权威人物的重要特征。在我们调查的几个案例村中，权威人物的权力都有制度化的特征：

	村名	党组织（总支或支部）职务	兼职情况	制度特征
东部	北村	党总支书记	董事长、镇党委书记	集体和部分股份合作制
	塘村	党总支书记	董事长、镇党委副书记	股份合作制
	联村	党总支书记	董事长、镇党委副书记	集体和部分股份合作制
南部	畔村	党支部书记	—	私营
	丰村	党支部书记	董事长	股份合作制
中西部	贾村	党总支书记	董事长	集体经营
	义村	党支部书记	村长	私营
	楼村	党总支书记	董事长、村长	集体经营
	宋村	党支部书记	私营企业董事长	私营

权威人物权力的制度化，并不是国家干部政策和地方政府直接推动的结果，而是在基层自治和市场条件下村庄权力结构自然演化的结果。即使在地方行政力量强大的苏南地区，超级村庄的权威人

物在地方政府中任有行政职务，也是地方政府权力下移与村庄权力向上扩展二者之间相互渗透的结果。当然，在地方政府中任职无疑使村庄权威人物的权力更加巩固。

但在另外一些地区，看到的却是不同的情况。在南部和中西部经济私营化的超级村庄中，现任村书记既不具有地方行政职务，也不具有企业家身份，他们多是在任十余年以上的老书记，在村庄整体事务中仍然处于权力中心，与村中诸多企业家之间都有良好的人际关系，因而依靠他们的权威可以为村组织聚财募捐，推动各项公共事业。不过，他们目前都到了退休年龄，一旦离任，村中便不可能再有他们这样的老权威，后继者便有可能是那些在地方政府和村民中都有口碑的私营企业家。我们在宋村看到的就是这种情形，村民选择他们的理由是“他能把一个人的厂折腾好，就能把一个村也折腾富”。

权力的制度化，使这些权威人物成为社区事务的当然抉择者。由于经济上的成功和社会地位的提高，他们在村中往往持续地享有很高的权威，而这种权威又是通过一次次的选择过程逐步加以确立和提升的。

从我们对一些重要事件的选择过程的记录可以看到，村庄的权威人物在选择过程中扮演着重要角色，村中的重要事件和重要提议大多是由他们主持的，特别是当他们的权威增长到足以让村里人依赖时，就产生了一种理想型的选择规则：权威人物提议—村议—集体一致性同意（投票或举手）—集体核心层决议（重大事件需要画押或摁手印或文字承诺）—权威人物拍板定案。这一选择规则的核心是权威个人与集体选择之间的关系。由于选择本身受到机遇的制约，有的机会一瞬即逝，集体讨论过程一方面会使选择的谈判成本增加，影响到抉择的效率；另一方面村子里的集体选择一般都采取“一致性通过”的方式，对于大多数人来说，在很大程度上是以个人的不选择为前提的，因为个人不能确定自己在选择中所处的位置，又因为存在搭便车的可能性，一些人对自己所做的选择并不真正负责任。

因此，我们在实际的选择过程中看到的是，当上述理想型的选择规则在不同事件中反复运用几次，其决策都被或大部分被证明是正确时，权威人物往往就成为选择规则的化身，选择中的民主过程开始淡化，或成为一种通报形式，或成为获得一致性通过的证据，真正的选择主要是依赖权威人物做出的。

特别是在这些成功的超级村庄中，权威人物被社区认为是功臣甚至救星，社区的成功导致了村民对权威人物在选择上的依赖。只有到这种选择权力被权威人物过度运用，决策过程过于不透明，决策结果不佳，权威人物不能把握局面时，才会再次改变这个规则，重新强化民主过程，又回到理想的选择规则中去。

当然，这种调节往往需要个人与群体之间的博弈，如果群体的力量不足以控制个人，权威人物的权力过于集中，不能在选择中增加民主程度，坚持一意孤行，最终导致一个失败的选择时，村里人便会对此提出异议，要求减少他在选择中的权力。最近，在许多地区重新推动的村务公开制度，就是对村庄选择制度和规则专权化的一种修正。

而在我们所观察的超级村庄中，由于选择的机会和过程较之其他村庄更多，所以对选择规则的修正备受村人关注，大多已有制度化的倾向，有的已经形成一整套较为完善的村务公开制度。

让我们以北村兼并邻村这一重大事件的选择过程为例，对村庄的选择规则再略加说明。

北村兼并邻村，一开始是由镇党委提出的，要富裕村帮助贫困村。当时，两村都不敢做出这种选择，富村的人怕背贫村的包袱，贫村的人也怕被人吞并了吃亏。虽然两个村解放初曾经与其他几个小村并成过一个村，但时间不长又分开来，以后，再无村村相并的情况发生。显然，并村是一个重大的选择，不仅涉及两村的经济结构和利益，也涉及社会结构和权益。北村的书记考虑再三，认为从长远打算，并村对两村都有好处。北村工业和服务业发达，但已经没有可供利用的土地，邻村工业落后，但有大量可供利用的土地，两村合并，可以优势互补。

北村书记的想法成熟后，1995 年初先在本村各级干部会上提出，发动干部反复讨论，意见相对统一后，一面召开党员、村民代表会议通报并征求意见，在村民中进行讨论，一面由主要领导出面找邻村的领导班子商量。邻村干部有合并的意向后，也进行了和北村相似的协商过程。

几个月后，两村的党员、干部、村民代表坐在了一起，联合召开大会，共同商讨合并事宜，北村书记在会上正式提议，他的动员受到支持，提议被一致通过。最后，两村的联合班子做出并村决议，商定了包括村干部安排、村民福利待遇、土地利用、农工商统一规划等重要制度方面的安排。并村过程到此结束。

上述选择过程说明，选择并不是一项民主活动，民主只是选择过程中的监督手段，在权威人物有法定地位的村子里，社区中各种社会力量是通过法人的理性发挥作用的，在社区选择中也不例外。不过，权威人物并不能随意滥用权力，而需要利用选择策略来实现和推行他的选择。

策略之一是，掌握选择结构，审时度势，成为社区选择的倡导者、解说者和主导者。权威人物大多是村庄重大选择乃至全部选择的提议人，即使有的提议来自其他干部和村民，也多由他们接受后正式提出并加以解说，这几乎是由权威人物在选择结构中的角色地位来决定的。在一个与外界相对封闭的村子里，对外部世界，包括对国家和地方政策、市场行情、超社区的人际关系等的解释权，主要掌握在权威人物手中，即使在开放程度较高的超级村庄，情形也大致相同。村民对外界的知识虽然受到媒体宣传的影响，但是对于真实情况的了解，他们宁愿接受自己身边的权威人物的解说，这似乎更可靠可信。权威人物一般都具有人格魅力，是村中最见多识广、有大量超越社区的人际关系、经历过政治和行政变革上的风雨以及得到有智慧、有毅力、敢冒险、能创新等评价的人。

在选择上他们受到内外两种条件的约束，一般认为他们的选择不致使村庄完全受到外界的否定，也不致使村民利益遭受更多的损失。选择的对错与否，往往是人们事后对结果的评价，而选择行动本身却是在前途未卜、对错难分时进行的，权威人物之所以能够掌握选择的主导权，正是基于村民对他们行事能力的判断和人格的信任。

策略之二是，以村情为据，将村庄的整体利益推到最高位置。在选择上多有成功的权威人物，差不多都有一个共同的特点，即对村情有深刻的了解，对政策的时期性有较为透彻的认识，因此，“以不变应万变”是他们从村情出发所做的基本选择。从诸个村庄对体制和制度的选择中都可以看到，他们大多不会随波逐流，不论是面对全国性的还是地方性的舆论，凡不符合村情的，他们只做表面的应酬，而实际选择则是以考虑现行政策和市场是否对本村最有利为前提的，所以，在全面推行家庭联产承包责任制的情况下，才会出现始终未实行“分田下户”的村子，也才会在各地都出现在制度和体制上独树一帜的村子。显然，政策理性只是他们选择时参照的大背景。他们大多经历过政治运动的风雨，善于绕开因政策矛盾或滞后而产生的陷阱，更善于以保护社区整体利益为名而赢得村民的拥护，只要他们的选择与法律和法规不明显冲突，结果是造福于村的，大多能在村中实施。在突出村情的时候，权威人物一般都将保护村庄的整体利益提上最高议程，以使选择具有号召力，因而每当一项重大选择在村中酝酿、成熟、推动、执行时，往往具有较之日常更强烈的凝聚人心、统一思想、团结村民的作用。

在维护村庄整体利益的号召下，权威人物的选择更注重经济理性和社会理性。村庄的重大选择一般都经过他们的“算计”，即使是外部强加给他们不得已而为之的选择，也要经过利弊的计算，设法将暂时的不利因素转化为长期的有利因素，从预期效益出发来说服村里人接受。

策略之三是，将个人的目标和理想转化为社区的目标和理想，或者提炼提升社区的目标和理想，使之成为可以解说和追求的具体目标和理想。权威人物提议的选择，一般都反映个人的奋斗目标和社会理想，他们的成功之处在于，能够迅速而巧妙地将之转化为社区的目标和理想，使社区成员从中感受到预期的利益，认定那也正是自己的追求所在。

共有制在丰村的推行，就是其中一个典型的例子。村书记正是借助自己的权威地位，将自己对制度的偏好解释和确立为社区的主题，并且结合本村的实际情况，将之具体化到每一个人都能够感知和体验，从而主导了社区在十余年中的制度选择。当然，这种转化并不是一个轻而易举的跟从权威的过程，在大多数村庄中，转化都经过了艰苦的过程，因为社区的重大选择关系到每个人的前途和命运，只有当选择初见成效时，才会成为大多数人的自觉选择。丰村推行股份制初期就曾遭到村民反对和抵制，只有 25 名党员接受了村书记的提议，直到第一年分红显示出效益时，村民们才普遍接受了。北村兼并邻村，楼村收回土地，贾村停办私营企业……大多也经历过这种转化的艰难。

权威个人的目标和理想之所以能够被接受，也是因为他们大多有先人一步的预见能力和社会理想，善于吸取社区意识和理想中的精华，并且有意识地将二者加以融合。他们作为社区责任的承担者，大多意欲将个人与家族和社区的命运融为一体，因此，在权威人物公开的目标和理想中，都首先将维护社区整体利益，谋求共同富裕作为追求的核心内容。由此可见，所谓权威人物的理性选择，实际上就是在一定的选择结构下所做出的主动选择。

但是，这些并不能够保证权威人物做出的选择一定正确，或者说他们的选择一定符合社区利益，因而在社区选择中同时也生长着另外一种选择的力量，即群体力量。他们采取不同的策略，与权威个人的选择相互制约和补充，由此形成社区选择上的博弈或合作结构。

与权威人物相对而言，社区群体中分化出不同层级和单位，在选择过程中表现出较大差异的，主要是精英群体和普通村民群体。

精英群体主要由村干部和企业家构成，在党政企合一、高度集中化的村子里，他们二者是相互重叠的，有的村庄甚至规定干部不能“一身二制”，即不能办私营企业；而在分散化的村子里，他们二者往往是分离的，即分化成为相对独立的行政精英和企业精英。不过，如前所述，这种情况在我们所观察的这类超级村庄中已经有所变化，私营企业家开始入主村组织，“一身二制”在这些村子里是被人认可，十分合理的。

在这两类村子里，精英群体在选择时采取的策略也有所不同。在集中化程度高的村子里，精英群体围绕权威人物形成选择集团，权威人物对他们的控制和影响是直接的，他们对权威人物亦负有贯彻其意志和选择的责任，虽然他们也是社区选择的主要参与者、提议者和推行者，他们与权威人物之间在选择中也发生分歧和博弈，但他们的选择是与权威人物捆绑在一起的，其基本策略是强化集团选择倾向，借助权威人物的力量，实现社区和集团的最大整体利益。集团选择倾向，是经过权威人物与精英集团之间的博弈和合作逐渐形成的，一方面有权威人物的推动，例如将其个人的选择偏好融入其中，另一方面有群体的提议、修正、支持和约束，一经形成，就会成为社区选择中潜在的选择意识，可以最直接地影响到权威人物的选择和决策。

在分散化的村子里，社区选择受到行政精英和企业精英的双重影响。行政精英的行为和策略与前一类集中化的村子略为相似，他们一般没有独立的经济利益，在社区选择中唯有与权威人物捆绑在一起，通过行政运作去实现其追求。企业精英则与之不同，他们在经济生活中有独立的选择权，他们的生活重心在企业而不在社区。这些私营企业大部分都办在村中，占用社区的土地和人力资源，对社区仍负有经济的、道义的责任，所以他们在社区选择中仍扮有重要的角色。那些不承担村行政职务的私营企业家们，在社区选择中如义村一样，多采取与村组织博弈和合作的策略，在争得自己生存和发展权利的情况下，与村组织保持良好的人际关系和财政关系，对有利于村庄公益的选择也大多采取合作的态度，并给予财力上的支持。相互助长，是这一类村庄选择中各个群体采取的最基本的策略。

而在私营企业家担当主要领导职务的村庄中，由于私营企业在村中一般都有相对重要的地位，他们的选择意识和态度对当权的私营企业家便具有重要的影响。我们在宋村调查时，正赶上村组织召开私营企业家茶话会，有私营企业家身份的村书记说，这样的会议每年都要召开几次，除去向企业通报村中大事，征询企业意见，求得企业支持之外，还要逐项落实企业对村财政的义务和责任。而这些义务和责任的落实，往往关系到村庄在新的选择中的取向，比如扩大公益的范围，提高村政的水平等，同时企业一旦在财政上尽有义务，也会对村政和公益的投入提出要求，进行监督。

村民群体在选择中的策略与精英群体十分不同，他们虽然重视自己参与村务时的“一票权”，有选择的权利，可以对某项具体决定投反对票或弃权，但他们实际上不是这样进行选择的。他们更愿意依靠事前对人的判断，“选出一个可信可靠的人，带领大家共同致富”，而不是对每一个具体事件做出选择。他们要求以议事的形式参与选择，但更注重造就一个选择规则的化身，倚重他来提议，对他的提议进行表决。因此，在村社区中普遍存在选择法人化的倾向，而村民群体的选择策略则更趋向于务实。从我们的观察中，村民群体的选择策略主要表现为：

相对利益策略。村民们在面对社区的重大抉择，对权威人物的提议表示同意或反对时，有两个因素是他们普遍考虑的，一个是自身的利益，另一个是社区里其他人的态度，他们在二者之间权衡，不断地调整自己的选择。在我们考察的这一类普遍采取合作行动的村庄里，村民们选择新的合作方式时，绝不似以前集体制时的情形，他们对个人产权和利益的要求比以往任何时候都强烈，他们一直在切实地考虑将自己的钱投进合作的大水池中“能不能听到响声”。在计较个人私利时，他们也会权衡自己有无能力让这些钱“生钱”。如果从利益的角度出发，他们之所以服从社区的选择，是因为他们作为单个农户，没有比这更好的选择。如果单家独户在特定的地方市场条件下，有能力选择别样的方式，如案例中的畔村和义村，那么他们也可能不选择全方位的社区合作行动。从多个案例村的社会实践来看，在工业化过程中，面对外部市场和社会风险大、资金需求量多、需要借助关系资本运作、以整体力量抵抗风险的情况下，社区合作行动实际上是大多数没有个人技能和经商能力的村民的相对最好选择。即使在那些选择了私营经济的村子里，如义村和畔村，在社区层面上，村民们包括私营企业家们也选择了新的合作行动，以提高社区福利和公益水平，其目的也是整体寻求相对最大的利益和最好的社会效果。

在追求相对最大利益时，村民群体采取这样一些选择策略：

（1）将个人的先赋权利转让给新的合作集体。在村庄中，个人最基本的先赋权利是土地，其他如就业权、分配权、福利保障权等，都是土地权的变形或延伸。村民们在经历了家庭联产承包责任制和非农化过程之后，对土地权的观念、维护和转让都有了全新的认识，如土地是个人及农户的终身保障，就是农民从中得到的最深刻的认识。但在工业化抉择过程中，农民也看到土地的两种比较现实的前景：一是大工业要求打破土地原有的划分和归属，要求一部分村民首先交出手中的土地，重新参与“两田”分配，小村（即原生产队）的土地所有权已经不复存在，土地在村区域内的流动已经打破了自合作化以来的所有权归属；二是大部分村民在进入村企业工作后，特别是在产业水平提高，不允许村民“农闲务工，农忙务农”时，出于比较利益，他们迟早要放弃责任田乃至口粮田。

所以，将土地先赋权转让给新的合作集体，差不多是超级村庄中村民们的普遍选择。村民们从转让中得到的基本回报，正是新形式的、转型了的社区保障。在实行集体制合作体制的村庄中，村民从转让中获得的是工作机会、就业保障或创业条件；在股份合作制村庄中，村民从转让中获得的是土地股权和集体分配权；而在那些私营化的村子里，村民从转让中获得的则是土地非农使用权和经济补偿。

（2）向新的合作集体索取明确的个人产权和社区剩余产权。这种索取是通过村民与合作组织之间的多次博弈逐步实现的。在私有化的村子里，索取表现为企业和村民要求将新聚集的村财投入村政及公益，即转化成为可为公众享用的公共物品。在股份化的村子里，索取分为两个方面，一是要求将个人新投入的资本金以股份的形式明确在个人名下，二是要求将已经形成的集体资产以量化或折股的形式，名义上落实在个人名下，个人对这一部分产权不能彻底占有，但是可以作为参与分配的依据。在集体制的村子里，这种索取尚未明确化，目前大多只表现为对社区公共福利和保障的索取。

（3）将个人的关系资本转化为合作集体的关系资本。村民选择合作行动时，往往也将自己拥有的“关系”提供给了合作者。合作的重要性在于，不仅将关系转化成为关系资本，更在于将个人的关系资本转化成为合作集体的关系资本。许多村庄在找项目、拉贷款、处理对外关系等事情上，都曾动员村民“有钱出钱，有力出力”，所谓“出力”即是出让私人关系，为集体所用。有的村庄在创办股份合作制企业需要向地方金融机构贷款时，就曾“把村里能用的关系都用上了”，有的在找工业项目、要项目批件、出村解决问题时，村干部曾带上村里有关系的人“跑世界”。这些原本属于私人性质的关系，经过统一调动和使用，就变成了社区的关系资本，有时可以起到事半功倍的作用。可以说，将关系投入合作，是干部和村民选择策略中的重要环节，而拥有和投入关系者，在合作中也就往往拥有了某种特殊的资本，有时这些资本的重要程度，甚至可以决定他在合作组织中的地位。

群体一致策略。村民在参与选择时，倾向于形成共同的选择偏好，这是他们在选择合作行动但对前途并无把握时，为了避免内部分化和干扰而形成的一种社会心理。我们在许多村庄中都发现有社区同一的选择倾向，并且有不成文的村规保护这种同一性。最明显的莫过于工业化初中期社区在所有制方面的同一性，即在一个村子中往往只存在一种所有制形式，要么是集体制或股份制，要么是私有制，很少有一个村子里同时存在多种所有制的情形。如联村那样，在很长一个时期中都存在不允许在村内办私营企业的规定，在贾村等村庄甚至有干部“一身不能二制”的明确规定，而在畔村和义村那样以私营经济为主的村子里，集体企业则难以为继，除去市场的原因外，他们确实比其他类型的村庄更容易放弃集体企业，不能不说这是社区选择上的同一性在其中发挥作用。

这种群体一致策略达到极端时，便会在外界环境不利的情况下，产生一致沉默，即全村恪守选择的秘密。如小岗村秘密实行包产到户，华西村在“割资本主义尾巴”的年代，在村子最隐蔽处一直办有小工业，等等，都是如此。的确，也只有在这样以信任为基础的社区里，全村人才有可能在较长时间里甚至永远地守住一个秘密，一个由大家认可的、不可示于外人的秘密。

议事权策略。村民在选择中并不企求参与决策，因为他们首先承认自己在选择结构中的既有位置，但是普遍要求议事权，要求对村务特别是村中重大事件的前因后果有所了解、有所评论、有所建议。争取议事权，于村民而言，实际上是在已经承认权威人物是选择规则的化身，认可其决策权时的一种补充策略，目的是对决策过程有一种监督和评判。

村务公开是议事的前提，在这些颇有知名度的超级村庄里，一般都设有村民代表制度，有的以村民小组为单位推选出一定数量的代表，有的“十户连带”产生一名代表，各村不一，但都有代表村民说话的人物。其实在村庄这样的熟人社会里，并没有绝对封闭的村务，村民议事天经地义，历来有之，只不过制度化更便于形成正式的监督机制，使村议的结果更具有正式的约束力。由于村务特别是社区重大事件向村民公开的时间不同，有些在提议和酝酿的过程中公开，有些则在选择格局已定的情况下公开，并且一般来说，向村民公开之前，精英群体已经参与了选择，因此村民议事并不可能完全左右社区的选择，但可以经过谈判而修正选择，甚至在村民强烈反对某种选择时，个别的有可能被暂缓或取消。因此，争取议事权是村民群体参与选择的一个重要策略。

正因为如此，村务公开才具有了某些社区民主制度的特点；不过从选择的角度看，村务公开仍然是在既定的选择结构中展开的，它的作用虽然重要但是有限。

三、组织遗产与制度选择

前面我们曾以贾村为例提出了组织遗产与制度选择之间具有重要关系的命题。尽管在社区选择的诸多具体事件中，我们都能找到偶然因素的积极作用，比如联村办钢铁厂，塘村制鞋，北村办宾馆，丰村引进“三来一补”企业……都有偶然事件在其中起作用；但是说到制度选择，我们却从不同村子的不同选择中感受到了组织和制度遗产的延续性。

村庄的组织遗产中有两种要素很具有分析的价值，一种是其自然结构的遗产——家族组织，另一种是公社体制的遗产——集体制组织。这两种组织要素之间究竟有没有关联，并不是一个真问题。有人在温州研究过家族组织的功能强弱与改革后的再集体化水平之间有无必然的关系，结论是否定的，[①] 因为在不同地区都可以找到二者在程度和水平上不相一致的例子。

在我们的案例村中也有同样的情况，如畔村是单姓家族村，但集体化水平低，而联村虽是一个杂姓移民村，但集体化水平却很高。我们可以根据现有的发现进行下列交互分类：

---

① 王晓毅：《家族制度与乡村工业发展——广东和温州两地农村的比较研究》，载《中国社会科学季刊》（香港）1996年秋季卷（总第16期）。

家族组织功能 / 集体组织功能	强	弱
强	丰村	联村
弱	畔村	温州村

我们尚无大量的统计数据来对此做出量化分析，根据案例暂且可以推论（但不是结论），家族组织遗产与村庄的制度选择之间，并不一定有必然的联系，因为我们已经发现了至少四种不同的组合和分布。

在上述四类村庄中，有三类村庄虽然在对待集体制经济组织方式上各有不同，但是如我们在第五章所说，它们在村内又都重新形成了不同形式的合作制度，而其中起共同作用的正是原有的集体制组织遗产。这一发现与一项有关中国单位制在民营科技企业“再生”的研究结果[①]有某些相似之处，该项研究强调了组织制度的继承性，发现海淀区高科技企业在企业福利、人际关系以及对企业依赖等方面“再生”了中国单位制度的特征。该研究从现有制度着眼，强调已有制度的稳定性、继承性和渗透性，认为大的社会环境塑造了内在的组织制度。

我们的研究证明中国的集体制传统在中国村庄的产权制度选择中也具有继承性和渗透性，即使在急剧的制度变革有可能发生矫枉过正时，这种继承性也依然有可能存在。因此，我们可以假设，集体制组织遗产的多少，与村庄再组织过程中的制度选择有着密切的关联。这里即以此作为分析的线索。

传统集体制的组织制度包括两个主要部分，一是集体制经济组织方式——“三级所有，队为基础”，二是集体制政治控制方式——基层党组织建在村上。集体制解体后，这两种组织方式在村中都留有遗产，它们被利用的程度，往往对村庄的制度选择有着决

---

① 参见卡琳娜－芭芭拉·法兰西斯，1996，转引自周雪光：《西方社会学关于中国组织与制度变迁研究状况述评》，载《社会学研究》1999 年第 4 期。

定性的作用。下面我们从几个不同侧面来看看具体的情形。

1. 村干部的任期和制度特征

在案例村的组织体制中，村书记和村主任的任期长短，是一个重要的制度性指标。村干部在任期上有三种类型：

第一种是有跨制度特征的老书记。他们一般是在集体制时代就有多年任期的老干部，延续至今，表明他们在村务中仍然具有很强的能力和威望。他们的任期跨越村庄改革前后的两个不同时期，他们的留任成为原有组织遗产得以延续和继承的组织载体。在他们的行政生涯中，大多把“集体致富”视为政治追求的目标之一，潜意识中有很强的“守住集体家当”“不能让它败在自己手里”的观念。因此，在改革开放的新时期，他们更易于接受国家意识形态中提倡的“共同富裕”，并且极力地将它与自己坚持的“集体致富”融为一体，即使在村庄经济私有化的情况下，他们也会在行政村范围内推行新的合作方式，如义村和畔村那样形成新的集体财政和公益事业。

义村的老书记在村庄经济私有化的大趋势下，一直坚持在村中办集体企业，欲与私营企业一比高低，当最终因企业管理和效益问题而不得不放弃时，他的解释中仍带有无尽的遗憾。而畔村的老书记虽然比较灵活，早早地就在私营企业已成气候的环境中放弃了办集体企业的念头，但他仍然巧妙地利用了由他执掌的村集体组织和单一家族村惯有的内聚力，在行政村聚集起有相当实力的集体财政即村财，推动了村里的合作公益和公共服务事业。

在超级村庄中，我们还发现，老书记本人一旦率先在市场条件下转变成村中的经营能人，在他们选择的合作体制中就会同时融入集体组织及制度遗产、市场原则和村庄文化传统，村庄的整体发展水平也就相应地比较高，如我们案例村中的北村、联村等，都是如此。这一批老书记尚在位，但他们任期之后，村庄在组织和制度上会不会因他们退位而发生新的变化，仍与其下一代继任者的制度特征有关。

第二种是在村组织中有行政经历的下一代接班人。他们有的是在改革前或改革初期即已就任的中年人，有的是近年接任的年轻人，大多是老书记看中的接班人，在村组织中有过行政经历，如丰村书记任前当过村治保主任，塘村书记当过村会计，北村书记当过生产队长。他们对村集体组织和老书记的业绩多有肯定，不会在制度选择中偏离太远，即使有新的选择，也会与老书记多有商量，仍会以新的方式实现老书记的意愿。北村继任书记在老书记去世时，就曾对遗体发誓，保证将全村人带上共同富裕之路。但他们并不像老书记那样对已有的组织和制度充满情感，而是多有创新精神，往往会在制度选择上寻找一种新旧制度相融的结合点。丰村和塘村的股份合作制，在组织和制度上都有继承遗产和制度创新的特点，其中不能不说带有村中现任权威人物个人在组织和制度延续方面的特征。

第三种是在市场经济中推举出的经营能人。他们大多在私人经营上有突出的成绩，任前并没有行政经验，但与地方政府和村组织保持着良好的关系，村民推举他们多依据如宋村村民一样的心理："他们能把自家的厂折腾好，就能把村子折腾富。"因而，我们接触到的这一类村干部大多是由村组织出面，经过再三动员而"请"出的私营企业家。不仅在私营化程度较高的山西宋村如此，就是在苏南那样集体化程度高、地方行政干预较强的村庄，我们也见到这样继任的村书记，而且他们有的早已有党员身份，即使没有，也会被先请来担当村公司重任，而后再被发展入党，选举成为书记。

村庄对权力执掌者做出这种选择，一般是出于致富的强烈动机，村里人选择时对其人品多有考虑，这仍然是他们对权威人物建立新的信任感的依据。这一类人如果入主集体化程度高的村组织，一般都会认同村庄既有的选择，放弃自己已有的私营企业家身份，或像贾村书记那样，将自己的企业折价交给村集体，或交由他人承办，他们在经营上多有新贡献，但在制度选择上，往往会延续村庄已有的趋势；而如果入主私营化程度高的村组织，私营企业家则会在身份上两者兼而有之，在继续经营自己企业的同时，掌管村庄事务，这在我们考察的超级村庄中，目前尚属新鲜事物。由于任职村书记，这些企业家会对村庄事务负有更多的责任，必要时亦会带头或动员村中的私营企业支持村中的公益事业。

这一类村庄是否会在他们的带动下再度发展村集体的工业实业，目前仍然是个未知数。作为案例之一的宋村和作为对比村的另一个相对落后的村子，对此都没有明确的考虑，不过村书记们都对农业表现出更大的兴趣，并且准备将来村组织有财力时，投资集体的农业实业，而他们根据以往的经验，认为村中的工业项目由私人来办更为实际和有效。在他们任职的近期目标中，考虑更多的是如何发展村中的公益事业，即为村中的家庭农业和私营工业提供更多的公共服务。对村组织功能的这种选择和定位，不能不说与他们的私营企业家特征有关联，他们更愿意村组织具有公共服务职能，而不会着力去发展它的经济特别是经营的职能。

2. 党组织的权力及其在制度过渡中的作用[①]

党支部建在村里，是外部行政力量深入村庄的一种独特方式。集体制时代，国家和地方行政体系并没有正式延伸到村庄，村庄始终不是国家行政的一级政权单位。但是，占统治地位的意识形态、中央政策和行政指令却可以直达村庄，其中，党支部建在村里就是一个最重要的制度保障。关于新中国成立之后国家介入村庄的方式，已有研究指出，新政权虽然没有把国家机关延伸到村庄一级，但是国家机器却借助另一种国家权力机构——党组织来进行领导和管理。在生产大队一级，党支部替代了国家政权组织，并且党组织一直延伸到每一个自然村落。[②]

---

① 该小节引自折晓叶：《村庄的再造——一个“超级村庄”的社会变迁》，第 254–255 页。

② （美）黄宗智：《长江三角洲小农家庭与乡村发展》，第 178 页。

注意到这一点，对于理解村庄与国家和地方政权组织的关系，以及村庄制度变迁的逻辑，具有重要的意义。在我们所观察的这一类超级村庄里，不论村庄在集体制时期的内在权力结构如何作用，也不论集体制解体后其自治的程度有多高，党组织系统作为外来权威和意识形态的执行者，也作为集体制后的一种制度遗产，对村庄制度变迁的影响和作用都是不可低估的。

村支书，是一个受到国家和地方政权组织认可的最高权力执掌者。在这类村庄里，生产大队队长，村长一般只当选为支部副书记，置于书记领导之下。这种法定的位置，对于确定村内的正式权威和权力结构，具有深远的意义。于一个村庄而言，所谓官民交汇点，往往就是村书记个人，因而这个位置历来是村内权力竞争的焦点，也是地方政权组织着力安排和培植的重点。村庄实行家庭联产承包责任制后，集体制普遍解体，国家政权组织从村庄中收缩，村民自治成为新的制度安排。但是，党组织却得以保留，仍然是村中法定的最高权力机构。在一些村组织仍然掌握部分经济资源的村庄里，党支部便合理合法地替代原有的集体组织，在制度过渡中发挥着重要作用。

从一些村庄集体制解体到实行股份合作制的过程中可以看到，党组织的存在和积极作用，使这些村庄在组织上始终没有走向分裂。集体制的解体并没有引起大的社会震荡，外来行政的触角从村庄收缩后，也并没有彻底动摇村内既有的权力结构和社会控制能力。可以说，党支部体制的存在，是这些村庄从“行政的集体制”顺利过渡到“自治的合作制”的一种制度保障。

当然，这些村庄的党组织并不是一种独立的权力体系，它与村政组织（村委会）和村办企业组织有效地合为一体，即所谓“几块牌子一套人马”。党支部书记和村长就是企业的创办人，本身就是企业家，村里的能人也都集中在这里，干部“一身几任”似乎既合情理，又可高效率地办事。新近出现的“党支部书记—董事长”“村长—总经理”的干部身份，就是这种党政企高度合一体制的表现。

这个三位一体的组织，正是国家和地方政权组织、行政力量和各种法人组织与农民发生联系的中介，任何外来行政力量对村庄的介入，以及村庄传统力量对制度的影响，都必须通过这个体制来进行。

3. 原有的集体积累程度和集中化水平

在工业化和产业化过程中，村庄原来在“队为基础”上的集体积累是否保留，是否被转变成为工业化起步时期的原始积累，其数量是否足以成为“第一推动力”，显然影响到村庄的制度选择。这一因素与以上两种制度遗产有密切关联，因为它们的强弱程度多半能够在集体制解体时影响并决定着集体积累能否得以保留，以及这部分积累是否重新投入集体经营等重大问题。

在苏南地区，许多村庄都有社队工业的基础，在当地政策的鼓励下，这部分集体固定资产大多没有被分散，留在了村组织手里，成为日后村集体企业起步的原始积累。这部分原始积累不只包括资本金，还包括社队工业时期村组织掌握的外部人际关系资本，也包括社队工业为村庄培养出的工业管理人才和技术工人即人力资本。这些资本已成规模的村子，大多仍选择集体方式，驾轻就熟地办工业，并且在当地具有先发展效应。那些现今已经发展成为超级村庄的村子，许多都利用过这个优势，因而较之周边村在选择上更为专一而且稳定。

而南部村庄的情形与此有所不同，改革初期，经济分散化程度普遍高于苏南地区，许多村子并没有社队工业的基础，村集体即使有点积累，也在分家析产中析尽分光了。因此，在外来工业进入时，多数村组织都没有可以作为“第一推动力”的财力，因而，集资成为新的合作制度建立的资产基础。这种新的积累方式，显然也成为这些村庄更倾向于选择股份合作制的原因之一。从丰村所选择的股份合作制来看，村集体之所以成为合作的轴心，便与该村在第一笔集资中村集体尚有一点原始积累，并将其作价后作为股本投入，成为当时最大的持股者有直接的关系。如果没有这一笔原始积累投入其中，村组织恐怕难以作为投资大户启动以村集体为合作轴心的股份合作制。

从超级村庄与其周边相对落后村庄的对比中可以看到，有没有原始积累，是村庄经济差异性的表现，而是否将积累保留下来，并且由村组织积极地进行运作，则在制度选择中具有特殊的意义和作用。

4. 地方行政深入村庄的程度

我们将地方政府与村庄之间的紧密关系，也看作集体制组织遗产的一部分。在“三级所有”的公社体制下，最基层的地方政权公社与村庄之间的关系，已经强化到上下级的指令关系，甚至于村庄事务可以由更高层的政权来直接决定。在这样的关系之下，村庄几乎没有自己的选择行为。农村经济体制改革之后，一般来说，政府与村庄之间的这种关系普遍弱化了，村庄作为村民自治政权的功能强化，村务自治，使村庄成为一个名副其实的选择主体。不过在各地区，地方政权与村庄之间的关系程度并不完全相同，尤其表现在干部政策和对村庄重大决策参与的程度上。我们以苏南地区为例并将其与其他地区进行比较。

在苏南地区，政府在人事权上对村庄的控制，是与它在地方工业化中形成的强大的政府力量同步增长的。在地方干部政策中，村干部政策一直占有一定的地位，涉及三大方面：

其一是为村干部出村提升提供机会。一种是实质性的提升，即通过任命，使有政绩的村干部转为国家正式干部，在镇政府任职，如北村书记目前兼任所属镇党委书记；另一种是给有突出成绩的村干部以特殊的政治待遇，让其在镇一级的党政组织中兼任职务，例如我们所说的超级村庄书记，多在镇党委兼任副书记职务。这种职务有的并没有参与决策的实际权力，也没有明确分工，即使有分工，也是主管大村的事务即抓好典型。但是组织部门的人士认为，挂一个副书记职位，毕竟是不一样了，你是村书记可以不买镇里的面子，当了镇党委副书记，责任不同，角度不同，就要帮助镇里解决问题，不可以只站在村的立场上考虑事情了。

其二是制定有明文规定的优秀村干部待遇政策。比如，对评为市级示范村的现任党组织书记，可根据其年龄、文化水平及任期等条件进行考核，合格后择优分批录用或聘用为干部，属于农村户口的，同时办理农转非手续；被录用对象的人事行政关系可挂靠在所在地的乡镇全民（集体）事业单位；给达标的村干部荣誉称号，由市委组织部、农工部授予“农村现代化建设带头人”的称号，并颁发荣誉证书。同时，对被评为市级示范村的现任书记嘉奖1万元，其中3000元由市出资，7000元由所在市筹集解决；示范村和任职15年以上的村党组织书记，可办补充养老保险；等等。

其三是直接介入村庄主要干部的任选并控制其收入水平。在村书记的任选过程中，市、镇组织部门的间接参与程度较高。据介绍，换届期间，组织部门可以通过考察工作调整村干部，实际上是任命的另一种形式。选前，组织部门参加考察，与镇党委协调，把有问题的干部提出来，提前就调整好了。考察一般采取开座谈会、测评等形式，村民小组长以上干部参加。如果考察期间发现有的干部可能落选，就事先调整掉，比如下半年选举，上半年先调整好。选举中也有落选的，但一般来说，只要事先做好考核工作，落选的就不多。落选的老干部，如不是本人有太大问题，组织部门都负责给调动一下，一般是调到镇下属的农业、副业公司等“条线公司”（即按行政等级自上而下组建的行业公司）去任个职务。

在苏南地区，村庄主要“定工干部”的年工资水平不能由村庄自己决定，而是由镇党委根据所在村的经营状况定出一个大体的幅度，各村须据此依次定出其他干部的工资水平。

地方政府与村干部之间在行政上有密切联系，以至于在工资、待遇和养老等方面对他们给予特殊政策，使他们明显不同于那些没有政府强大控制地区的村干部，他们与地方政府之间关系虽然不同以往，但其密切程度并不逊于传统集体制时代。村干部与上级政府具有如此紧密的联系，无疑会使他们在制度选择中十分重视地方政府的意见。

除去对村干部的直接控制之外，地方政府也以各种方式参与村庄重大事务的选择，通过政府力量使其更具有合法性。我们以塘村实行股份合作制为例。

塘村在1998年开始试行股份合作制，是所在市的试点，尽管村书记自己早就有尝试股份合作制的想法，但在当地尚未有明确政策的情况下，他并不敢轻举妄动。这与南部丰村书记在80年代就敢从香港引进股份制，在当地并未受制于政府的情形很不相同。塘村股份合作制是在市政府有关部门的参与下启动的，市农工部、乡镇工业局参与了改制方案的制订，省委领导听取过汇报并表态说一定要搞，有关部门还出席了股份公司成立大会，最终推动这个村成为全市首批转制公司。而在南部村庄股份化的过程中，我们尚未发现地方政府有如此强的运作。

以上政策是苏南地区特有的，在其他地区虽然也可以找到地方政府参与村庄事务的实例，但我们尚未发现有哪一个地区有如此完整的村干部政策，对村干部有如此的关注以及如此严格的控制。当然，在苏南地区，村干部与地方政权之间的密切关系，在公社时期即已存在，“大队干部在30年中有更多的晋升机会”“晋升党政官僚阶梯的可能性颇高，倾向于向党和政权认同”[①]。

从比较中可以看出，地方政府控制强的地区，村庄在制度选择中的一致性高于其他地区，例如苏南地区的村庄在过去十余年中都较为一致性地选择了工业集体化体制，这正是苏南官方意识形态在那十余年中的主导意识。而在其他地区如调查地晋中、深圳、晋江等地区，政府与村庄的关系相对就松散一些，因而村庄在体制上的选择更为多样化一些。显然，在村庄的制度选择中，权威人物在

① （美）黄宗智：《长江三角洲小农家庭与乡村发展》，第178页。

提议选择方案时要考虑地方政府的态度以及地方政府控制选择的能力。

四、非市场的选择方式

我们在前面的描述和分析中已经隐含着这样一层意思：社区选择是建立在村庄共享的价值观和道德基础上的一种社会过程，决定村里人公共行为的，往往不是单纯的市场原则和方式，而是非市场的、受到社区价值观和道德支配的、对人对事以信任结构为基础的认知系统。

这种信任结构有较为严格的社区边界，或者说，这种信任相对而言只存在于村里人之间，或者只存在于一定的社会圈子中间，超越了一定的边界，它就不复存在或者淡化了。但是，群体或社区关系并不能自然地提供这种信任结构，信任最重要的来源是群体现实的实践活动，特别是与外部环境的相互作用。也许我们应该先脱离一会儿村庄，看看村庄里的外来人群体在选择中有怎样的态度和行动，以此来反衬村社区选择的基本方式。北村的安徽打工群体可以作为比照的例子。

在北村打工的安徽人大多来自同一个县，是由一对会裁缝的沈姓夫妇陆续从家乡带出来的，大多擅长于制衣业。作为一个外来群体，他们在北村滞留时间最长，工作也最出色。现在，沈姓夫妇已经买下村里一家小企业，他们全体在里面工作。在来到北村之前，沈姓夫妇曾带领二十几个老乡在另一个村子的私营制衣厂打工，丈夫在厂里负责裁剪，妻子在车间带领这二十几人组成的老乡工作小组，后来因与本村职工不和，老板又偏袒本村人，因而集体跳槽来到北村。当问及他们为什么做出这种选择时，沈妻这样说：

> 本来我们是满有信心在那个厂干的。但是那个老板是本地人，他看不起外地人，有些事情你和他反映，他好像是无所谓

的。在那种好像有点受侮辱的情况下，自己决定不在那里干，合同期满就跳出来。

有个搞裁剪的是这个厂长的徒弟，她才十六岁，就是看不起外地人。有一年我们安徽涨大水，她讲我们是大水漂来的，这个话叫人受不了。她又讲我们是讨饭出来的，我们感觉自己的自尊心没有了。有时就是你不和她发生冲突，你不碰她，在一种与她不相干的情况下，她还是骂人，说安徽来的都是一群蠢猪。我们老是受到这样的刺激。这样做了一年下来，结果和厂长发生了矛盾。

事情是这样的，厂里盖了新厂房，我们搬到新厂房的时候要重新排组，有个缝纫机排到我们外地女孩时，一个本地女孩看到这个缝纫机原来是她的，就要把这个缝纫机头拿过去。我们就讲，这台排到哪里就是哪里的，不要换来换去，要换的话全车间就要乱套了。

她就觉得她凶，说这就是我的缝纫机，我说要换就要换。我们就讲，你不要太看不起外地人，你要是换，我们都换。结果吵到厂长出来了。厂长出来没有说公平话，他讲这个机头是她的，你叫她拿过去好了，你缺了一个机头，全车间你拣着要，你要哪个机头，我给你哪个机头。

老板听到好像那个……觉得不对劲，老板就是现在我们这个安徽（沈）老板，当时在那个厂管生产。老板就讲，你不如叫她（就是那个本地女孩）愿意要哪个机头就要哪个。厂长认为老板跟他顶嘴了，当时发火说，我说换就得换。一气之下他把这个机头拿起来又摔在地上。

老板当时讲，你换，我就不干了，（他们）就是这样看不起外地人。当时老板把电闸一扳，说，不干了！弄得场面很僵。

村里来处理调解，叫老板不要那么感情冲动。

老板讲，当时厂长开会决定这个机器从那个厂搬到这个厂来干，不论谁的机器在哪儿，搬来就安顿好了，将来这个机器要重新分，组员要重新调，机器分到哪儿就是哪儿，不要挑挑拣拣。这是你厂长说的话，但是遇到你本地人要这个财物（机器）的时候，你咋没有讲分到哪儿就是哪儿？

后来，我劝老板写一个检讨交给厂长，结果又上班了。上班不久，正好我们干到合同期满，我们感觉没意思了，那个厂的老板娘也不好，心胸狭窄，对外地人没有温情感。

所以，我们当时过来了（走了）14 个人。我们一道来的还留了 7 个在那里，没有跟沈老板一块过来，他们干了半年后也走掉了。

后来，这些安徽打工人集体转入北村一家服装厂，仍由沈老板带领，组成一个生产车间。两年后，厂家与一家日资厂合资，安徽人又做出了一次集体选择：

当时知道合资了以后不要外地人。我们本来就打算到上海去，那边有一个厂，我们原来在厂里做的全是这厂的活儿，他们经常到我们那里去看活儿，和我们就像朋友一样。我们想我们这个车间全都（转）到那里去。当时我和老板就向厂长讲了一下，你这个厂不要外地人，我们要找别的厂，你把我们工资结清。

后来我们要走时，厂长讲你不要走另有安排呀，这里不要你，但村里不让你走，是村书记说的。

书记说外地这一个车间另有安排。当时合资时只要他们的厂房，设备不要他们的，书记考虑到这个设备（还可以利用），（所以）叫我们外地的这一个车间不要走。

这中间还有一个过程，就是书记咋认识了我们呢？书记本来也不了解这个时装厂有外地人，他老爸就住厂门外大马路对面嘛，书记的家在这儿，我们的厂房跟他大门对大门，就是这么近。他老爸有时出来到我们厂门卫那儿坐坐，沈老板从门卫室进出，他老爸就问这是哪里人，门卫向他讲了我们是外地人，带了一帮人在这蛮好的。他老爸也许跟他提起过，他脑子里有点印象。

那一次特别认识，是出了一件事情。出了什么事情呢？常熟一个厂的一些人，因为裁剪上与我们发生了一点矛盾，在一个星期天带了6个像流氓一样的人，来这个地方。我们当时在上班，他就把我们的扣眼锁车拿跑了，像强盗一样。

那天是星期天，我们反正没事嘛，出来想赚点钱，就在车间里干活，本地人星期天不干活。当时群众讲，你找书记去，老板讲，书记在哪儿？他们说就在厂对门。老板慌慌张张跑到书记那儿，哎，不认识书记，他问哪个是书记，常熟人来抢机器，你能不能报告派出所呀？报警啊。书记当时正好在他父亲家里吃饭，碰巧了。书记出来叫报告派出所。

当时，书记都看在眼里，他讲我们外地人为了保护财产不怕死。那些人用刀子威胁，又要开车压死我们，正好这一切书记都在一边看到了。

这个厂要合资的时候，书记感觉我们人不错，敢作敢为，就不想放我们走，说另给安排，就叫沈在这好好干，对村子有贡献的尽量挽留。

就这样，安徽人决定留在了北村。

从中可以看出，外来人对打工地点的选择，是与其对生存方式和人际环境的选择联系在一起的。在这个选择事件中，顽强地表现出他们对外部环境的体验和对信任问题的考虑，有时甚于对经济利益的考虑，这种考虑直接影响到他们的选择方式。很明显，他们在群体内外采取两种不同的选择方式，如：

群体内部的非市场方式——群体一致性。安徽打工群体在面对当地人的不信任时，采取了内部一致性的选择，除去其中两三个另寻工资来得更快更高的工作外，大部分人依据对领头人的信任，跟随他集体转厂。而后在北村面对新的失业和再创业时，他们也采取了同样的态度和行动。

这种方式在很大程度上是非市场的，遵循的不是单纯经济利益最大化的原则，而是内部以同乡关系为基础的信任结构。这与我们在许多地区，或城或乡，看到的情形大致相同。外来人作为一个地缘或血缘群体，他们在内部移植或保留着从乡土社区带出的信任结构，内部抉择时，与在本土社区一样，采取内部信任的选择方式。

但是，这种内部信任结构的作用通常只是一种潜在的可能，并不具有必然性，它发挥不发挥作用，取决于即时即地的现实实践，特别是取决于人们与外部环境之间互动的结果。在直接面对外部世界的压力和风险时，他们便会采取更加保持内部一致的原则。

群体外部的市场方式——退出。在面对群体外的人和事时，他们虽然采取群体一致性的选择，但选择的方式却是典型的市场性的，即利益受到损害时跳槽或退出，并且“说走就走”，甚至永久性地离去。当地社区对他们也采取同样的态度，即清退或永久性地除名。

在做出这种选择时，虽然相互之间的不信任也是一种非市场的原则，但退出是典型的市场方式。因为我们还看到相反的例子，一旦外来人获得当地户籍即取得社区身份后，虽然他们与本土村民之间心理上的不信任和界限仍然存在，但遇事不再会采取退出的方式。

我们案例中的沈老板夫妇，由于“对北村的发展有贡献”，在我们结束调查时，已经获得北村书记的首肯，正准备办理北村户口，一旦如此，他们今后的选择便不可能再采取安徽人方式，而会更接近于本地人。

本村人在本土社区内进行选择时，绝不会像外来人那样，仅仅出于对利弊的权衡，做出退出的终极选择。这种纯粹市场的方式，在村域内行不通或不通行。我们在每个社区都可以找到个别与社区选择格格不入的村民，他们一般会被村里人冷落和排斥，或者远离社区，到他乡谋生去了，因此实际上已经失去了社区身份。只要打算留在社区内生活，就无法或不情愿在面临社区性选择时采取退出的方式，因为退出的代价十分昂贵，既有失去社区身份从而不再为社区所认同的危险，又有放弃“一系列非货币化的公共福利配给，增加他们的退出成本”① 的风险。对于大多数村民而言，一旦离乡，永不返回的可能性很小，村内的土地和家庭保障至今仍然是他们安身立命的基础，社区内有可能利用的信任、合作和支持，也仍然是他们抵御外部风险的最终依托。

在村子里或在异地的同乡群体中，诚实、忠诚、信任都是村民们共享的价值观和道德准则，也是他们与群体或社区之间互动的媒介和润滑剂。在这个基础之上，他们对彼此行事的规律有所把握，对彼此的行为抱有真诚的期望，内部的信任度也随之提高。这种信任感在村社区这样的环境中更易于产生，因为村里人之间的关系不同于城市单位和其他社群，它是经过人们在社区长时间的生活，有时是经过几代人的考验和观察所确定的。这样产生的忠诚和信任，不是经过刻意算计和深思熟虑，而是习惯成自然的，不需要特意说明就承诺的。而没有经过这种社区磨合过程的关系，即使是取得法律上的社区资格，如外地人取得入村户籍，也难以进入这个信任的圈子。这说明，村里人对外来人加入社区生活的资格要求很高，对形成和维护共同价值观和道德观的期望也很高。

不过，这种乡土传统的人际关系和信任结构，并不是社区的自然特性，在只依靠社区内部的道德规范来控制的时候，它也仍然是脆弱的。在我们所观察的超级村庄中，这种信任结构一直经历着重建的过程。实际上，自合作化以来，中国村庄对大社会的开放程度就日益增强，从集体制时代的政治经济大一统化，到改革开放后大市场对村庄的开放，再到现代工业体制进入村庄，无疑都在逐步给村庄生活增加现代性要素。

现代性与村庄乡土传统之间的冲突之一是，现代性并没有创

---

① 崔之元：《南街村的思考》，《第二次思想解放与制度创新》，（香港）牛津大学出版社，1997 年，第 158 页。

造出新的可供信任的秩序，反而是在“抽离化”的过程中导致了一系列危机的出现。现代批判理性出现之后，渗入人民的日常生活中去，导致了怀疑意识的广泛流传。①

而在中国村庄更为特殊的是，在大社会政治意识形态左右下，几十年的阶级斗争和政治运动在将村庄经济推向贫困的同时，也几乎将村庄的传统信任结构摧毁殆尽，村人间的相互不信任，在那个年代达到了顶点。②

市场经济的引入，也在外部条件极不确定的情况下，使村庄信任结构发生了动摇。尽管如此，村庄中仍然存在着信任结构重建的条件和可能。

首先，阶级划分和阶级斗争的取消，使村庄传统人际关系和信任结构的恢复和重建出人意料地迅速。特别是在南部那些家族传统深厚的村子里，外加的阶级划分和斗争虽然在人际关系上留下了难以磨灭的痕迹，一旦外部的压力和支持消退，村子里人际关系的冲突与整合，便会很容易地恢复到自然状态。或者说，原有矛盾和冲突不再借用大社会政治意识形态的话语和形式、不再通过阶级斗争的方式人为地加剧。村里人经过长期相互承诺而建立的信任关系重新得以恢复。

在改革开放初期，许多村庄都有过类似林村的经历，“……人们更换新的户口名簿，上面已经没有阶级身份这一栏了。这样一来，等于是扫清了因为解放前的身份不同而产生的冲突的任何残痕。林村的气氛变得很和谐，改革也得以顺利进行”③。

其次，在任何时候，内部信任与外部风险都是一对有着特殊意义的概念，信任的作用之一就是以团结的方式来对抗外部风险的包

---

① 安东尼·吉登斯:《现代性与自我认同》，生活·读书·新知三联书店，1998年，“引论”及第16–25页。

② 参见黄树民《林村的故事：一九四九后的中国农村变革》；陈佩华、赵文词、安戈:《当代中国农村历沧桑：毛邓体制下的陈村》，孙万国、杨敏如、韩建中译，(香港)牛津大学出版社，1996年。

③ 黄树民，同上，第228页。

围，这风险既包括市场的也包括社会关系的。对改革开放后的中国村庄而言，这种作用更为明显。改革开放一开始，村庄就被首当其冲地推向了市场和大社会，地方政府不再对村庄承担风险，村民原来对政府和政策的依赖消失，一切都要靠自己。同时，农户家庭在面临工业化风险时，也认为经济风险应该由集体来承担，于是，社区成为承担风险的主体。显然，外部环境的不确定性和风险，增加了村民对外界的防范和不信任，相应地，外界的不安全加强了村民对本土人际关系的依赖，“村庄”和“村里人”对农民的重要性增加。作为整体，他们唯有通过在相互信任基础上采取的共同行动，才能有力抵御外来的风险和损害。

再次，超级村庄的社区关系较之传统村落大大地扩展了，由于产业的多元化，外来人群体进入村庄，那些在村内开辟了工业开发区的村子，还将外来企业群体也引入了村庄，外部人际关系与村庄内部人际关系之间出现了某些交叉。但是，由于风险的压力和传统村庄意识的作用，村庄经济的开放并不足以打破其社会关系体系的封闭性。

可以看到，即使在相对开放的超级村庄，村民日常生活中，除去传统的婚姻圈之外，仍然缺少跨社区的交往网络，村里人并没有多少在村外或在本村人圈外与人结盟的机会，日常生活的结交范围仍然在村子里。社会关系的这种相对封闭性，也重新恢复和发展着村内既有的信任结构。

最后，社区内的合作行动再次唤醒了村里人的共同意识，村民们在非农化的过程中，在村庄的组织创新中，再次利用了对家庭、家族、亲朋、本村人乃至乡土关系的信任感，不仅对它的原有意义和形式加以恢复和利用，还对它加以再创造，使之在新的社区合作中扮演全新的角色。① 从这层意义上来说，社区现实的信任感不是必然的，而是被合作实践再创造出来的。

---

① 折晓叶：《村庄的再造——一个“超级村庄”的社会变迁》，第 16 页。

在这种社会基础之上的社区选择，往往不可能只遵循市场的原则和方式，与市场中的个人选择不同的是，社区选择更强调社会理性，基于相互承诺的信任关系，选择方式隐含着更多的非经济理性。

从众，即是这种选择最基本的方式之一。在一个村庄里，人们做出从众的选择，除去大多数人缺少选择的信息，对选择难以做出独立的判断外，还因为他们生活中的参照体主要是本村人，如果做出不同于村里人的选择，并因此而有所失误，或者不如村里人，那是他们最感痛楚的事情。为了消除村里人之间的差别，特别是消除由于选择不同而出现的差别，人们往往会做出从众的选择。

从众，更是村里人相互具有连带责任和信任感的表现形式，具有社区约束的作用。连带责任和信任感的背后是惯例，村里人在做出选择时，内部维持着特定程度的诚实，而且多半是出于惯例，是社区生活中习以为常的规则使然。这些惯例都是经过反复的社区实践而形成的意识，不需言说，不必宣扬，就能起约束的作用。比如，村里人相互借钱，不管多少都不打借条，两人之间只要发生“借”的行为，就肯定了“还”的可能性，也就是说，“还”早已由既定的信任结构决定好了。

对权威人物的跟从，是村民从众行为的最终归宿。跟从权威人物隐含的惯例亦是事先的信任，村里人在做出跟从的选择时，可能会对权威人物选择的正确性产生怀疑，但不会对其人格产生怀疑，因为他们事先已经有他会或不会直接损害村民利益的判断，而会不会对他人或社会利益造成损害，则往往不是村里人做出跟从决定的直接依据。

村民的跟从和权威人物的忠诚，都是在村庄信任结构之下的行为。我们在许多村子都可以发现因老辈人行为不轨而家门名声受影响的例子，也可以发现类似“兔子不吃窝边草”的行为惯例，从这层意义上说，村里人是“爱得深恨得也深”“易信人也易疑人”的一类。这种信任结构，对村民和权威人物都有相当的约束力，以至于权威人物在做出抉择时，不能不考虑自己对村人的责任以及忠诚于社区的重要性。

尽管如此，我们还是发现，在超级村庄中的从众倾向似乎较之普通村庄更为明显，原因之一就是这些村庄的权威人物对一致化的强调，对内部“铁板一块”的期望更高一些。因而，我们才会在一些权威主义发展到极端的村子里，看到全村人态度基本一致地赞成或者反对某件事物，甚至整体地走向极端，做出触犯国家法令的事情。

信任结构说到底是一种道德约束，虽然具有习惯法的作用，并不能绝对地约束权威人物和村民的行为，特别是在村社区的经济和社会生活扩展到村里人并不能直接了解和控制时，信任结构的作用就有限了。在一些超级村庄中出现的村务民主程序、村民议事会、财务监督小组以及经济契约、民事契约和仲裁制度等，都是对传统信任结构作用领域的修正和补充。

第六章

社区建构

我们在上一章所述的社区变迁中已经看到人的选择所具有的意义。作为一种社会实践，这种选择实际上就是对变迁加入了人的主动关怀。我们甚至可以进一步引申说，超级村庄的形态并不完全是由历史和传统“结构”出来的，而是在社区结构变迁中加入了人的改造能量“建构”出来的。社区实践的全部意义，就在于可以将人的主动关怀和行动与结构变迁联系起来，就在于强调人的行动是在一定结构下进行的，而当他们行动时，新的结构同时也就被创造出来了。[①]

这个建构的过程，无论在经济层面、社会层面还是文化层面，都是显而易见的，尤其在那些正在发生急剧变迁的超级村庄里，情形就更为鲜明和生动，形式也更为复杂和多样，那就是：一方面社区传统的结构和文化要素经过人的运作不断复兴和延伸，另一方面社区的结构和文化又在不断被重建和创新。

一、产权的社会构造

二十余年来，村庄的经济变革几经推动，大多绕不开产权制度变革，创新的核心内容是产权建构。但我们不能把发生在村庄中的

① 安东尼·吉登斯:《社会的构成》，生活·读书·新知三联书店，1998 年，第 65-92 页。

这一变革，仅当作经济现象，而忽略其建构者的作为和他们所倚重的传统社区背景。否则，就会像雾里看花，不清不楚。

在涉及这个问题之前，有必要简单回顾一下产权范畴发展的脉络，以便确定我们讨论问题的角度。

从产权经济学的有关文献中可以看到，产权是一个不断被扩展的概念。传统意义上的财产权，主要是对物的所有权，概括的主要是具有法律意义的财产所有权。科斯以后，产权的概念突破了对物的关系。科斯在讨论“外部性”产生的社会成本时，提出了诸如污染等问题引发的“使自己或他人受益或受损的权利”，显然，传统的所有权范畴已无力包容这类非物的权利，因此新的产权范畴应运而生。

新的产权范畴所揭示的产权关系，在现实中也许是法律还没有界定但确已从所有权中衍生，并为人们所认识到的经济权利，甚至也许是尚未被人们所认识或深刻认识的行为权利，也并不局限于法律意义，并不只是“依法行使的权利”。但是，科斯等产权经济学家对这一类权利是如何形成的并没有做出进一步的解释。

社会学家科尔曼则以日常生活中的事例说明了“许多在法律上未加说明的权利”是如何形成的，他认为，权利存在于社会共识之中，即只有当人们就权利是否存在形成一致的肯定意见时，权利才能存在。[①]

产权及权利范畴的这些扩展，引发了学者对产权非经济学内涵的探究，“认知产权”的提出，便是这一研究领域中具有启发意义的成果。

认知产权的研究，注意到了科斯在论述社会成本时提出的“相互性”问题中潜藏着的逻辑悖论，指出摆脱悖论的关键在于认识到产权作为划分利益和权利的边界，不仅是由国家法律而且也是由人们的社会认知来界定的。当人们的行动在认知权利边界的交叠区间

① （美）詹姆斯·科尔曼:《社会理论的基础》，第52–58页。

导致冲突时，可能存在认知权利基础上的交易，而当行动发生在“认知产权集”与“法定产权集”之间的交叠区间时，导致的所谓“相互性”问题，不一定表现为冲突，也可能表现为合作。在对权利的认知形成共识基础上的合作，则有可能导致与法定产权不同的新的产权安排。①

产权范畴在行为和认知领域的扩展，为我们研究发生在村庄这一传统社区中的产权变革，提供了有益的启示。

除去对产权范畴进行非经济学意义上的扩展之外，有人还注意到新制度经济学的产权研究中存在一个方法论问题上的矛盾，指出制度分析方法是从制度结构出发分析人类行为，认为个人偏好和目的受制于制度，特别是产权制度。显然，从制度出发研究个体，意在揭示也可能揭示整体对个体的影响。因此可以说，制度分析方法的哲学基础与个体主义方法论不同，是“非个人主义”的。但是，产权经济学家并没有在非个体主义方法论上有真正的作为，未能创立“集体或团体意识”（或者叫“团体目的”），以之与“个人目的”相对立、相补充，创建以团体目的为基础的团体行为模型；也未能揭示个人目的与团体目的的形成过程。因而，即使揭示了制度与个人目的的形成之间的关系，其分析的落脚点还是个人，分析的是个人如何受制度影响，如何力求稳定或改变制度，行为主体依然是个人。当个人目的的形成与制度的关系得到揭示后，个人行为的分析又回到了新古典的个人主义中去了。因此也导致产权经济学家对私有制特别偏好。②

我们在超级村庄中观察到的产权制度，介于私有制与公有制之间，是一种社区成员共有的产权制度。分析的落脚点显然既无法放在个人的“私”上，也无法放在抽象的集体的“公”上，这种既非个体主义又非传统集体主义的视角，使我们对揭示村社区新的集团

---

① 刘世定：《科斯悖论和当事者对产权的认知》，载《社会学研究》1998年第2期。

② 黄少安：《产权经济学导论》，山东人民出版社，1995年，第15页。

意识和集团目的，以及在此基础上形成的集团合作行为模式，产生了浓厚的兴趣。

1. 共有产权——社区经济下的一种合作秩序

在我们所观察的这一类超级村庄中，普遍存在着社区共有的混合产权制度。虽然它们在形式和内容上各有差异，但同属于一类，有别于传统的公有产权和私有产权。在考察这一类共有产权如何界定时，我们发现，村民们的合作行动具有重要的意义。多数村子构建新的共有产权的直接动力和目的，是依靠经济行动结成一个法人团体，为其成员谋取整体的经济利益。在这种产权基础上，村民们得以重新意识到自身利益，并且建立合作关系以增进这种利益。即使在发生产权制度转制的情形下，在超级村庄这样的社区里，仍然有可能以其他形式做出新的共有产权安排，如我们在畔村所看到的公共物品财产权那样。虽然畔村的集体制转制发生的时间较早，其形式和内容与发生在苏南一带的转制情形不同，但本质仍是相同的，即不再以集体制方式运作经济，村政权逐渐退出企业经营。我们不妨就将它看作是“后转制”时期超级村庄产权制度演变的趋势之一。

不管各个村庄采取何种共有产权制度，我们发现其中都包含有合作的深刻内涵，并且它们本身也是村庄基本生活秩序和权利在经济上的表现形式。下面我们从制度内涵和权利结构入手加以分析。

共有制——村庄基本权利和秩序的必要延伸

所谓产权制度，涉及的是一系列权利关系、行为方式和权利界限之规则，以及法定或群定的财产主体和权威。而所谓关系、规则和权威，在这里均可视为某种秩序。对我们的研究有意义的是，产权秩序往往是村庄基本权利和秩序的必要延伸。让我们来看看共有产权中所包含的人权内涵所体现出的种种秩序。

这是一个涉及中国乡村社会道德文化传统的问题。由于关注到道德共识也是经济机制运行的基础之一，西方社会的产权概念诠释中多了一层人权含义，例如，认为在古代乃至封建社会，产权有人身权的意义，到了资本主义社会，私人占有权受到最大的尊重，在与之相应的法律保护下，私人法权成为产权中人权的主要含义。另外有人关注到，在非西方的儒家文化区域里，其道德传统和产权概念与西方社会相去甚远[①]，其中就包括与之不同的对基本人权和自由的理解和诠释。

对于这个可以称得上大课题的讨论，不是本书的任务。不过，这其中引出的对社区的道德共识和产权概念中人权内涵的关注，却有助于我们讨论发生在超级村庄中的共有产权的道德内涵问题。在超级村庄建构的产权制度中，我们不难看到，中国乡村社会的道德共识和与之相适应的村庄“群定规则”，具有十分重要的影响，以至于我们确实可以把财产权利看作村庄基本人权和基本自由的必要延伸，而产权制度则是为这一权利延伸提供的保护性群定规则和安排。

如果我们同意“中国社会中每个具体个人的人权及自由的范围，是由传统的伦常关系——礼（作为仁的外化）及其延伸的义、忠、信来界定的”[②]，那么，大社会的伦常关系“仁义礼智信”到了村庄这样的小社会，就只表现为简单的信任关系与结构了。在乡村社会的道德共识里，人伦关系奉行“信内不信外”的原则，即便合作关系扩展到外部，信任也要通过“内化”，将“外人”拟制成“自己人”[③]的关系。这一原则在产权建构中体现得极其充分。

所谓共有产权，其基本结构中最为尊重的是内部产权，贯彻的往往正是内外有别的原则。丰村的共有产权中甚至还出现了对村

---

① 汪丁丁：《“市场经济”的道德基础》，《经济发展与制度创新》，上海人民出版社，1995年，第119页。

② 同上，第120页。

③ 参见杨宜音：《“自己人”：信任建构过程的个案研究》，载《社会学研究》1999年第2期。

内人有保护的股份。村股份公司所组织的投资活动，是按照项目分别进行的，比如为建厂房、建酒店、建商业街、建商业大厦等分别进行投资。一般来说，非村民股东的投资主要集中在商业设施项目上，而厂房及酒店等一些效益稳定的项目，则主要提供给集体股东和村民股东。股份的分红率依据所投项目的收益而定，公司内部并未统一分红比率。这样，村民股东手中的股份主要集中在厂房股上，十余年中，这种股份的分红率一直居于高位。商业股则由于受到当地房地产业衰退的影响，收益欠佳，有的项目甚至从未有过收益。股份公司在面对股份风险时，亦不能通过统一内部分红率来拉平股份收益，直接损伤到村民股东的利益，而只能从公司总收益中拨出资金，为商业股的持有者维持一个低水平的分红率。

丰村的共有产权中还有“村民人人都是股东”的设计，体现出的也是这个单姓家族村久已有之的人权和自由的基本秩序。在实行股份合作制初期，村组织甚至以人均5000元借贷的方式来保障贫困户和低收入户的基本入股权利。集体组织集资时，也多采取平均分配数额的办法，“让大家都有投资都有分红”。虽然人均股份在村民个人的股份构成中占有的比重，随着投资渠道的多元化越来越小，却是个人产权的原始基础，体现出村庄道德经济对村民基本人权的关注。尽管这种做法也带有集体制遗产的痕迹，但我们在东部其他非家族的、仍保留集体经营方式的村庄中，并没有发现这样强烈的共有产权意识，它充分反映出这个家族村生存共性的伦理观念和人权意识。在这种时候，家族共同体把维护伦理的和谐看得比经济利益要重要得多。

产权结构——资产的分割与合作秩序

在超级村庄的共有产权制度下，虽然村庄的整体利益随着内部权力的分化受到分割，存在着不平等，但是任何村民都可以借助合作关系的优越性，只要有资金和劳动的双重投入，就可以参与经济收益的分配，并且通过合作来利用其他人和集体的经济资源和资本。问题是，他们通过怎样的渠道来合作并利用他人的资本。

我们曾经分析过丰村的共有产权结构，发现在家族结构完整的村庄中，人伦关系在某种程度上也决定着产权结构的部分环节。比如，家族关系的不同类型，如近亲的、房亲的和族亲的，以及拟似家族的关系，几乎决定着个人与哪一类型的产权集体相联系。在共有产权体系中就存在着由近亲和朋友关系结成的集资团体产权，存在着以房族为基础的小村集体产权，等等。[①] 甚至还可以进一步追寻到，村民的入股资本按照什么样的关系渠道成为他人或大家的资本，他便合法合理合情地按照类似的关系渠道利用他人的资本。因为这种关系渠道为他们提供了基本的信任，不但安全可靠而且所需要的协调成本最低。显然，共有产权结构体现着村庄最基本的合作秩序。这种情形在其他非家族村庄中也存在，只不过关系渠道的类型有所不同。

共有产权结构不仅体现着村庄基本的合作秩序，也体现着基本的分割和分化原则。无论是在实行股份合作制改造的村庄，还是在经济私有化基础上以公共财合作的村庄，我们都可以看到共有产权中包含着对个人私有产权以及小集团产权的承认和尊重，共有产权形成了一个内部分割成包括个人私有产权、小团体产权、小村产权和大集体产权以及部分社会产权在内的混合结构。这种分割，较之纯粹的私有产权或集体公有产权，需要支付一定的协调成本，以维持正常运作。为了降低协调成本，分割亦是按照村庄既定的关系渠道进行的，例如我们看到的那种共有之下的个人私有，"大公"之下的"小公"所有的双重产权制度，实际上体现出的是村社会特定的组织结构，例如"大族小家"的家族组织原则和形态，也是村社会的双重社会结构方式。

可以说，依靠村庄既有的信任关系和结构是降低协调成本的有效方法，一旦分割的协调成本提高到需要长期花费时间以建立新的

---

① 折晓叶：《村庄的再造——一个"超级村庄"的社会变迁》，第12页。

信任关系时，便不再分割或者会在既有的分割基础上采取新的合作方式。

还可以进一步说，村庄共有产权所体现的合作秩序，实际上就是社区信任结构的扩展。它需要依靠长期建立的信任关系来维持，这正是村庄内部股份合作制得以建立的道德基础之一。正因为如此，一些村庄股份化过程中始终不肯接纳外来打工人入股，因为他们在村庄内部经过长期共同生产、交易、生活和交换所建立的信任关系，反过来阻碍了他们去信任村庄以外的其他人群。[①]

近来，一些实力强大的超级村庄正在谋求股份化后的公司股票上市，如果成功，它对村庄的意义就不仅仅是经济性的，它将把村庄的产权建构扩展到社会，村庄既有的关系渠道将不再是资产流动和利用的渠道，社会的参与会深深地动摇村庄传统的信任结构。我们从联村那样实行企业职工包括外来职工股份合作制的村庄中，多少可以看到一些信任结构向外扩展的端倪。可以预见，村庄股票上市将为我们提供一个观察产权变革与社区道德传统变迁之间关系的极好案例。

2. 社区产权——村社会结构形态的翻版

我们在一项相关研究中，曾经通过对单个案例村的分析，指出村社区的产权结构不仅是一个经济构造，也是一个社会构造。村庄的产权结构和制度，实际上就是村社会特定的组织结构和社会结构形态的翻版。[②] 在这里，我们再用多个不同类型案例比较的方法，来说明村庄传统的自然结构怎样深刻地影响着产权制度的建构。

丰村和联村先后都实行了股份合作制，但产权合作的范围和方

---

① 参见汪丁丁：《经济发展与制度创新》，第128页；法兰西斯·福山：《诚信》，李宛蓉译，立绪文化事业有限公司，1998年。

② 折晓叶：《村庄的再造——一个“超级村庄”的社会变迁》，第12页。

式却大不相同：前者实行村民人人是股东的共有制度，共有产权的受益者是全体村民；后者的共有产权却不包括全体村民，而是实行职工人人是股东的共有制度。究其原因，包括：这两个村庄地处不同的外部经济环境，如一个面对国际经济及市场，另一个面对国内经济与市场；实行股份制的动因不同，如一个以集中资金、招商引资为目的，另一个以明晰产权、调动职工积极性为目的；并且两个村庄产权明晰背后可能存在不同的制度逻辑。此外还可以更深层地追寻到，产权制度差别的根源在其自然结构及其延伸出的利益结构不同。

丰村是一个有近600年历史的单姓家族村，它的共有产权中构织着家族村特有的组织结构。与丰村不同，联村20世纪70年代才成村，相对于谱系源远、绵绵繁衍的家族村，它几乎没有历史，而且是一个经行政组建的杂姓杂地移民村。在村庄实现工业化的过程中，村民最初进入村办的小手工作坊做工，后来村办产业几经调整集中为中型轧钢业，除去少量基层管理和重体力岗位外，文化和技能水平较低的村民逐渐不适应企业工作，大多转回到村中尚有前途的农业生产中，村办企业的中高级管理者和技术工人大多是外聘外雇的人员。村民对这些外来人的接纳程度，较之丰村那样的家族村要高得多，虽然村庄的既得利益同样不容外来人分割，但村籍的开放程度较高，外聘优秀者将户籍转入村的已有多例。加之这个难以管理的移民村历史上曾有工作队七次进村的纪录，每一次都将带队者更换为新的村书记，所以对干部来自村外，村民的心理承受能力也较之其他村庄更高，现任村组织主要领导——村书记和村主任就都是外调进村的原乡镇干部。

显然，联村的社会结构具有相当大的弹性。这种结构的弹性特征在村庄组建集团总公司时，自然地被带进了公司和企业组织中，也深刻地影响到公司的股份制改革。首先，村公司与村社区相对分离，采取“公司办村”的方式，以扩大福利、补贴农业（实行奖农金）、增加公共物品财产等方式，让村民实际地享受村办经济的成果，但村委会及村民组织并不直接参与公司事务的管理，二者的利益也相对分离。其次，公司的产权制度改革采取职工股份合作制方式，仅有村民身份的人不再享有公司股份，而公司职工则不论有无村籍，均可参与入股。于是，共有产权的边界以这种方式突破了自然村民的界限，顺着业缘的关系渠道，扩展至全体职工。这种突破显然带有该村自然结构松散、社会结构具有弹性和开放性的特征。

如果说联村是一个特例，那么，与联村一样只实行职工股份合作制的塘村，由于企业外来职工的数量有限，所谓职工的范围基本上与村民范围相当。在这个历史悠久的村庄，村组织对公司股份制改造的方案中，包含着对村民整体利益的关照。虽然它不是一个单姓家族村，但村庄的主姓自然结构完整且整合性很强，村民的整体利益一直是村组织运作经济中必须考虑的问题。由于村庄的自然结构在工业化过程中已经融入企业组织，所谓职工股份合作制，其实正是该村组织整合程度高，村企合一等社会结构特征的反映。

在另一类经济私有化的村庄里，公共物品产权在建构中也反映出村庄特定的自然结构特征。畔村和义村，是两个同样有悠久历史但自然结构不相同的村庄，前者是单姓家族村，后者依地势分为前后村两部分，是结构较为分散的杂姓村。这两个村子在工业化过程的早期，就先后都实现了经济私有化，但同时也都在行政村基础上形成了新的公共财产权制度。所谓公共财都是依靠村里的私营企业缴纳村定的税费聚集而成，其中相当部分来自企业和私人的捐赠。缴纳行为是受村规民约约束的，捐赠行为却出于自愿，带有更多的社会人文特点。于是，两个村子的捐赠行为表现出相当的差异。

畔村的公共物品财产中，有相当数量是依靠村内企业捐赠的，村中最主要的公用设施，如公路、学校、医院、电网等，在筹资中私人捐赠都占有相当比例。我们并没有太多的证据说家族村村民对公共财产或社区公益就一定比非家族村村民更热心一些，因为非家族村的义村的捐赠在规模和影响上都比畔村大。但是，畔村的捐赠活动却没有义村那样表现出更明显的功利目的。在畔村，捐赠是企业的普遍行为，但我们在村内并没有发现任何标识为个人捐赠的公共物品。这些个人捐赠多为资金，由村组织统一支配和安排，捐赠人则与其他村民一样，共同成为村庄公共财产权的所有者。这些捐赠表现出更多的自愿或自控行为，特别是一些已经将企业办在村外、全家迁出村庄的村民，村中的公共财及其享用权对他们来说已经没有实际意义，但他们仍然向村庄的公益事业捐赠。我们曾请一些事业和生活都在村外的企业家解释他们捐赠行为的目的。所得答复中，为家族和后代尽义务，似乎是他们最基本的目的，所以捐赠更多地出于对家族兴旺、族居地繁荣的关照，甚至出于炫耀性消费的需要，而较少出于功利的目的。实际上，他们的这种捐赠行为也受到家族村内评价标准的影响，发财有方，历来不是这类家族社区评价成功人士的唯一标准，而对社区公益有无贡献，对家族兴盛有无关照，才是评价成功人士的必需条件。

与畔村不同的是，义村人没有对家族村尽责任和义务的社区压力，捐赠也采取完全不同的方式。义村人捐赠的往往不是资金，也不由村组织统一规划和支配，捐赠的往往是大型的公用设施，如一条道路、一所学校、一座医院，并且以捐赠企业冠名。最著名的是设在村域内的一所学校，这所学校由村内最大的也是该县最大的一家私营企业捐助修建，也由该企业参与领导和管理。学校主要为村民和周围村镇居民的子女提供服务，但产权是企业的，并不构成村庄公共物品财产权的一部分。这种捐助更像一种企业的经济行为，在提供社会公益服务的同时，带有强烈的功利动机和目的。义村内正在筹划的其他几项公共物品及设施，如医院、宾馆等，也将用这种方式运作，即在村域内产生私有化的公共物品及产权，村民将受益于多元化的公共服务，私营企业则受益于公共物品产权的运作。

通过这些案例可以发现，现实运作中的村社区产权制度呈现出多元化趋势，对这种多元化可以做各种宏观理论层面的解释，但认为产权的多元化在相当程度上源自社会结构形态多元化的特征，却不失为在微观实践层面上的一种补充性解释。

3. 产权转制——认知权利基础上的交易

转制也称改制，是指产权制度和体制在性质上发生转化的过程。乡镇企业转制，从广义上说，是指从20世纪80年代初期即已开始的管理体制和所有权体制的改革，包括集体体制、私有体制和股份合作体制之间双向的互相转化的过程；从狭义上说，则指90年代中后期大规模进行的集体制向股份制乃至私有制单向转制的过程。

在这里，我们只涉及狭义的转制，并将重点放在素有集体制传统的苏南一些乡村地区。这些地区的乡镇企业，包括办在村庄里的企业，在80年代中期以前，几乎无一例外地带有苏南模式的特点，即以集体所有制和地方政府或基层政权经营的方式运作，大多数如同发生在联村和塘村的情形一样，明确限制和排斥私营和个体经济的存在。之后陆续实行抓大放小，将一些没有产业前途的小企业转卖给私人，给私人和个体经营“开口子”。不过，那时多数企业经营尚好，并没有出现转制的问题。90年代中后期，在苏南一些地区发生了大规模转制的现象，其势头较之中部山西等地的乡村远为猛烈。

有研究指出，集体制和地方政府经营的方式，造成了这些乡镇企业的弱势性格，使其在市场竞争中必然走向改制，而改制则标志着地方权威主义的终结和公社制度性遗产的失效。[1]

这一分析和判断是具有启发性的，但其基本指向偏向于市场，暗示着转制将改变乡镇企业的不利处境，给其带来新的市场效益，而未充分注意到转制行动者的团体行动或个人行动进入其中的意

---

① 邱泽奇：《乡镇企业改制与地方威权主义的终结》，载《社会学研究》1999年第3期。

义；对制度遗产的持续性和渗透性，特别是它的隐蔽作用，也未给予足够充分的估计。

实际情形中，乡镇企业转制涉及三个产权主体，即地方政府包括村庄的基层政权、企业经营者和集体成员，作为当事人，他们各自的利益，以及对产权的认知、态度和行动，都是市场因素之外直接影响转制的社会性因素。下面我们将试析几例。

转制与地方政权的权威和影响

在同一调查地的不同村庄中，转制具有不同的含义，即使在国家和地方政策大力推动下，其进程也大不相同，显然并不具有市场必然性，并非市场化的结果。如我们在上一章中已经指出的那样，转制也是一个产权制度选择问题，否则，我们既不能解释为什么无论企业占有的市场份额多少或经营好坏，都有转或不转的例子，或者说转与不转，企业经营都有或成功或失败的可能；也无法解释为什么在那些集体制要素并未退出的企业，市场效益和前景照旧良好的现象。

如前所述，在产权制度选择中，制度性遗产或制度偏好具有重要的作用。在调查地大力推动转制的情形下，那些效益和市场前景尚好的超级村庄的企业，有的率先选择了股份合作制，如我们在上一章中提到的塘村；有的并没有或不自愿选择转制，特别是没有顺势转向私人经营，即使实行内部股份制，集体股仍占有绝对优势，其收益仍然是村庄公共事业的主要来源和保障，星村就是其中一例。

星村的主导产业齿条实业公司由村集体经营了近二十年，据说党的十五大以前村里不准搞私人企业。十五大以后，国家和地方对于企业转制的鼓励性政策陆续出台，周围镇村的企业大部分都卖掉了。星村开始只对个体和私营企业实行放开政策，首先让一个本村人回村办了一家私营服装厂。但是，对村办企业，只是做了有限的内部股份制改造，职工以现金投入的方式参与股份制改造，职工股只占总股本金的25%，分红时也只分配总收益的25%，其余仍为集体股本，村庄经济的运作方式并没有发生本质性的变化。这种转制的方式，在我们所考察的党政企合一的公司化的超级村庄中颇为流行。

星村如此转制，出于几种现实的考虑。其一是掌握着企业命脉的、经营有方的村组织仍然偏好集体经营的方式，坚持认为村庄和村民受益于集体积累。因此，在地方推动转制的大形势下，他们在产权制度上的新安排，更多地出于对政策的诠释，“对上面的政策你不听也不行的，听是要听一点，自己还是要根据自己的发展思路，搞好市场经营”。其二，新的产权安排没有动摇集体产权，仍然有效利用了村庄的制度性遗产，但他们再三权衡过村庄的实际利益，预期到如此转制可以改变与地方政府的经济关系，“股份制前，上面伸手，你不好不给，开支很大。现在股东拿税拿费，我们干部不好说了算的，上面也要考虑”。其三是职工的积极性，“自己是工人也是股东，比较积极”。根据我们在一些村庄对企业职工的访谈，村民在村庄进行的股份制改造中，主要关心的是自己实际投入的那部分资金及其收益，以及新的变动会不会影响企业的实际效益，而对原有集体资产形成的集体股本金，是否应该折股到个人，甚至是否应让集体股本退出，并没有明确的认识。

在这些主客观因素作用下，超级村庄企业的转制，在相当程度上可能并不会削弱集体组织在股份制企业产权中占有的主导地位，却有可能改变村庄与地方政府的关系，例如进一步削弱与地方政权在经济上的联系，促使地方权威更快地甚至彻底地退出对村办企业原本就已微弱的控制。

星村的例子说明，基层政权对于村企业的转制方式仍然具有强有力的影响，甚至在某种程度上说，转制是它们与上一级地方政权博弈中创造出的新的制度安排。但是，这也并不意味着地方政府在乡镇企业转制中失去了作用，在许多调查地，转制甚至是地方政府主动推动的结果，特别是乡镇政府，以当年创办企业时的热情推动这些企业转制。这与我们常识中的“转制将迫使政府力量退出经营领域，削弱政府权力和收益”，似有不符之处。实际情况却并非如此。

在调查地，乡镇政府推动企业彻底转制的热情，起初似乎高于企业经营者和厂长，出现政府动员和说服厂长买断企业的情况，政府似乎正以主动的姿态退出企业。从访谈中了解到，乡镇政府推动企业转制出于几种实际的考虑。令乡镇干部最为焦虑的是，乡镇企业的集体资产流失严重，政府已经不能从企业得到满意的税费收益，政府对“企业究竟是谁的”已经存有深深的忧虑。一些干部认为“企业漏洞太大，不停产是个铁筒，停了是个窟窿。谁都在吃企业，非转不可了，而且转得越快越好，再不转就什么也没有了”。

另一个实际问题是，政府自己办企业，内部出现注入资金和亏欠的恶性循环。特别是在村办企业中，拖欠应上缴村集体的利润已经成为一个难以解决的问题，而转制则成为稳定税费的一项有效举措。我们在所调查的几个镇、村中，都请干部们就此算过一笔账，结论是，转制后政府和村委会的实际收益不但没有因为失去企业而减少，大部分反而有所增加。企业转制后，政府的稳定收益除去税收外，主要是征收企业租用土地和厂房的费用，这两项固定资产仍归地方政府所有，其收益按新的约定，不管企业效益如何，必须如数上缴，政府与企业之间不再讨价还价。

还有一个让地方政府难办的是，在地方大办乡镇企业初期，政府直接经营企业最大的好处是借政府力量解决融资问题，办厂的资金大多是由政府出面借贷和筹集的。“我办厂，你还钱”，成为政府经营体制下企业与政府关系的一种写照。在许多地方，基层政府已经成为最大的债务人和风险承担者，即使在转制政策下拍卖企业时，对那些资不抵债企业的债务，也仍然实行“挂账”在政府的办法。摆脱这一困境，是乡镇政府放弃企业的又一重要原因。在这个过程中，政府作为经济人的角色没有减弱，反而格外明朗化，我们甚至可以认为，转制是地方政府与企业重新分配经济利益的一种权变策略。

促使地方政府放弃经营企业的最为重要的原因则是，正如一项研究指出的，进入20世纪80年代末、90年代初以后，随着市场的发育和国家经济体制在金融等领域的改革，乡镇政府和企业运作的环境发生了变化，地方政府在资本信用担保、人事信用担保、集体资产管理、制度安排等方面所控制的资源和能量减少，甚至失去[①]，乡镇企业实行改制已经成为农村改革的题中应有之义。

但是，政府退出企业经营，并不绝对意味着地方权威主义在乡镇经济中终结，或已失去效力和控制。乡镇企业的集体制方式多发生在行政力量强大、政府控制严密的地区，转制时，政府虽然主动放弃对企业的产权，但对转制企业仍具有行政控制。

首先，将转制企业出让给谁，多由政府直接控制。虽然转卖企业时实行公开招标，但最终人选仍由政府选定。政府对企业人选的选择，由于偏好于选择与政府有深远关系的企业原创建者，其中有相当数量的人原来就是乡镇的各级行政干部，在村庄原本就是集党政企权力于一身的干部，于是使80%左右的企业实际上转到了企业原厂长手中。政府对企业人选的选择，除去考虑保持企业经营上的稳定性，不会因更换企业主而使企业倒闭外，还考虑地方和企业的社会效益，比如给有贡献的企业经营者回报，稳定企业职工队伍，等等。

这些干部买断企业后，仍然会或多或少地成为制度遗产的继承人，将集体制传统或多或少地带入私人企业的管理方式中。一些集体企业在股份化或私营化后，在聘用职工、对员工利益及福利的考虑中仍然保留有集体主义色彩，就是很好的说明。塘村一家转制后的私营企业厂长向我们说明了他的态度和做法，他在买断村里的一家集体小厂后，四年中一直保持原来集体企业那一套管理方式，直

---

① 邱泽奇:《乡镇企业改制与地方威权主义的终结》，载《社会学研究》1999年第3期。

到第五年才在机构上做了一些改革，当问及原因时，他说这家企业就是在他手里形成规模的，原先那套管理方式也是经他的手建立的，只要企业效益还好，他和职工都认为没有必要“动手术”。一般来说，企业转制后，首先改革的就是用工制度，但是这家企业仍然沿袭原有制度，尽管厂长有时也认为职工显得多了，但解释说：“为什么不改呢？最主要的是厂里职工都是我们村里的人，他们工作一直都很负责，只要厂子的效益比较好，我认为没有必要改。”

我们了解到，无论是已转制厂长，还是打算买厂的原集体企业领导，在权衡是追求更高的经济效益还是兼顾较多的社会效益时，普遍存有一种传统集体制心态。这种心态显然是制度遗产在意识形态方面的反映。

因此，我们对制度遗产的影响和效力，似乎不能做过于简单的判断，它的长期性和深远影响及其演变，仍然是值得关注和研究的问题。

其次，从镇、村两级来看，虽然地方政府与转制企业之间的本质关系已经发生了变化，但仍然保持着“亲近”的关系，包括对这些企业的经济活动给予调节和间接控制。

我们从一个乡镇农工商总公司的职能在大批企业转制前后的变化中，可以看到这一点。转制前，由镇办农工商总公司负责全面经营和管理镇办企业，当60%以上的企业由集体转成私营和民营，30%的企业转为股份制、租赁制企业后，总公司的职能发生了如下变化：首先是取消和弱化了对所属企业的直接经营和管理，相应地对企业的投资和风险也不再承担责任；其次是强化了间接管理和服务职能，如审计、服务、企业改造特别是税费收缴等，企业与政府机构之间仍然保持有密切的关系。

另一个例子，来自基层政权势力强大的超级村庄，塘村早在90年代初期进行内部产业调整时，就将村里早先办的几个与主导产业无法配套的小厂子卖给了私人，但是村总公司和村组织与这些转制小厂的关系，一直如“娘家”和“嫁出女”，村组织仍然以联席会议的方式，不定期地召集各厂一起商讨企业发展问题，干预企业用工制度，负责在企业之间统一调配村中劳动力，调整各企业收入差别等问题。

可见，目前乡镇企业经营中地方政府的权威和控制并没有消除，而是以一种新的政企合作方式存在着。

转制与索求经营权收益和产权

调查地区的乡镇企业体制改革，始自80年代中后期，从承包制到租赁制的过程较长，侧重于企业经营机制的转换，虽然还不是我们现在所说的这种意义上的产权转制，但已经开始以契约的形式划分政府与企业之间的责、权、利，企业的经营权与所有权明确分离。90年代中期以后，产权制度改革提上议事日程，企业股份制改革中出现了租赁和服务结合的做法，即将总资产中的大部分定为租金，小部分出让给厂长和职工购股。后来又出现了租卖结合，即将企业的部分固定资产，如土地和厂房，保留给原所有者，并折合为租金，其余资产则公开拍卖给私人或股份团体，由其获得部分所有权和全部经营权。1996年以后，出现中小型企业全部产权拍卖，大中型企业实现公司制和股份合作制改造的局面。

在这个漫长曲折的过程中，无论采取哪种形式的改革，涉及的都是企业经营权乃至所有权向经营者手中集中的问题，其本质是扩大、增强和最终确立经营者的产权所有地位。值得注意的是，完整的产权是一组权利，除去包括所有权或归属权外，还包括占有权、支配权和使用权。从这个意义上说，上述改革过程已经使产权中的后三项权利集中到经营者手中，转制则是将最后一项所有权也集中到经营者手中的终极过程。

一些经济学家还将产权划分为两种含义，一种是所有者手中的具有法律形式的财产所有权，另一种是经营者的支配所有权即经营权，也即占有权、支配权和使用权。从这个意义上说，转制既是一个促使两权向有利于经营者分离的过程，又是一个促使两权向有利于经营者合一的过程。在这个过程中，企业经营者自身的态度与参与，以及他们对于转制和新的产权制度建构的作用，是一个值得深入研究的问题。那么，企业经营者的认知和作为发生在哪个领域呢？

在企业的产权结构中，经营所有权较之财产所有权具有更大的创造力，企业的增量资本和效益，或者经营败绩，都是使用经营权的结果（对于经营产生的成绩即新的财产增值，或者败绩即财产损失，乡镇企业的法定产权中并没有明确的规定）。在这个过程中我们看到，企业或公司财产在经营者的占有权、支配权和使用权的运作下，已经转为一种被他们支配和占有的经营财产。相应地，经营权的集中和使用，在产权领域中也产生了新的认知空间。在我们所观察的案例中，存在两个在法定产权和认知产权上的模糊领域。

一个是在乡镇企业普遍不景气，企业的原始产权在赔本中丧失或几近丧失情况下发生的，而新的资产是在经营当事人的有效经营和控制下重新产生的，有时甚至是完全依靠他个人的特殊努力。法定产权中并没有对此重新确认，而产权三方对谁应占有这部分产权的认知，也会随资产排他性的增强而发生变化。如果说经营者在任职初期，对于原始产权的边界和认知是明确的，那么对依靠个人努力和控制而产生的新资产的边界，在认知上则出现了变化，认为这部分资产的所有权应该至少部分归功于他自己，因而对原始所有者产生了强烈的排他性。而产权的另外两方，基层政府和集体成员，也在这个产权的模糊领域中存有困惑，往往默认“企业是他（经营者）的”。实际上，我们在产权三方那里都发现，他们普遍对集体企业究竟应归谁所有并不是十分清楚，有时甚至产生了疑问，这在他们的认知中或处理问题的行动中，都是可以感受得到的。这也是转制中将企业经营者作为第一承接人选的社会心理基础。

另一个是在乡镇企业普遍以接单生产的方式运作的情况下发生的。接单生产，大多依靠企业经营者掌握和建立的人际关系网络，并且由经营者私人掌握。在我们访问的这一类企业中，厂长本人都直接掌握两大权力，首先是接单权，其次是财务权，实际上，只要这两权在手，企业的生死存亡在相当程度上就掌握在经营者个人手中。有关研究已经指出："当这种人际关系网络资源成为影响其他资源获取、影响产品销售、影响企业组织运营的关键性资源，而它又由经营者私人掌握时，经营者的可替代性便大大降低。因为这时更换经营者，要冒那个企业垮掉的风险。企业资产便因而具有了经营者专控资产的特性。这意味着经营者占有资产的排他性的强化，甚至法律上的所有者也在一定程度上被排除在外。一般来说，经营者对其占有权边界的认知也会随此而发生变化，和刚刚获得任命时相比，他会更多地将企业资产特别是在他的控制下增值起来的资产，看作是其排他性占有的领域。"①

在这种认知下，企业经营者对经营权收益乃至所有权的索求，就成为集体企业转制的另一大动力。即使在转制政策尚未明确的情况下，经营者个人实际上已经排他性地占有、支配和处置着企业资产，企业资产是否流失或转移，就完全依赖于经营者个人对集体的忠诚，对个人要求私有权的意识和欲望的限制等道德因素来约束，法定所有权已经无法制约企业资产的转移。这正是所谓集体资产流失的原因之一。当然，经营者对于资产转移的这种暗箱操作所产生的暂时性、有限性和不确定性，往往会产生焦虑甚至犯罪感，因而就要求对个人私有权的补偿公开化和合法化。

有关研究已经指出，有两个因素强化了经营者要求私有权的意识：一是伴随私有企业发展而来的私人财产的迅速增加，使得经营者在集体企业中任职的机会成本大大提高；二是对未来制度演变趋势的社会预期。当越来越多的人预期传统集体企业将日益缺乏活力、缺乏竞争力，而私营企业（包括私人投资的股份制企业）将得到进一步发展时，集体企业经营者的事业成就感将下降，对未来的

① 刘世定：《科斯悖论和当事者对产权的认知》，载《社会学研究》1998 年第 2 期。

不确定感将增加，于是他们希望获得更多的私有权作为补偿。[①]

除去上述两项因经济理性和政策预期而强化了的私有权意识外，我们还发现另有两个因素也加速了经营者索求私有权或部分所有权的进程。

一是对集体所有权泛化造成的企业资产流失的焦虑。接受我们访问的镇、村办企业的厂长，大多表示过这样一个共同的看法，乡镇企业在前十年是有利润的，但后十年基本上没有留下多少资产。原因是多方面的，但“产权是大家的，谁都可以来吃企业”让他们最为不满。虽然企业内部的事由厂长们说了算，但厂子不是他们和职工的，他们受命于地方政府，“上面的机关和干部伸手，你不好不给的”。正如一项研究所指出的，当初造就了乡镇企业在80年代高速发展的地方政权的权威体制，同时也造就了乡镇企业在市场竞争中的弱势性格。[②]值得考虑的是，这种弱势性格不但表现在难以适应市场竞争上，而且表现在对集体资产向多种渠道流失的难以控制上。这也正是企业经营者产生“再不转制，企业就什么也没有了”的焦虑的原因之一。

二是对个人事业的预期中出现了“退位即失去一切”的焦虑。在调查地区，现存乡镇企业的厂长，大多仍是当年企业的创办人，相应地，大多也即将面临退位的处境。尽管这些现任经营者们在实际中享有排他性的占有权、支配权和处置权，他们的地位具有不可替代性，但是作为地方政权在企业的代理人，他们的权力是有限期的。由于大多数镇办特别是村办企业的领导，在取得企业领导权之前（或者同时）必须首先获得地方的党政行政职务，而行政职务一旦免除，他们按照法定程序便同时不再具有企业领导的资格，因此，对于大多数经营者来说，一旦按规定在行政上必须退位，也就意味着他们在企业的领导地位有可能同时丧失。这也成为近年来企

① 刘世定：《科斯悖论和当事者对产权的认知》，载《社会学研究》1998年第2期。

② 邱泽奇：《乡镇企业改制与地方威权主义的终结》，载《社会学研究》1999年第3期。

业经营者加紧索求企业所有权，或者要求实行股份制改造的基本动力之一。从这个角度说，转制是企业创办者要求终身拥有并继承企业所有权的过程。而从另一角度看，转制也是地方权力结构发生或即将发生变化的一种反映，或者说是地方权力再分配的一种方式。

经营者之所以按照个人的认知实现对产权的索求，首先是因为获得了地方政府和公有产权掌握者的理解和认同，也包括产权主体的第三方——集体成员的认同。地方政府出让集体产权的主动行为中包括对经营者已有的产权认知的认同，因此才会将企业经营者作为企业转制的“第一人选”。“掌握公有产权的地方政府和村领导不仅按照企业经营者认知的权利来约束和激励他们”①，而且以扩大他们的所有权范围或者最终出让产权，来调整地方政府与企业之间的利益分配，来与企业家之间形成新的经济合作关系。

这种情形在村庄更为明显，也更为特别，因为村办企业或股份公司原本就是村组织的主要领导和成员创办的，或者是创办主导企业的经济能人以其实力竞争到了村组织领导的身份，因此村组织对企业经营者在产权边界认知和索求私有权上的认同原本就很高，只要企业保证对村财政的支持，村组织往往会容忍和默认经营者对产权的认知，满足他们的欲求。

我们在丰村曾经看到一张安排不甚合理也不符合效率原则的股份公司机构图，当问及某些集资分公司和企业为什么从总公司变动到村委会名下时，得到的回答出人意料，原来只是因为创办这些企业的老村长从总公司退位到村委会，就理所当然地带走了“他的公司和企业”。更为出人意料的是，在村子里，这些法定集体企业所发生的这一变动，被看成是一件非常正常而合理的事情，以至于村组织据此而改变了村公司的管理和财政流程。看来，无论是传统集体制或股份合作制企业，在人们的产权认知意识中乃至于产权处置行动中，都潜藏着对公有产权做私有化或拟私有化安排的动机。

---

① 刘世定:《科斯悖论和当事者对产权的认知》，载《社会学研究》1998 年第 2 期。

不仅如此，实际中我们还看到，经营者得以索求企业产权并获得成功，还得到产权主体的第三方——原始产权所有者或集体成员一定程度的理解和认同，尽管这种认同建立在他们对集体产权并不具备完整的信息和认知的基础之上。

转制与产权原始所有者的认知

在调查地，集体企业大规模地实行转制，特别是向私有化的转变，并没有引起大的社会震荡，产权的三方主体，尤其是集体产权的原始主人——集体成员，以较为平和的心态接受了这一转变。而实际中，他们对于“自己有份”的集体产权的转让，并没有可能获得完整的认知，以此去做出判断，提出疑义，进行参与。在他们的产权认知中，企业产权似乎就该是经营者的。访谈中，我们发现“没有老板（这是近年来他们对企业经营者最为普遍的称呼），就没有厂子”是他们对现实的产权最为普遍的认知。这种认知很容易使他们在转制的大气候下，将产权的归属认定为非老板莫属。

这种认知仍然产生在前已述及的产权模糊领域中。实际上作为企业的普通职工，对企业产权的边界难以获得完整的知识，他们只是通过两种途径来了解企业财产的创造和认知自己的权利，一是通过创业的实际过程，二是通过自己从集体收益中得到的工资以外的收益，包括福利和保障。

由此可以看到，生活在乡村的企业职工，对于产权制度改革的知识，并不是来自国家意识形态和政策宣传。作为个人，他们在面对体制变动时，一般不甚了解新制度的预期前景，只预期个人的收益前景，他们对新制度的判断，在相当程度上仍依赖于他们可能给予信任的企业经营者。我们在已经实行股份合作制的塘村，发现许多已经入股的干部职工对于股份制究竟是何物、他们手中持有的股权证意味着什么，知之甚少。一些人只回答说：“老板在大会上说了，对企业和职工都有好处。”显然，职工们更关心企业经营的前途和个人收益的提高。在村庄中，村民还关心在产权改造中是否承认自己以往对集体的贡献、是否保留和提高集体福利等社区效益问题。在我们观察的超级村庄中，无论是实行股份合作制还是企业转制为私有，都首先在这一领域维持原有政策。在村社区，村民们对企业的“我们感”虽然强于集体边界和意识都模糊的乡镇社区，但是在面临企业转制，自己可能退岗时，也并没有提出对集体产权及其收益的要求。

在乡镇这一层次的社区中，问题就显得相当复杂。在一个维持集体制传统的乡镇社区里，企业转制特别是由集体企业转为私营企业，对职工来说最大的问题是有可能被解雇。因为集体制企业为保障社区成员就业而冗员过多，这已经被视为集体制的痼疾之一。但私营老板在用工时，使用不使用原有职工，使用多少，只视个人意识有别，并没有法律意义的社区规则要求他们一定要顾及社区效益。

职工在面对这一情形时，并没有产权要求，因为在这一级社区中，集体的边界原本就不清楚，但是职工们却要求对自己以往对集体的贡献予以承认和补偿。

在调查地，由于企业大多是政府办的，在转制时又有不少企业是零资产拍卖，企业无力似也无义务来做这件事情，因此地方政府承担了这一责任，以便让企业得以顺利转制。政府以各种办法对退岗职工进行补偿，意思是“将个人以往对集体的贡献用结算的办法还给本人”，显然，职工对产权的要求在这里已经转变为对收益补偿的要求了。

补偿的办法之一是责成企业为所有职工特别是退岗职工买好养老保险；办法之二是按工龄结算，以工作一年补偿数元的方式一次性补清。职工对年补偿数额的多少虽然有不同的说法和要求，但对以补偿的方式结清自己与企业的关系，并没有太多异议；办法之三是对已经失去土地的退岗工人，如农转非的居民户、拆迁户、“土地工”等，特别是年龄 40 岁以上难以再就业的工人，由地方政府办的农工商总公司发放月生活费，其资金来源于原集体资产租赁费和管理费。

这些办法为职工普遍接受，在他们看来，拿到实际的收益，比继续承担企业的风险和不稳定性更为实惠，更何况有相当数量的企业是在零资产情形下拍卖的，原始的集体资产已经不复存在了，他们显然不会把自己摆在企业产权主体的位置上来看待问题，因而也就不可能对产权提出索求。

作为集体企业原始产权当然的所有者，他们为什么会没有强烈的产权意识呢？

有研究认为，在法定产权与认知产权之间会产生部分重合，在那里最有可能产生新的产权安排。[①] 在案例村中，我们发现这个重合部分的大小，与法定原始产权的大小有关。如果原始资产在某个特定时期已经耗净，或者成为零资产，那么新增资产占有的份额越大，二者重合的程度就越高。如果说，企业经营者的认知产权中，将企业法定产权的一部分或全部，或者法定产权中的不明确部分，认知为自己应得或者可以索求的私有产权，那么相反，在集体成员的认知中，这部分法定应归属于他们的产权，恰恰被认为不归属于自己。这种偏差仍然发生在前述的产权模糊领域中，如果说他们对于原始的集体产权还具备一定的认知信息和能力，那么对于在经营者经营和控制下新增资产的财产权应归属于谁，则显得缺乏必要的知识和认识能力。

在他们看来，这部分产权不归属于他们，因为在经济活动更多是依赖人际关系的条件下，往往出现“多一个能人救活一个企业，少一个能人则倒闭一个企业”的现象，而他们在企业资产创造中特别是在帮助企业摆脱困境时的作用和地位，显然是无法与经营者个人相比较的。在这种经营方式下，他们认知中的新增财产就被看成是经营者个人带来的，特别是在企业原始财产已经赔本，或在某一时期已经为零或为负时，情形更是如此。在这个有可能发生新的产权安排的领域中，他们与经营者的认知达成一致了。

在这里，我们还有必要讨论一下产权转制中的“相互性”问

---

① 刘世定：《科斯悖论和当事者对产权的认知》，载《社会学研究》1998 年第 2 期。

题。相互性问题是科斯在讨论交易的社会成本时提出的，它的基本含义是，当权利的双方在发生冲突时，损害是相互的，因而关键不在于通过法律手段确定究竟是哪一方损害了另一方，并对损害方进行惩罚，而在于明确双方的法定权利边界，通过双方的交易达到有效的结果。例如在处理工厂烟尘给附近居民带来污染的问题时，不能按传统方法一味限制工厂的权利，要考虑到，在限制居民比限制工厂能带来更大产值时就应限制居民，给工厂污染居民的权利，当然，在限制工厂能带来更大产值时则应限制工厂，给居民不受污染的权利，而不给工厂造成污染的权利。我们不妨以转制为例，对相互性问题进行一番讨论。

在乡村的集体产权转制中，不同的交易主体例如集体与个人之间，往往存在着不平等交易，因而相互性的条件与私人交易不尽相同。私人产权的转让，一般是在平等交易基础上进行，他们可以参照国家政策，也可以根据个人意愿，在讨价还价中私下解决问题，出现纠纷时才求助于政府机构裁定。在集体与个人的产权交易中，却往往出现不平等交易，这之间如果存在科斯所说的“相互性”，那么究竟损害谁而又让谁更多地受益，便成为转制中的一个十分现实的问题。

在企业转制中我们可以看到，一方面存在集体组织强势，例如由公有产权的掌握者做出转制决定，而集体成员实际上并不掌握信息，不直接或者根本不参与交易过程，是处于弱势地位。另一方面也存在个人强势，主要是权力在握的企业经营者站在有功者的位置上，与集体组织讨价还价。

在北村，唯一一家转为私营企业的例子可以说明这个问题。北村一家养鳖厂是由村集体委派原村组织某领导创办并经营的，这一风险产业几经周折，在经营者利用个人关系拉住上海周边一些客户后生存下来，效益较之村中另一家养鳖厂明显上升。但是，企业对村集体的贡献却日益减少，村组织实际上已经无法控制这个企业。在当地提倡企业转制后，这家企业的经营者提出要一次性买断企业，并且要求将个人和企业以往对集体做出的贡献折价，用以抵消拍卖金额。在与村组织讨价还价中，经营者的底牌是他作为村企业最早的创办人所做出的诸多贡献，而村组织及其领导也认同他的这种地位和要求，只是在抵消多少的问题上存在分歧。经过多次讨价还价，最终在企业资产尚未准确评估的情况下，经营者以很低的价格买下了企业。

在上述两种情况下，似乎确实存在着如果避免对产权三方中任何一方的损害，都将引起对其他两方损害的问题，关键是怎样避免较严重的损害。在我们所考察的转制情形中，多是采取让企业经营者作为最主要获益者以避免因企业倒闭而产生更严重损害的策略。采用这种策略，一方面反映出地方政府和集体成员对“更换一个经营者，要垮掉一个企业”的担忧，另一方面也反映出企业经营者在地方政治经济格局中已拥有相当的权力，转制的权益倾向于他们，似乎已成必然。

但是实际中，产权三方毕竟在不平等交易中达成了一致，那么如何解释这种一致性呢？认知产权的解释可能不失为一种角度。认知产权的讨论对科斯所谓的相互性问题提出了质疑，认为在相互性问题中潜伏着一个逻辑上的悖论，无论产权划定与否，相互性的预设都建立在两个相互矛盾的前提下，特别是如果产权边界未经划定或者权利涉及的某一方并不可能明确划分出私人的权利边界，那么就不存在科斯所想象的那种损害。[①] 这也就是为什么除经营者之外的另两个产权主体——公有产权掌握者和集体成员放弃所谓集体产权，将其以出售的方式转让给企业经营者的原因所在。

二、关系的人工建构

传统自然村落的社会关系，单纯到以血为因缘。因为人们只

① 刘世定：《科斯悖论和当事者对产权的认知》，载《社会学研究》1998年第2期。

用血缘的坐标来划分空间的方向和位置，地缘成了血缘的投影，以至于连村落这个概念也可以说是多余的了。[1] 村落的这种原始状态下的关系，是无须选择甚至不可选择，先天而存在的一个生活环境。不过我们今天见到的村庄，除去仍然保留有这种先赋性的关系外，人际关系的层面和结构都已经大大地扩展了。国家行政力量的渗透，使行政村的范围扩大，地缘关系已不再与血缘关系完全重合。土地权和户籍及村籍制度的加强，又使地缘具有了相对独立的意义，其地方性特征越来越突出。

行政集体化在村庄的推行，则使政缘成为连接自然村落的主导关系。在工业和市场的带动下，这种政缘关系突破了地方行政原有的层级格局，又形成以村庄为中心的跨地方的网络结构。非农化和工业化进程的推进，也使村庄通过市场拉出了广泛的业缘关系，依靠这些关系的线索，那些有实力的超级村庄日益被带入地方的、全国的乃至世界的经济体系。这时的村庄，已经完全不同于人们从传统上想象和理解中的村落社区了。

这些被扩展的关系，显然是村庄生活实践范围日益扩大，人们对关系加入了越来越多的刻意关怀的结果，特别是在我们观察的这一类超级村庄，社会关系扩展的范围较之一般村庄更为广泛，也带有更多的人工建构的痕迹。

1. 组织的政缘

所谓政缘，是指由行政的因缘在一定地域上结成的稳定关系。这是传统村落的自然结构中没有的、由外力植入的、组织化的人工关系，多出于国家和地方管理的需要。中国历史上在村落之间以政缘相连，大规模地在村庄中组建行政组织结构，则是 20 世纪中期以后伴随农业合作化和集体化而发生的事情。

新中国成立后的行政村最早出现在 50 年代，起初以自然村为

---

① 费孝通:《乡土中国》，生活·读书·新知三联书店，1985 年。

基础，规模较小，主要是新政权在地方改革中向下延伸的一个行政环节。农业合作化推行和深入后，大规模地并社并村，才从组织上改变了自然村落之间的关系。我们可以追寻到，合作化的基本目标之一是实现进而扩大生产资料公有化的程度和范围；之二是通过规模效益提高农业产量，以便配合国家工业化的发展。这两个基本目标产生的直接社会后果，就是加大村庄合并的力度。

合作化初期，“一般地按照自然村、屯，以原有的互助组为基础合并建社”。以后出现追求大社的倾向，“有的地方一下子由几十户扩大到一二百户，扩大了三四倍。还有的地方不满足于一二百户、三四百户的大社，提出要办600户以上甚至700户以上的大社”[①]。以至于合作化高潮中，国家政策规定：“合作社的规模，山区以100户左右、丘陵区200户左右、平原区300户左右为适宜，超过300户以上的大社也可以一村一社。”

后来在纠正盲目冒进时，虽然对建社规模做了因地制宜的调整，但这种规模原则已成为以后生产大队或行政村的基本参照。这一规模原则的社区含义是，自然村（一般在50户以下或100户以下）之间需要通过经济合作的手段，合并成为集体社区，因为自然村落内部缺少实现合作化基本目标所必需的力量，经济合作不得不求助于行政力量，因而集体社区从一开始就具有社会控制的基本功能。人民公社体制实行之后，基层行政社区“生产大队（后改为行政村）—生产队（自然村）”的格局，以政策法规的形式确定下来，成为农民生活最基本的功能单位。这时候的村庄，已经成为国家政权渗透村落的一个人工建构物了。

可以观察到，因政缘结成的关系大致有三种。一种如丰村那样在一个大自然村落基础上设行政村，村落关系的范围与内部行政关系基本重合。在这一类村庄中，传统村落的关系准则最易与行政治

---

① 参见林蕴晖、顾训中：《人民公社狂想曲》，河南人民出版社，1995年，第141页。

理的关系准则相互修正和融合。再一种如塘村那样在多个地域相近的自然村落基础上联合成为一个行政村，原有自然村落的格局和利益，往往对村与村之间以及行政村的整体格局和利益产生影响。这两种为村庄最常见的形态。还有一种如联村那样纯粹由行政力量组建成的新移民村。这样，通过政缘便将一个个村庄与社会大体系联结起来了。

探究起来，以政缘结成的村庄关系具有以下一些特点：

其一，生产大队（行政村）的组建基本上没有打破原有自然村落的格局，“以村为队”的区划结构与传统农民的居住结构和劳动格局在空间上相吻合[①]，没有打破农民世代生活的基本环境，这就大大缓解了行政组合的强制性，使行政控制和政缘关系在某种程度上变成了可以为农民所接受的东西。

其二，“三级所有，队为基础”的制度设计，使土地所有权在生产队和生产大队两个层面上紧密结合，由土地因缘维系的超稳定关系，使行政村在农业和非农产业乃至社会控制和保障方面，都成为农村最稳定的功能单位，特别是土地的非农使用权控制在行政村的设计，使行政村日后在运作非农产业和工业方面都具有优势。

其三，按照社会学的某些说法，以政缘建成的村庄，是那种为了完成一件任务而结合的社会，可称为法礼社会。自然村落则是那种并没有具体目标，只是因为在一起生活而发生的社会，可称为礼俗社会。行政村恰恰是这两种社会在地域上的结合，两种社会同时发生在同一个社区中，两种关系准则同时规范人们的生活，使行政村具有了极其复杂的社会性格，社区的治理和成员之间的关系，也都带有两种社会行为规范的双重影响。

“队为基础”，从社会的意义上保留了自然村落的关系格局，“三级所有”又使村民的劳动和社会生活被纳入更大范围的社会控制之内，并接受政缘关系准则的规范。这样，生产大队特别是行政

---

① 张乐天：《告别理想——人民公社制度研究》，第7页。

村结构成为一个上可联结国家政权，下可容纳自然村落，既为国家政权向基层的延伸提供依据和空间，又为传统村落的治理和维护提供缓冲地带的功能单位。这种内部既融合又冲突的存在方式，使行政村结构具有相当的弹性和稳定性，在这个基础上联结成的政缘关系也成为村庄内部的主导关系。

村落的行政社区化，对村庄有着深远的影响，除去我们已经讨论过的村落社区有无可能被行政“细胞化”、有无可能消失等问题外，另一个需要特别给予关注的问题是，由生产大队转型而来的行政村，经过几十年的经济实体化和社会关系的强化，不仅自身准备了结成社区共同体的潜在条件，而且在国家土地制度和地方政体的特定格局中，它的地位和作用也最为稳定。公社制度解体后，社这一层级经过行政改革，设乡改镇，归入国家政权体系。生产队这一层级，在我们所观察的东部、南部乃至中部地区，经过非农化和工业化的冲击，也基本趋于解体，而行政村组织则由于法定的政缘关系的联结处于相对稳定的状态。

当然，我们现今在村庄中可观察到的政缘关系，已不完全是如上所说由外力加入，具有超稳定性的结构了。80 年代以来，至少有以下几种力量对行政村内外的政缘关系产生了冲击。

有两种力量弱化了村庄的政缘关系：

第一种是家庭联产承包责任制的推行，土地使用权的分散化，使两级集体在经济上普遍解体，而行政村的行政职能与经济职能分离，又大大减弱了村庄的行政能力。同时，有的地区还由于村民大量外出他乡，使这部分有限的职能名存实亡，村内的政缘关系面临解体。

第二种是非农化和市场化的力量，吸引村民将经济生活乃至社会生活的重心，移到了地方市场的中心地——镇或市，政缘不再是必备的关系。

相反，还有另外两种力量有可能强化村庄的政缘关系：

第一种是国家改变对乡村社会的控制方式，对行政村放权，使其成为自治社区。这一方式的改变，一方面减弱了国家对村庄的行政控制，另一方面却增强了村庄内部的政缘关系。自治，成为行政村激发内聚力、控制社区资源、动员社区力量的权力资源，从而有可能使行政村作为一个基本社会单位的功能增强。

第二种是乡村工业化的力量，促使村庄成为相对开放的工业基地，对政缘关系产生了不同于前三者的影响。

其一是行政村格局和政缘关系越来越成为村民的非农经济、福利和其他公共生活建立的基础，自然村落的传统格局和关系伴随土地的非农使用和居住格局的变化逐渐解体。

其二是在那些以集体制或股份合作制方式办工业的村庄，如我们所观察到的联村、丰村和塘村等，党政企合一的组织体制充分利用了自治的权力，原来单一的政缘关系已经转型为实质性的经济合作关系或产权关系；即使在畔村和义村那样实行经济私营化的村庄，行政村组织也在自治的前提下实行村政与民企的合作，将原来单一的政缘关系转换成了联合自治的关系。经过这样的再建构，行政村基础上建立的社区合作体系便得以将村民的政治、经济和社会利益重又联结起来，展现出社区共同体的新形貌。

其三是工业化要求村庄发展对外的、新的、不局限于原有行政地域的政缘关系，如我们所观察的这一类超级村庄那样，依靠兼并其他村庄来实现政缘关系的扩展；工业化还使社区外部的政缘关系不仅成为必要而且极大地扩展了，如丰村和联村那样，以村为中心，打破地方既定的行政格局，依靠人际关系来建立新的政缘关系。这些关系往往利用原有的行政体系，但又不囿于行政层级的制约，多有越级、跨地区、跨部门的特点，有些村庄甚至于直接与省部级机构建立了联系。从实用的角度看，依靠行政因缘来扩展关系，将政缘变成一种能动的力量，其目的仍然是将村庄与大社会联系起来，使村庄从大社会中获取更多的资源和利益。

如果说农村改革以前，行政村的组建是一种由外力强制推动，村庄缺乏内在主动性的举措，那么，改革以后，村庄在自治过程中，借助于政缘关系在行政村基础上建构起更大的社区共同体，显然已经是村民改造社会关系的主动创造了；而农村工业化过程中，村庄对外扩展新的行政因缘关系，就更是以自己为中心的主动而理性的设计和行动了。

2. 经营的地缘

“生于斯，长于斯”，描述的是传统地缘关系的形态，核心是居住地理上的接近。从本原上讲，这样结成的关系与血缘关系一样，其隶属性也是先天客观的，并且在相当程度上取决于以血缘为核心的自然结构。比如，在村子里，邻里往往不是自由选择居住地的结果，而是血缘关系扩展，分家析产的结果，后来更是以土地权维系，以户籍限定的结果。也就是说，与谁为邻，与谁同乡，不只是个居住地接近的问题，其背后还有其他社会关系的支撑。因此，村里人历来不是一个居住地接近的概念，从旧时到现今，村子里总有一部分外来人，不管居住多久，居住地多么接近，都从未被纳入村里人的范围，其因地理接近而与村里人具有的缘分也不被承认。如同乡这个地缘概念中，就不包括居住地理接近的外来人。

由此可见，我们所说的地缘，实际是社会地缘。它不只是农村社会的一种经历了长时间接触而在情感上的认同，一种客观存在，还是通过人们对地方人文再建构而形成的关系。虽然地缘认同的心理弹性不大，却留有人工建构的空间和余地。正如我们在超级村庄中可以观察到的，地缘是一种可安排、可运作、可经营的关系。

异化地缘：土地权和户籍意义的凸显

我们在几个可称为超级村庄的案例村中都注意过这个问题：“怎样才能成为村子里的人？”结果发现，至今仍然存在费孝通先生在三四十年代指出的几个条件：第一是要生根在地里，即在村子里有土地；第二是要从婚姻中进入当地的亲属圈子。[①] 这几个条件，

① 费孝通：《乡土中国》，生活·读书·新知三联书店，1985年，第74页。

在现今这些工业化的村子里仍然是不容易的，可见地缘的自然结构一直被人为地从经济上、心理上、文化上建构着，并且是最不易于接受外来力量冲击的。

上述两个条件在现今的村庄里通过土地权和户籍来控制。土地权在70年代末80年代初家庭联产承包责任制实行中，由“分田人头”再次加以确定，在土地不可能扩大的条件下，新加入者包括新婚者就要从他人手中调整出土地，因而难度很大，被村里人严格加以控制。从某种程度上说，土地权成为地缘关系的核心，以至于进入婚姻圈成了变为村里人的唯一途径，因为只有如此，才有可能在村中获得土地权。在这里，户籍与土地权相互配合，其控制是有效的。

当然，获得户籍并不意味着同时获得村里人的身份认同。我们在多个村子里看到，因工业扩展而进入的非婚姻的户籍人口，常常得不到村里人真正的认可，在制度上也往往被列入另册，只不过以“空挂户”的新名称替代了以往的“新客”“客边”的旧名称罢了。但是我们却也看到，同族同村的心理认同也不再成为确定地缘关系的必要条件，没有土地权和村籍，即使生长于斯，也等于失去了地缘的身份。

运作“缘”和“籍”

因居住地而产生的缘分，或者说联系的可能性，我们称作“缘”。从本原上说，它是一种区位关系，也带有心理的认同。籍，则不同，籍所表明的虽是地缘，但隶属关系是制度化的，是制度安排的结果。

在村子里我们常常听到与籍有关的说法有三种，籍贯、户籍和村籍。其中，籍贯与地缘的原本意义最为接近，表明的是祖居地或出生地在村子（或更大地域范围）里，并不计较现在是否居住在此，隶属关系是淡薄的。户籍和村籍则是制度化的地缘关系，隶属关系是强制性的，但强调的不是居住地理接近，而是由制度确定的居住身份相同。特别是村籍，承认地缘的基础和户籍的资格，但二者都不能自然对等于村籍。村籍是经过土地权分配、心理认同、制度安排等过程后被正式确定的地缘关系，已经人为地从利益的角度被构建过了。

从自然的居住地缘分到建构的制度关系，是村庄适应地方工业化与不完全市场经济的一种对应策略。从几个案例村的实践来看，村籍从地缘中独立乃至被强化，出于稳定村庄既定利益格局的考虑，不过也多少为外来人进入村庄提供了一条制度化的途径。虽然他们成为户籍人口后可能仍然得不到心理认同，与原住民可享有的利益也有所差别，但是毕竟在制度上为正式接纳外来人提供了可能性和政策。这也是村庄在工业化过程中，为适应大工业的开放性而做出的一种制度安排。

经营"地方性"

"生于斯，长于斯"，不见得就拥有地缘资本。如果没有人的不断眷恋、关怀乃至长期经营，地缘不可能变成可资利用的关系资本。对于地方工业来说，经营上的地利也并不是唾手可得的，它必须深入当地社会的日常生活实践，掌握和组织农民生活中一切与务工有关的活动。所以，地方工业在经营上所依赖的地缘，并不是因地理上的坐落和社区上的生活自然生成的，这个条件固然是基础性的，但若没有人为的建构，地缘不可能变成对于运营有用的关系资本。[①] 这一点对于发展中的村庄具有重要意义。超级村庄的地缘往往被巧妙地加以运用，成为一种增进地方发展的主干关系，有时甚至逐渐独立于血缘和政缘，成为一种构成地方团结力的关系。

地方性，在传统乡土社会中是指人们的生活富于地方性，活动的范围受到地域上的限制，其意义相对于现代生活的流动性和开放性，似有消极的倾向。不过在村庄经济发展中，地方性却是可被利

① 参见陈介玄：《货币网络与生活结构》，联经出版事业公司，1995年，第110页。

用和改造的一笔丰富资源。超级村庄的公司虽然大多具有跨地区乃至跨国的组织体系，但它首先是地方性的。塘村的制鞋业就具有代表性，它被构建成了地方性的产业加工基地，加工点和分公司遍布多个镇、村，整个地方性的人际关系对它十分重要。公司在运作时所依赖的地缘，不再只因为地理上的便利自然生成，而是经过长时间的刻意经营，精心梳理，从实用角度进行重建的。当它的产业向周边村庄扩展时，“优先照顾邻村”“远亲不如近邻”都被一再加以强调，往往成为缩短心理距离、节约谈判成本、促成联营动机，甚至有利于讨价还价的极好手段。反过来，把自己一村的产业变成地方性经济，又促进了地缘和人缘的加强，这正是大多数超级村庄得以成为有内聚力和团结力的地方中心的基础条件。

塘村在经营地方性时，采用了两种方式，一种是在产业内部建构地方性，另一种是在公司外部营造地方性行政支持。塘村鞋业的特点一是需要大面积加工场地和劳动力，二是可以分散加工和生产，这是产业地方化的基础。公司利用地利和人和，将加工点分散到三镇六村，各加工点不能独立运作，只是生产中的一个分工环节。总公司掌握着包括接单、供料、质检、管理、销售等重要环节，实行高质量、高速度的统一调配和服务，公司产业成了一种地方性的连带产业，跨越任何一方，产业整体就会受损。由于产业跨越了地方的行政边界，需要求助于地方的行政支持，于是针对地方行政部门和人员去经营地缘和人缘，自然也就成为村公司对外经营的重要环节。

作为一个经济上富裕的大村，塘村与地方政府之间一直有着某种特殊而密切的关系，对于地方政府在经济上寻求村庄的支持，村干部一开始是被动接受，而后就变成主动的了。比如地方政府提议将濒临倒闭的镇办企业卖给塘村，开始村里人并不情愿，但是很快他们就从中发现了买断这些企业对于经营地方性的好处；又比如他们帮助地方政府解决了棘手的经济和劳动力问题，再提出批租一块村外工业用地的要求就不难被应允，还可以从政府那里得到一些优惠政策；再比如，出资帮助镇政府解决拖欠群众集资款问题，不但树立了公司在地方的形象，也通过与政府协商使公司在缴纳地方税费方面得到了一些特殊政策，因而进一步加深了村庄与地方政府之间的关系。而当村公司董事长因业绩突出而兼任镇党委副书记职务时，村公司对地方性社会资源的经营就更加合法合理合情了。这些来自外部的地方行政性资源和支持，都对塘村的发展产生了举足轻重的作用。

3.“拉”出的业缘

传统乡土社会的生活是富于同质性的，人们生活所依赖的土地，为众人提供的是几近相同的生活方式。农业劳作在同一个生活范围内，职业相同，业缘几乎无关紧要，可以隐藏在血缘、地缘和政缘的关系背后。即使在集体制时代，村民被组织成劳动集体，生产队作为业缘组织的功能被加强，但是集体组织一方面在组建时并未打乱原有血缘和地缘关系格局，另一方面它更像一个以行政手段组织生产的行政组织，主要职能是根据国家对农产品的需要，保证粮食和经济作物生产任务的完成，在大队范围内保证国家的征购、派购和收购任务。因此可以说，借此而发展出的关系似乎带有更强的政缘色彩，村里人的主导关系并不完全是因为业缘才发生的。

村里人因工作和事业而结成的新型关系，主要发生在工业特别是大工业进村过程中。这可以分为两部分，一部分是村庄与外界通过市场和人缘而建立的业缘关系，另一部分是村庄内部通过工业而结成的村民之间以及村民与外来人之间的新型业缘关系。

村庄与外界的业缘关系，因工业而缘起，但并不完全是通过市场自由竞争而建立的，准确地说，是通过老的和新建立的人缘在市场上“拉”出来的。在不完全市场条件下，乡镇企业活跃在两种体制之间，靠拉关系建立产业，这已经不是什么新鲜话题。不过，依靠人缘的拉动，构造出超级村庄这样宏大的产业，通过人缘建构业缘，转而又以业缘再建构规模更大的人缘，并以此为线索来经营市场，其中的社会学意义仍然是值得深入探讨的。

从超级村庄组织运营的普遍情况来看，人际关系网络资源无疑具有重要的作用，而且往往成为影响其他资源获取、影响产品销售、影响企业组织运营和管理的关键性资源。当这些资源掌握在特定的经营者手中，并且所有的业务资源都通过这个网络进入村庄和企业时，业缘就不只是因市场而发展，而是以人缘来建构和经营了。我们在企业中常常能够听到这样的说法："某项业务可以给我也可以给别人，给我是因为有人情做通融。"可见，正是因为长期经营的人缘拉住了业缘，使它变得稳定而持久，以至于业缘带有人缘的痕迹，不是根植在企业单位，而是随人缘移动。这正是一些乡镇企业经营者的可替代性降低，更换经营者要冒企业垮掉的风险的原因所在。

这种现象类似于早期市场上的情形，它的发展基于天然的联系，如血缘和地缘，受到自然道德规范的制约。但是，现时的超级村庄加入的是地方或国内乃至国际的大市场，早已突破了血缘和地缘的范围，为什么这一道德规范仍然有效，并且可以支持更大规模的信任关系？

在这里，我们看到的实际上是对传统信任结构的突破。这些村庄在早期天然关系的基础上，很快就实现了关系和信任结构的转换，将原来乡土基础上的传统关系转换成了不知根底的、乡土以外的、规模更大的新关系。这种新关系往往攀缘业缘的渠道，用"哥们""自己人"这一类关系模式，拟制出类似乡土的信任结构。新建构的人缘往往不如乡土的稳定、牢靠，却是广泛的、超越本土的、可以与市场联结的。虽然从宏观上说，"中国的市场经济缺乏一种超越个人联系的原则，从而无法支持大规模的信任关系，因而市场是有限的，市场'半径'的扩大是非常困难的"[①]。但是，乡镇

① 汪丁丁：《经济发展与制度创新》，第119页。

企业在微观经济活动中通过人缘在市场上构建业缘，恰恰成为其成功扩展市场的一个基本特点。

我们案例中的塘村，就曾借人缘来扩展地方性业缘。公司董事长先是通过外贸鞋业结识日本投资商，后来靠出口鞋业建立信用，私人友情也得到发展。当得知日商准备在中国投资食品工业时，塘村尽管知道自家塘村所在地并不是当地最具竞争力的投资地点，仍然有意利用这种人缘，最终，在塘村董事长的周旋下，将一座由塘村参股的食品城建在了塘村所在镇上，塘村在当地的业缘关系也得以大大扩展。

联村的人缘与市场网络也有不可分割的联系，初期靠村书记个人的战友网络，在拆船、轧钢业建立起小范围的供销网络，后期靠业缘推出更大的人际关系网络，靠各地朋友帮忙接关系、拉业务、买房产，以至于在华东地区建立了包括上海办事处和无锡、南通、杭州、衢州、南京、苏州经营部在内的大型经销网络。

工业进村以后，村里人之间的业缘关系也凸显出来。首先发生变化的是工作或职业组织原则，“事找人”要求择优而用，不再完全遵循原有的村落农业组织原则，如自然就业原则、土地权原则、集体组织原则等。村里人因人而异，在工厂分工化的不同岗位上结成新型的业缘关系，还有一部分进入镇办工厂，在新的生活范围内结成全新的职业关系。业缘关系终于从其他关系中独立出来，受到从未有过的重视，几乎成为村里最为活跃的关系。

在工厂制下结成的业缘关系，与其他关系之间形成了非常复杂的内在结构，部分与血缘、地缘和政缘重合，部分超越于这些传统的关系。那么它们之间究竟形成怎样的关系秩序呢？我们在村办公司和工厂中仔细了解后发现，工业化以后村庄的传统关系被限定在一定范围内，不再全方位地主导村民生活，但对于形塑新的业缘关系仍具有建构的意义。这似乎印证了这样一种说法：传统社会资源在工业化过程中不仅是一种与现代性并存的东西，而且是建构和重构现代工业生活的重要来源。[1]

丰村为我们提供了观察公司制下关系重构的实例。丰村的公司是村办的，这不仅意味着公司产权归属于村，也意味着以村庄的方式办公司。办股份公司时，他们就直接将村组织的结构引进了公司体制，形成了党政企合一的组织体系。这个体系的对外名称是股份总公司，内部构造则既保留了村组织的全部特征，又引入了外来企业作为下挂单位。从公司的领导体制看，党支部书记—董事长、村长—总经理，同时也是家族推举出的代表人物，这个新的社会分类和管理体制将村组织和家族社区的多种目标直接带进了公司目标中，使社区的社会事业直接由公司承担。由于公司不是一个直接组织生产和经营的企业，因而内部的工作方式也沿用着村组织和家族社区的方式，董事长可以更多地依靠感情、信任和承诺来组织自己的工作班子，在干部的任用、部门间的协调、公司与外商企业的关系等问题上，也不是采取事本主义的态度，而往往动用利、权、情结合的方式加以处理。同时，这种新的社会分类和管理体制，使公司可以充分利用社区内外的社会关系资源，协调和平衡村内外不同组织系统间的关系；从公司的基本构架上看，村组织与公司亦是合一或同构的。

股份合作体系是一个多层级的合作体系，它的基础是集资团体、股份合作社和合作联社，这每一个层级又是与家族村落的自然结构如扩大式家庭、房和族的结构相一致的。合作的原则中既有亲缘关系的原则，也包括行政村的地缘关系和集体利益的原则，这样结构而成的公司体系实则也是村庄的社会结构体系；再从公司与下挂的外来企业的关系上看，百余家“三来一补”企业群体，与公司之间只形成部分管理的关系，并不由公司直接经营和管理，它们不是公司的实质性构造，因而基本上无从影响村组织结构和村庄文化

---

① 郭于华：《农村现代化过程中的传统亲缘关系》，载《社会学研究》1994 年第 6 期。

向公司的延展。

塘村则进一步提供了观察工厂制下关系演变的窗口。塘村鞋厂创办后，村里劳动年龄人口几乎全部进厂，村里原有的传统关系也因之进入现代化的工厂。那么，原来作为亲属、邻里、同队、同村、干群，现在作为职工或者管理者与被管理者的村民，他们之间结成了怎样的关系呢？村里人说，在这种大工厂“喊人可以不改口”，还按家里村里的老叫法，但是处理事情不能讲旧情，“亲戚不亲戚的都是一样的”。称谓的变化也很微妙，“在一些公开场合，要喊也有喊职务的”，这主要是外贸业务和外来人进入企业，工厂制管理趋向正规化的结果，总归是承认业缘关系在企业里上升为主干关系的表现。但是，做起事来却不能六亲不认，业缘背后仍然埋有深深的血缘和地缘基础。人们处理问题时，两种关系原则兼用，传统关系在企业管理中仍然具有重要的调解、制约和疏导作用。厂里一位质量检查员这样处理问题：

> 我在厂里有不少亲戚，什么表姐、姐夫、姑妈、姨妈、姑父、舅舅、舅舅的儿媳妇，还有婆家好几个亲戚。在厂里都按亲戚叫，不改口，好多人都有亲戚，每一家都有两三个。亲戚虽然多，工作还是一样干的，不符合质量要求的，在我这里一样退货，挂黄牌警告。有时候挺难的，意见不一致了，也吵几句。一般还是好办的，我扣了、罚了他们的分，退了他们的货，他们都有意见，不过一般是回家后才说几句，有时候我也去主动找他们说说。这时候就不能像在厂里那样，要留亲戚面子，说自己有哪里不对，劝他们做好质量。这样说一说，下一回在厂里就好办事了。

可见，生长于乡土社区的工业组织，免不了具备基层社会的属性，虽然新的工业组织形式已经改变了，但是基层的传统关系还在，从这层意义上说，它是以乡土社会的逻辑建立其工业王国的。

4. 拟制的亲缘[①]

拟家族缘或拟亲缘的概念，用来表明在家族村落中取得唯一生活经验和习惯的人们，在组建家族以外的团体或组织活动时，自然而然地将家族中的结构形态、亲缘关系模式和处事方式推广、概化、带入那些非家族性的团体或组织的现象。[②]随着工业化程度的提高，超级村庄的非农经济体系已经创造出大公司经营的模式，这种模式无可避免地需要吸收村外或家族外的管理人才进村。这种吸收力与村或家族传统上对外来人的排斥力之间相互作用，产生出拟亲缘连带方式。

丰村公司的外聘班子就是这样连带出的团体。丰村的股份总公司不直接经营“三来一补”企业，它的企业管理并不需要通过科层分明的专业管理人员及组织来直接推动劳动生产组织的合理化。这部分工作已经分解到各厂家，由外商直接处理，只需要公司的外经部门和物业部门从中做协调工作，只要这些部门的几个核心干部与公司总裁配合密切，公司就能运转。公司内部虽然设立了多个职能部门，实行经理制，但实际运作是由总裁组织的工作班子进行的，只要班子成员对总裁尽职，公司就能高效率地运作。总裁组织班子时，除去考虑村子原有的权力结构外，还出于提高工作效率的考虑，依据个人对人才的偏好和人际关系等，选择可靠能干的人进入班子。于是，外来的优秀人才就有了进入这个班子的可能性。由于他们直接对总裁负责，不进入一些要害的部门和职位，如财务部门及主管会计等，因此不会对村庄及公司原有权力结构产生大的影响，村里人只要看到他们工作有成，就不反对他们进入工作班子。

进入工作班子的外聘人员有自己特定的工作领域，这些领域

---

① 该小节引自折晓叶：《村庄的再造——一个“超级村庄”的社会变迁》，第244–247页。

② 杨国枢：《中国人的社会取向：社会互动的观点》，载杨国枢、余安邦主编《中国人的心理与行为——观念及方法篇（一九九二）》，桂冠图书公司，1993年。

的工作本村人尚难以胜任，外聘的人员经过比较严格的挑选，不少有大专毕业文凭，大多有独当一面的才干，村里人对他们在这些方面的才能也颇为欣赏。除去个人的才干和对公司的贡献外，人品是否可靠，对总裁和公司有无诚意和忠心，是否能够建立起良好的人际关系，也是考虑之内的因素。总裁依靠与他们之间良好的人际关系来推动工作，用拟似家族村落内的亲子、兄弟、亲戚、朋友的关系，来与他们建立相互间的信任感、安全感和责任感，这种交情使他们逐渐将自己的工作、生活以及人生的重要阶段，与这个家族村联系起来，逐渐产生一体感、归属感和荣辱感等这样一些自己人的意识。

这种拟家族缘的关系，在本质上是亲密的、情感的、忠诚的和合作的。无论是村公司的总裁，还是他的外聘班子里的成员，都视它为一种重要的、难得的、无价的本钱，这既是总裁作为聘用者所需要的，也是外来人才作为被聘用者所需要的。

正是因为有这样一个情感和心理转化的历程，目前这个村子里进入工作班子的外聘人员极少流动出走，他们大多已在村里工作五六年，最长的已有十年之久。最早进入村子的一批安徽小知识分子，已在村公司工作七八年，尚无一人离开，其中一位已担任村驻深圳办事处负责人，一位担任资金策划部副主任，曾在海口市和惠州市负责过房地产业务，一位在东莞市负责商品楼的销售租赁业务，还有一位任驻云南办事处主任，负责那里的房地产业务。他们与总裁之间的深厚情谊，使得他们互相信任，配合默契，工作顺畅而有效率。

这个村子在社会关系中扩展出的拟亲缘连带方式，还被运用于公司与上级行政机构、外商、经济合作伙伴的往来中。可以看到，亲缘结构和关系模式向非亲缘团体推展，无疑是这些参与合作的人所经历的重要心理历程，并且是合作圈内的人作为行为主体运作的结果。这一切发生在一个家族村子里，有如水到渠成，自然而顺畅。不过，我们在分析和解释上述问题时，不能忽略社会结构要素对这一过程所产生的客观影响和制约。

从微观的社区层面看去，拟亲缘连带方式的产生受到两种力量的迫使。一方面家族村的内部合作集团强烈地排斥他人进入，而另一方面工业经济所创造的大公司组织模式又要求突破这种封闭性，要求合作具有更大的包容性，可以说，这两种力量的抗衡造就了拟亲缘连带这一折中的模式。拟制的亲缘关系模式，既维护了家族处事方式，保证了内部合作群体的利益不受侵害，又满足了新的工业组织体制对扩展合作的要求，因而在乡村基层社会变迁的过程中，被有效地加以运用。

从宏观社会组织的层面看去，拟亲缘连带又是大社会的组织体制具有双重结构带来的产物。村庄所面临的组织体制是二元的，即行政控制的正式组织与非行政控制的非正式组织渠道同时并存。对于村庄来说，可利用的行政组织资源非常有限，公社体制解体之后，村庄与行政组织体制的联系发生了很大的变化，村庄已经不再是国家行政体系的最末一端，村庄在获得自治权的同时，也在一定程度上失去了通过行政渠道利用正式组织的权力，即使利用，采取的也多是非正式的方式，因此，村庄更多是在非正式的组织空间里进行活动。而在这个空间里，人情关系，特别是拟亲缘关系，是一种重要的组织资源，村庄如果运用得当，就会非常有效。

十余年来，这些村子正是借助于此，不断地将那些可以利用的、正式的行政关系，乃至经济契约关系，转化成了拟亲缘的、亲密的、情感性的、合作的关系，并利用这种关系和方式处理着与外界的各种往来，影响着村庄以外的其他合作对象，从而不断地把这些社会关系资源转化成了巨大的经济资本。这，也正是它们获取成功的重要原因之一。

对生长于农村的地方工业组织来说，具备基层社会的属性，按照乡土社会的逻辑建立其工业体系，似乎已是不争的事实。问题是，传统村落的社会关系究竟留有多大的弹性，允许人们以怎样的方式对它加以改造、利用和建构？这样营造的农村组织，又怎样得以与外部市场和社会建立联系？这是需要进一步研究的新问题。

三、文化的社区解读

1. 关于村落文化的讨论

如果我们把文化与社会结构看作一体两面的东西，那么随着农村社会结构的急剧变迁，当代中国村庄的文化内涵及其形态和面貌，就越来越成为一个需要重新加以研究和认识的问题。

把村落作为一种独特的乡村文化形态和分析单位，是近年来学界颇为关注的事情，因而有“村落文化”的提法和讨论。有学者从“村庄是农民生活的基本功能单位”[①] 这样一种结构功能分析中，引出“村落才是当今中国农村社会最基本的组织形式，村落文化才是目前中国农村最具特色的文化形式，才是对中国农村社会及人的行为最具概括力和解释力的一个概念”[②] 的结论。进而又有学者在讨论村落文化的内涵时，对社会结构变迁中国家政权向村庄的扩展和延伸，给予了充分注意，认为村庄作为国家整体结构中的一个基本组织单元的文化内涵，特别是社会结构和国家意识形态的改变对村落文化的影响和作用，应当成为当代中国村落文化研究的突出问题。因之，把村落文化作为介于大传统与小传统文化之间的一个独特的文化形态来看待。[③]

村落文化的提法和大小二元文化结构形态的分析框架，是从两种最基本的文化分类方法出发，对村落文化进行定位的。一种是依据人类实践活动而进行，将文化分为三类：一类是为克服自然而创

---

① 参见费孝通：《江村经济》，江苏人民出版社，1986 年；（美）黄宗智：《华北的小农经济与社会变迁》。

② 李银河：《生育与村落文化》。

③ 李人庆：《乡村二元文化与社会变迁》，陈吉元、胡必亮主编《当代中国的村庄经济与村落文化》，山西经济出版社，1996 年，第 191 页。

造的文化，可称为物质文化或技术文化；一类是为了与他人和谐共处以维持社群生活的文化，可称为社群文化或伦理文化；一类是为克服自己在感情、心理、认知上的种种困难与挫折、焦虑与不安而创造的文化，可称为精神文化或表达文化。[①]

这是一种静态的分类，广义的村落文化亦可依此分为三类，只不过其实践的范围和内容更带有村落结构的特征。狭义的村落文化则只包括第二类文化，我们将其定位为一种建立在特定文化基础上的社群文化或伦理文化，那就是村落特有的共享的道德伦理、社区规范、社会制度、典章法律等，它可使具有村落这一同样生活方式的人，借此得以从事社会生活，形成特定的社区形态。我们在本书中主要从狭义上界定村落文化。

应该看到，村落文化并不是一套既定不变的老传统，村落在社会结构体系中本身是一个分层的概念，因此仅用静态的生活实践的面向来定义和分类，仍然会缺乏较深层次和动态的部分，所以要再进一步在文化的分层结构中对村落文化加以把握。这就出现了另一种分类，主要依据社会结构的分层化，将文化分为大传统和小传统。[②]

雷德菲尔德在《乡民社会与文化》一书中提出"小传统"与"大传统"这一对概念，用以说明在较复杂的文明之中所存在的两个不同层次的文化传统。大传统是指一个社会里上层的士绅、知识分子所代表的文化，这多半是由思想家、宗教家反省深思所产生的精英文化；而小传统则是指一般社会大众，特别是乡民或俗民所代表的生活文化。这两个不同层次的传统虽然各有不同，却是共同存在而相互影响的。雷氏认为不论是大传统或小传统，都对了解该文化有同等重要的意义，因为这两个传统是互动互补的，大传统引导

---

① 李亦园：《人类的视野》，上海文艺出版社，1996年，第141页。

② 参见雷德菲尔德：《乡民社会与文化》，1956年，转引自李亦园，同上，第143页。

文化的方向，而小传统则提供真实文化的素材，两者都是构成整个文明的重要部分，如果只注意到其中一部分，而忽略另一部分，则是偏颇而不能综观全局的。

李亦园进一步强调了小传统的重要性，指出它不仅在传统时代扮演一种提供许多大传统文化基本生活素材的角色，而且在当代社会中也逐渐被认定是影响经济发展以及产业现代化的重要因素。[①]

将村落文化定位在大小二元传统之间，正是因为强调了文化分层与整合的意义，特别关注到了国家意识形态作为大传统对村落文化产生的深刻影响，从而使村落文化带有大小传统并列和互动的双重内涵。本书亦在动态分析中采用这种分析框架。

在我们讨论村落文化时，应当注意到，现实中可观察的村庄形态在大多数情况下与村落不只是字义上有差别，内涵也有所不同。我们多将自然村称作村落，这种结构简单的、自然形成的、熟人社群的文化，与大多数人为设置的行政村，即今天一般的村庄形态，在文化上似有较大区别，因为基层政权的存在以及规模和结构上略大而复杂，有可能在村庄内部产生“次精英文化”，用以勾连主流的精英文化与更基层的村民文化。特别值得注意的是，当村庄中分化出超级村庄这样巨大的村庄形态后，这一特点就更为明显，这正是我们得以采用大小传统二元文化分析框架来进一步研究变迁中的村落的一个现实依据。

在我们讨论大小传统的二元文化结构时，还有几个需要进一步搞清楚的问题：

一是大小传统基本是一个中立的表达方式，那么，其本原概念的内涵在现时有了怎样的扩展。以大小传统为本原的二元文化，有诸多不同的表述方法，例如：精英文化—俗民（乡民）文化，高文化—低文化，学者文化—通俗文化，上层士绅文化—下层民间文化，国家意识形态—地方文化，正式的、普遍性原则的现代文化—非

① 李亦园：《人类的视野》，第141页。

正式的、特殊原则的传统文化，系统世界—生活世界，等等。大—小内涵的扩展，往往以研究取向和意旨而定，其中对我们有意义的，是在村庄层面上对“大小传统”和“现代与传统”双二元文化的交接的考虑。从精英文化—俗民（乡民）文化的二元分类来看，大小传统的分类中也隐含城市与乡村的分别，因为大传统的成长和发展必须靠文字、教育和寺庙等，因此比较集中于城市地区，小传统以农民为主体，基本上是通过口传的生活实践在农村中传衍的。[①]

与此同理，大小传统的分类也可扩展到隐含工业与农业的区别。从正式文化与非正式文化的分类来看，“……一种是存在于正式领域、正式关系、正式组织和正式行为中的、公开的、反映集体生活的、普遍性原则的现代文化。它仍是由制度性结构的准则构成的，其目的是根据现代理性生活的普遍性原则去规范和再造社会生活。国家政权按照多种结构制定的标准和条例去限制个人从属或服从的正式组织结构以及正式的规章和行为规范。另一种是存在于非正式领域、非正式关系（私人关系）、非正式组织（民间组织）和非正式行为（民俗行为）中的、隐秘的、但人所共知的、产生于文化习俗的传统文化”。[②]

这样，大小传统实际上也隐含着现代与传统的分疏。本书正是从这种内涵扩展了的意义上使用大小传统这一对二元分类概念的。实际上，从村落的角度看，上述一切外来的文化，无论是传统的还是现代的，都可相对称为大文化。

二是大文化深入时村庄的不同承受方式，是被动接受还是主动请进，对村落文化将产生怎样不同的影响。当我们考虑20世纪中期以来大文化对村落小文化产生的冲击和影响时，发现有两种是最为强烈的。一种是50年代至70年代末，伴随国家政权伸入和退出村庄，或强化或减弱的国家意识形态；另一种则是80年代以来，

① 李亦园：《人类的视野》，第141页。

② 陈吉元、胡必亮主编：《当代中国的村庄经济与村落文化》，第191页、第215页。

伴随工业和非农产业进入村庄，进而不断增强的工业文明和城市文明。对我们的分析有意义的，恰恰是这两种大文化由于进入村庄的方式不同，因而对村落文化产生了不同的影响。一种是借助于行政力量，强制性地、采用“全国一盘棋”的运动方式[①]贯彻到村庄，这时，村庄和农民是被改造的受体；另一种则是被请进村庄的，需要由村庄主动运作，这时，村庄和农民是积极的主体。这两种不同的方式所产生的不同作用，是本书特别予以关注的。

三是由于大小文化变迁的方向和速度不同，将在二者之间产生怎样的张力，引起怎样的断裂，形成怎样新的勾连方式。作为同一文化的两个方面，大文化与小文化之间有着密切的互动关系。李亦园认为，中国文化是由大传统的上层文化与小传统的民间文化共同构成的。大小传统中共通的基础价值“致中和”，或者更通俗地说追求均衡与和谐的共通的价值核心把二者密切地勾连在一起。[②]费孝通则进一步表述了大小传统之间一体两面的关系和存在张力的可能。在他看来，大传统之所以能表现一部分中国文化的特点，正在于它是以小传统为底子的。它又不同于小传统，因为经过了一道选择和加工的过程。选择和加工过程就是司马迁所说的“其文不雅驯，荐绅天生难言之”。雅驯与否选择的标准，也就是这些文人们看不入眼的风俗民情。这些掌握着文字的人就通过“难言之”，把这些不雅驯的东西排除在以文字为符号的信息系统之外，从而把它们拔除在大传统之外，但并没有在民间把这些东西消灭掉，它们仍在民间用口头语言相传，这就成了小传统，还可以传给后人。[③]

但这个过程是否会促使大小文化之间产生张力甚至断裂，则往往取决于大传统变化的方向和速度。由于上层精英的再创造，大小传统的变迁不是同步的，大传统更易于和先于变迁，而小传统则更

---

① 郭于华：《民间社会与仪式国家》，载《读书》1999 年第 9 期。李亦园：《人类的视野》，第 142 页。

② 李亦园：《人类的视野》，第 142 页。

③ 费孝通：《乡土中国》，生活·读书·新知三联书店，1985 年。

易于被固守和依赖。一般认为，由于士绅阶层的存在，近代以前大小文化之间的张力并未紧张到使大小文化之间分离和断裂，而是维持着一个连续的整体和秩序，直到近代伴随着西方文化的进入和民族国家的建立，这种状态才被打破。

有学者认为，近代化过程中，中国社会和文化结构上下分离的趋势渐为明显。首先是大传统文化在反对外来资本主义扩张和帝国主义侵略中，受到民族主义的挑战，民族国家被置放于文化传统之上，对大传统文化的批判与变革贯穿于中国近代化的整个历程。但是这种文化的转变显然只存在于上层的大传统文化之中，下层的、农民的传统文化，并未随上层知识分子因国家危机产生的民族主义对中国文化信仰的冲击而改变，反而因生存环境的恶化，产生了更依赖小传统文化的心理需求。其次，随着文化知识结构由以人际关系为主导的伦理道德知识向以生存竞争关系为主导的实用知识转化的同时，不仅传统中国的社会结构动摇了，而且传统社会的伦理道德基础也动摇了。传统文化随着科举制度的消亡，其社会筛选机制和社会流动功能丧失，文化作为传统社会分层结构的基础被动摇，作为沟通上下层文化的士绅阶层也随之被分化瓦解。再次，中国近代化是在牺牲和剥夺下层农民利益基础上进行的，国家寻求扩大其权力和榨取农业资源的做法，不但排斥了精英而且排斥了农民，这成为形成上层文化与农民文化之间显著差别的导因。由此可知，在中国近代文化变迁过程中，上层大传统文化的瓦解和转变并非是自下而上基于小传统文化的转变，而是自外接受西方文化，力图自上而下地转变小传统文化的过程。①

50年代以后，国家意识形态向村庄伸入，同样采用了自上而下的方式，力图通过对小农意识的改造，将国家意识形态作为普遍性知识贯通到乡村的每一个角落。这时的普遍性知识——国家社会主义意识形态，试图替代地方性知识，对于村庄小传统来说，更是

① 参见陈吉元、胡必亮主编:《当代中国的村庄经济与村落文化》，第208–210页。

一种革命性的改造。特别是普遍性知识的建立采用了“运动”的方式，由一直深入村落的国家政权组织加以推动，结果，“过分理想化的大公社制度过分地破坏了传统村落的生存方式，过分强烈的外部冲击使受冲击的传统农民无所适从，外部冲击与村落传统的互动在这里出现了断裂”①。

然而，不少村落变迁的案例都说明，即使在这种情况下，也从未真正形成过“全国性单一文化”，村落文化的深层结构并未被彻底破坏，而是以隐蔽的、畸形的方式存在着。这时的大小传统在互动中各自发生了怎样的变化，它们之间究竟采取了怎样的勾连方式，一直是研究者们关注的问题。

有几种研究为我们提供了有价值的分析线索。一种研究认为，大传统与村落小传统之间断裂的结果，是出现了普遍的生存灾难，灾难迫使大公社制度的设计者们向村落传统让步。于是，出现了“三级所有，队为基础”的公社体制，集体制框架内保留了部分农民家庭经济，集体种植以“原耕”为基础，缓解了计划的强制性，生产队的区划结构与传统农民的居住结构在空间上相吻合，等等。公社制度与村落传统之间的张力、冲突与融合，成为公社制度的基本存在方式。②

另一种研究认为，与村落的正式与非正式的二元社会结构相适应，村落文化也存在正式与非正式的二元结构，其制度、行为、观念各个层面上都存在着两套不同的文化原理，集中表现在村庄领袖具有双重角色，存在正式法和习惯法，道德规范具有内外差别，等等。它们在村落生活的不同层面上同时发生作用。③

还有一种研究认为，“国家政治的仪式化运作弥漫于农民的日常生活，改变着人们原有的、整合的生活逻辑和乡土社会的文化景

---

① 张乐天：《告别理想——人民公社制度研究》，第6页。

② 同上，第7页。

③ 陈吉元、胡必亮主编：《当代中国的村庄经济与村落文化》，第219页。

观。这是近半个世纪的过程，这一过程表现为国家仪式对传统宗教和社区仪式的替代，革命意识形态和运动话语对地方性知识的替代，以及领袖崇拜对神灵、帝王崇拜的替代。改革开放以后，国家与民间社会的互动关系表现为国家权力在一定程度上的弱化与撤退，以及乡土社会生活逻辑的复归与再建的过程。认识民间生活逻辑与国家权力这两套意义系统的相互作用，才能动态地，过程性地理解和解释社会生活与社会变迁的真实图景及其文化内涵”。[①]

进一步的问题在于，村落文化作为一种特殊的文化形态，是否受到村落自身急剧变迁的影响？当村落自身分化，出现了超级村庄这样的形态后，它的一般概括力和解释力随之发生了怎样的变化？指出二元文化的分疏和互动是重要的，但是当代村落文化变迁中，是否只发生了大小传统的并列和融合，抑或在村庄这个层面上，小传统具有解读、吸纳和整合大传统，并且成为建构和重构现代村庄生活，特别是村庄的非农社会经济生活的重要文化资本？建构的结果，又会形塑出怎样独特的、村社区的、新的文化形态？这些都是本书讨论村落文化时特别关注的问题。

2. 村庄接受大文化的方式：解读和建构

在我们以往作为知青对村庄生活的体验中，或者现在作为调查者和研究者的感受中，村民真实的生活世界似乎从来都没有发生过什么根本性的变化，即使在文化大革命那样的政治运动中，村民的话语发生了前所未有的、与国家的一致性，生活秩序也被运动搞乱，但是他们的信仰和感情世界始终保持着原状。工业化的力量似乎也未能对此有根本性的冲击，在诸多个工业化程度很高的超级村庄中，我们都可以从喧闹的工业表层下面，时时感受到保持完好的、乡土生活的基本秩序和宁静；从取代了农业的工业文明中，品味出村落文化的韵味。

---

① 郭于华：《民间社会与仪式国家》，载《读书》1999 年第 9 期。

这是一个让我们再三思索但不得其解的事情。我们曾解释说，传统力量与新的动力具有同等重要性，它们共同推动了村庄的社会变迁。现在或许可以从小文化做底子、大文化被解读和建构的角度，对此再做一个诠释。

弹性互动模式

在三分之二人口仍集中于乡村，乡村发展仍然关系国计民生的国家发展战略下，乡村争取生存和发展的过程中，一直留有大小传统互动的空间。

一方面，小传统并未真正退出过村民的生活世界，只是在不同的外部环境影响下自身发生着适应性的变化，并且依据外部压力的大小、国家政权伸入或退缩的程度，或退缩或复归，大小文化之间形成此消彼长的弹性互动模式。以至于在漫长的集体制时期中，国家不得不坚持“改造农民”，一再“割资本主义尾巴”，而乡村中却仍然存在大量的非国家意识形态提倡的意识和行为；在各种运动高潮中，当外部政治压力增大时，则有形成全国性大众文化取代农村社区性小传统文化的趋势；而在改革开放中国家较彻底放权，村庄实现自治之后，又出现了乡土社会生活逻辑的复归与再建。

另一方面，大传统在向村庄这个小传统之处扎根时，也发生着复杂的、适应性的变化。从一些案例村的情况来看，虽然50年代以来，国家政权向村庄深入的深度和广度是历史上前所未有的，但是国家最终并没有能够采用完全破坏村庄传统社会结构的方式，而乡村基层则在日益突出的生存和发展压力下，产生了“上有政策，下有对策”的博弈过程，于是多次迫使国家部分放弃既定政策，修订“全国一盘棋”式的国家意识形态，以给乡村自行解决问题寻找新的出路。从村庄的角度看去，人民公社体制从过于理想化到采用比较现实的做法，直至公社解体实行家庭联产承包责任制，也都可以看作是以国家政策和意识形态为代表的大文化，在与村落小文化博弈中发生的某些适应性的变化。

在丰村这样的传统家族村落中，这种博弈和变化显现得尤其清楚。在丰村几百年的历史中，家族生存共性的伦理观念在同族人意识中的潜移默化，是任何人为的组织设计和国家集体主义意识形态都难以消除的。60 年代末 70 年代初，为适应组织大规模生产的需要，也为避免单姓家族共同体意识过于强大而对国家推行的集体主义意识形态产生负面的影响，所属公社曾将这个村子与相邻的另一个单姓家族村合并成为一个生产大队，结果却是激化了这两个家族村为保卫各自族（队）利益而存有的矛盾和争斗。"一大二公"的大集体意识，过于忽略了家族生存共性的伦理观念，结果家庭村落便以自己特有的方式，消极对待大集体下达的任务，名义上户籍同册，实际中分界分账分利，最后导致并村失败，复又按照村落原有的自然结构分为两个生产大队。分开反倒解除了矛盾，两村"相敬如宾"，甚至还出现了以往没有过的联姻关系和经济协作关系。

这种生存共性的伦理观念即使在村庄实行了股份合作制，特别是将合作扩展到村域之外以后，仍然在起着作用，以至于形成了非市场化的、排他性很强的合作体系。[①] 尽管这既难以与市场意识也难以与现代合作意识相配合，但在村庄发展中却是不能被忽视的。国家政权和意识形态也正是在这个博弈过程中，逐渐退出对村庄的控制，使其在村民自治状态下，调动和发挥各自的经济和文化的潜在能量。

还值得注意的是，采用"运动"方式将国家意识形态象征化、仪式化，虽然对农民意识产生了不可低估的、带有"塑模"作用的影响——这正是我们在前面所讨论的制度遗产作用的文化依据，但是也提供了在大文化仪式下塞入小文化内容的条件。在小传统深厚的村庄里，大文化象征和仪式往往成为表演性的东西，一开始它们可能是做出来给外界观看的，但随着时间的推移，它们有可能也形塑出了村庄特定的、借助起来方便而又具有保护作用的文化表

---

① 折晓叶：《村庄的再造——一个"超级村庄"的社会变迁》，第 12 页。

达方式。

这种象征和仪式以及它们背后隐含的社区文化的真实意义，才是我们探讨村落文化变迁应该着力加以挖掘的东西。我们正是从这个意义上说，在村社区层面上，大文化有向小传统让步，有被小传统重新加以建构的可能。

那么，可能的方式是什么呢？

解读

我们说过，村庄接受大文化有两种方式，一种是主动的，另一种是被动的。无论在哪种方式下，即使被动地接受，村庄也有自己解读大文化的系统和方式。所谓解读，是指通过一系列的认知、解说、转化和运作之后，使大文化的意义变通为小文化圈内可以接受，又不至于破坏大文化的象征和仪式作用的过程。

在可以观察到的案例村的事实中都能发现，只要村庄结构不遭到毁灭性的破坏，这个过程几乎发生在村庄文化变迁的全部历史中，所不同的只是在外部力量冲击的不同力度下，或者说在大文化与村落文化之间的不同张力下，村庄回应和解读的方式有所不同，有时隐晦而有时活跃罢了。

村庄解读大文化的基础，是大小文化之间都有可能发生适应性的变化。从近半个世纪村庄变迁的事实中可以看到，当村庄不再是一个封闭的自组织系统，而被大社会以政权延伸的方式勾连在一起时，小传统便也失去了独立存在的可能性。集体制在组织体制和社会控制上，都前所未有地实现了将农民和村庄组织起来的目标，村庄与大社会也有了在政治和经济上直接沟通的渠道和相对紧密的联系。村集体组织的任务，在集体制时代就已经扩展到上对国家政府下达的任务和政策负责，下对农民实行动员和组织。虽然，集体化的组织方式在一定程度上给村庄传统的自然结构留存有一定的余地，国家意识形态对农民的影响和控制也远未达到全国性统一的程度，但是村庄小传统自成一统的可能和条件，却已经不复存在了。

问题在于，村庄为什么始终不肯放弃处于不利境遇的小传统，而要在大文化的强大张力下顽强地存在呢?

在急剧变迁的社会环境下，有关“国家控制的退缩”和“文化惯性使然”的说法，尚欠充分的解释力。从许多案例村的处境中我们看到，摆脱大社会的控制和可能由此造成的危害，可能是小传统得以一再固守的一个重要原因。有研究在分析乡镇企业模式时指出，“90年代中期以前乡镇企业发展的最重要‘优势’，与其说最能利用市场机制，不如说是最能摆脱行政控制。——对于摆脱大共同体本位的控制来说，一盘散沙式的‘伪个人主义’有时反不如自治性小共同体更为有效”[①]，而小共同体得以生存的基础正是小文化传统。

我们还看到，大社会竞争环境的险恶，以及国家政策和意识形态在乡村发展中出现的某些失误，都不利于村庄；而小文化中的某些要素，如关系资源资本、信任、共同体合作等，却有利于村庄结成小共同体以抵御大社会造成的侵害，甚至于参与大社会竞争，在市场经济中取得实效。

于是，村庄小传统从隐蔽走向复归和再建的过程，就不可避免地发生了。而且，小文化在不愿退出历史舞台时，也采用了使自身生存方式发生适应性变化的策略，从而争取到了新的生存空间。

当然，村落文化经过了二十余年社会主义意识形态的改造，这个影响不可低估，回避它而独立地谈论村落传统，几乎是不现实的。现实中的村落文化，在近半个世纪以来，绝不可能独立于大文化而存在，甚至也不是与大文化并列而存在，而是采用大文化框架允许的方式，在大文化象征和仪式下变形而存在的。

一个可以拿来说明的例子是丰村订立的村训“礼让谦贤”。它源自族训“礼让传家”，原本是一种约束家族人际关系的文化价值观

---

① 秦晖:《“大共同体本位”与传统中国社会》(下)，载《社会学研究》1999年第4期。

和道德标准，在改动中除去了家族色彩浓厚的传家，参照了国家意识形态中提倡的精神文明，成为大小文化融合的、为内部外部都可以接受的文化。经过改造后的新四字伦理，被张贴在村子入口处和公园牌匾上，写进村规民约中，并有一套含新意的解说："礼、让、谦、贤"有新的丰富的内涵：一是号召村民有自强不息、自信自尊的精神，以增强村民的向心力；二是以正道直行、崇高气节培养村民扶正压邪、择善而从的是非感和正义感；三是以贵和忍让、坚持中庸的修养，教育村民注重和谐局面，讲团结，顾大局，克服私利维护公众利益；四是以平衡平等、共同富裕的思想去缓解矛盾，安定社会；五是用求是务实的精神教育村民面对现实，珍重人生；六是提倡豁达乐观、胸襟开阔、兼容并蓄；七是强调以道制欲，用理性节操自觉抵制黄色思潮的影响；八是用礼乐人伦、忍耐和谐的思想去教育村民讲究人格人伦、自尊和尊重他人，重视家庭和亲情，在朋友关系上讲道义信用，在家庭关系中讲父慈子孝。①

如果我们把这些成文字的文化看作是一种"显文化"，它们还带有某些宣传的意义，或者看成是经过村庄精英笔墨润色的"次精英文化"，那么村民们日常生活中保留的文化仪式，是否也会不断借助于大文化仪式，赋予它们新的意义呢？答案基本上是肯定的，让我们以宋村"办会"为例。

宋村在晋中南历史上是一个颇有名气的村子，因为大户宋家有人做官，村中不仅修祠建庙，还修建了一条宽大的直街，建有坚固的村围城墙。宋村出名在两件事情上：一因办庙会、闹秧歌，村干部介绍说，"村里的秧歌队在县里都很有名气"；二因村围坚固，"打日本那会儿，打过个宋家庄战役，日本人围打三四天才打进来"。

宋村历史上的庙会办在每年农历九月十八，据说"农家那时候该收该种都闹完了，闲下了就办会。一直到 1958 年大炼钢铁那会儿，才没有再办了"。90 年代初当地人恢复办会传统，宋村人又开

① 折晓叶：《村庄的再造——一个"超级村庄"的社会变迁》，第 279 页。

始“请会”，日子仍然选定在农历九月十八，但与庙无关，更名为“物资交流会”。村庙只剩残垣断壁，没有再加修复，却在别处新建了一座大戏台。办会那天，这个有钱的村子请到晋中晋剧团来唱一台大戏。交流会办在村中大街上，“两米设一个摊，花十块钱可以买一个摊号。600 米长街上一下可以摆上 300 多个摊子，卖什么的都有。村里人只占了二三十个摊子，其他都是周围村的、镇的、县上来的”。因为在市里的电视台做了广告，客流不断，村里人介绍说，那一天来看戏、买东西的是多数，还有相亲的、看人看村子的。村里几家私营企业也借机把各自生意上的朋友请来住上两三天，“让城里人来农村看看戏，我们农村人也多交几个朋友”。

宋村的办会传递给我们的仍然是民间解读大文化，借助大文化仪式弘扬小文化的信息。可以看到，会名、电视广告词和办会形式，都十分符合当下大文化意识形态的规范，而会的功能如交易、娱乐、相亲、交际等，恰恰继承了村中庙会的某些传统，但由于借助于大文化仪式，其效果已经不是旧式庙会所可望可及的了。

我们还可以发现，村落文化以解读的方式来适应大文化，不仅是用小文化的语义来解释大文化的含义，而且使其具有诠释日常生活和具体行动的意义。无论是被动接受大文化改造还是主动适应大文化，这个过程都存在，所不同的是，被动接受时这个过程隐蔽得较深，在仪式上更迎合于大文化。而对于我们所观察的这类超级村庄来说，这种解读是极其主动的，甚至不像集体制时代那样，尽量在形式上去符合大社会的要求。这些村庄的经济和社会往来已经走向大社会，它们不可能囿于小传统的原则、方式甚至话语，以此来应对和参与大社会的事务。

一些村庄在处理大小社会问题中出现的内外有别的原则，就是这种解读产生的结果之一。发生在一个著名村庄的事例很具有典型性。“外圆内方”被称作这个村子的处世哲学和治村方略。所谓“外圆”，是指村里人可以根据市场竞争的法则和国际通行的惯例，在不违反法律，不丧失国格、人格的大前提下，为适应社会大环境和当前市场竞争气候采取灵活措施；所谓“内方”，则指村内生活必须遵守村定的、绝对统一乃至强制性的规范和约定，但村规并不一定符合当前外界时尚，只体现村自为政的原则，有些甚至不符合法规。例如，村政府仍提倡“政治挂帅”“以毛泽东思想为指南”，组织政治学习，搞义务加班；甚至乡规中规定年轻人谈对象要首先向团支部汇报，经组织调查了解后方可进行，结婚登记亦如此，并不可自定日期；有过错的当事人必须站在台前，回答大家质问，接受批评，由长辈训斥，亲朋劝导，孩童羞骂，等等。①

从文化的角度看，所谓“外圆”即是村庄对大文化规范的适应和解读，“内方”虽然借助于已经过时的国家意识形态做象征和仪式，其实是对小文化传统的复归和弘扬，倡导的是一整套村治规范，有些甚至带有原始村社制度的遗风。

这种带有二元结构特点的文化，还发生在村庄生活的多个层面上。有研究指出，内外有别的文化，多集中运用在诸如村领导在处理内外部（国家与村庄）关系上扮演双重角色，在处理村庄事务时同时运用正式法与习惯法，在判断内外部事务和人际关系时运用两种不同的道德准则，等等。②

于是我们看到，解读带有强烈的功利目的，是从生存理性出发对大文化的适应。因而，解读不是全方位的，主要发生在大小文化有可能发生冲突，而且有可能不利于村庄的问题上，目的是从中找出对村庄有利的要素，或将那些可能不利的意义转化为对村庄有利的解释。解读又是中庸的，目的是让现实中发生作用的东西，既不至于被大文化原则消灭，也不至于受到小文化理念的斥责和抵制。解读最终还具有文化建构的意义，解读成功的文化，既不雷同于大文化，也不等同于小文化，而是一种适应性的新型的中介文化。这种建构，无论村庄采取主动还是被动的方式，都存在着。

---

① 参见王永进：《走走停停探南街》，载《经济管理文摘》1998年第20期。

② 参见陈吉元、胡必亮主编：《当代中国的村庄经济与村落文化》，第219页。

两级解读者：村庄精英和村民

大文化在乡村传播的方式，与在城市大不相同。在传媒欠缺、信息不畅、组织方式传统的村庄，主要是靠村干部口传，也靠村里见多识广的能人带进来，言传身教。在村子里，这一类可以称作精英的人物，是大文化最直接、最先期的接触者，经他们口传言承的大文化，其实已经经过了他们的初步解读，到了村民那里，已经在形式上成为接近小文化话语的东西。

这种文化显然是经过精英解读，融入了村庄小文化要素的一种新型文化，它不是大小文化的二元并存，而是一种具有中介特性的“次精英文化”，实际上不仅不直接等同于国家意识形态（大精英文化），就是离正在变化的村民文化也有一定的距离。特别是在超级村庄这样阶层结构复杂的巨大村庄中，村庄精英能够接受的东西，未必能够完全得到普通村民的接受，最基层的村民社会仍有自己通行的俗文化。

但是，村庄精英在传承大小文化上有其特殊的地位，他们在解读大文化时有这样一些特点：

首先，他们占有较为完整充分的外部文化信息，具有成功解读的条件。其次，他们对国家和社区负有双重责任，具有既寻求大社会承认，同时又要获取小社区认可的心态，由他们解读出的中介文化，才有可能上通下联，雅俗共赏。

在家族文化传统深厚的丰村，村干部对待家族仪式的态度即是双重的。他们一般不参加家族祠堂任何日常的活动，包括祭拜、捐赠、议事，甚至连娱乐活动也不参加。他们明确自己的干部身份，“不便参加这一类国家不提倡的事情”。但是，家族的重大庆典和对外活动，例如一年一度的祭祖，家族的海外同盟活动，以及修谱正训等重建家族的活动，关系重大，涉及家族声望、整合、振兴乃至村庄发展，村干部和村组织便必定出面，不只是参与者，而且是组织者和出资者。这时，村干部把自己看作家族成员和家族代言人。

不过，有意思的是，他们往往是以村集体组织而不是家族的名义组织这一类传统活动，并且在发表宣讲和动员时，将集体组织的目标和任务、国家精神文明的号召等，加入其中，使其有别于传统仪式。显然，村干部和村组织重建家族的活动，实际上融入了大小文化的基本要素，是对家族关系做一次总的探讨和检阅，是把家族关系和力量作为一笔巨大的社会资本，借助它实现村庄的再合作，以达到共同富裕的基本目标。这样融会贯通的家族村庄合作主义，比国家借助政权力量推行理想化的集体主义，更能为普通村民所接受。

次精英文化中大文化要素的来源，受村庄社会实践范围和内容的影响，主要来自两个方面，一方面是围绕国家政策和意识形态而形成的社会政治文化，另一方面是围绕工业化和市场化规则和道德而形成的经济文化。村庄近半个世纪的生活实践证明，这两方面外来的大文化，在传入时能否借助于村组织及其制度遗产在文化转型中发挥作用，在相当程度上决定着它们传播的成败。

以往有关文化变迁的研究曾证明，新的文化因素的传入如能借助原有社会组织的框架，则其效果将与破坏原有的社会组织而“塞进”的情形不可同日而语。在一个复杂的社会中，一定范围的功能团体将是最有利于介绍或接受新因素的单位。[①] 我们从集体制时代村庄较为被动地接受国家意识形态改造，与改革开放中主动引入工业化和市场化要素的比较中，可以看到这种不同的作用。合作化运动中，国家试图通过行政力量从组织上对村庄原有结构做重大改造，结果导致乡村经济陷入困境，后来从政策上加以纠正，使生产队与自然村在组织空间上相吻合。这样，集体化在某种程度上又借助了原有村落组织的力量，才使集体主义在一定程度上为农民所理解和接受。

而与此不同的是，工业化过程中，村庄特别是我们观察的这一类超级村庄，其经济和社会结构都发生了前所未有的巨大变化，但

---

① 李亦园：《人类的视野》，第120页。

并没有发生如集体化运动中那样的文化不适应，原因之一即是工业化要素的导入，在这一类村庄中大多成功地借助了原有集体制组织的制度遗产，村组织和村干部在传播和引入大文化中发挥着有效作用。村庄精英解读大文化，无疑促进了大文化向村庄的渗入，也提供了大小文化融会的现实渠道。与此同理，这其中也潜藏着精英误读或者曲解所造成的问题和危害。

村民从精英那里听来、从传媒中获取、从外出中感受到的大文化，往往让他们吃惊、失笑、茫然，因为与他们在村子里被教化的文化格格不入，但又让他们感到不能不接受，如国家乃至地方法规和从上到下贯彻的意识形态；或是让他们“心里羡慕，表面又不敢做”，因为从村庄文化里找不到合理的解释，或处于文化“失范”的状态，找不到可以在大小文化之间平衡的支点。这样他们便往往以各自的文化惯性和理性对大文化做二次解读。

二次解读，是以村民内部通行的俗文化对大文化或次精英文化重新进行解说和转化，以便从中找到乡土依据。那些能够直接找到依据的，最易为他们所接受，甚至于连话语也会以普通话的语调直接移植进他们的语汇词库中；而那些不能直接找到乡土依据的，他们则对之进行即时即地的改造和转化。我们可以找到许多诸如此类的“解读链”：共同富裕（国家意识形态话语）—人人成为股东（社区精英口号）—共同沾光（农民意识）；精神文明（国家意识形态话语）—礼让谦贤（社区精英信念）——整套农民日常生活伦理，等等。

可以看到，二次解读不是以文化对抗的方式而是以文化再建构的方式进行的，目的仍在于找到大小文化的结合点。只有当移风易俗的全新文化“下乡”时，大文化才会通过艰苦的“改造农民”“教育农民”的社会运动来普及，即使在这个过程中，二次解读也是农民接受大文化的必经之途，只不过它意味着大小文化在这个过程中都要发生适应性的变化。

第七章
社区行动的规则体系

超级村庄的社区经济和合作行动表现出不同寻常的高效率和自律性，这不仅令人感到困惑，也引来一些诘难。因为超乎寻常，不合常规，很有在体制缝隙中“无规矩”生存的嫌疑。看来，对超级村庄的效率和秩序这两个特点的把握，需要进入对其制度和规则体系本质的考察。本章着眼于规则变迁和创新的问题，讨论外生的制度背景与村庄内生的规则之间怎样相互影响和作用，互动的结果又是怎样形成了村庄特定的规则体系，它们对村庄发展的积极和消极的影响有哪些。

一、村社区规则的本质和体系框架

我们从规则是社会行动的规范或准则这个社会学意义来理解这一概念，它本身包含有规则的实践属性和社会属性。也可以这样说，规则是行动的程序，是实践的特征，它用语言表述了人们大致会去做哪些事情。[①]

在上述意义上，村社区的规则体系包含着两个基本的统一。第一个是个体行动与社区秩序的统一，即秩序维持的原则。超级村庄整体意义上的合作行动，并不是无数处于既定规范环境之中的村民

---

① 安东尼·吉登斯:《社会的构成》，生活·读书·新知三联书店，1998 年，第 84 页。

个体行动的简单相加，而是超越于个体之上的社会实践进程。从这个意义上来说，规则在本质上是社会互动过程中出于建立公共秩序的一种契约、约定或非正式安排。

第二个是代价与效率的统一，即效率实现的原则。村社区内的规则对个人的约束意味着确定一种达到行动目标最有保障、最安全、最节约或最佳的途径，循着这条途径，可以避免各种行动之间可能存在的摩擦、矛盾和冲突，避免无谓的耗费，节约内部谈判的成本等；可以共同利用社区有限的资源，包括经济的和社会的，特别是那些能够“影响资源分配”的社会资源，那些给村庄从外部带来各种稀缺资源和收益的资源，等等。从这层意义上说，规则在本质上是资源配置过程中出于节约成本目的的一种契约、约定或非正式安排。

超级村庄显然在这两个层面上都有创新，并且形成了自己有特色的规则体系。

这个规则体系的形成是一个新旧相融磨合的过程。工业进村，给村庄带来了现代要素，它虽然是由外部导入，但它生长在乡土社会的基础之上，不是以传统为对立物，或以传统的终结为前提，而是与传统相互融合的过程。因此，对新规则体系的分析采用“传统—现代”二分法，显然过于简单[①]，容易忽略掉村庄社会规则变革中最新鲜最重要的内容。

经济学关于制度创新的概念和分析框架具有一定的启发性。戴维斯和诺斯区分出五种制度实体与行为，其中“制度环境”和“制度安排”的分类法，舍去了刻板和简单的“传统—现代”二分法，对于理解制度创新的过程颇具启发性。所谓制度环境，“是一系列用来确立生产、交换与分配基础的基本的政治、社会与法律规则”；所谓制度安排，“是经济单位之间的一种安排，它用于支配这

① 参见景天魁：《从制度层面看精神文明建设》，《苏南精神文明建设模式》，中国社会科学出版社，1996年，第165页；李培林、王春光：《新社会结构的生长点——乡镇企业社会交换论》，第22、76页。

些单位之间合作与竞争的方式”。它可能是正规的，也可能是非正规的，可能是长期的，也可能是暂时的。在这个分析框架中，“初级行动团体是一个决策单位，它的决定支配着制度安排创新的进程”[①]，而创新就发生在制度安排与既定制度环境的互动过程中。

但是，经济学的分析却过分着重于制度安排获取高效益的创新意义，并不特别重视一项安排怎样与既定的社会秩序相互配合，即那些非制度性的安排在创新过程中的意义。而我们从超级村庄成功的实例中，发现的正是大量运用非制度性安排获益，并且将非制度性安排与制度环境巧妙结合的情形。我们借用上述概念框架，对超级村庄的规则体系做如下描述：

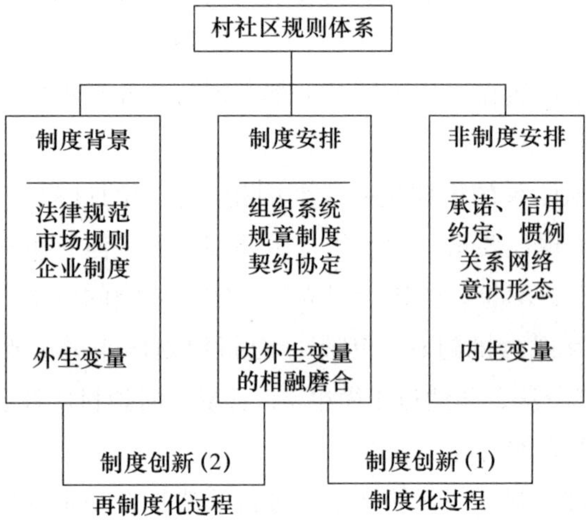

如图所示，村社区规则体系包括三类要素，其中制度背景是外生变量，是一系列确定村庄经济活动和社会生活大前提的基本的政治、经济、社会和法律制度，例如国家和地方确立乡镇企业生产经营活动的基本法规，也包括乡镇企业可以在其中大展身手的市场环

① L. E. 戴维斯、D. C. 诺斯：《制度变迁的理论：概念与原因》，（美）R. 科斯、A. 阿尔钦、D. 诺斯等著：《财产权利与制度变迁——产权学派与新制度学派译文集》，刘守英等译，上海人民出版社，1994 年，第 270–272 页。

境，等等。

制度安排和非制度安排是村庄内生规则的两个不同方面，前者是正式的制度，后者是非正式的但具有制度性作用的规范。制度安排利用正式契约来确定，既包括村内各利益主体如大村集体、小村集体以及村民之间的，也包括村际间的或村庄与其他单位之间的合作与竞争机制。非制度安排也具有与此类似的性质，只不过它是一种非正式非契约的安排，具有乡土社会的传统色彩，其中社会关系网络是这种安排的载体。与它不同的是，制度安排虽然也是内生变量，但融入和接受了制度背景提供的既定制度，是内生和外生变量相互融合的产物，它的组织系统、规章制度和契约方式无不带有这种融合的痕迹。这种融合的目的是创造效率和活力，改变既定的已经失去效率的资源配置规则和方式，因而我们称这个过程为制度创新。

从空间意义上说，制度变迁和创新也往往发生在不同制度的边际上，这个边际也就是制度创新的空间。特别是在正式规则组合而成的制度结构中，二者的边际处常常是变迁的生长点。① 也有学者将这种处于制度边际点上的变迁概括为“制度变通”，意指在制度实施中，执行者在未得到制度决策者的正式准许、未通过改变制度的正式程序的情况下，自行做出改变原制度中的某些部分的决策，从而推行一套经过改变的制度安排。变通后的制度与原制度保持着形式上的一致性，表现出某种特征：它既不同于正式制度通过正式程序加以运作的过程，也不同于纯粹的非正式约束的作用方式。可以说，它处于二者之间，具有正式和非正式的部分特征，是一种准正式的制度安排。变通可视为原制度与实际实行的准制度之间的转换机制。② 也就是说，只要经过若干年变通后，准正式制度安排完

① 道格拉斯·C. 诺斯：《制度、制度变迁与经济绩效》，刘守英译，上海三联书店，1994 年，第 93、111 页。

② 刘世定：《占有制度的三个维度及占有认定机制——以乡镇企业为例》，潘乃谷、马戎主编，《社区研究与社会发展》，天津人民出版社，1996 年。

全有可能转化为正式制度。

具体地说，超级村庄的制度创新发生在这样一种背景下，其一是制度规则所调节的范围广泛，遗漏或忽略了某些日益丰富的村庄实践活动，使形式化的制度与现实中的制度之间出现了一个可以创新的空间。其二是原有规则被证明不再适用于新的实践活动，新的活动方式和规则被证明是更为有效的，这样，新的行动方式就会不断被安排和重复，从而在既定规则之外建立起一套被社区成员认为是合理但并不合“法”的行动规则，其中一部分将被淘汰，而另一部分则被无数次地重复，以修改原有的规则，发生制度化或再制度化的过程。当它们以“法”或正式制度的形式被确定后，即又融入制度背景或制度安排之中，成为新一轮制度创新的基础。

与此相适应，超级村庄的制度创新包括两个层面，一个是村庄传统规范接纳法规、市场规则和企业制度等外生制度变量的过程，亦即非制度安排制度化的过程，另一个是既定的外生制度融入村庄内生规范，亦即外生的形式化的制度再制度化为村庄现实制度的过程，或者村庄的制度安排被实践证明是合理的，从而再制度化为法规的过程。这两个过程正是本研究的着重点，下面就进入对这些具体过程的分析。

二、村庄的制度背景和非制度安排

村庄面临的制度背景是既定的，规定的主体是大社会，往往以国家法规、条例、政策、原则以及正式契约等形式存在，它不考虑村民个人或具体村庄的特殊问题，因而也是无法选择的。同时，它又是一个潜在变量，即是说，当村庄中发生的事件与之相关时，制度背景才会起作用，比如，国家关于乡镇企业的有关法律，只对那些办有乡镇企业的村庄才构成制度背景，而对于那些没有办企业的村庄，它不起任何直接作用，只具有潜在的影响。

对于超级村庄而言，它们与一般村庄面临着同样的制度背景，所不同的只是，它们一方面比一般村庄创造了更多参与大社会的社会经济活动的机会，触及了更多与国家法规和市场有关的问题，另一方面，它们又比有着同样办工业经历的一般村庄，能更好地适应和利用既定的制度背景。之所以如此，除去村庄的能动作用之外，与制度背景的运作方式有着直接关系。

制度背景是借助于政府行政指令和市场来运作的。政府行政指令运作的特点是，以法规形式规定大原则，大原则具有强制性但只涉及行为不可违规的界限，即规定“不可以做什么”，并不明确行动合法的所有范围，即“可以做什么”。因此，法规的约束边界往往是有弹性的，在不触犯法规的前提下，留有在其间进行创造的余地。超级村庄和一般乡镇企业大多在这个范围内进行大量创造，例如在土地的非农使用和批租、集资、借贷和入股、职工雇用、待遇和奖惩等领域中。

市场运作的特点是，依靠无形的经济机制来调节，其中市场交换原则具有特殊重要的作用。由于商品的价格不同于其价值，二者之间往往会发生背离。价格具有弹性，受到供求关系的影响，而供求关系又与商品的稀缺程度有关。在市场规则尚不健全的情况下，稀缺商品在出售时，控制这些资源的人与寻求这些资源的人之间往往会出现“权钱交易”“权情交易”，这正是关系资源可以在其中起作用的空间。超级村庄和一般乡镇企业是体制外生长出的结构，它们在发展中寻求的往往只能是这种稀缺资源，因而在这个空间内的创造是大量而有成效的。

非制度安排与上述制度规定大不相同，既不以法规的形式也不以契约的方式进行，规定的主体既不是社区更不是大社会，而往往是在个别事件中由个别人或由小群体以非正式的方式来规定和约定的，并不一定得到社区合作群体的正式承认。在村社区中它借助于社会关系网络来运作，运作方式主要有身份承诺、熟识信用、关系策略和社区意识等。

身份承诺[①]，建立在三种基础之上，一种是身份等级系统所赋予的身价，另一种是有身份的人掌握资源的能力，再一种是人情的担保。因此，并不是有身份的人即有承诺的资格，“利、权、情”达到统一，才是身份承诺的担保。在超级村庄的经济生活和公共生活中，村干部身份承诺有着重要的作用。干部身份承诺，在实行集体制和股份合作制的村庄里，往往表现为公司正式职权的承诺，而这种职权，一般必须以具有村干部身份作为先决条件。只有这样的干部，在村里人眼里才真正占有权力、拥有人情，有可能与村里人的整体利益保持一致，才有身份承诺的资格。干部身份承诺，在制定村庄的整体发展策略，做出重大决策，安排就业和就职，决定分配提留等内部事务上，具有重要作用，有时甚至是唯一决定性的作用。

在以家庭工业和私营企业为主的村庄中，村干部身份承诺表现得更为特殊和重要。畔村的村组织，近年来主要依靠在村内企业集资来建设村内的公共设施和公益事业。集资的方法是，由村委会根据企业的经营状况提出希望的数额，然后与企业协商而定。重要的出资人则需要由村干部上门直接商谈，商谈中，村干部的身份承诺起着决定性的作用，村干部所代表的村庄整体利益、所掌握的内外部人际关系资源和个人间的人情，往往影响着出资人接受出资的态度，有时还会看在情面上和出于对干部本人的信任，多出一些资金。

熟识信用，是村社会依靠特定社会关系建立的信任结构。乡土社会是一个由世代延续的血缘和地缘关系结成的熟人社会，人们之间的信任不是依靠契约或正式的约定建立的，多是通过情感、体验、默契等相处之道亦即行为规则而产生的。“乡土社会的信用并不是对契约的重视，而是发生于对一种行为的规矩熟悉到不假思索

① 李培林、王春光：《新社会结构的生长点——乡镇企业社会交换论》，第67页。

时的可靠性。”[①]熟识信用在追求长期利益甚至不图回报时才有更大的效用。熟识信用还可以借用、转让和滚动，人情是这种信任的表现形式，“人托人”“顺水情”“说情”，都是熟识信用扩展的表现。超级村庄的内部事务和企业运作中，有大量依赖熟识信用处理问题的方式，在处理与外界的关系或影响村庄以外其他人时，它也是一个重要的方法。

关系策略，是村庄利用关系网络运作从而形成某些非制度化的游戏规则的方式。在超级村庄的发展中，存在着一种既不同于国家法规，也不同于规范化的市场原则的内部工作方式，那就是运用非正式的社会关系网络。村庄之所以能够依靠关系网络获益并且将它转化成巨大的经济资本，是因为它在非制度化的空间中具有大量创造的机会和能量。由于中国社会的组织资源也是二元的，对于村庄来说，可利用的行政组织资源非常有限。公社体制解体之后，村庄在获得更大的自治权的同时，也在一定程度上失去了通过行政渠道利用正式组织的权力，即使利用，采取的也是非正式的方式。因此，村庄更多是在非正式的组织空间里大量地创造，包括利用村庄的人际关系和资源与外界拉关系（行政的或市场的），利用村庄受行政制约较少的便利引进企业和资源，改造设备和劳动用工制度，利用村庄拈来可用的传统组织资源（家族的和村集体组织的）进行管理和控制，并且将这些方式引入村办企业组织内部。由于村办企业本身在很长一段时期内都不能纳入正式的企业管理体系，因而利用起这些方式来毫无阻碍，得心应手。

社区意识，在这里是指在社区实践基础上形成的对社区行动的看法和见解，它往往反映出村民共同的价值观念和思想意识，对村民的行为具有规范作用。规范作用的强弱，由村庄内向聚合力强弱而定。可以看到，超级村庄在非农化的过程中，大多发生了再组织的过程，进一步强化了村庄的内向聚合力和自主性，村庄作为经

① 费孝通：《乡土中国》，生活·读书·新知三联书店，1985年，第6页。

济共同体的特征更为明显，合作便逐渐成为这些村庄共同的社区意识。还可以看到，对社区行动的共同看法和见解，甚至会导致对同一行动形成两种不同的道德规范，一种适用于村庄内部同村人之间的关系，另一种则适用于对外人或国家的关系。例如，在农民看来，蒙骗村民是不道德的，但为了村庄的利益蒙骗政府官员则是应该受到奖励的道德行为；在村里利用私人关系占取过多的私人利益是不道德的，但为了村庄企业拉关系走后门则被看成是村里的能人和英雄。①

这些道德观念一旦成为社区的共同意识，实际上就已经演变成为一种非正式的制度安排，统一和调整着村里人的行为，甚至于成为村里人采取合作行动的价值基础。

上述一些非制度性安排是否能够得到执行和落实，主要取决于社区内部互动的程度。在超级村庄这样村民流动性很小，社区生活相当稳定，仍然保留着乡土社会生活秩序的村庄里，非制度性安排被执行和遵守的可能性很大，而且在这些组织结构严密的社区里，人们的合作意识较强，一般都会自觉而严格地遵从非制度性安排，不愿意因为违规而受到社区公众的谴责和排斥。当然，伴随工业进入村庄，现代企业的运作方式也被带入了村庄，上述带有传统色彩的非制度性安排并不能够完全独立地发挥作用，它们往往延展深入到外来的现代企业组织和业缘关系结构中，只有两相结合，才能发挥更大的作用。

三、村庄的制度安排

我们说过，制度背景所提供的形式化的制度，总是滞后于丰富多彩的社会实践活动，与现实中的制度之间留有一定距离，这就成为村庄进行制度安排的空间。制度安排的规定主体是社区组织，它

---

① 米罗诺夫：《历史学家和社会学》，王清和译，华夏出版社，1988 年。

并不受大社会的直接约束，也不是村民个人可以做出的。与外生的制度背景不同的是，它不是“法定”的而是“群定”的，从本质上说，它是群规，是一种为社区整体或合作群体内部承认的村庄自定的正式规则，一种合作性的契约安排，在超级村庄中它借助社区合作体系而运作。

我们之所以在不同的调查村中难以找到完全相同的组织和规则系统，原因恐怕正在于此。我们也注意到，一方面，超级村庄在一个既定制度背景影响和制约下所做出的制度安排，已经越来越多地融入了制度背景提供的公共规范，另一方面，又由于它是“群定”的，村庄传统的规范和社会关系必然融入其中，不仅因为规范有承袭性，还因为对传统的承袭有利于外来的制度顺利而平稳地进入村庄。在这里，问题的关键有两个，一是外来的制度变量与村庄内生的规范怎样相互融入，二是这种相互间的融入为什么以及怎样使新制度产生效率。

对于内外生制度变量之间是怎样相互融入的，已有“交换融入论”的解释，认为乡镇企业可以通过经济社会交换使乡土社会的传统规则变成向新体制结构转变的稳定机制。而这种交换之所以可以进行，是因为传统在本质上是蕴涵着过去、现在和未来的动态积淀过程，因而新旧要素之间存在融入的可能。①

如果我们不是从历史演进而是从现实角度看，内外部要素之间具有互补性，也是它们得以相互融入的原因所在。这种互补性促成的不是双方交换，而是内外规则之间的交融。

一方面，在体制转轨时期，制度背景所提供的法规和市场规则缺乏确定性，需要借助其他非正式的手段才能运作。在行政活动领域中，政府退出了对村庄等基层社会的行政控制，为了获取行政支持，包括法规、政策等，行政的和非行政性的规则和社会关系就会融入交织，在基层的政治经济活动中同时起作用。在经济活动中，

① 李培林、王春光:《新社会结构的生长点——乡镇企业社会交换论》，第 67 页。

市场规则尚未健全，“基于社会关系之上的契约便会有一个重要的功用，即交易可以基于非经济性的社会关系，而不是通过匿名的市场进行”①。

另一方面，村庄内生规则缺乏合法性，无法在参与外部社会经济活动时发挥作用，需要借助制度背景所提供的外生规则。而且，乡土社会中的种种规则在社区的急速变迁中，在乡土社会进入工业化时期后，也处处产生了流弊，诸如身份承诺、熟识信用等，在日益扩展了的业缘关系中已经难以独立发挥作用，也需要再加上契约的约束，等等。正是这种两相之间的互补性，促成了内外生规则的共生和融合。

那么，内外生制度变量相互融入何以产生效率呢？我们用“制度、契约＋情感、关系”的加权反应来表述。加权反应，是指制度形成中发生的类似化学的质变与发酵反应，即是说，二者结合与否有着质的不同，结合的法则和效果不是“1＋1＝2”，而是“1＋1＞2”②，由此产生的增值或提高效率的作用即为我们所说的“创新”。在这个发酵反应中起酵母作用的，即是村庄的社会关系网络，作为一种能够影响资源配置的资源，它的加入，必定使村庄多有获益。

让我们通过对超级村庄制度安排几个要素的考察，来对此加以说明。

1. 组织系统

超级村庄内大多形成了完备的组织系统，作为制度安排的载体，它表现出现代企业制度导入村庄并与村庄传统组织相融合的特征。这个特征在组织系统的三个基本要素——机构、领导、成员上都有充分的表现。

---

① 何梦笔：《中国产业文化的组成特点：地区团体主义与家族主义》，载《农村经济与社会》1993 年第 6 期。

② 陈介玄：《协力网络与生活结构——台湾中小企业的社会经济分析》，联经出版事业公司，1994 年，第 239 页。

村企合一的组织机构

我们在前面章节中已经对企业作为法人组织何以与乡村社区融为一体进行过讨论。这里对村企合一组织体制本身的特点再做一些描述和说明，下面三个有代表性的个案村庄的组织机构图大致可以描述出村企合一的组织形态。

联村组织机构图：

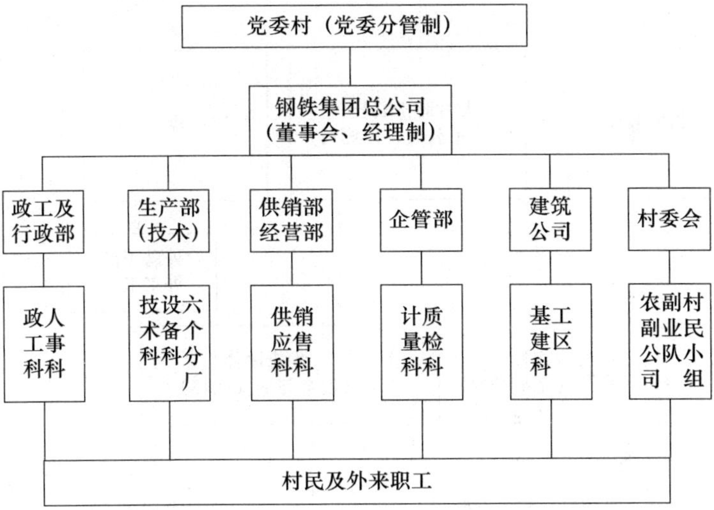

畔村组织机构图：

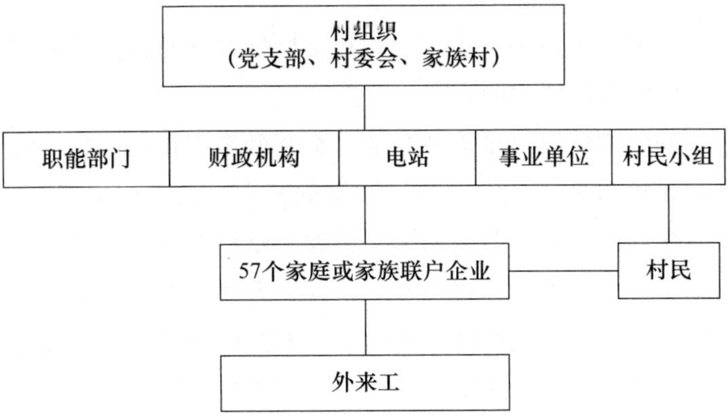

丰村组织机构图：

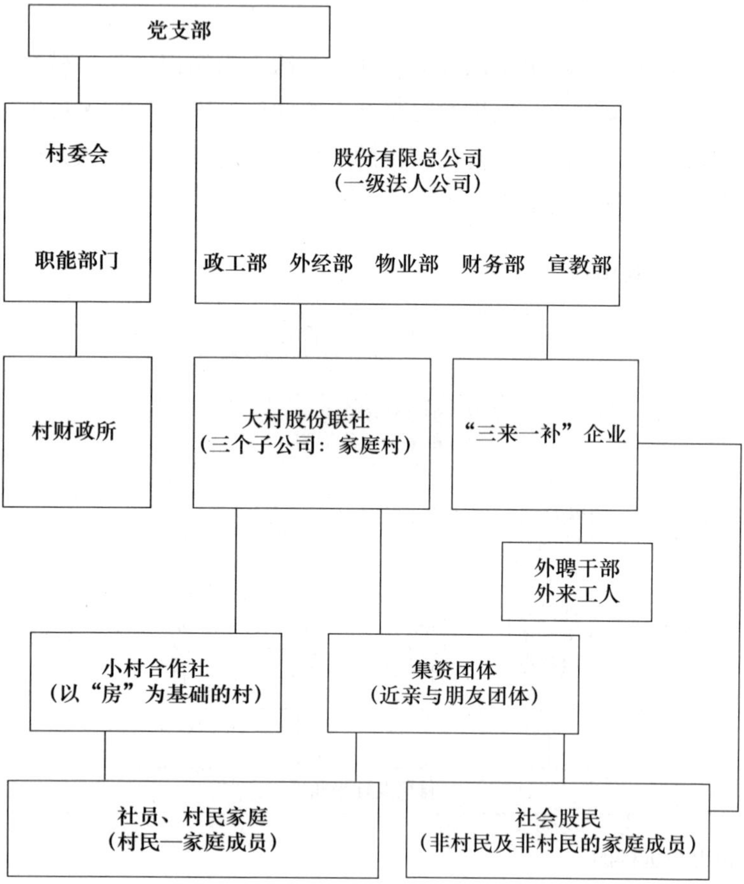

以上三种组织体系既表现出各自不同的社区特征，又表现出地方特色的制度背景产生的影响。

各村的组织体制是根据各自的社会基础来安排的。联村的组织体制表现出明显的现代企业科层制度的特点，其中职级层次明确，部门专业化程度很高，职责明了。村委会是村企业集团总公司的一个下属单位，分管农业和村内事务，管理方式虽然不完全是企业式的，还保留有村社组织的特点和做法，但是所负经济职责和财政均来源于企业集团，是企业集团的二级核算单位之一，在建制上与集团下属的“部”相当，不过村委负责人的行政职位比较高，任党委副书记，分管村委工作。这个结构表现出村企合一，特别是“企业办村”的特点。联村的企业组织没有表现出多少村民组织的特点，这与它是成村较晚的杂姓村不无关系。

丰村的组织体系表现出现代股份公司制度及组织与村集体组织和家族组织之间配合默契的特点。家族关系显然是股份合作组织赖以建立的信任结构，而村组织则是它的基本权力的基础。丰村的股份制组织内部有着深深的单姓家族村落的痕迹，而且组织的层级结构也多少反映出家族内部的结构特征。

畔村的组织体系则表现为由村集体组织与家庭或家族企业相互配合的产物。虽然我们已经指出，村庄的再组织特别是村集体合作体系的建立，与村庄的家族特征并无正相关性，家族村庄不一定必然出现再合作的趋势，反之亦然。但是在村组织体系的构造中，我们却能明显地看到村庄组织、家族关系和地缘关系所产生的重要影响。这种利用了传统组织资源的结构方式，其意义不仅在于节约制度创新中的组织成本，即理性计算的结果，而且表现出社区成员在抉择时，社会关系、村社传统以及民意合法性等因素的作用。当这种结构方式不会影响到经济组织的效率甚至有助于激发内聚力、增强安全感、调动积极性，从而达到既提高效率又维持良好的社会经济秩序时，它的存在就具有了积极的意义。这正是超级村庄组织体系创新的一大特点。

上述三种组织体系又都表现出各自地方制度模式的特点，我们很难想象在南部沿海地区股份经济和私营经济发达的地方，会出现联村那样的组织体系；反之，在苏南地区集体经济发达的时期，也难以出现丰村和畔村那样的组织体系。只是在近几年集体所有制转制的背景下，畔村的组织模式才对苏南村庄具有了某种参照价值。

新的社会分类和领导角色的安排

我们已经指出，现代企业或公司制度进入村庄，并且得以平稳而顺利地运作，是因为其中融入了村庄原有的组织体制。在这里，新的组织领导角色的出现是一个关键性的环节。超级村庄的经济组织大多就是村集体主办的，或者村集体对民营企业有着某种特殊重要的贡献，因而企业或公司的名义领导就由村干部担当，这也使他们具有了双重角色和身份，党支部书记—董事长、村长—总经理是普遍都有的两个最重要的角色身份。这是一个新的社会分类，虽然它反映出村庄原有的“几块牌子，一套人马”的组织和权力结构的特点，但是董事长、总经理与村组织干部身份的搭配，却是现代企业或公司制度融入村庄组织的结果。

这种新的体制和身份，的确在十余年时间中把一批土生土长的村干部转换成了企业家，但他们又不是单纯的企业家，不是只带有经济理性的个人，他们同时具有行政经验、社区责任感和运筹人际关系的能力，掌握有合法的社区权力，他们所组成的群体，集村庄的政权、财权、物权和人事权于一体，可以动用任何不具备这种双重身份的个人难以掌握和动用的社区资源，因而他们在村庄制度创新中有着举足轻重的作用。这正是超级村庄精英的一种独特性格。

这个双重的角色安排至少有着这样几种意义。首先，它将村组织的结构和领导方式顺理成章地带进了企业组织，利用村庄原有的组织资源和动员村内其他资源的能力，帮助村办企业在节约组织成本，避免变革带来大的社会动荡的条件下，完成了艰难的创业过程。其次，这些具有双重角色的领导既是村庄里的精英人物，又是受到外来行政体制和政策认可的集体组织的代表；既是村庄党政企权力的执掌者，也是协调各系统的中间人。

在村庄中可以看到，村政组织者的角色，使他们在领导企业时，不至于使企业的经济行为只遵循经济原则而偏离社区利益太远；而企业家的角色又使他们不至于完全为了政治的或社区的利益，而使企业在经济上损失太大。同时，因为他们既是党政组织在村庄的代表，掌握着村庄与外界的各种关系，又是村民降任于斯的村庄带头人，这种双重的角色和性格，还使他们实际地维系着村庄各类组织之间，以及村庄与村民、村民与外来人、村庄与外部市场体系和地方行政体系之间的关系。

法人成员资格

超级村庄在制度变迁中大多发生了再组织化的过程，组织成员资格的确定是其中最具变革意义的事情。我们已经分析过，在合作体系建立过程中，村落传统的"自然成员"资格已经不复存在，取而代之的是"法人成员"资格。例如，无论个人还是村民团体甚至小村集体，在参与合作体系时都必须以土地或入股资金或就职作为合作的现实资本和条件，而不再允许以单纯的村民身份获得成员资格。外来人加入合作时，必须正式签订劳动合同，以契约的形式确定自己的法定成员资格，等等。这说明，以企业或公司方式运作的超级村庄，已经发生了围绕法人团体的再组织，法人成员已经成为它的基本组织结构要素。

值得注意的是，超级村庄内的法人成员群体，是一个以"分田人头"为核心，按照村内人和村外人的边界严格划分的层级结构，反映着村庄社会关系的基本特征，也表现着社会关系由血缘向地缘再向业缘逐渐推进的"差序格局"。因此，即使在实行股份制的村庄中，股东身份虽然是平等的，但是仍然存在着村民股东和非村民股东在待遇、地位和声望等方面的实际差别。这正说明，外生的制度要素进入村庄时，仍然会受到内生社会结构与规则的强烈影响，即使在法人组织的外壳内，也存在着村庄的传统合理性对法定规则进行修订的可能。

2. 规则系统

超级村庄大多成功地引进了现代企业组织的科层制度，建立有完备的职级和职能体系，也都有一整套在形式上参照同行业国营企业的规章制度。不过，超级村庄企业制度的成功之处，还在于它根据村社会的实际状况改造了外来的企业制度。有的制度因为易于变通而缺少了规范性，但灵活、高效而有激励作用。也有的制度由于缺少约束机制，或者说在“群定”时无视了“法定”的制度，致使有的村庄出现违规犯法的事情。当然，违法违规是极端的例子，超级村庄的规范系统在既定的制度环境下，已经有充分的余地去合法地创造了。

在这些村庄形式化的科层制度中起作用的原则，不完全是“事本主义”，乡土社会那种受感情、信任、承诺、社区文化价值观和道德标准约束的人际关系原则，仍然在其中发挥着作用，有时甚至起决定性的作用。我们无论在丰村那样的公司体制还是塘村那样的企业管理制度中，都可以看到这种作用。

在这些村庄中，制度变通的原则之一是不犯法（制度背景的约束）或者是在法规的灰色地带运作而不触法，即所谓“绕道而行，另辟蹊径，在既定的体制框架之外，形成新的社会行动领域的机制”[①]。实际上大多采取的是介于合法与违法之间的灰色行动，这种行动必须小心翼翼地保持一种平衡，以便使自己不触犯法律，因为一旦触犯法律，当国家有理由以法律为武器时，村庄精英和集体行动都是不堪一击的。原则之二是“办成办好事，办得有效率”（制度安排的余地）。前者表明，村庄的规范系统既接受制度环境的约束，又充分利用体制转轨之间的制度缝隙，因而创造的余地比较大。后者则表明，村庄规则中允许最大限度地利用一切可增进效率的要素，例如我们所称的具有酵母作用的社会关系网络，通过它来利用制度背景所提供的一切相关的制度，再如，村庄传统规范也有稳定社区秩序、约束个人行动、激发内聚力、保障一致行动等作用，利用它们亦可弥补制度的刚性所带来的各种问题。

---

① 项飙：《流动、传统网络市场化与“非国家空间”》，载张静主编：《国家与社会》，浙江人民出版社，1998 年。

上述特点在超级村庄的诸多制度和规则中都有体现，下面选择其中几个有代表性的加以讨论。

工资制度

工业进村之后，村办工业大多经历了一个从“工资转队记工”到“月工资制”的变革过程。收入转队记工的办法，要求村民将在企业获得的收入上缴生产队，其中 70% 归集体，30% 归个人，需在转记工分后，再由集体分配给粮钱。后来村办企业日益扩大，在企业职工工作积极性问题变得越来越突出的情况下，村组织考虑到如果职工工作好坏与个人收入不挂钩，收入差别只与原属生产队的经济效益好坏相关联，不利于调动职工的积极性，同时，“记工分配”的办法与企业管理方式之间也常常出现矛盾。于是，取消此法，在企业中实行工资制，个体户的收入也不再上缴生产队，不再参加生产队的集体分配。

不过，许多村办企业集团内部的月工资制度虽然在形式上参照国有企业，实际操作上却大不相同。企业内部的月工资制带有浓厚的乡土色彩，实行“月工资，年结算”的办法，相似于农业集体化时期的“日记工分，年终分配”的方式。企业每月只发给职工（一般外来工流动性大，实行完全的月工资制）一部分工资，数量多少根据当地的一般生活水平和企业经营情况而定，其余部分年终统一结算，连同奖金一并补齐。

村企业里实行这种办法，似乎天经地义，道理充分。一是村办企业的工资额度一般并不固定，根据年度效益而确定，年底结算的办法就较为适宜。二是农民出身的职工习惯并接受由农业时期延续下来的分配办法，同时村里大多数农户都在工厂工作之余兼营农业，工业分配的周期恰巧与农业收益的周期相近，更适合于家庭内部安排各种计划。三是这种方式对企业来说具有明显的经济效益，因为职工工资中的绝大部分在一年之中并未转出生产经营过程，或者一再投入再生产，使企业得以在流动资金不足的情况下有效地利用这部分资金。

职工之所以接受这种办法，是由他们和村企业之间特殊的合作关系所决定的。在村民的意识中，他们不是受企业雇用的，企业就是“为村里人办的”，只要确保支付给预先商定好的收入，企业根据经营状况实行灵活的分配办法就不会受到太多的非议。

不过，这种分配办法在实行其他合作方式的村庄中并不一定适用，如在南部实行股份合作制的丰村，村民已经不再从事农业，大多数在港商经营的“三来一补”企业里工作，他们对个人收益和资产的观念更接近于“资本经济”，一般不接受这种“无息延付工资”的做法。他们宁愿按月拿工资，再以资金入股的方式将工资及其他收入投入到村办的股份公司中去，以便从中获取红利。所以，村办公司也参照外商企业的做法，实行彻底的月工资制度。

超级村庄的工资制度中，一般都体现按劳动和贡献大小实行差异分配的原则。差异有大有小，一般都实行“上不封顶，下保底”的制度。“上不封顶”表示对劳动和贡献加大奖励和激励的力度，“下保底”则表示村办企业实行就业保障，提高职工绝对工资收入的政策。在一些村庄，还对“上不封顶”的收入另有限制的办法，例如企业规定高收入者不能将超过一定界限的承包收入以现金方式支出，而须将这部分收入放在企业，只有在某些由村里统一安排的福利性消费，如优惠买房、买汽车时，才能使用，即由村企业从收入账面上内部结清。“下保底”的工资数额逐年都有提高，主要是从工资附带的奖金上提高。这部分收入与村里其他福利和保障以及救助资金，共同构成超级村庄提高村民绝对生活水平的基本保障。

人事及就业安排

企业制度进入村庄后，村民自然就业的状态被打破了，但是，村民就业优先的政策，在一般超级村庄中仍然是一个“铁律”，特别是在创办企业初期，解决村民就业问题往往就是村庄办企业最基本的目的。这种对村民就业权利进行保护的意识源自农业集体制时代，在集体制时代就出现过为保护村民劳动权利而造成的农业过密化现象，因为“集体单位犹如大家庭，不能解雇其过剩劳动力”“不容忍部分人失业，哪怕这意味着对其他劳动力更有效地使用”[①]。

这种情形不仅在农业经营方式下和公社体制内存在，而且一直延续到乡村工业化之后，在新的合作体制内也同样存在。在长江和珠江三角洲的村庄里都可以看到这种现象。村庄在工业化初期，绝不能为了获取最大利润而首先雇用劳动力价格便宜的外来工，而是必须首先满足本村村民的就业要求，并支付较高的工资（实际是从事收入较高的管理工作）。只不过后来因村内的劳动力不足以满足大工业的需求，大批外来工的流入才淡化了这个事实。现在村庄对村内劳动力的保护，造成的并不是“有增长而无发展”的农业过密化，而是村庄社会的相对封闭性。当村民劳动权的保护成为特权时，便在村域内形成了相对封闭的职业圈子，在许多村庄都可以看到村民专事管理，而外来人（除去村庄特聘的技术或管理人才）则大多数专事体力工作的现象。

村民就业优先的原则，在企业内部的人事安排上还表现为，某些职位和职业是村民的特权，外聘职工一般不能涉足，正如我们在第三章中所说，这是一个为村民保留的有升迁可能的内部劳动力市场。

这种安排，在村干部、村民和外聘人员看来都是合理的。一方面，这种安排符合本村人的信任观念，在重要的人事安排方面，只有本村人才能受到信任；另一方面，这种安排可以避免不必要的内外冲突，更有利于安排外聘人才在其他重要岗位上就职。因此，这也是村领导既顺应民情，又广开“才”路，推行招聘制度的一个对应策略。

---

① 参见（美）黄宗智：《长江三角洲小农家庭与乡村发展》。

村籍制度

村籍制度[①]是经济发达地区村庄工业化过程中出现的一种独特现象，是单个村庄超前发展，与其他村庄之间形成巨大的差别后，进行自我保护和加强利益控制的一种制度，也是巩固地缘关系的制度化形式。作为一种社区身份，它仍以户籍为其基础。从调查所及的村庄来看，都存在这种成文的或不成文的制度，只不过被强化的程度有所不同。

村籍制度的核心是控制外来人口流入和防止村庄利益外流。在村籍制度严格的村庄，还形成了一整套规范体系，包括保留村籍的限制，例如，规定出嫁者在三年内仍可保留村籍，有权参加村内的分配，三年后则村籍失效；而由外村嫁入或入赘者，则需在三年后才能正式拥有村籍并参加分配；包括再入村籍的限制，例如原籍村民由于职业变动从农业户籍转为非农户籍者，再入村籍则要受到限制；也包括违籍的处置，例如违反村规民约严重者（如吸毒等），取消其在村内的一切分配和福利待遇甚至开除村籍。

不仅如此，这套制度实际上已经演变成一种与工资、福利、就业、教育等相关联的制度综合体系。拥有村籍，就具有了优先选择职业，享受村民福利、补贴或集体分配，在村内批地建房办厂，入股投资分红等权利；同时也必须与村庄共担经济风险，遵守村规民约（有的已具有村庄司法的性质），承担村民应尽的各种义务，如合作互助、辅助病残、尊老爱幼等。失去村籍，村民就失去了在村中的一切利益，而新加入者则有权分享其中的一部分。

因此，村籍制度控制下的村庄利益分配带有强烈的排他性，在一些村庄可以看到，出嫁女不愿离开村庄，村民不愿意接受婚姻以外试图加入村庄的人，也拒绝当年跳出农村转为城市户籍而今又想

---

① 折晓叶：《村庄边界的多元化——经济边界开放与社会边界封闭的冲突与共生》，载《中国社会科学》1996 年第 3 期。

再入村籍的人。即使那些靠专门手艺在外谋生者，也设法保留村籍，一旦再回到村庄，仍会成为村庄利益的当然享有者。

当然，村籍制度并不是一个单纯的文化现象，它也是村庄产权的社区所有制以及由此产生的分配制度的伴生物。由于村庄是通过增加社区内的公共福利开支，使村民分享社区财产收益（有人亦称之为“隐含财产收入”），移入一个村民，就会分走一份隐舍财产收入，也就意味着其他村民的收入会相应减少。因此才会遭到村民激烈反对，即使不反对恐怕也难以行得通，因为这种分配方式将使更多的人为了获得村民身份，以致村庄无法承受。对此，村庄最好的选择是，既不允许外来劳动力移入，但同时又利用外来劳动力。[①]

值得注意的是，在这里，村庄的产权制度和分配体制，又是在村社区文化的反作用之下被强化了的。我们可以看到，在一些已经实行股份合作制的超级村庄中，仍然保留产权的社区所有制和村民的隐含财产收入；在一些已经有条件吸收部分有贡献的外来人才加入村籍（他们为村庄创造的经济效益已经远远大于将会获得的利益），或将他们的管理权限加以扩大的村庄，也由于村民对村外人的强烈排斥而无法实现。

由于村籍涉及村庄利益的分配，因此村籍形成的社会界限，也成为村社区基本分层结构的基础。在村籍制度严格的村庄，一般存在五种身份群体：一是具有村籍身份的村民，他们拥有最优越的职业位置和最高的社会地位。二是“空挂户”，一些在村庄户籍册上注有姓名，但是尚未被正式接纳加入村籍的人。他们与村庄有各种特殊的关系，大多为村庄的发展做出过特殊的贡献，在条件许可和村民同意时，有可能转为正式的村民。不过他们实际上在村内已经担任管理类的职务，有条件在村内置办房产、自办商业等。三是外来商户，虽无村籍，但长年在村中经营商业，有定居的趋势，也是一些希望拥有村籍的人。四是外聘人员，主要是村庄聘请来的高级

① 何道峰：《从封闭走向开放的历史抉择》，《乡村变革》，人民出版社，1995 年。

技术人员和管理人员。他们的职位较高，但身份低于具有村籍的同职人员，一般不准备在村中落户。五是打工者，职业多为体力工人或在生产线上的初级管理人员，流动性很大，虽然其中许多人希望有机会在村庄落户，但可能性很小。他们与村民之间的社会距离最大，是村社区中社会地位最低的群体。

以地缘关系为基础的合作圈子和村籍制度，在保护村民利益，防止利益“平调”，强化村庄整体利益等方面，有着积极的作用，但它却在村里人和村外人之间挖了一道难以逾越的鸿沟。虽然在村社区文化中对此有着合理的解释：村民享有的优惠，是对他们在创业初期共同付出的艰辛和所投入的土地分期支付的报酬，村外人不能享有，是因为他们没有付出。但是，这道鸿沟的存在，也使大部分超级村庄面临人才无法合理流动的难题，一方面，外来的人才无论怎样努力，都有可能永远处于打工者的地位，村庄不接纳他们，他们也不认同村庄。这样，村庄既不可能拥有稳定的技术人员、管理人员和工人队伍，也不可能保持稳定的人口聚集规模。同时，也限制了村民向村域外合理的职业流动，村民因利益所在而固守村庄，也是以牺牲个人日益多元化的需求为代价的，在有的村庄，村民为了保住既得利益，甚至不愿意外出上大学。另一方面，村民特权的强化，已经使一些村庄出现了管理人才在村域内“近亲繁殖”、权力结构家族化等倾向。这些在村庄中产生的社会关系，在现阶段与乡村企业组织之间仍有着高度的融合性，运用得当，依然非常有效。不过，它们对于村庄的持续发展和社会转型，将产生怎样的影响，却是有待深入研究的问题。

村规民约

在村庄的规则体系中，村规民约是最具有“群定”特点的正式制度，一般经过村民代表大会“制定、修改、审议和通过”“解释权在本村民委员会”，具有强制性的约束作用。在调查所及的超级村庄，都有正式成册的村规民约，内容详尽丰富，但没有定规，一村一个规矩。从我们收集到的文字规定来看，没有固定的内容和程式，规则有多有少，有详有略，每一个都反映着一个特定村庄丰富生动的公共生活内容。

但它们又有着相同之处。作为内外部制度和规则相互融合的产物，村规民约既是执法的产物，特别是执行《土地法》《兵役法》《婚姻法》和其他法规的产物，明确规定“如有同国家法律、法规、政策、法令相抵触的，一律以国家法律、法规、政策和法令为准”，又是村庄自治的规则、习惯法的反映，主要内容是对村庄公共生活的方方面面规定了管理和约束的细则，目的在于保障村民的合法权益，维持村内的社会生活秩序。

村规民约几乎涉及所有与村民公共生活有直接关联的事务，大多对土地使用、责任田耕种和管理、宅基地划分、计划生育、征兵、治安、民事调解、婚丧嫁娶、精神文明建设等，都有详细规定。这些规定除去参照国家法规外，具体规定大多带有乡土特色，依照本村村情而定。

例如，联村近年的村政建设正处于规划实施阶段，村民拆建房是村内最难管难办的事情，村规民约中有关这方面的规定就最为严格，“村民建房，应按批准的面积和位置，由建房专管员统一放样，经批准合法使用的土地，任何人不得阻挠”“对批准的建房户，必须服从村庄规划，按照土地管理所和村民委员会放样定点的方位施工，任何人不得擅自变更和移位以及超面积建筑”。其他村则很少有这方面的规定。

丰村是一个单姓家族村落，“礼让传家”一直是家族祖训，村委会在推行村庄精神文明建设中，将这一祖训增修为“礼让谦贤”，并且作为村庄精神文明建设的准则，写进村规民约，明文提倡礼让谦贤四字教育。

村规民约中有关违规处罚的规定，更带有乡村“司法”或习惯法的特点。处罚一般分轻重而定。

一般性违规的，多处以罚款。例如，有的村庄规定，一般性治安违规“处 200 至 1000 元的罚款”，“凡抛荒或半抛荒的农户，需交纳抛荒或半抛荒费 1000 至 2000 元 / 亩”“无计划生育两胎罚款 4 万元以上，夫妇双方外出躲生和逃生的另加 50% 罚款处理”等。

违法的，一般取消在村办企业就业的资格。例如，有的村庄规定，“凡是体检合格定员后逃避不去服役者，处 2 万元以上罚款，如有直系亲属在企业的应除名，本人在厂的开除出厂（村内其他单位不准录用），不办给个体营业执照，已办的报请工商部门及时吊销”，等等。

较严重违法违规的，取消在村内享受福利保障的权利。例如，苏南一些村庄以评比“新风户”的方式，督促村民遵守村规民约，凡评上的，即是遵守村规民约者，“可享受村里原有的各种待遇”，凡评不上的，即是严重违法违规者，则取消享受资格。

对于严重违法违规的，村庄一般都有严厉的处罚办法。在这些富裕村庄，取消享受村内待遇的资格，即意味着失去就业、升迁、保障、福利和各种其他机会，对于村民来说，已经是严重的处罚。

更严重的处罚规定是永远取消做村民的资格，即取消村籍，这是村民眼里最为严重的处罚。例如，有的地处吸毒较严重地区的村庄规定，“禁止吸毒，如发现吸毒者，一律押送戒毒所处理；并取消其在村内一切福利，再不安排任何工作，取消本人在村内的一切政治权利”，直至取消村籍。

村规民约，是村民生活中最直接体验到的法和规，在村庄中具有很高的权威性。在这些日渐健全和完善的规则作用下，超级村庄的社区生活是稳定而有秩序的。在这些村庄中，村规民约只适用于本村村民，而对聚集在村内的其他外来人，则有相应的厂规厂纪和治安条例加以管理和约束。

第八章
社区就业行动中的村民与外来人

在超级村庄这一类社区的居民日常生活实践中，就业是一项最主要的和最富挑战性的内容。就业行动不仅帮助村民和外来人完成了从农民向非农的转化，实现了其中一些人的创业梦想，而且促进了村庄社会结构的变迁。我们可以从中再一次看到人的行动所具有的建构意义。超级村庄内个人的就业行动是在乡土社会结构的背景下进行的，在就业行动的过程中旧有乡土社会结构的影响和限制无处不在，而就业行动的结果又发展了过去在村庄不存在或占弱势地位的业缘关系，从而改变了乡土社会的结构。

费孝通在《乡土中国》中曾这样描述中国的乡土社会："乡土社会在地方性的限制下成了生于斯长于斯的社会。常态的生活是终老是乡。假如在一个村子里的人都是这样的话，在人和人的关系上也就发生了一种特色，每个孩子都是在人家眼中看着长大的，在孩子的眼里周围的人也是从小就看惯的。这是一个'熟悉'的社会，没有陌生人的社会。"[①]

在这个没有陌生人的社会中，建立在血缘关系与地缘关系基础上的人际关系是与生俱来的，是个人无法选择的；而业缘关系是一种以职业为纽带结成的人际关系，是由陌生人组成的，可以通过选择职业来主动选择。通常认为，业缘是与血缘、地缘关系相对的，同时又比血缘、地缘更为高级的社会关系。对于超级村庄特定

---

① 费孝通：《乡土中国》，生活·读书·新知三联书店，1985年。

职业结构下建立的业缘关系，我们却很难做出“私人性—非私人性”“正式性—非正式性”这种二元的区分，在这里，业缘关系与血缘、地缘关系大量重叠和交织，共同产生作用，从而建构了村庄的社会关系。

一、村庄职业结构

超级村庄作为一个非农社会经济区，存在着以非农为主的产业结构与职业结构。村庄内部的职业结构在形态上虽与城镇类似，但它们是建立在村庄特定的社会基础之上的，非农社会经济结构的基本特征，诸如以乡镇企业为主体但多少还保留着保障性农业生产的非农经济结构，带有强烈“村社会”色彩，保留着大量过去村庄的文化与人际关系准则以及相对封闭的社会结构等，都对村庄职业结构的形成有着决定性的影响。

无论原来农村手工业发展水平如何，在农村经济体制改革之初，这些后来发展成为工业村的村庄无一不是以农业为主要产业，村民的职业也以务农为主。随着非农产业的发展与扩大，职业结构也相应地发生了急剧变化，形成了与社区身份结构密切相关的职业结构。超级村庄的职业构成一方面与传统村庄完全不同，另一方面也不同于城镇或小城镇的职业结构。它与乡土社会结构有千丝万缕的联系，是村庄非农社会经济结构的重要组成部分，也是村庄制度安排的结果。

这种职业结构有如下特点：（1）村庄的经济发展过程中存在着复杂、缜密的劳动分工，在一些村庄中甚至形成了与城镇类似或同构的职业体系；（2）这种职业结构的形成是村庄制度安排与村民个人选择的共同结果，它是一种混合结构，具有很强的弹性和很高的流动性；（3）这种职业结构与社区身份密切相关，形成了村民与非村民的双重职业结构，就这一点说，这一职业结构仍存在相当强的封闭性。下面让我们具体加以描述和分析。

1. 村庄职业构成的多元化

传统乡村社会结构的重要特征是村庄内部不存在复杂的劳动分工，乡村社会成员以从事农业为主，相互之间具有很大的职业同质性。就这一点来说，我们所调查的超级村庄与传统的乡村社会已完全不同，大部分村民由主要从事农业转为从事制造业与第三产业，在超级村庄内形成了一个相当完整的职业体系，与有建制的小城镇已经十分相似。在一些超级村庄内，职业体系的复杂程度不仅已经超过了不发达地区的建制镇，甚至超过了邻近的乡、镇政府所在地。

以丰村的一村与三村为例，村民从事的非农职业除生产工人外，还包括了厂长、经理、部门主管等企业管理人员，医生、会计等专业技术人员，以及如报关员、银行职员、环卫绿化工人等通常在大企业和城镇才能见到的职业。

丰村一村、三村村民职业分布　（单位：人）

职业	一村	三村	合计	%
厂长	22	35	57	17.3
生意人	17	37	54	16.3
公司文员	14	31	45	13.6
环卫绿化工	8	26	34	10.3
司机	7	21	28	8.4
会计、出纳	14	6	20	6.0
水电、公园管理员	10	5	15	4.5
生产线拉长	4	7	11	3.3
治安、消防员	2	7	9	2.7
报关员	0	8	8	2.4
工厂文员	5	3	8	2.4
门卫	3	4	7	2.1
流水线操作工	1	6	7	2.1
专业养殖农民	5	2	7	2.1
经理	3	2	5	1.5
医务人员	0	3	3	0.9
小村书记—经理	1	1	2	0.6

（续表）

职业	一村	三村	合计	%
公司部门主管	2	0	2	0.6
仓管员	2	0	2	0.6
银行收款员	2	0	2	0.6
炊事员	2	0	2	0.6
大村书记—董事长	1	0	1	0.3
建筑工头	1	0	1	0.3
合计	126	204	330	

资料来源：折晓叶：《村庄的再造——一个“超级村庄”的社会变迁》，第320页。

虽然职业结构的复杂程度与村庄的产业选择有密切的关系，但无论选择哪一类产业，村庄内都不存在职业构成单一的现象。尽管在产业结构比较单一的村庄中，职业的种类也相对较少，但如果我们以农林牧渔业者、工人、技术与服务人员、个体私营业主、领导干部等大类来划分村庄内的职业，那么无论是在产业结构比较复杂还是相对简单的村庄，每一个职业类别中都有相当数量的从业者。例如，在以钢铁为主导产业的联村及以制鞋为主导产业的塘村，我们都可以看到，除主导企业的生产工人外，还存在相当数量的农林牧渔业者、个体私营业主及技术与服务人员。

联村村民就业情况分布（单位：人）

职业	人数	男	女	%
公司工人	184	119	65	27.6
服务人员	36	7	29	5.4
科室人员	36	27	9	5.4
干部	13	13	0	1.9
个体	166	106	60	24.9
其他白领	11	10	1	1.7
其他蓝领	17	8	9	2.5
农业	193	43	150	28.9
副业	11	8	3	1.7
合计	667	341	326	100.0

注：根据联村1996年户口资料统计；科室人员包括化验员、供销员、医生、教师、会计，服务人员包括商业服务业职工及企业的后勤服务人员等。

塘村村民就业情况分布　（单位：人）

职业	人数	男	女	%
鞋厂职工	344	134	210	47.4
辅助厂职工	90	53	37	12.4
村干部	6	4	2	0.8
村工作人员	13	6	7	1.8
企业干部	5	2	3	0.7
村个体企业职工	110	57	53	15.2
个体户	33	27	6	4.6
村外企业	49	33	16	6.8
农民	75	23	52	10.3
合计	725	339	386	100.0

注：根据塘村 1997 年户口资料统计。

2. 混合的职业结构及其弹性与流动性

在以非农为主、农工相补的产业结构下，超级村庄形成了以非农职业为主的、极富弹性与流动性的职业结构。村庄通过自己的制度安排，适时地调整职业结构，调整不同职业间的收入水平，以促成或减缓职业的流动，在超级村庄中我们可以观察到大量的职业流动现象，包括不同职业间的流动、不同行业间的流动、不同所有制间的流动，甚至也有不同社区间的流动等。无论是哪一类的流动，大多是在保留自己名下的土地经营权乃至自己兼事农业这样一个基本背景下完成的。

超级村庄职业结构的弹性和流动性表现在以下几个方面：

第一，村庄的职业结构是不断被构造出来的。一方面，村庄不断引进新的现代产业，创造出大量的就业机会，村庄内的职业位置不断增加，结构性的职业流动十分频繁。这种结构性的流动与村庄在对应外界环境变化时的选择有密切的关系；另一方面，村民也主动在村内或村外寻找新的就业机会，这种个人的选择对村庄职业结构的变动也有一定的影响。

第二，村庄的职业结构中既包括了现代工业社会中新兴的职业，也包括了传统农业社会中占主导地位的职业。在引入或创造新的职业位置的同时，农林牧渔业者、手工业者等所谓传统的职业并没有消失，而是被长期保留下来，构成了村庄职业结构不可缺少的组成部分。

第三，在外界环境与村庄选择的双重作用下，无论村庄是以集体经济为主还是以私营经济为主，职业的所有制结构都在不断发生变化，村庄的劳动力在不同所有制之间也有相当程度的流动。

第四，超级村庄中的个人职业流动往往发生在不同职业、不同所有制以及村内与村外之间。在许多人的职业经历中，都经历了多次向上与向下的往复流动；同时，村庄内还存在广泛的兼业现象，而且相当一部分村民目前仍不能说达到了较为稳定的职业地位。

超级村庄产业结构变动的总趋向是由农业向非农业，由小规模的手工业到大规模的制造业，由工业到第三产业，不过这种变动与发展不是直线的，也不是简单地以所谓现代产业取代传统产业，而是现代产业与传统产业交错发展的过程。以联村为例，联村在 20 世纪 70 年代以种植业为主要产业，80 年代初开始发展以手工业为主的村办工业，1984 年后开始转向轧钢，之后又发展了农产品市场、百货商店等第三产业，在工业成为村庄的主导产业后，高技术含量的农业又有了进一步的发展。

从联村工农业产值利润及劳动力情况统计表中，我们可以看到联村劳动力从业情况与经济收益的关系。

联村工农业产值利润及劳动力情况统计表

	1979 年	1982 年	1985 年	1988 年	1991 年	1995 年
工业劳动力（人）	50	111	140	169	153	256
占当年劳动力 %	11.3	26.2	27.1	35.4	30.3	38.4
农业劳动力（人）	384	299	342	260	258	204
占当年劳动力 %	86.5	70.5	66.2	54.5	51.1	30.6

（续表）

	1979 年	1982 年	1985 年	1988 年	1991 年	1995 年
其他劳动力（人）	10	14	35	48	66	207
占当年劳动力 %	2.2	3.3	6.7	10.1	13.1	31.0
工业总产值（万元）	7.3	40.0	1004.0	3505.3	4507.2	80000
农业总产值（万元）	17.8	19.3	85.2	97.6	81.5	—
工业纯利润（万元）	0.4	4.3	64.4	320.7	97.6	1829
农业纯利润（万元）	1.3	0.8	0.3	10.3	54.9	—

注：根据联村产业统计资料整理。其他劳动力包括建筑、运输和第三产业的劳动力。

自 1979 年至 1995 年，村中从事农业的劳动力的比例直线下降，从事其他行业（主要是第三产业）的劳动力的比例直线上升；同时，工业劳动力的比例自 1988 年后增长的幅度不是太大，特别是在 1991 年，从事工业劳动的比例与绝对人数都还有所下降。从表中可以看到，这是因为当年虽然工业产值增加了，但工业纯利润却下降了。据联村的书记介绍，由于企业主要产品是建筑钢材，三年调整时期企业经营受到很大的影响，村里之所以能比较顺利地度过调整时期，很重要的一条是在高潮时抓产出、抓销售、盈利增加收入，在低潮时则抓投入、抓技术改造、抓管理。

我们看到，当经济不景气时，除了部分外来工会失去工作外，一些村民特别是那些文化水平低、技术水平低的就业者，也会被排出企业或临时回家待业以维持企业的边际收益。农业与手工业成为村庄劳动力的蓄水池，当村庄工业出现过密化倾向时，暂时将剩余的劳动力排入农业、手工业，以农业过密化来减少非农产业的过密化。这是一种调整村内经济结构的策略，以此争取发展的机会，减少和防止工业化过程中的社会冲突。

村庄在工业发展的同时致力于农业发展，村民在务工的同时兼营农业，这是中国农村非农化过程的重要特征，在我们调查的超级村庄中也是如此。对于超级村庄来说，这不仅仅是由现行土地与户籍制度决定的，也是村庄主动选择的结果。

义村在农业发展上的选择应当说很有代表性。义村总户数1524户，人口5200多人，现有土地3800多亩。村里以焦炭为主导产业，企业以私营为主体，尽管村庄的大多数居民都已经在企业中就业，村委会却始终未放弃对于土地与农业的关心，他们多次调整农户的口粮田的分配，并不断改变承包土地的方式。据村书记讲：

> 我们村的土地承包，走了四五个过程。1983年至1987年基本上是按村民小组的三级所有，高价包出去的，你3亩、我5亩，70%的农户要了承包田。到1989年一看，这种情况不行，就又来了一次。因为那时候土地比较多，原来是5300多亩地，后来一是国家占地，二是各个厂占地，就剩下这3800多亩了。第二次承包，谁先报，就给谁包多少，这些地包完，就算了。我们有一个秩序，先来后到。最多的包了108亩地，头一年干得很好，第二年不行了。因为那时候开了工厂，乡镇企业起来了。一些人很明显地重工轻农。这样干了三年。1991年我们研究了一下，包的话每户30亩地，种1亩地上缴15块钱，连税收都算在内，农业税是10块钱。工业和农业方面的人员有个收入不平衡的问题，所以在工业方面还要补一部分农业的费用。我们是80多万斤的任务，完成1斤任务，补一毛钱。按国家市价，另外农业工，村委会再补一毛钱，比如说15块钱就是土地承包费，这个地种好了，另外再给他一点钱，实际上土地是个人白种的。1991年大概有65户承包，第五次承包土地更少了，就剩下这800亩土地了。从三中全会以后，我们的口粮田基本上是五年调整一次，就是分给个人5分地的口粮田。

村书记对于土地承包期15年不变的政策显然有自己的看法，当然，对于以农业为主要收入来源的专业农户来说，频繁调整土地显然不利于对土地的投入，不利于提高农业的生产率。但是对于一个超级村庄来说，非农产业已经成为村的主导产业，而农业则是作为村民生活最低保障而存在的。在这种情况下，无论村庄以何种方式经营农业，首先必须考虑的是要使全体村民都有可能享受这一保障，而不仅仅是提高农业生产的收益。村庄加大对农业的投入，努力改变农业的生产条件，并提供种种农业服务，以使在企业就业的村民能够不放弃农业，长期兼业下去。村庄同时致力于发展一些高投入高产出的农业项目，以解决不能进入企业工作的人的就业问题。

由于义村及村周围的企业大多是煤焦企业，对于妇女劳动力的吸纳有限，村委会曾想过许多办法解决妇女的就业问题：

> 我们在农业方面还想开发一个鲜菇基地，由集体投资搞，先搞一个试验性的。从我们村委会来讲，想先把结了婚的妇女这一群人调动起来。现在计划生育了，小孩上幼儿园时，妇女才 30 岁左右，在家待着没有什么事情做，企业用女工也少。如何调动这一群人，我们原来搞了好多事情，都不成功。现在学习种植鲜菇，适合她们做。学会了，就是一笔财产。一个妇女管理 20 平方米的地方，种一些鲜菇，既不影响家务，一年（又）有 6000 块钱的收入。今年计划搞 5 万袋，大概投资 10 万块钱，（由）村委会先投资搞了 10 户重点户，设在户里边。集体（也）搞了一部分，搞不好，失败了，村委会出一半，个人赔一半。（将来）如果有收益了，把集体投资还回来，就行了。实际上投资 1 块钱，赚了 4 块钱。

看来，农业与手工业在村庄产业内部起着重要的平衡作用，因而在大力发展制造业与第三产业的同时，多数村庄都以不同的形式保留了农业经营，并且以各种优惠政策使之持续发展。“手里有粮，心中不慌”确切地表达了农民的心情。

专业化农业与兼业化农业并存，以弥补重工业对妇女劳动力吸纳能力的不足，弥补现代工业对低文化水平劳动力需求的不足，在村中实现全面就业，这是多数超级村庄选择的就业方针。这使这些村庄在工业化过程中有效地避免了内部冲突，同时使社区经济具有了更大的灵活性，在外界经济出现问题时，能够成功地渡过种种危机。

3. 村籍制度与双重职业结构

如果我们对超级村庄中的从业者进行分类的话，那么通常首先看到的差异是村民与非村民的区别。是否具有社区成员身份，在很大程度上规定了从业者在村内的职业选择。村籍对于职业的规定性构成了超级村庄就业的一个重要特征，上述个人的流动都是在社区身份结构背景下完成的。村庄为具有正式社区身份的人提供了优先的就业机会和较好的职业位置，形成了村内人与村外人的双重职业结构，而这种双重职业结构起源于村庄内部单向开放的、保护性的劳动力市场。

村庄内部劳动力市场的封闭性是在村庄突破外部劳动力市场封闭性的同时形成的。村庄之外的劳动力市场对于多数农村居民来说仍有很强的封闭性，目前的户籍制度在很大程度上限制了他们的职业选择。以江南某市为例，与许多城市一样，该市的就业政策是优先保证城镇人口的就业，招工首先要照顾本地人的就业需求。招工时对外来工的工种有一定的限制，只有所谓 A 类岗位（如服装、纺织、电子、建筑等）在本地劳动力供给不足的情况下可招收外来工，而 B 类与 C 类，即白领或高级蓝领的职业岗位（如管理、金融、营业员、仓管员、电子流水线工等）上，则规定禁止使用外来工。为控制城镇的失业率，1996 年曾由政府下发文件清退外来工，使市属企业的外来工一下减少了约 50%。一些具有较高文化程度与城镇户口的人，通过人才市场可以将户口迁入该市；而对于持农村户口的人来说，办理户口迁移则存在许多障碍。

超级村庄的发展开辟了新的就业渠道，提供了更多的职业位置，使超级村庄的村民可能在过去城镇居民专有的职业领域就业。

这种发展对二元劳动力市场的壁垒是一种突破，但这种突破并不是通过农村人流入城里人的专有职业领域完成的，而是通过村社区内部职业的结构性流动实现的。村庄在发展社区经济中创造出了新的职业位置供村民选择，使村民有可能达到较高的职业地位，而在村庄外部，这类职业位置是由具有城市居民身份的人专有的。

就职业结构来说，这种突破在某种程度上打破了宏观的职业结构壁垒，与城市相比，村庄的职业结构显然更具开放性。但就村庄内部职业结构来说，我们不能不看到，它又构筑了新的职业壁垒，在村庄内部，仍有一些职业位置是由具有村民身份的人专有的，村庄职业位置分配的原则在许多地方仍是身份优先的，并不是一个完全开放的体系。

这里我们仍以联村为例，在我们所调查的村庄中，联村作为一个移民村，可以说是职业结构最开放的一个村庄，联村集团公司的1700多名职工中仅有17.6%是本村的居民，38.16%来自村庄所在镇，25.25%来自村庄所在市范围内，18.96%来自其他地区。

联村集团公司职工来源分布　（单位：人，%）

	本村	本镇	本市	其他地区	合计
科室	30（14.35）	121（57.89）	34（16.27）	24（11.48）	209
建筑队	17（11.18）	54（35.53）	45（29.61）	36（23.68）	152
车队	7（12.73）	21（38.18）	18（32.73）	9（16.36）	55
动力科	4（22.22）	6（33.33）	5（27.78）	3（16.67）	18
物资科	3（17.65）	6（35.29）	5（29.41）	3（17.65）	17
养殖场	6（66.67）	0（.00）	1（11.11）	2（22.22）	9
蔬菜队	5（62.50）	1（12.50）	2（25.00）	0（.00）	8
后勤	22（42.31）	20（38.46）	9（17.31）	1（1.92）	52
医务室、招待所	11（42.31）	3（11.54）	1（3.85）	11（42.31）	26
保安	11（33.33）	15（45.45）	4（12.12）	3（9.09）	33
金工车间	9（21.95）	20（48.78）	9（21.95）	3（7.32）	41
维修车间	5（15.63）	17（53.13）	7（21.88）	3（9.38）	32

（续表）

	本村	本镇	本市	其他地区	合计
一轧车间	29（18.01）	40（24.84）	55（34.16）	37（22.98）	161
三轧车间	32（18.39）	51（29.31）	43（24.71）	48（27.59）	174
五轧车间	33（15.28）	66（30.56）	69（31.94）	48（22.22）	216
六轧车间	36（14.01）	82（31.91）	58（22.57）	81（31.52）	257
建材厂	8（36.36）	14（63.64）	0（.00）	0（.00）	22
计量室	16（32.00）	20（40.00）	13（26.00）	1（2.00）	50
装卸队	10（14.71）	31（45.59）	21（30.88）	6（8.82）	68
半成品车间	12（13.48）	34（38.20）	23（25.84）	20（22.47）	89
商场	8（13.33）	34（56.67）	12（20.00）	6（10.00）	60
合计	303（17.63）	656（38.16）	434（25.25）	326（18.96）	1719

注：根据公司 1996 年人事统计表整理。

联村集团公司虽然没有明文规定村民就业优先，但村民的就业显然是受到保护的。在同等的条件下，公司通常优先安排村民进入工作条件较好的职位，更有一些重要的职位被作为村民专有，比如一些重要的销售部门、一些与财务权有密切关联的职位等。自乡镇企业起步，保障村民就业和提高生产效率就是企业面临的两难选择，随着社区经济的发展，联村在保障村民就业方面显然采取了不同以往的方式，但在就业政策上选择的始终是村民优先。

在就业问题上，社区的协调功能非常强。联村已经退休的一位村干部这样描述最初村办企业——玉石厂的招工：

> 招工时，要找年轻的，脑子聪明一些的。对当过干部的有些照顾，有文化的管管仓库，没文化的看看门。在农民之间也要平衡，如家里两个劳动力已有一个进了厂，就不再安排了。从全村考虑，每个生产队都要安排一些。但主要是要胜任厂里的工作。

当时村办企业招工时，除必须考虑能否承担工厂的工作外，还要考虑生产队之间、农户之间以及村干部之间的平衡。随着企业的发展，大量的村外人涌入联村，联村集团公司已经从几个手工业的小企业发展为现代化企业，其招工在许多方面已经引入了市场机制，但当本村人希望到企业就业时，公司仍会想办法安排。联村的顾某就是一个典型的保护性就业的例子，据他的妻子说：

我丈夫当了七年兵，因我与公公关系不好，他 1975 年复员回到大队，开了一年小手扶拖拉机，后来到镇里的南丰纱厂当钳工，再后来又当供销员、供销科长。去年因身体不好从纱厂办了病退，把组织关系转回村。先做了一阵羊毛生意，到内蒙古进羊毛回来卖，后来身体还是不行，秋天又去了村里的钢厂，开始搞推销，再后来到质检科，现在是跑供销。

顾某在进行了多次尝试后，仍选择了回村就业，这显然与村庄的职业保护有密切的关系。在公司方面，即使是已经在村外就业、已经做了个体户的人，只要他仍然具有村民身份，公司仍认为有责任安排他的工作。为了保护村民的就业，企业中甚至存在一些因人而设的工作，这些岗位是专为村里人设置的，它们看上去与企业的经营没有多少关系，但对于村庄却有重要的意义。

对于村庄之外的人来说，情况则完全不同了。在超级村庄中，不具有村籍的外来人大体可分为三类，一是作为劳动力资源的打工者与个体经营者，二是作为先进技术载体的专业技术人员，三是作为网络资源的外来干部。对于前两类人来说，他们的流动基本上是通过市场进行的；而第三类人的情况则不同，他们中有许多是被企业请进村的，因为他们占有村庄所缺少的社会性资源，他们虽不是村民，但他们在企业中的职位是别人无法取代的。

村庄职业结构对于这三类人的开放性也是不同的，在这几类人员之间存在着难以跨越的职业界限。但由于村籍制度的限制，无论是哪一类人，无论他在村中工作了多长时间，也无论他掌握了何种技术与资源，都很难进入由村民专有的保护性劳动力市场，甚至有些人已经取得了村中合法的户籍，仍不能享受与本地居民同等的就业保护。因此对于外来人来说，村籍是他们共同的流动障碍。

形成分割的劳动力市场的主要原因之一是许多发达村庄一直沿袭了“社区安排”的就业方式，无论村庄选择哪种所有制形式，社区安排都是有村籍的村民重要的就业渠道。社区安排的就业方式不仅包括由社区直接安排在集体所有制企业中就业，还包括由社区出面协调安排在非公有制企业中就业。

社区安排的就业方式起源于乡村工业发展初期。当时村办企业仍被视为农业的副业，在村办企业工作的人虽然人在企业，但个人并不在企业领工资，而是年终参加生产队的分配。谁进入企业完全由村或生产队安排，如同过去农业生产中的派工。农村实行家庭联产承包责任制后，所有具有本村居民身份的人都享有同等的土地承包权，这种承包权是一个人作为农村居民天然享有的、不可剥夺的权利。

随着乡村工业的发展，企业占用了村中大量的土地，耕地面积大幅度减少，但这种由耕地转为工业用地不是通过市场交换实现的，而是村庄或上级政府的行政行为，也就是说，村民在失去部分或全部土地承包权时，并未按照市场价格得到相应的经济补偿。相应地，村庄必须考虑以其他方式来补偿村民这种天然的、不可剥夺的权利，或要求使用了村属土地的非公有制企业对此做出补偿。安排就业就是补偿的一个主要方式。此外，村庄那种面对面的熟人社会关系，也使得企业在选择职工时不能完全遵循陌生人社会一视同仁的原则，而必须考虑关系的远近亲疏，尽可能优先满足“差序格局”中圈内人的需要。

分割的劳动力市场形成的另一个原因是村庄的信任结构。“乡土社会是靠亲密和长期共同生活来配合各个人的相互行为，社会的联系是长成的，是熟习的，到某种程度使人感觉到是自动的。只有生于斯、死于斯的人群里才能培养出这种亲密的群体，其中各个人有着高度的了解。”[①] 超级村庄正是在这种乡土社会培养出的亲密群体基础上发展的，村庄中的信任结构首先就是这种从熟悉中产生的信任。

当村庄引进现代工业时，利用这种信任结构降低了交易成本，规避了不健全的外部市场的风险。村庄之外的陌生人的进入必然改变过去熟人社会的信任结构，而在外部市场秩序不正常的情况下，这种改变对村庄有相当的风险，许多村庄在工业化过程中都有过上当受骗的经历。因此，尽管村庄发展过程中不得不接纳陌生人进入，不得不逐步改变村庄中的信任结构，引入普遍主义的原则[②]，但在关系村庄利益的重要问题上往往更倾向于依赖过去那种熟人社会的信任关系，在就业的问题上就表现为限制村外人进入某些重要岗位。

二、就业—村民

就业是村民在村庄内最主要的活动。与一般村庄不同的是，多数超级村庄的村民都在非农领域就业，如果就村民的家庭来说，村庄中纯粹从事农业的农户已经所剩无几。对多数村民来说，他们的收入主要来源于农业以外的工作，农业已经成为个人或家庭的副业。多数村民由个人经营的农民转变成为集体生产的企业职工，这无论是对于村庄还是对于村民来说都是一个巨大的变化。对于村庄来说，企业对于利润的追求使企业不得不引入陌生人社会的规则来管理熟人；对于村民来说，他们原本生活在村庄这个熟人社会中，村庄有义务将他们纳入村庄的职业体系，但这种安排实际意味着他们必须放弃某些熟人社会的规则而服从陌生人社会的规则。

村民的就业行动大大发展了村庄中的业缘关系，使业缘关系进

---

① 费孝通：《乡土中国》，生活·读书·新知三联书店，1985年，第44页。

② 参见汪和建：《迈向中国的新经济社会学》，中央编译出版社，1999年，第一章。

入了过去以血缘、亲缘、地缘为主体的村庄关系网络，改变了关系网络的结构；而村庄关系网络的变化又为村庄的发展与个人的就业提供了更多选择的可能性。

1. 职业取得

改革开放和大工业进入村庄之前，村庄内部是不存在就业的概念的，村里的人一出生，有了农村的户籍，也就具有了农民的身份，具有劳动能力后也就自然而然地从事农业生产，几乎没有其他选择的余地。但是，人们并不认为这是找到了一个工作，他们认为只有离开村庄从事非农的职业才算参加工作。在严格的户籍制度下，出生在村里的人只有通过上学、参军等有限的渠道离开村庄，才有可能“参加工作”。

工业进村后，这种情况发生了根本性的变化。面对复杂的职业体系，村民的选择余地大大增加了，职业取得途径也发生了根本的变化。就业途径大致可分为三类：自然就业、社区安排和自谋职业。

超级村庄中新进入劳动力队伍的人尽管可能取得一份土地承包权，但实际进入纯农业的人微乎其微，因此，真正的自然就业在村中逐步减少以至消失。

取代自然就业的是社区安排就业，社区安排目前仍然是超级村庄村民职业取得的主要途径。同时，在社区安排的形式下，村庄也不断引进市场竞争机制。不过，无论是在集体企业还是在非公有制企业中，这种竞争还不是完全的市场竞争，而是保护性竞争。

自谋职业基本上是一种市场化的就业方式，改革开放后，随着外部劳动力市场的开放，随着社区经济与外部市场联系的日益紧密，就业市场机制也开始进入村庄，村庄中自谋职业者不断增加。自谋职业者中达到较高职业地位的人大多有离村外出工作的经历，他们或通过外出接受教育取得村社区之外的工作，或曾经外出打工与经商，这些经历都扩大了他们的视野，增加了他们的知识和专业技能，提高了他们的工作能力，为他们开辟了新的就业领域；另一类自谋职业者则主要在村内从事手工业与商业，这些人的工作地点虽然仍在村内，但他们的职业决定他们不仅要面对村内的市场竞争，而且必须直接参与外部市场的竞争。

这三种就业方式之间往往难以划出明确的界限，常常能看到三种方式相互包含、相互影响的现象。例如，有些社区安排带有很强的自然就业的色彩；有些自谋职业直接受村庄提供的条件的影响；而有的在社区安排中引入市场竞争机制，对自谋职业者提供就业保护，等等。因而我们不能简单地用传统—现代、市场—非市场的两分法来区分超级村庄村民职业取得的方式。

必须指出的是，这三种就业渠道中都包含了村组织的行为与影响，自然就业与社区安排自不待言，即使是自谋职业也同样如此。从改革初村庄组织村民外出打工，到村庄为外出或在村内自己谋职的村民提供保障和优惠待遇，村民的就业过程中无不体现了社区选择、社区决策的影响。

就个人的职业经历来说，村民频繁的职业流动中往往反复采用多种就业渠道，无论是最初的职业取得，还是后来的职业变动，大多如此。例如，既有开始通过自然就业从事农业生产，而后由村庄安排进入乡镇企业者；也有因不能适应企业工作而离开企业，又自然地回归到专业农民者；还有开始自谋职业成为个体业主，而后又由村庄安排进入集体企业者。职业经历与就业渠道多种多样。然而，村民无论利用何种途径取得职业、实现职业地位，村庄的产业结构与村庄的选择始终规定了村民行动的方向。另一方面，村民个人的就业行动也扩展了村庄的对外联系，促进了村庄工业化的进程。

我们可以通过塘村油漆厂徐厂长的职业经历，了解超级村庄村民职业取得及流动的情况。

塘村油漆厂原是村办企业，与后来成为村主导产业的鞋厂几乎同时起步。1994 年无论经营状况还是企业规模都远不如鞋厂，因此村庄产业结构调整时被作为小厂“放”掉，成为村中的私营企业。当时买下油漆厂的徐厂长的职业，也就随着村庄工业化的过程经历了从农民、村干部、打工者、包工头至村办企业厂长、私营企业老板的过程；

> 我当村干部是年轻时候的事，1958 年到 1962 年做过塘村的会计，1962 年精兵简政，我回到生产队搞财务。我第一次出去是 1974 年，开始到上海，做小工。第一次出去是生产队安排的，生产队要搞一点副业嘛。1977 年回来一年，后来就做了生意。

徐厂长的所谓做生意实际上并非经商，而是自己组织了建筑队，外出承包工程，本人则担任建筑队的经营管理与技术工作，如接活、进料、记账、记工、建筑技术指导等。

> 我们是自己设计、自己组织队伍、自己搞。我们几个人（先）到了上海，再调人。我不做泥工，也不做木工，当时也不是包工头。开始我出去是做小工的，我胆子很大，别人不敢做的我敢做。不懂怎么办？人家给找了一个上海的技术公司帮我搞设计，就开始造小楼。在上海建筑队我主要是出去接生意、记账、记工什么的，我是负责的，算什么职务讲不清楚，我只能说，假如我回来，他们就解散了。那个建筑队主要是我们（本地人），都是农民。改革开放嘛，没这个政策我们也没胆量搞，政策放宽了，我们才走了这条路。

这段时间徐厂长除了承包工程外，还兼做其他生意，用他自己的话来说，“我什么都做的，造油漆呀，造大漆呀，我们都做过。在这之前我是做销售的，搞供销的，先供应材料，烧出来后，我去卖掉”。

1981 年，村里请徐厂长回村，办起一个窑厂，由窑厂转到预制板厂，又将预制板厂改为油漆厂。徐厂长这样描述这个过程：

> 村里 1981 年建立了预制板厂。当时我不在这个厂，我开始在那边烧瓷砖。(这个厂) 开始做预制板时生意是很好的，后来做的人家太多了，竞争太厉害。我过来的时候，这个厂比较萧条，困难比较多。怎么办呢？我在上海有几个朋友，叫他们帮助一下。当时我出去了半年多吧，找上海一个造漆厂厂长帮忙，他答应我开个造漆厂帮他们加工。但我没有设备，他 (用) 调下来的设备帮我，借给我 (用)。他这个人很好，特别老实，办事认真。我从加工开始，1987 年投产生产油漆；1991 年开始扩大，设备也增加了；1993 年销售额已经达到 1500 万元。

1994 年村里调整村办企业结构，“抓大放小”时，决定将油漆厂卖给徐厂长。徐厂长开始并不想买下工厂，但后来接受了村里的安排：

> 当时是村里动员我的，我不肯。为什么不肯呢？因为我已出去惯了，这么搞，我没干过。他们给我做工作，动员我，说这是机制改革，还是这样子好。开始的时候，管理呀，各方面人员呀都没有变动，什么科还是什么科。到今年就改革了，今年我厂里的人员都调动了，各方面的都调动了。当时我也没想有好处没好处，买进后在管理方面照原来的管理，业务方面比原来的好。企业从原来集体的转成私营的以后，厂长和职工的关系有一点变化，一开始我管理职工，有的人认为我是帮你做啊，是帮你 (个人) 做的，他们有这个概念。后来我开职工会讲话，告诉你，让你放心，因为我要把措施交代下去。我们这个厂真正变化也没有什么东西，为什么呢？因为当初企业也是我们自己搞，村里对我们的考核比较有信心，原来也不来管，

不定费用，不定职工。这个村里是很明智的。

徐厂长的职业经历典型地反映出个人行动与村庄结构间的相互作用。在他的职业生涯中，曾多次变换过工作，反复使用了多种取得工作的渠道，但是，几乎每一个职业的取得都与村庄有密切的联系，或者说他的职业流动空间始终未离开村庄。村庄的发展，村庄的选择直接影响了他个人的职业选择；同时，他个人的职业行动也促成了村庄的工业化及制度变迁。徐的第一次外出是由村庄派出的，是村庄的安排和村庄的选择，村庄选择他外出搞副业显然与他当过大队与小队的会计有关。通过这一职业，徐个人不仅学到了有关建筑的知识和技能，还建立了与村外世界相联系的关系网络。

我们看到，与上海的关系在徐后来的几个职业选择中起到了决定性的作用。开放的政策与这些通过外出而获得的资源使他有可能自主地对下一个职业做出选择——当包工头。包工头的经历使徐学到了作为企业管理者必需的经营管理知识，并进一步扩大了他的社会关系网络。这时，徐的工作地点虽然在上海，但他仍然保持着与村庄的密切关系，当村庄引进工业时，徐就成为村里首先考虑的人选。徐也并不是没有可能彻底离开村庄，他长期在大城市中从事的职业，像我们现在在城市中常常见到的包工头那样。然而，徐接受了村庄对他的选择，并且将他在职业经历中建立起来的关系用于村庄的工业引进，徐个人在职业生活中建立的关系与学会的技能为村庄引进工业提供了重要的条件。因此，当村庄推行“抓大放小”政策时，徐才得以从集体企业的厂长变成私营企业的老板。虽然徐的具体工作没有太大的改变，但企业所有制的改变使他本人在企业中的地位发生了很大变化，从集体企业的厂长到个体老板既是社区的安排，也是徐个人的选择，这一安排与选择的结果意味着村庄所有制结构的重大变化。

类似徐厂长这样的事例在苏南地区的超级村庄中并不罕见，

在非公有制占主导地位的超级村庄中，村庄的选择作用虽然稍弱一些，但也可以看到多数村民仍选择本村作为自己创业的基地，村庄选择与个人选择相互交织、相互影响、相互作用的情况随处可见。

2. 职业流动

改革以来宏观社会背景的开放为农村居民提供了自由流动的空间，使得农村居民的职业流动骤然加剧。同样，频繁的个人职业流动也是超级村庄就业的一个重要特征，不仅外来人有非常高的职业流动率，村民也是如此。在村民个人一生的职业流动中，既能看到结构性的流动，也能看到纯粹流动；既有向上流动，也有大量的水平流动与向下流动；既有大量的村内流动，也有少量的跨区域流动。

就村庄内部的流动来说，村庄的产业结构变动是村民职业流动率高的主要原因。从上一节联村工农业产值利润及劳动力情况统计表中可以看出，自 1979 年至 1995 年，农业劳动力的比例从 86.5% 下降至 30.6%，而工业劳动力的比例从 11.3% 上升至 38.4%，建筑业及第三产业等则从 2.2% 增加至 31.0%。所有这些变化都包含了大量的个人职业流动，职业结构变化为村民提供了大量新的职业位置。职业结构的变化还包括村庄在应对外界经济不景气时在行业间主动调整劳动力，这就使部分村民不得不改变自己已经取得的职业，重新寻找就业机会。

当然，乡村的经济发展为村民提供了自由流动的空间，这是超级村庄职业流动率高的另一个原因。超级村庄的村民虽然仍为农业户籍身份所束缚，在进入城镇劳动力市场时遇到了相当多的障碍，村庄内部却为他们提供了相当多的机会，在村庄内部，他们有可能自由选择自己的职业，并达到在村庄外部很难达到的较高的职业位置。如我们在上节中丰村一村、三村村民职业分布表中看到的，在这两个村民小组中，有 25.7% 的人成为厂长、经理及部门主管，有

25.1% 人成为公司或企业的白领职员，而在城镇中这些职业对不具有城镇户籍者的开放是十分有限的。同时，改革的深化也使村庄外部的就业机会不断增加，村民在村庄内进行职业选择的同时，也有了更多选择村外职业的机会。我们可以看到，村民在其职业生涯中，不断地在不同职业、不同所有制、不同工作地点之间进行选择和尝试，最终实现自己的职业地位。

不过，中年以上的村民在初次就业时大多没有多少选择的余地，因此他们的第一个职业通常是农业劳动者，职业取得的途径大多是自然就业。在后来的职业经历中，他们之中那些个人能力较强者或拥有较多的社会资源者通常都经历过多次选择，实现了较高的职业地位；而另一些人则一直处于较低的职业地位，如务农或从事手工业，等等。

近几年进入劳动力市场的年轻人则一开始就有较多的自主选择的余地，他们有可能根据自己的意愿进行多次尝试，或者先由村里安排进入本村的企业，掌握一定技能后再出去寻求更满意的工作；或者先出去闯天下，在外面进行了种种尝试后再回到村里，谋求比较安定的职业，或者在村内的企业中谋求发展。

在联村我们就见到不少这样的例子，钢窗加工个体户李某就经历了由镇办企业到个体户，再由个体户到村办企业，然后又到个体户的过程：

我开始在常阴沙农场的供销社干了一年，跑供销，妻子先进这个供销社（工作），现在仍是那里的营业员。后来跑单帮跑了一年，卖羊毛衫，有了孩子以后到了钢厂。开始是找村书记，说想要进厂里工作，进厂后的工作听从厂里安排。在厂里的质检科和金工车间工作过，后来厂里组织了与联村下属的建筑公司配套的装潢小组，厂里需要，就调到这个小组工作。厂里有制度，一般不能自己提出调动。原来小组是集体承包性质的，工资由厂里定，后来变成个人承包，工资由自己定。我总觉得在别人手下干不自由，技术在厂里也学会了，干脆就自己投资几千块买了一套设备，有电锯、电钻、压力机等四五种，现在一般自己接外面的和村民家里的装修活儿。

村民职业流动的另一个重要特征是从业者在工业与农业、手工业之间，集体企业与个体户之间的往复。当企业经营状况不佳或外部经济环境不好时，许多村民不得不离开企业，重新当农民，做小商贩或小手工业者；当村庄的工业和第三产业恢复发展时，他们中的一部分人又会回到企业就业。此外，为保证企业劳动生产率，年老体弱而又没有技术的人，往往在劳动年龄之内就被要求离开企业。这些情况对于企业的发展来说应当是有利的，但对于个人来说就意味着职业地位的下降。

超级村庄中个人职业流动的方向虽然从总的趋势上说是向上的，但其中向下的与水平的流动也大量存在。就个人来说，有相当一部分人经过几次职业流动后，仍处于职业起点时的职业地位。村民之所以能够容忍这种变动，主要由于以下几个原因。

第一，村民的职业角色认同与实际从事的非农职业的背离，虽然许多人已经长期从事非农职业，但由于他们仍保留着土地承包权和农业户口，因此一直认为自己还是农民。在村庄中，我们屡屡听到从事不同职业的人口口声声说“其实我们就是农民”“我是真正的农民”。对于许多人，特别是曾经从事过农业的人，农业理所当然地是他们的最后归宿，而其他职业不过是农业的副业而已。

第二，他们的成就动机与职业期望不高，他们就业的主要目的在于谋生，并没有期望自己能达到某一职业地位，因而只要收入不至于下降许多，生活有一定的保障，他们并不太在意职业地位的下降。

第三，村庄以农业投资、农业补贴或奖农金的形式调节农业与非农职业的收入差距，保证他们的收入能够达到一定的水平，足以实现他们谋生的目的。

第四，土地是他们最后的保障，只要他们仍拥有自己的口粮田，他们便不会有失业的恐惧。

通常认为，大量的向下流动会引起社会的不稳定甚至冲突，而在超级村庄中，村民对于向下流动却有相当强的承受能力。这种承受能力最主要的来源，一方面在于工业化之后村民并未完全与土地分离，或者土地保障已经转化为较为稳定的福利保障；另一方面在于这些村庄采取了稳定和保障土地及农业收益的优惠政策，一旦村民不再拥有土地和福利保障，真正面临失业的危险时，这种承受力就可能会大大降低。

3. 村民职业的分层意义

近年来的许多研究以职业的分化来描述农村的社会分层，那么在超级村庄中，职业是否具有分层的意义呢？我们说个人的职业具有社会分层的意义，通常应当满足下面一些条件：首先，职业地位的分配应是以个人为单位的；其次，从事不同职业的人之间应有较明显的差异，这种差异可能表现为财产、收入、权力、声望、生活方式等不同的方面；再次，职业地位应相对稳定，流动过于频繁则不能成层；最后，在职业地位相对稳定的同时，个人应有明确的职业认同。

我们根据从事的工作将超级村庄村民分为四大类：农业劳动者、农村企业职工、个人经营者与管理者，其中，个人经营者指从事非农行业工作的个体户、个体手工业者等，管理者包括村干部及各类所有制企业中的中高层管理人员。我们发现，就前三个职业类别来说，它们尚难满足社会分层的条件，基本上不具有分层的意义，而在前三者与管理者之间则存在明显的差异，可以说构成了职业阶层。

上述前三类职业非阶层化的状况，可以说是村政策调整的结果。尽管政策鼓励一部分人先富起来，尽管村庄中的财产、收入、权力、生活方式的差异是在逐步扩大，但到目前为止，村庄内部的阶层化一直是村里的合作组织努力避免的事情，他们不希望看到由于村民之间存在过大的差异而引起村内的矛盾和冲突，所以不同类型的村庄都采取了不同的措施来控制差异的迅速扩大。

村庄抑制内部差异扩大的主要手段有以下几种：

第一，平均分配。我们到过的所有村庄都有直接的收入分配或通过社区福利形式进行的再分配，直接的收入分配或福利分配是以人头、户或土地为单位的平均分配，只要具有村民的身份就可以享受。

第二，在村庄中协调各不同企业的收入。在村组织控制能力较强的村庄，村组织直接出面协调各个企业间的收入差距，使差距维持在一个合理的水平。如在塘村，每年由村组织召开各企业间的收入协调会，参照村办鞋厂的附属厂来确定私营企业的工资水平。在村组织控制力较弱的村庄，各企业之间也往往达成一种默契，使企业间的收入差距不致过大。此外，村庄还通过奖农金等控制务农与务工之间的收入差距。

第三，职业位置以家庭为单位进行分配。这是超级村庄抑制内部差异扩大的另一个重要手段。村庄在安排村民就业时往往从家庭出发，而不是从个人出发。通过这种安排使职业地位在每个家庭之间比较均等地分配，以减少户与户之间的差异。以塘村为例，村里尽量使各户都有人进入村办企业，以这种方式参与村庄的利益分配，使户与户之间的收入差距不致拉得过大。从以下两个表中我们可以看到，就个人来说，有38%的劳动力不在村办企业就业，而如果就家庭来说，则只有9.7%户无人在村办企业就业。

塘村劳动年龄人口（16至65岁）在村办企业就业比例分布

是否入村办企业	人数	百分比
未入村办企业	281	38.0
入村办企业	458	62.0
总计	739	100.0

塘村各户在村办企业就业者比例分布

在集体企业就业百分比	户数	百分比	有效百分比
无	30	9.7	12.2
20	2	0.6	0.8
25	7	2.3	2.8
33	13	4.2	5.3
40	4	1.3	1.6
50	57	18.4	23.2
60	4	1.3	1.6
67	29	9.4	11.8
75	18	5.8	7.3
80	6	1.9	2.4
100	76	24.6	30.9
丢失	63	20.4	—
总计	309	100.0	100.0

注：根据塘村统计资料整理。

以家庭为职业地位分配单位是农业家庭经营的遗存物，在非集体所有制的村庄中，村庄合作组织的作用不像塘村这么明显，但也存在相似的分配方式。

对于村庄中农业劳动者、企业职工、个人经营者来说，村庄内职业的高流动率及村庄抑制内部差距的各种手段，都使这三种职业未构成利益相对独立的社会阶层。然而，村庄中管理者即社区精英与一般村民之间则出现了明显的分层化倾向。作为社区精英的行政管理者与企业管理者是村庄中流动性最低的职业，由于管理职业位置的稀缺，在一些村庄甚至看到它们有很强的继承性。这些管理者在权力、收入、声望上都与一般村民有较明显的差异，有的村庄中精英还有自己特别的居住区。这部分人构成了村庄中一个特殊的群体，他们在超级村庄的发展中起着重要的作用，在很大程度上甚至由他们决定着社区的命运和发展方向。许多村庄都形成了一个集党政企大权于一身的复合精英，执掌村中的最高权力，其他则按行政等级分担经营权，成为集结于“党支部书记—董事长”权威之下的精英集团，这些人包括村中的其他行政干部、企业主或企业管理者。

从职业分层的角度看，在超级村庄中，精英之所以成为有别于普通村民的特殊群体是出于如下的原因。首先，超级村庄虽然努力抑制内部差异扩大，但工业化过程毕竟是一个分工不断加强、异质性不断扩大的过程。在市场条件下，村庄为保证生产的高效率，自然要利用收入差距的杠杆，提高工人及管理者生产的积极性，按劳取酬、多劳多得无疑仍然是超级村庄的主要分配原则。社区精英的职业地位决定了他们在超级村庄发展中所起的重要作用，因而无论是村庄内部还是上级行政部门都制定了相应的收入政策，尽可能地保证他们的经济利益，保护他们的积极性。其次，超级村庄的权力结构是一种精英主导的权力结构，精英居于这个结构的最上层，村庄的关键性决策往往是由少数精英做出的；而村民在选择了合作的同时也将自己的选择权转让给了社区精英，使他们在占有权力上更加具有优势。

村民的就业行动与村庄的职业地位分配促进了村庄的职业分化，这种职业分化中最具有分层意义的是“党政企合一”的村干部与企业家的出现，这种分化主要存在于村民与社区精英集团之间，而不是在村民之间，最终形成了超级村庄基本的分层结构，即“村民—社区精英”的分层结构。

三、就业—外来人

大量的村外人进入村庄就业，构成了村庄社区经济的重要组成部分。在村外人的就业行动中，既体现了社区经济的开放性，也体现了社区经济的乡土性。如上所述，超级村庄一方面出于发展的需要，积极引进和容纳了大量外来的从业者；另一方面又有力地维持着对村民的就业保护。在双重职业结构下，村民与非村民进入村庄职业体系的渠道、过程及意义都是不同的。

村外人的进入对于村庄的意义不限于经济方面，他们不仅提供了村庄发展中所需要的劳动力和技术，还为村庄带来了新的网络关系。村外人的进入不能不说是对乡土社会结构的一个很大的冲击。村庄对村外人开放，无论其开放的程度多么有限，都意味着村庄不可能完全采用对待村民的个别主义管理方式，必须建立一些普遍主义的制度与规则。村外人的进入还改变了村庄的关系秩序，过去靠血缘、地缘等情感关系来维系的关系中，逐渐渗入了利益的、契约的关系，不过这种改变是十分缓慢的。

对于村外人来说，无论通过何种渠道在村内就业，他们都是带着某种具体的目的进入一个由熟人组成的“陌生人社会”，他们要实现自己的职业地位，除了服从陌生人社会的规则外，还需要在自己周围重新建立某种熟人社会的关系。

1. 进入村庄

在许多超级村庄中，村外人的就业人数已经远远超过了原有村民的人数，如在丰村工作的村外人经常维持在三四万人；联村集团公司 1700 多名职工中仅有 17.6% 是本村的居民，38.16% 来自村庄所在镇，25.25% 来自本市范围内，18.96% 来自其他地区，义村一家公司 4000 多名职工中，本村的不足 1000 人，有 3000 名左右来自周边村庄，约 400 名来自本市以外。

如上所述，进入超级村庄的村外人主要可分为三类：打工者、专业技术人员、外来干部，这三类人进入村庄的途径不同，在村庄中的生存状态也不同。三类外来人的职业地位有着明显的等级差异，这种差异来源于他们进入村庄之前的职业地位、他们对村庄的作用与贡献以及他们个人的能力。打工者主要来自农村，包括村庄的周边地区，本县内的、省内的及外省的村庄；专业技术人员和外来干部中则有一部分来自城镇，有些还有过在国营企业及政府机构工作的经历。

下面我们将通过一些调查资料与个案来了解村外人如何进入村庄、如何在村庄中生存并实现自己的社会地位。

打工者

进入村庄的外来人中最多的是生产工人，他们大多来自农村。我们曾在苏南一个超级村庄对外来女工做过一次问卷调查。由于村中工业企业的外来工以女性为主，而男性大多在流动性很强的建筑行业工作，难以进行调查，所以我们的调查仅局限于女性。尽管如此，这一调查仍能反映超级村庄外来打工者的部分情况。村中的打工者大多是年轻人，我们调查的女工的平均年龄 21 岁，其中最大的 35 岁，最小的 16 岁。

这一村庄的外来女工分别来自江苏、安徽、湖北、江西、河南、四川、陕西七省，其中来自安徽的最多，其次来自湖北和江苏两省。90% 的人外出前家庭的主要收入来源是粮食种植业，约五分之四的人外出前家庭的年收入不到 6000 元。也就是说，绝大多数人都来自乡镇企业不发达的低收入地区。

外来女工外出前家庭年收入

	人数	百分比	有效百分比	累计百分比
1000 元以下	14	6.6	8.0	8.0
1001～2000 元	31	14.7	17.6	25.6
2001～3000 元	34	16.1	19.3	44.9
3001～4000 元	24	11.4	13.6	58.5
4001～5000 元	31	14.7	17.6	76.1
5001～6000 元	5	2.4	2.8	79.0
6001～7000 元	7	3.3	4.0	83.0
7001～8000 元	5	2.4	2.8	85.8
8001～10000 元	19	9.0	10.8	96.6
10000 元以上	6	2.8	3.4	100.0
丢失	35	16.6	—	
总计	211	100.0	100.0	

注：本节中统计表均根据 1996 年对此村 6 个企业 211 名外来女工的问卷调查整理。

她们中大多数完成了九年义务教育，教育水平应当说不低于流入地妇女的平均受教育水平。而根据我们在村中了解的情况，男性打工者的文化程度则可能略低于流入地居民。

外来女工文化程度分布

	人数	百分比	有效百分比	累计百分比
文盲	3	1.4	1.4	1.4
小学	49	23.2	23.6	25.0
初中	142	67.3	68.3	93.3
高中	14	6.6	6.7	100.0
丢失	3	1.4	—	
总计	211	100.0	100.0	

进入村庄的打工者有一些已经在多个企业中工作过，有一定的职业技能；另一些则是初次离开自己的村庄，工业生产对于他们来说完全是陌生的工作，一切事情都要从头学起。在进入村庄前，他们所拥有的个人资源十分有限，进入村庄后，他们仍是村庄中职业地位最低的一类人。

多数外来女工是利用乡土社会的社会关系网络进入村庄的，她们通过亲戚、朋友、邻居的介绍进入村中的企业，仅有 15% 的人利用了市场化的职业介绍等其他渠道。

外来女工目前职业的介绍人

	人数	百分比	有效百分比	累计百分比
无人介绍	12	5.7	5.8	5.8
家庭成员	15	7.1	7.2	13.0
亲戚	57	27.0	27.4	40.4
朋友	42	19.9	20.2	60.6
同学	4	1.9	1.9	62.5
邻居	19	9.0	9.1	71.6
先出来的同村人	28	13.3	13.5	85.1

（续表）

	人数	百分比	有效百分比	累计百分比
招工者	13	6.2	6.3	91.3
中间人	4	1.9	1.9	93.3
包工头	4	1.9	1.9	95.2
广告	6	2.8	2.9	98.1
其他	4	1.9	1.9	100.0
丢失	3	1.4	—	
总计	211	100.0	100.0	

虽然打工者在村庄中生活，但与有村民身份的人不同，他们在村庄中的工作是通过竞争性的劳动市场取得的，他们与村庄之间没有任何依附关系，村庄仅仅是他们工作的一个场所，而不具有其他的意义。他们很少直接面对村民并参与村庄事务，他们更多的是与所属的企业及企业中的人打交道。这些打工者的根仍然在他们的原籍，他们与自己出身的村庄保持着密切的联系。

打工者是村庄中流动最为频繁的一群人，由于超级村庄中许多企业仍是劳动密集型企业，对打工者的技术水平没有太高的要求，所以只要企业需要，他们可以很容易地进入一个企业；又因为企业对他们没有什么保障，他们也就很容易离开企业。他们中的多数人并没有长期留在村中工作的打算，只是走一步看一步。这部分人流动频繁的另一个原因是当企业不景气或遇到危机时，外来的工人总是首当其冲，最先遭到清退，离开企业，即便企业允许他们留下并为他们提供最低生活保障，他们中多数人也不可能留下来等待企业复苏。

打工者在企业都是一线的生产工人，只有个别人担任了车间主任、工段长、班组长的职务。当地政府规定外来工必须与企业签订劳动合同，并且提供了统一的合同文本。他们中 62.1% 的人与企业签订了正式劳动合同，其余的人则仅仅是口头约定。这一方面反映了他们自我保护的意识不强，另一方面是由于不少人担心合同也会约束了自己，使自己在想离开企业时不能马上离开。

打工者的流动大多是水平的流动，他们当中个别能力较强的人有可能获得提升，但在村庄分割的劳动力市场中，由于他们不具有村民的身份，不具有特殊的技能和较高的文化程度，许多职业位置并不向他们开放，他们只能在十分有限的范围内实现自己的职业地位。

打工者的户口很难迁入村庄，更不要说获得村民身份了。对于他们来说，婚姻可以说是唯一取得村民身份的途径。在许多村庄都有外来女工嫁入村庄的事例，苏南地区的村庄中也有男性打工者通过入赘成为村民的。对于希望长期在村中工作的外来工来说，他们自然希望能将户口落在村中，但是能将户口迁入村庄定居的目前只是极个别人。北村迎宾园餐厅服务员谢氏夫妇是少数将户口迁入村庄的外来人。

谢是江苏溧阳人，家乡是半山区，16 岁初中毕业，22 岁结婚，23 岁生孩子。生孩子那年（1987 年）婆婆病故，家里欠下大量债务。丈夫有一个姐姐嫁到上海，因此丈夫先通过这层关系到上海宝钢打工。据她自述：

> 大概是 1987 年 7 月，我过来看一看他，把孩子也带过来住了几年。小孩三岁时，我就进了村里的第一针织厂，是我姐姐介绍的，我姐姐也在针织厂。当时的厂长姓金，对我挺好的。我这人挺能吃苦，每个月下来都拿工资最高，这个厂的人也说我很能吃苦。因为我知道该（欠）了好多钱，你不多挣一点，这钱肯定是还不清的。厂长说你只要好好做，这来回的路费我都给你照顾，每年我回家路费他都给我报销。我打了两年工，我丈夫也在外面做了好几年了，我们就回家把钱还清了。回家又务农，种了两年田还是挣不到钱。
>
> 后来我又出来，一个人在这村的一家分厂打了两年工。（再）后来我丈夫也从家里出来了，到窑上做了一年，在印花

厂做了不到半年，工厂关门后他就到迎宾园工作了。开始在客房部整理房间，后来调到服务台，送水泡茶，现在在洗衣房开洗衣机。当时我还在针织厂，又做了一年，（遇上并厂）我就没做了，又去找原来那个厂长，厂长找了迎宾园经理，经理说让我做做看，我夫妻两人的工作都是找她的。

现在我们的户口已经转来了，这户口挺难弄的，要经过市里，经过村里允许才能收下来，还要经过我们家乡，家乡还不准我们迁出去，我丈夫跑了好几趟，现在算是这村的村民了，不过还是农村户，因为居民户口要钱买的，没那么多的钱了，弄户口很不简单的。落这户口钱没出，也就不要什么待遇了。

我还有个年纪大的老头子（父亲），村里每个月照顾几十块钱。我们买了村上的商品房，分期付款，现在还没付清哩。这是户口转来后按村民待遇买的，比较便宜，大概是原价的百分之六七十。

谢氏夫妇的地位实现是通过在村中定居完成的。从他们在村中定居的过程可以看到，首先他们是通过自己过去的社会关系网络第一次进入村庄，起初他们进入村庄的目的十分单纯，就是挣钱还债，并没有太高的职业期望。当这一目的实现后，他们回到了自己的家乡。但外出的这一段经历，使他们看到了发达地区与不发达地区收入及生活水平的差异，他们发现已经很难再适应家乡的生活，于是再度离开家乡，并利用在前次工作中建立起的关系网络再次进入北村。

与其他打工者不同的是，他们通过在村中就业不断扩大了自己在村庄中的个人关系网络，建立了与村庄决策者之间的直接联系。这成为他们最后能够在村庄定居并取得部分村民待遇的重要原因。

谢通过第一个职业认识了针织厂的厂长，又通过厂长的介绍认识了宾馆的经理。宾馆经理的地位在村中可以说是举足轻重的，这不仅因为宾馆已经成为村庄中的支柱企业，还因为她是村书记的妹妹。由于餐厅服务员的职业，谢也有许多机会可以与村庄精英面对面接触。此外，谢还曾将自己的侄女介绍到村干部家当保姆，并且由村干部介绍嫁给了当地人。

关系在这里作为社会资源的力量是显而易见的，谢与村干部成为熟人，村干部在外出公干时甚至顺便去谢的家乡看望，这些都促成了谢在村中定居。在村中定居使谢氏夫妇在村中的地位大大提高了，尽管他们仍然认为自己是外来人，村庄中的人也不认为他们与土生土长的村民享有同等的权利，但户口迁入村庄意味着他们与村庄建立了合法的关系，从而为长期在村庄中就业创造了条件。

技术与管理人才

超级村庄在请工业进村的过程中，引进现代技术与现代企业的管理方式是促进非农产业发展的重要条件，于是作为先进技术载体的专业技术人员开始进入村庄。村庄中外聘的技术人员人数不多，但在村庄的工业化过程中起着不可忽视的作用，特别是在一些已开始从劳动密集型向技术密集型转化的企业中，这部分人的作用就更加重要。这些人有较高的文化水平，掌握着某种专业技术，大多拥有城镇户籍，除一部分刚刚毕业的学生外，他们中多数人有在国营或城镇集体企业工作的经历，也就是说，在进入村庄前他们至少已经取得了白领职工的职业地位。

如果说企业的所有制存在某种等级序列的话，那么对于他们来说，进入村庄的企业是在所有制等级序列中向下流动；但另外一方面，与过去他们在企业中所从事的工作相比，他们现在的工作往往有更大的决定权、更多的收入，就这一点来说，也可以认为他们进入村庄的企业是一种向上流动。

与打工者一样，他们在村庄中的职业是通过竞争性的劳动市场取得的。他们没有村民身份，与村庄之间没有任何依附关系。他们的活动场所主要是企业，而不与村庄发生关系。与打工者不同的是，他们所受的教育与在过去企业积累的工作经验成为进入村庄的资本。对于村庄来说，他们是重要的技术资源的载体，在一定的时间内，他们对于村庄的作用是无可替代的。因此村庄往往主动引进外来的技术人才，并且创造条件使他们能够长期在村中工作。尽管如此，这部分人的流动性仍然很高，其中一些人离开企业是因为无法适应熟人社会中那种特殊主义的原则。村庄和企业与他们的关系通常是一种纯粹的契约关系，有时是为一项明确的任务招聘技术人员，当任务完成后，即解除这种契约关系。如义村一家公司建电厂时企业内部没有相关的技术人员，于是企业聘请了自副厂长以下的各个层次的技术人员，一共聘请了十三四人。他们在企业工作了大约半年，为企业培训出能独立工作的技术人员后就离开了。

一些外聘技术人员长期留在村庄中，他们放弃了过去国家职工的身份，把自己的命运与企业联系在一起，希望与企业共同生存。联村集团的李总工程师是一个长期在企业工作的例子。

李在东北的国营企业工作了二十多年，开始是炉前工，1982年考进职工大学，毕业后到工厂的设计处和工程处工作，后来当了一个分厂的设备厂长。他由大连一个朋友介绍到联村帮助厂里搞设备，后来就一直留在那里工作，从负责企业的技术改造，直至担任企业的总工程师，全面负责企业的技术工作。联村轧钢厂的重要生产线——650生产线就是由李主持设计和安装的。1994年，他在企业的帮助下将户口转来，落在镇里，爱人从原单位退休后也在联村干了一段时间，女儿毕业后在镇里的成人教育中心工作，儿子在北京钢铁学院上学。李自己这样描述他在联村集团的作用及进入联村集团后的感受：

突然到了新的环境里，思想变化很大，彻底改变了国营企业中的陈腐观念，自己手脚也放得开，领导对工程技术人员的重视是国营企业不能比的。我三年做了在国营企业二十年没做的事，企业给我创造了良好的发挥天地。比如650生产线准备报冶金部的节能工艺成果，村办企业搞这么大的工程设计是破天荒的事情。我要在国营企业，一辈子也搞不了这么多设计。这里的工作环境特别好，一天等于几天。国营企业太难了，“黑爪子”干活，“白爪子”发财，供应处、销售处、废钢处的人都发了。在这里任何人不敢（这样干），工资的透明度很高，从不搞小红包。

我们厂设备科百分之百是外地的人，把这么多技术资料都交给外地人管，这在江南是不容易的。但是企业招人的成功率还是很低。如从东北重机学院来了六个毕业生，现在剩下两个，有的去经商，多数是技术水平跟不上。乡镇企业逼着技术人员不断充实自己，否则就会被淘汰，在竞争的环境下吃老本根本不行。

进入村庄后，李虽然不再有国家正式职工的身份，但与在过去的企业相比，他的职业地位大大提高了，从一个企业的一般中层干部，到独当一面的企业技术负责人。他能够长期留在企业中，除了这里的工作能够满足他自我实现的需求外，很重要的一个原因就是他认为联村集团的分配要比他过去所在的企业来得公正。作为一个移民村，联村乡土社会的色彩可能不如其他村那么浓厚，但是联村同样存在保护性的劳动力市场。李之所以并不感到企业中存在个别主义的分配原则，是由于李的职业位置具有很强的技术性，而技术领域是最难以容忍个别主义的。这一位置对于个人能力、资历的要求很高，能否到达这一位置主要取决于个人的能力与资历。

正如李所说的，企业招聘技术人员的成功率并不高，他认为外来技术人员之所以在企业站不住脚，主要是由于他们的技术水平不能适应企业的要求。外来技术人员虽然不可能进入村民专有的职业领域，但对于技术人员来说，企业技术水平的不断提高也为专业人员创造了实现地位需要的特有领域。在这一领域中，专业与非专业的界限十分严格，从而淡化了村内人与村外人的界限。也就是说，企业技术含量的提高与村外技术人员进入村庄，开始在超级村庄的劳动力市场中形成了一种新的分割，这是由技术因素引起的市场分割，由此而构成的流动障碍不仅针对外来人，村民中的大部分也无法流入这类领域。这种流动的障碍与村籍身份带来的障碍不同，应当说这是一种功能合理性的流动障碍。

外来干部

村庄除了引进技术人才之外，还通过吸引外来干部，扩大自己的社会关系网络。

义村一家私营公司党委书记李某，原籍为义村人，退休前是某地区农村工作部部长。作为国家干部的李长期在农工部工作，当了20年正部长、10年副部长；据别人说，这个企业就是他扶植起来的。在公司建立初期，乡镇企业特别是非集体所有制的乡镇企业的合法性尚未被正式认可，而李在该企业遇到问题时从政府的角度支持了这个企业。这种支持对于企业来说无疑是有决定意义的，公司董事长曾多次邀请他到公司工作，退休后他接受了邀请，只在家休息了一个礼拜，就到公司工作了，现已干满四年。企业为他安排了总公司党委书记的职位，这一方面是对于他过去支持的一种回报，另一方面也是企业扩大关系资源的需要。

当我们问到企业为什么请他进企业工作，是与他过去对企业的支持有关，还是从企业管理考虑需要有行政能力的人来参与管理？李回答说："几个因素都有。多少年了，他对我这个人的人品也有比较长期的了解，这是第一条。他们也有照顾的意思，好像你退下来了……还有一点，我来了以后，处理和地区的关系，说话办事会注意一点，比较缓和一点，这个是实事求是说的，比如和地区的关系，我一个小时处理的事，其他人可能要三四天。有管理的因素，也有我们个人感情的因素。"

在超级村庄中，像李这样由政府机关到村内企业工作的干部为数不少。比如，在义村那家公司工作的、有国家干部身份的县镇干部（包括工厂的一些技术干部）有几十个人，包括过去的镇长、局长等，在我们调查的其他村庄也大多有同类情况。他们中许多人在企业中担任实质性的管理工作，直接成为企业引进外部资金、技术、管理、人力资源的桥梁，成为企业应对行政部门的得力干部；另外还有一些人在企业并不担任重要的职位，企业为他们设一闲差，或者作为对他们过去对企业贡献的报答，或者作为一种关系资源的储备。

这些外来干部有些是从原来岗位上退休，有些是留职停薪，大多数保留了国家干部的身份，因此仍享受国家干部的社会保障。他们在村内企业中的地位也是受到保护的，但这种就业保护不同于对村民的保护。他们在企业内有较高的职业地位，工作比较稳定，一般不会失去在企业内的职位，但这一职位通常在进入企业时就被固定下来，很少有继续升迁的可能，也很少能进入企业的要害部门。

他们的职业地位与进入村庄前的职业地位以及进入村庄前对企业的贡献有密切的关系。他们在进入企业之前已经取得了较高的社会地位，作为地方干部，他们具有较多的政治资本，积累了大量的社会关系，他们往往比村庄精英更加接近地方政治中心，熟悉目前体制的运作规律，比较了解国家的政策和法律，也了解政策与法律的漏洞。这一类人进入村庄，改变了村庄原有的对外关系网络，他们一方面扩大了这一网络，同时也增加了网络的异质性，提升了这一网络的社会位置。他们关于政策的知识和对政府运作方式的了解，往往成为村庄制定政策时的依据，相应地也增强了村庄与行政部门谈判及讨价还价的能力。

2. 外来人的生存状态

进入村庄的目的

打工者进入村庄的目的是十分明确的，他们的首要目的就是谋生。在我们对外来女工的调查中，53.6% 的女工外出首先是出于经济方面的需要，想通过外出工作提高自己或家庭的收入。此外，了解新的知识、掌握新的技术也是她们外出的重要目的。

女性外出打工的首要原因

	人数	百分比	有效百分比	累计百分比
自己需要钱	91	43.1	43.1	43.1
家里需要钱	22	10.4	10.4	53.6
增加知识扩大视野	72	34.1	34.1	87.7
学技术	12	5.7	5.7	93.4
不想从事农业	4	1.9	1.9	95.3
摆脱家庭束缚	1	0.5	0.5	95.7
无明确目的	6	2.8	2.8	98.6
其他	3	1.4	1.4	100.0
总计	211	100.0	100.0	

多数外来女工没有固定的休息日，多数企业在生产任务饱和时加班加点，她们每天的劳动时间超过 10 小时，当企业拿不到订单或任务不足时才给工人放假。我们的调查正值村办企业不太景气的时期，她们中的大多数人每日工作 8 小时以上，有 15% 的人每周加班时间超过 20 小时。由于实行的是计件工资，她们对于加班并没有太多的怨言。

外来女工每日工作时间

工作时间（小时）	人数	百分比	有效百分比	累计百分比
8	91	43.1	43.1	43.1
9	48	22.7	22.7	65.9
10	56	26.5	26.5	92.4
11	3	1.4	1.4	93.8
12	4	1.9	1.9	95.7
13	4	1.9	1.9	97.6
14	5	2.4	2.4	100.0
总计	211	100.0	100.0	

外来女工每周加班情况

	人数	百分比	有效百分比	累计百分比
不加班	58	27.5	31.9	31.9
1～10 小时	44	20.9	24.2	56.1
11～20 小时	50	23.7	27.5	83.6
21～30 小时	25	11.8	13.7	97.3
30 小时以上	5	2.4	2.7	100.0
丢失	29	13.7	—	
总计	211	100.0	100.0	

对于打工者来说，他们进入村庄的成本并不高，也没有太高的成就动机，因而尽管他们的劳动时间长、工作环境差、收入也不算高，但他们的工作满意度并不太低，有 57.6% 的人表示对现在的工作满意，对工作表示强烈不满的仅 9.0%。

外来女工工作满意度

	人数	百分比	有效百分比	累计百分比
非常满意	25	11.8	11.9	11.9
比较满意	96	45.5	45.7	57.6
不太满意	70	33.2	33.3	91.0
很不满意	19	9.0	9.0	100.0
丢失	1	0.5	—	
总计	211	100.0	100.0	

外来技术人员与外来干部则不同于工人，他们来到村庄意味着放弃城镇的生活方式，放弃过去的职业身份或职业地位。他们的目的与打工者不同，除了希望得到比原来更高的收入外，还有很强的自我实现的动机，他们希望通过在企业的工作实现自我价值。因此他们对企业的关心程度、对企业事务的参与程度要比生产工人高，并且希望能与企业共同生存。如前面提到的联村集团李总工程师就说："来时与书记谈，除了打工挣钱外，也想与企业共同生存。我

来后提出三年内不应当上炼钢项目，如果上炼钢，我转身就走，后来企业就把上30吨电炉的计划取消了。原来这里的资产都是村民的，现在我们也有股份。”

外来技术人员与干部尽管不能享受村民的福利，但他们在企业中可以得到较高的收入，他们的收入一般高于过去职业中得到的收入，也高于不少从事体力劳动的村民。

认同

超级村庄外来人与本地人之间有明确的界限，尤其是对于打工者来说，有些人经常会强烈地意识到自己是外来人。在上述对外来女工的调查中，有三分之一的人经常强烈意识到自己是外来人。在我们调查的企业中，有一家自企业主到工人全部来自安徽，他们与村民几乎完全没有交往，在企业中仍讲安徽话，该企业的工人大多并不经常意识到自己是外来人，因此，实际常常产生这种疏离感的打工者应高于这一比例。

外来女工的外来人意识

	人数	百分比	有效百分比	累计百分比
非常强烈	69	32.7	33.2	33.2
有时有	80	37.9	38.5	71.7
不经常有	25	11.8	12.0	83.7
完全没有	34	16.1	16.3	100.0
丢失	3	1.4	—	
总计	211	100.0	100.0	

村庄中的打工者主要在企业中活动，与村民很少交往，对村庄的事物也不了解。他们之中仅有少数人考虑在村庄中定居，在对211个外来女工进行的调查中，只有7个人表示有较大的可能在村庄中定居，如下所示：

外来女工定居的可能性

	人数	百分比	有效百分比	累计百分比
非常大	4	1.9	2.3	2.3
比较大	3	1.4	1.7	4.0
不太大	62	29.4	35.2	39.2
不可能	107	50.7	60.8	100.0
丢失	35	16.6	—	—
总计	211	100.0	100.0	—

相当数量的外来打工者既不认同村庄，也不认同企业，并没有在企业长期干下去的计划，干多长时间要视情况而定。她们的想法如下所示：

外来女工是否想在本企业长期干下去

	人数	百分比	有效百分比	累计百分比
想长期干	34	16.1	17.4	17.4
有晋升机会就干	9	4.3	4.6	22.1
企业经营得好就干	120	56.9	61.5	83.6
能与当地人相处好就干	5	2.4	2.6	86.2
不打算长期于	27	12.8	13.8	100.0
丢失	16	7.6	—	—
总计	211	100.0	100.0	—

一些外来女工则明确表示不会在企业中长期干下去，干到一定时候就会回家结婚。一些企业为留住技术工人，在实行股份制时同样配给外来工股份，希望以此提高他们对企业的认同感，但多数外来工反应冷淡。企业认为这是对长期在村庄工作的外来工的优惠待遇，而一些外来工则认为这只不过是企业向他们集资的一种手段。来自安徽舒城县的塘村鞋厂烘箱车间刷胶水工李某，这样描述企业实行股份制时自己的心情：

> 去年开始实行股份制时，大家都讲入股入股，当时讲起来像我们这样打工的在这里也没什么，到这儿好长时间了，如果入股，对我们来讲也无所谓呀。厂里对我们这几个外地人也没做出什么（不同的决定），其实我们自己要高兴入股就入股，不高兴入股就不入股，后来我们几个人也想不出来（拿不定主意），不入股嘛比较好，但是想来想去厂里这么多人都入股，好像我们几个人不入股……也跟着一道入股吧。我们也没放在心上，听说回家的时候说不定钱可以还你，（入股）3000块钱。这3000块钱对我们农村一个打工的人来讲也算不少的。我们当时入股的时候想着如果不入股的话，我们这几个人以后的工资怎么发，会不会不跟厂里的工人一起下来，要是入了股肯定跟他们厂里一起发，如果不入股到时工资怎么办？他们分红的时候肯定按着股份分，人家都是股份制里的，我们不入股就没有这个股，不能分红。

权衡的结果，李还是入了3000元的股，企业配给了她同样数量的股份，但李对此始终是将信将疑。

外来的技术人员与村庄没有什么直接的联系，但他们对企业有较强的认同感，认为企业的兴衰与自己有密切的关系，其中担任了企业领导职务者更是如此。如我们上面谈到的李总工程师，可以说已经完全融入企业。他曾向我们讲述他如何为了650生产线的配套设备，奔走于江苏、河南、陕西之间，最后为企业挽回损失的故事：

> 650的一套设备交给洛阳矿山机械厂下挂的一个皮包公司做，他们把所有的业务都卖给别人干，老来要钱，我到洛阳一看，活根本没干，说是在西安生产。原定是六月提货，可他们九月份才开始生产，以为我们是村办企业，没把我们当回事。我们的基础都搞好了，就等这台机器。我一个人在西

安与他们周旋了三个月，找法律事务所，追究他们的责任。我们三百多户的村搞投资一亿元的工程，他们简直是拿人开心。西安那家设备厂的党委会都让我搅黄好几回，最后扣了他们200万元，是我起草的文件，因为他们的产品质量有问题，又没有按期交货。

李在国有企业工作了二十多年，而当他描述联村公司与国有企业间的这场纠纷时，多次使用了“我们村办企业”，“我们300多户的村”的说法，显然已经高度认同现在工作的村办企业。

外来干部作为政府与村庄之间的中间人，在超级村庄中有特殊的身份。他们往往既认同原有的身份，也认同目前的企业。如义村那家总公司党委的李书记，由于退休后在公司再任职，成为一个有双重职业身份的人。尽管他原籍就是义村，现在又担任企业的高层领导，但他仍认同退休国家干部的身份。他时常拿过去的机关管理与现在的企业管理比较：

咱们的机关干部不行，（领导）说了话大家还有各种意见，他这儿说话要兑现的，特别是比咱们国有的那种管理要现实，比如咱们干部上班迟到的人不少，这里没有的，大家上班都是打卡，（对迟到早退的）该处理的处理，包括我们在内都是一样的。

我们这里规定，有三个地方不能倒垃圾。有一次，我没有管，第二天就挨批评了，包括我们副总都这样，制度要遵守，不是说对哪个人。

我们专门有七八个人管这个事情，所有的职工，所有的产品，不管你在企业是什么职位，自己该处理就要处理，我自己是比较严格的。上班时间离岗了，没有请假的要开除，最近处理了八九个。不让赌博、打麻将，你打麻将，碰上了就开除，这都是我管的，我是监察部部长。还有些人违反制度，说情也不行，一般的也不敢，跟咱们国有企业不一样。

与李总工程师不同，他的谈话中多次使用了“咱们机关干部”“咱们国有企业”的说法，这当然与他的国家干部身份有关，但也反映出尽管他已经担任了企业高层领导，但由于没有放弃过去的身份，因此并不完全认同企业。

总的来说，外来人对于村庄与企业的认同程度还是很低的，这显然从一个方面反映了村庄对于外来人的开放程度仍然十分有限，村庄社会边界的封闭性越强，外来人的认同程度就越低。

3. 外来人进入对村庄社会结构的影响

尽管村庄对于外来人的开放程度十分有限，但外来人进入过去完全封闭的村庄，毕竟会给村庄带来不小的影响。由于外来人进入村庄，纯粹的业缘关系在村庄中大大增加了，这些没有血缘与地缘关系而仅仅靠职业生活相联系的人的存在，迫使村庄在自己的运行过程中必须时常考虑到如何面对这些来自村外的陌生人，村社区的行动规则也不得不相应地发生一些变化。

随着非农产业的发展，村庄面临外界的竞争越来越激烈，一些超级村庄已经开始意识到熟练掌握某种技术的工人与具有某一方面专业知识的专业人才对于村庄发展的重要性，村庄依然像非农产业发展初期那样靠培训来培养村内的专业人才，但这种培养很难满足经济高速发展的需要，随着分工越来越细，专业人才培训所需要的时间也越来越长。如何接纳外来人就业，并使村庄所需要的人才长期留下来，就开始成为村庄不得不考虑的问题。

在第七章中我们曾经谈到村庄的非制度安排。这种非制度安排靠社区内的身份承诺、熟识信用、关系策略与社区意识来运作，但面对作为陌生人的外来人，这一套行动规则便难以奏效了。如上所述，多数外来人流动频繁，对村庄和企业的认同程度很低，建立在共同意识与长期共同利益基础上的非制度性安排显然不适用于外来人；而单纯靠经济机制这一看不见的手来吸引外来人，则可能完全破坏村庄中既定的行动规则，造成村庄内部的失范。村庄必须发展出一套新的制度，使陌生人融入熟人社会，同时使熟人社会服从某些陌生人社会或市场经济的规则。

联村作为一个移民村，容纳了较多的外来人，相对于其他村庄来说，在这里就业的外来人人数较多，他们所达到的职业地位也比较高。企业技术水平的不断提高使这些外来人在生产中的作用越来越重要，因而联村比较早地面临了这一问题。对此，联村采取了在企业内逐步减少保护性就业，通过建立企业制度在村庄与企业间划出明确的界限，为外来人提供更多的企业福利等措施。

外来人大量进入后，联村开放了专业技术性职业，而将保护性就业局限于技术性不强的职业及与企业财务有关联的职业。从第八章的联村集团公司职工来源分布表中我们可以看到，联村集团公司的科室人员中仅有 14.35% 是本村人，几个主要车间的车间主任也是由外来人担任的，在这些职业领域，选拔的依据主要是个人能力，而不再是村民身份。同时，联村逐步减少了对于村民的就业保护，而以提供更多的村民福利和对农业及农村手工业的支持来保证未进入企业的村民的利益。

联村努力使村与企业有比较明确的界限，在集团公司中建立现代企业通常采用的科层制，而将村作为科层制中分管农业与村民福利的一个部门。在村与企业之间划出明确界限的同时，由于村庄的收益大多来自企业，在企业内的利益分配中，明确了企业职工优先的原则，用村书记的话说是“企业最最宝贵的是 100 个供销人员和 100 个干部，这部分人应当先富起来。企业好了以后再带动一大批，首先是企业职工，然后是 6000 多村民”，而企业的 100 个干部中至少有二分之一是外来人，企业职工中也有相当多的外来人，“考虑的重心还是企业的职工，村民主要是享受企业每年拿出的那一部分”。村书记认为这种利益分配格局的改变有利于村庄居民的长远利益，当问到村民是否会对此有意见时，他回答说：“十几年得到的多还是付出的多，村民心里很清楚，现在群众的观念已经改变了。”

这样，联村通过减少就业保护和建立企业制度，将陌生人社会的规则引入村庄，但是并不想也不可能使企业与村庄完全分离，因此，联村还采取了各种措施，为外来人融入村庄创造条件。村庄为外来人安排了较好的生活环境，如外地职工 6 到 8 人一个宿舍，有卫生间。村庄在距联村有一定距离的镇区边上建设了联村小区，给企业与村的干部居住，外来的干部也同样可以享受这一福利。村庄对于外来人进入的态度是非常积极的，村书记说：“企业培训一个技术工人至少要半年，熟练技术工人的工资是非技术工人的 2 到 3 倍。因此技术工人自己也不愿离开企业，有些人把家属也接来，这部分人相对说比较稳定。我的看法还是要进一批人，现在 20 多岁的人有的干几年就走了，要回去结婚，老是川流不息不是好办法。村里盖的宿舍还有好多空房，外地人不敢买，可以先租给他们，今后户口开了口子就让他们把户口转来，转来两年后可以享受村民待遇。”

同时，企业以配给职工股份的形式，增加外来人特别是外来专业技术人员对企业的认同。据联村政工科的负责人讲：“1993 年企业自有资产 9000 万元，企业中外地工与村民共有 1900 多人。当时拿出 20% 作为股份分配给职工，按工龄及干部级别分出不同的档次配给享受股，同时个人必须拿出同样数量的钱入股。不在企业工作的村民可以买社会股，但不配给享受股。村民的社会股可以退还，但企业职工的股份（包括自己入股的部分）只能分红，不能退股。外来工有人入股，每人一两千元。”多数不在企业工作的村民宁愿集资而不愿入股，企业也认为村民入股对企业没有什么好处，因为他们实行股份制的主要目的是增加企业的凝聚力。

联村的例子说明，外来人进入村庄改变了村庄原有的利益结构，促进了村庄的制度创新。联村试图通过这样的制度创新，使过去的村落共同体变为企业共同体，使市场经济的规则进入村庄，使村庄的传统融入企业。当然，正如我们在其他章节中已经指出的，联村在职业结构上的开放性与它移民村的自然结构有相当的联系，在其他单姓或主姓家族村庄，外来人的进入则不一定能够促进村庄的社会结构和熟人社会的规则发生如此之大的变化，它们职业结构的封闭性相对于联村来说，仍然十分强烈。但是，联村的变化毕竟向我们提供了一种由于外来人进入而促使村落规则和结构变迁的例证和可能。

第九章
村社区发展与城乡格局的变化

按照一般工业化和城市化的发展规律，农村传统社会结构——村庄的萎缩和解体是一个基本的过程和结局。但是中国目前的乡村发展在相当程度上遵循的却不完全是这个规律。超级村庄的存在和持续发展，表明乡村工业化和自然城镇化所造就的工业村形态有其深厚的乡村社会基础。村社区结构经过功能的转移和强化，有可能成为边缘地带新的“发展极核”，使乡村的发展寻找到更适宜自身内在变迁规律的途径。在这个层面上，城乡社区发展的某些规则已经发生了变化，新的关系格局正在重组之中。

一、村社区的超前发展

经过十余年工业化和自然城镇化的过程，超级村庄大多经历了创业和立业的艰苦阶段，完成了向非农社会经济结构的转变。目前，这一类在村庄基础上发展起来的新型社区，其规模不断扩展，经济总量在当地村镇中占有主要份额，综合发展水平大多已经超过周边的乡镇，而且作为新的地方中心的作用也日益明显，已经出现了超前发展的趋势。

1. 村社区的扩展

工业办在村庄，也带动了与之相配套的其他产业，各种公用事业和设施就设在村子里，非农人口也大量地聚居在村域内，使这类村庄的传统形象发生了很大的变化。不仅原有的传统村庄转型了，呈现出非城非乡又亦城亦乡的社区特征，而且村庄结构的膨胀和向外的扩展也是惊人的。这些地方已经在原有村庄的基础上，生长出一个结构复杂、规模庞大的非农社会经济区。传统意义上的村子只是这个社区结构中最基本最核心的部分，但绝不是它的全部。这个社区还包括聚集在村里和分散在周边地区以及在外省份的、为数众多的村属或村属以外的非农产业、人口和外联区位关系。

首先是“物业”和空间规模的扩展。十余年中，非农产业大规模地进入，使村庄的自然农业景观发生了变化。除去少量保留在村中受保护的永久性农田外，在工业点集中的地方，土地基本上变成了水泥路面，建造的大量房屋、基础设施等“物业”，成为工业化后村庄新的象征和人文特征。在调查所及之处，“物业”的发展都使村庄的空间规模比以往扩展了数倍，由老村一直延展到新区，有的已经布满了村域内数平方公里的地面。这些设施规模宏大，配套齐全，质量上乘，支撑着村庄新兴产业和服务业的发展，医院、学校、酒店、宾馆、公园、影剧院，以及良好的道路、水电、通信设施和民居，不仅满足了村内产业发展的需要，也是村民生产和生活方式转变的物质基础。

其次是人口规模的膨胀。大型工业和其他非农产业就办在村域内，不仅吸引了周边村镇的劳动人口，而且引来了大量来自外省区的打工人员。进入的数量根据村庄的经济发展水平和产业类型而异。长江三角洲村庄的产业已经开始从劳动密集型向技术密集型转变，所需要的劳动力逐渐减少，外来人口的数量一般不超过本村人口或者超过不多，大多来自周边地区的村庄或者作为稳定来源的一些外省农村。珠江三角洲村庄的产业仍然是劳动密集型，需要大量的外来劳动力，数量都超过本村人口的数倍或几十倍，来自全国多个省份，近的来自本省腹地山区贫困县的村庄，远则来自中部、东部、西部乃至北部的边远省份。职业人口规模的激增和产业结构的非农化，共同构成这一类超级村庄社区转型的基本内容。

再次是村内机构和外来机构的增加。产业和人口规模的激增，不仅刺激了村内商业贸易、服务、教育，医疗和文化娱乐事业的发展，也使村社区内各种行政、金融、市场管理等机构大量增加。我们已经述及，村政府的职能及其机构在十余年时间里得到了充分发育，行政的、财政的、治安的、仲裁的以及市场的机构都已经专业化和职能化。除此而外，伴随着社区经济和社会管理发展的需要，村域外的一些机构也纷纷进入村庄，有地方政府的派驻职能机构，如派出所、劳动服务站等；有金融及其他服务机构，如信用社、银行、保险公司、邮电所、民航售票处等。这些机构中，外来行政机构大多是地方政府根据管理需要而派出的，商业服务类机构大多是村组织根据社区管理和发展的需要请进村来的，进入的种类和数量，依据经济发展需要、社区规模、离城镇的距离等因素而定。这些机构已基本在村社区内扎根，表明这类村社区已经成为适应工业化和城镇化需要的功能完整的单位。

最后是经济组织和社区规模向村域外的扩展。显然，传统村庄已经满足不了这些超级村庄经济和社会生活的需要，突破村域的界限而进入大社会，日益成为它们进一步发展的条件。经济组织向外的扩展主要采取扩张资本和所有权以及经济网络的方式。当村庄的经济实力足以使自有资本向外输出时，村办公司便大跨步地走出村域，向一切可以进入的经济领域扩展。这时，村办公司作为一个投资者，投资的意愿已经不再局限于本社区内，开始向村外发展，在村外建立多个公司、企业和办事机构。这种经济上的扩展，不仅是跨地域的，而且是跨行政边界、城乡边界和所有制边界的。目前在北京和其他大城市都可以看到各种外地的常驻公司和机构，其中就有相当数量是超级村庄办的，我们不但难以从名称上而且也难以从实力上将它们与其他类型的公司区别开来。在没有普遍实行股份合作制的长江三角洲，村庄向外的扩展采取了其他方式。以超级村庄为中心向周边村庄和乡镇扩展是其中主要的一种，这种扩展与地方市场和社区有着更密切的联系。此外，长江三角洲的村庄兴办乡镇企业已有十余年，正面临企业技术改造，扩大高科技产品的阶段，将劳动密集产业转移到内地或经济落后地区的农村，也是这些村庄预期中的扩展方式。

社区规模向外扩展主要采取租赁土地和兼并村庄的方式。调查所及的村庄，大部分仍然工农副三业相辅，土地短缺成了进一步发展经济的严重障碍，而在周边相对落后的村庄里，却存在土地撂荒和收益低微的问题。村庄发展水平上的差异，使土地的合理流转成为必然。

租赁土地是其中最为普遍的形式，一般由超级村庄出资租用比较落后村庄的土地，用于发展农业，获取土地的全部收益，但须为被租者承担相关的农业税和各种与土地有关的摊款，并吸收对方村的一部分劳动力进企业工作。由于租期一般在 50 年左右，在一个较长的时期内超级村庄的社区规模实际上已经扩展了。

兼并村庄则使社区规模打破了行政的边界，并在法定的意义上向外扩展了，被兼并的村庄成为超级村庄的一部分，接受超级村庄的统一规划和管理。这种兼并有的只发生在两个相互邻近的村庄之间，有的涉及多个村庄，还有的则已经跨越省市、在边远地区建立了超级村庄的“村外村”。

2. 经济总量在当地占有的份额

超级村庄的经济总量在当地已经占有相当的份额，是乡镇乃至地区的财税（费）大户，其龙头企业往往是所在地区特别是镇、县（市）最有经济实力的企业之一，由其组建的企业集团，一般也都被定级为省级企业集团。根据几个调查地的资料，亿元村中总产值在 3 亿至 5 亿元之间的已经比较普遍，8 亿至 10 亿元的也占一定的比例，大多数已经成为本研究意义上的超级村庄。

这些超级村庄企业的经济效益也在各种地方企业评价中排入高位，不仅有实力与大中型的地方国营企业竞争，而且排位逐年上升，说明村办企业的经济效益在当地已经占有明显的优势。

另外，这些村庄的经济组织已经从乡镇企业的初级形式脱胎换骨，发展成为地方最有实力的优秀企业之一，有的已经跻身于国家级优秀企业的行列。

如联村的轧钢企业从购买一套落后的小型轧钢机做起，以后经过三次大的投资和技术改造，发展成为冶金行业中设备一流、管理先进的中型企业。目前的村办集团公司已经拥有 6 个分厂和两个贸易公司，在华东地区的大中城市拥有 5 家销售经营部，年产值达 10 余亿元，销售收入也达到 8 亿元，被国家统计局列为“全国 500 家最大乡镇企业”第 52 位，被农业部评为“全国 1000 家最佳经济效益乡镇企业”第 88 位，被苏州市统计局评为“苏州市百强村”第 3 名。1995 年企业还被评为国家质量检查 AAA 级企业。

丰村的主要企业是从香港引进的“三来一补”企业，村庄在引进这类劳动密集型企业时对其科技含量有所选择，村内产业的布局和总体规划是由村庄安排的，外资企业的产品质量、对外经贸活动也是由村办的股份集团公司监督和协助进行的，因此村内的企业发展至今，整体的管理水平和产供销活动都获得了国家有关部门的认可，村办股份集团总公司也跨入了国家 AAA 级企业的行列。

在以私营企业为主体的畔村，村组织并不直接参与企业事务，但是积极地扶持村内有发展前途的中小企业，包括帮助审批土地、贷款融资、协商技术改造、提供人际关系资源等，因此村内一些得到村组织扶助的企业的设备和技术也已经“上了等级”，有望成为同行业中有竞争力的企业。

从村与镇的比较来看，超级村庄在当地的经济地位则更高，以 1995 年统计资料为据：

个案村经济效益指标与所属镇的比较（1995 年）（单位：亿元）

村名	工农业总产值	工业产值	产品销售收入	利润总额	固资原值
联村	8.02	8.01	8.12	0.18	2.66
所属镇总计	15.73	15.98	14.30	1.15	3.82
占全镇比重（%）	51	50	57	12	70
镇办企业	—	3.66	2.82	0.08	0.77
村镇比（镇办＝1）	—	2.19	2.88	2.25	3.45
丰村	1.84	1.80	—	—	—
所属镇总计	16.26	14.88	—	—	—
占全镇比重（%）	11	12	—	—	—
镇办企业	1.12	1.10	—	—	—
村镇比（镇办＝1）	1.64	1.64	—	—	—
北村	8.08	8.05	3.99	0.24	1.42
所属镇总计	9.17	8.88	7.96	0.29	2.46
占全镇比重（%）	88	91	50	83	58
镇办企业	—	1.73	1.50	0.01	0.83
村镇比（镇办＝1）	—	4.65	2.66	24.00	1.71
塘村	3.16	3.14	1.70	0.30	0.19
所属镇总计	8.22	7.79	7.18	0.43	1.54
占全镇比重（%）	38	40	24	70	12
镇办企业	—	4.40	4.24	0.13	1.39
村镇比（镇办＝1）	—	0.71	0.40	2.31	0.14

资料来源：

1. 联村村办工业企业概况表，1995 年 12 月 25 日。张家港市南丰镇全镇工业经济主要指标实绩表，南丰镇人民政府统计局编，1995 年 12 月。

2. 深圳市沙井镇 1995 年社会经济统计资料，沙井镇人民政府计统办编，1996 年 3 月。

3.《太仓统计年鉴（1995）》，太仓市统计局编，1996 年 4 月。

从上述几个村镇比较中可以看到，多数超级村庄在当地经济总量中都占有较高的比重，联村和北村的工农业总产值已占所属镇的 50% 以上，特别是村办企业的经济总量指标和经济效益指标，大多已超过所属镇办企业，有的已经成倍于镇办企业。

3. 超过周边乡镇的发展趋势

显然，超级村庄的发展已经有超过周边乡或镇的趋势，这不仅仅表现在经济方面，在社会经济综合发展水平上也展现出这种趋势。

经济实力上的强弱是形成落差最为直接的原因。以丰村与所在镇相比较，统计数据显示①，丰村的工农业总产值在 1994 年达到 1.84 亿元，所属镇的镇办各公司的总产值只达到 1.12 亿元。丰村净收入达到 7.8 万元，镇属公司仅达到 2.2 万元。此外，丰村近年村财收入的数目也远非所属镇可支配的税费可以达到的。因此，村、镇之间在基础设施和社会事业等方面也形成了投资上的差别，在调查所及的村庄，都已经拥有高质量的基础设施，有些已经拥有了村办的商业服务体系如商业大厦、农贸市场和小商品市场，拥有了较高档的酒店、宾馆及医院、学校、公园、影剧院等服务性和休闲娱乐性的设施，还拥有良好的道路、水电、通信设施和村民住房。仅从种类和数量上来看，这些村庄的设施已经赶上或超过周边镇的设施，也超过了全国小城镇的平均水平。

	联村	所属镇	丰村	所属镇	畔村	所属镇
医院	1	1	1	1	1	1
中学	1	2	—	2	1	1
商厦	1	—	1	—	—	—
宾馆	1	2	3	—	—	—
影剧院	1	—	1	—	—	—
金融机构	—	4	4	4	3	2
邮电所	—	1	2	1	1	1
农贸和小商品市场	2	1	3	3	1	1

注：据全国第一次农业普查资料，1996 年末。平均每个镇的公路里程 44.59 公里，供水站 0.91 个，邮电所 1.10 个，电话 836.40 部，人均居住面积 12.7 平方米，平均每个建制镇拥有各类学校 8 所，文化站、图书馆 1.18 个，影剧院 0.60 个，每百个建制镇镇区的公园数约 8 个。

---

① 《沙井镇 1994 年社会经济统计资料》，沙井镇人民政府计统办编，1995 年 3 月。

从服务设施的质量、辐射的范围来看，超级村庄的这些设施一般来说在周边地区都是数一数二的，是“别个村上没有，镇上也比不上的”。特别是医院、学校、文化娱乐和服务设施，在一些中小城市也不多见，不仅设备齐全，服务质量较高，而且辐射能力较强，不仅关照到周边地区，一些靠近大中城市的还为城市居民提供旅游、文化、娱乐等方面的服务。

村庄的发展为什么会超过乡或镇？丰村与所属镇的比较可以说明一些问题。自20世纪80年代初期开始，来自香港地区的“三来一补”外来加工装配企业大量进入深圳地区，其中绝大部分进入了当地村庄，而在乡镇一级却只占很小的比例，一些已经到乡镇的项目后来也流入了村庄。1995年丰村所在镇的镇办工业企业仅有25家，就业人数仅7025人，而村办工业企业达695家，就业人数已达11.09万人。①

在乡镇企业自由竞争的时期，为什么会出现这种情况呢？从当地的情况来看，有几个因素起着重要作用。一是国家原来实行“五级政权四级财政”的体制，1985年后，乡镇才成为一级独立的财政单位，在这之前，乡镇基本上没有聚财的能力，因此在80年代初工业化启动时期，与行政村几乎站在同一个发展水平线上。二是在面临同等发展机会时，村庄的经济体制比乡镇有着更大的灵活性，并且占有土地和劳动力的优势，因此在发展初期，国土管理机构尚未健全之时，村庄土地非农化的速度很快，乡镇几乎控制不了。三是即使乡镇有筹资能力，但从向村庄征地到建造厂房宿舍，成本都太高，无力建成较高质量的基础设施与厂房配套，而村庄则可以利用现成的土地和民宅，只投资基础设施即可解决问题。四是村庄作为经济主体的意识越来越强烈，已形成与乡镇竞争的趋势，并且还占有地利人和的优势，在工业化初期有多种办法可以降低建设和人力投入的成本。因此，在这一地区，可以看到村庄经济和村政设施

① 《沙井镇1994年社会经济统计资料》，沙井镇人民政府计统办编，1995年3月。

以及村民生活水平都明显高于乡镇的趋势。

我们还注意到，在乡村工业化过程中有一个很值得研究的现象——处于同一地区的村、乡或镇，虽然享有同样的经济地理位置和政策条件，但是由于内部变迁的动力和条件不同，发展的差异性很大。不但地区内部有较强的异质性，而且发展水平在村、乡或镇之间不一定是按行政等级的高低或原来城镇化水平的高低顺序排列的，即是说，在原有行政体制对村庄的控制减弱，“城—镇—村”辐射格局变化的情况下，村庄完全有可能在经济和社会发展的多个层面上比乡或镇更为先进。而且，这种差距的格局一旦形成，“先发展效应”就会起作用，已经落后的乡、镇或村往往会长时间屈居于后。这就是超级村庄并不能连片形成，而已形成的则有可能与乡或镇竞争中心位置的原因所在。

4. 地方中心的地位和作用

目前看到的超级村庄，在经济和社会事业两个方面都较之周边的村庄乃至乡镇发展的速度快，已经初步具有经济中心和服务中心的地位和作用。

作为经济中心，超级村庄的主要表现形式和特点是：

第一，专门化的工业生产和加工基地。调查所及的村庄，大多经历过初期“有项目就办厂”的低水平工业化阶段，目前产业门类已经相对集中，形成专门化的工业。在这些村庄，大中型的工业企业就办在村子里，集中了专业生产项目、专业化的科技和管理人才，还有大量的专业生产工人。

联村就是一个专业的轧钢生产基地。村办的钢铁集团公司生产热轧带肋钢筋、圆钢及其他中小综合型钢材，成为冶金部榜上有名的中小规格钢材专业生产基地。

丰村更像是一个非农经济聚集区。它是中国南部对外装配加工业的重要基地之一，村子里集中了 100 多家来自香港的“三来一补”装配加工企业，在这类企业中工作的人数已达 3 万余人。产业和人口在村中如此集中，进而带动了工商服务业的发展，村中另集中了 3 个农贸市场和 400 余个商业网点，非农从业人口已近 4 万，经济总量在所属镇的同类村镇企业中连续数年排第一、二名，占到所属镇 26 个村（街）全部经济总量的 11% 以上。这个镇是深圳地区对外装配加工业的基地之一，而这个村子就是其中一个专门化的加工业中心。

畔村作为一个专业生产基地，则有“一村一品”的特点。全村以烧制建筑陶瓷产品为业，村内集中了 57 家大大小小的家庭企业，村子只是生产中心，依靠 400 余名推销人员在大中城市设点行销，产品早已走出地方市场。

第二，工业产品加工的集散中心。还有一类超级村庄，不但是一个工业生产和加工的基地，而且以本村为中心，将生产加工的业务分散到周边村镇中去，形成与超级村庄的主导产业相关联的配套企业。

塘村的支柱产业是外贸型制鞋业，一种劳动密集型的生产周转较快的产业，需要就近寻找加工点和廉价劳动力。于是，村总公司凭借自己比临近村庄和所属镇强大的经济实力，与分散在周边地区的加工厂之间实行“有限责任制”，将管理权分散在各加工点，经营大权则集中在总公司。统一经营的内容包括：对外经营统一洽谈，生产计划统一安排，工艺标检统一标价，原辅材料统一订货，进料价格统一核定，材料质量统一过关，耗用材料统一提货，成品出厂统一验收，主要干部统一安排等。这样，塘村以自己为中心，在周边地区形成了基层的生产加工网络和劳动力市场，不仅使本村的产业得到长足发展，而且带动了周边地区的发展。

以超级村庄为中心，在周边地区扩展经济网络，形成生产经营和销售上的联合体，这在苏南地区已经较为普遍。采用这种方式的基础是，超级村庄自己拥有实力强大并在当地有发展基础的龙头企业。一般由超级村庄出资金、设备和技术，周边的村庄出土地和人力，或者以合办的方式，或者由超级村庄一次性地将土地租定，或者采用兼并企业的方式，在周边的村或镇上建立与超级村庄的主导产业相关联的配套企业，形成有市场竞争力的地域经济联合体。这种联合体有的并没有组织实体，只有实质性的经济联合关系，有的则在实质性的经济合作关系基础之上，建立了或紧密或松散的企业集团公司。联村的企业集团下属紧密层企业11个，除去6家生产性和商业性企业设在本村和周边村外，还在外地设有多个集物资经营、贸易、供销、进出口贸易等于一身的公司。有的实力强大的超级村庄还将自己的企业乃至“村庄”办到了边远的外省市，经济中心的辐射作用有进一步扩大的趋势。

目前，这种经济网络的扩展不仅受到经济互惠互利原则的支配，还受到地方或国家政府机构扶贫政策的鼓励，帮助落后地区和村庄办企业，也是在帮贫和共同富裕的目标指引下进行的。在农业部支持下的“乡镇企业西进”计划中，最为活跃的也是东南部实力强大的超级村庄。

第三，金融中心。经济中心的另一种作用表现在超级村庄的融资能力上。在实行股份合作制的南部村庄，融资是以入股的方式实现的，由于超级村庄的股份制企业创办较早，经济实力较强，股息较高且相对稳定，因此周边地区和更大范围的民间资金便涌向这些村庄。在村庄集资的高峰时期，村民们从县、镇、村的银行和信用社取出存款，到村庄的股份公司投资入股，对金融机构的储蓄的确产生过冲击。如果从动态的过程看，超级村庄的集资活动实际上刺激了基层金融机构的生长和发育。

在丰村可以看到这样一个过程，当地区银行受到冲击时，设在村内的信用社和农行代办处的业务却异乎寻常地增长，因为村办股份公司的账户开设在那里，汇入额的激增甚至使他们应接不暇。丰村的生产经营和融资活动已经卓有成效地刺激了基层金融业的发展，村内现在除去农村信用社外，还设有中国银行、农业银行、建设银行等的分支机构，专理村里和周边村镇股份公司的账户业务和村民以及外来工的储蓄业务，规划中的镇中心区也已经将那里列为金融中心。

在没有实行股份合作制的超级村庄里，集资活动也同样活跃，其基础仍然是村庄的经济实力和支付较高利息的能力，因此也吸引了周边地区大量的民间散资。联村的集资方式比较灵活，集资的目的主要是为村办企业筹集流动资金，数量和利率都依据企业对资金的需求而定。1992 年开始组织集资活动时，联村钢铁集团已经名声在外，只在周围村镇贴出几张公告，就引来许多响应者，尤其是春节前后最为活跃，一些个体小手工业者那时恰好返回乡村，踊跃参加集资。由于村企业集资的利率高于银行，集资和取兑方式灵活，很受当地群众欢迎。村公司对集资款的用途有严格规定，主要投入企业生产，任何人不能从中借用。集资使企业每年能有 2000 余万元集资款投入生产过程，对技术改造、设备更新等起到了积极作用。

总之，在调查所及的村庄里，由于经济活动活跃、人口集中、收入增加，不仅村庄自身发展出了融资机构，而且吸引了国家和地方的金融机构，它们也纷纷进入村庄，在那里直接吸收来自村庄和村民以及外来人口的资金。

作为服务中心，超级村庄的作用也是显而易见的。在调查所及的村庄，都拥有设备齐全的服务设施，主要有医院、学校（一般设有幼儿园、小学，有的已设有中学）、商贸中心和市场、银行、信用社、邮电所、饭店、酒家和宾馆，还有影剧院和各种文化娱乐设施以及负载能力强的道路和水电设施。它们的质量一般都是周边村、镇中数一数二的，服务范围在半径 10 公里左右（步行约 2 小时，骑自行车约 1 小时），一些在周边地区声誉好的设施和机构，其服务范围就更大一些。

联村成为集贸和服务中心是有历史传统的。据记载，20 世纪 70 年代初在联村的老街上开设有代销店，生意十分兴隆，因为从当地到周边最近的那一个镇都有十余里之遥，当地群众去镇上十分不便，自从开设了代销店后，解决了群众的油盐酱醋等日用品购买问题，但自产自销的农副产品还是需要到较远的市场去交易。

1979年夏天的一个早晨，联村第二生产队黄老汉等五人和往日一样，手拎肩挑蔬菜、鸡蛋等物准备去附近的集市赶集，当路过联村代销店时突然下起倾盆大雨，只好在店里避雨歇脚，大雨过后已赶不上集，便在老街尽头的桥头出售，一些没有赶上集的群众，见桥头有蔬菜出售，正求之不得，就在桥头做起买卖来，这就是联村集镇史上的第一次交易。以后，一些小买卖常在这里进行，不仅有早市，白天也有。因为这里是交通要口，紧靠长江边，各类产品交易兴旺，70年代中期，镇供销社陆续在这里设日杂用品、棉布、五金等门市部，从此形成集镇，周围四个乡的群众每天前来赶集。

不过，联村作为周边更大范围的商业服务中心，还是在它的经济持续快速增长、积蓄了实力之后。村经济发展之后，集镇的建设不再依靠镇供销部门，投资和建设的速度超过以往任何时候。90年代以来，村里拓宽高质量的公路并延展到镇区，修建了设施高档的商业大厦和设施良好的农贸市场，吸引着周围村庄的群众，市场带动的商业街也是周边村镇日常采购较为固定的地点。现在，街上新的服务门类众多，增设了理发店、服装店、裁缝店、饮食店、旅社、邮电代办所和多种经营服务公司等，还在本村与所属镇之间修建了新的集贸市场，有望将村镇的新旧集贸服务体系联结起来，成为周边更大范围的商业集贸中心。

丰村和畔村则是新形成的服务中心，没有历史的传统和小村镇的基础，完全是在这些村庄成为超亿元经济大村之后才发展起来的，而且主要不是作为集贸服务中心。集贸市场在乡村往往有自然形成的固定地点，而这些新的中心则是以发展新型服务产业开始的，如学校、医院、文化娱乐、商业、饮食、旅馆等。丰村的医院已经从原来的卫生所发展成为拥有门诊部和住院部、设施齐备、聘有多名高级职称医生、医疗水平较高的医院，服务对象除了村民和本村的外来工外，还为周边多个村庄提供服务。村里办有酒店、宾馆、影剧院、公园等，在周边几个镇都享有声誉。

畔村办的中学，不仅周围的村镇办不了，在所属市也是小有名气的，它已经与周边数个村庄联合办学，招收周围七八个村庄的适龄学生。

这些服务设施大多填补了周边的空缺，并且由于建设得比较早，发展得比较快，辐射的范围相对固定，因此其他村、镇再建的余地和必要就小了许多。这些服务设施的发展，无疑使超级村庄作为周边地区商品流通中心、资金积累中心、交通和信息转运中心、医疗服务和文教中心的作用日益突出。

说到地方中心特别是服务中心，还要指出的是，村庄距离城镇和其他一些中心（如经济开发区等）的远近，对它是否能够或有无必要成为中心有着实际的影响。一般来说，离城镇有一定的距离，又可以形成服务半径的超级村庄，最有可能发展成为功能全面的地方中心，而距离城镇相对较近的村庄，则可能只发展某些方面的服务功能，与城镇在功能上形成互补优势，例如发展文化娱乐及旅游服务综合中心的功能等。

实际上，在我们所考察的超级村庄中，无论离城镇远近，几乎都有各种公共和服务设施，都是一个功能齐全自成系统的小社会，主要原因是他们利用城镇中心辐射作用的可能性很小：其一是城乡体制分割，城镇不向他们提供服务，即使征用了村庄的土地，也并不能解决农转非的一系列如就业、子女上学等方面的问题；其二是城镇自身的服务和辐射能力有限，不可能为他们提供服务。于是，这些超级村庄利用自己的经济实力办服务事业，不仅为自己和周边的村镇提供服务，甚至反向地向城镇提供服务。

最后，我们再来看看超级村庄对地方行政的参与能力和方式。

自然城镇化的特点，使超级村庄没有外来行政力量支持，因而不可能成为地方的政治中心。不过，在村财政和村自治发育良好的超级村庄中，不但内部已经发育出自治的“村政府”，村社区的行政中心作用逐步强化，而且，作为对地方发展有贡献的经济大村，超级村庄有条件不断向地方政治中心渗透，对地方事务产生越来越举足轻重的影响。这些村庄一般都是当地的财税（费）大户，也是向地方提供无偿捐助，长期投资和实际帮助最多的单位。因此，当地政府对它们也不能不另眼相看，地方的大事不得不找这些村子商量，因为村里的态度很重要，在某些问题上会影响到全局。

塘村对地方事务的参与度，就是伴随其对地方解决经济和社会问题的贡献而不断加强的。

塘村在当地成为数一数二的经济大村时，正值所属乡镇面临镇办企业停产倒闭的困境，镇政府找到村里，给村干部做工作后，由塘村买下了这些企业，帮助乡镇渡过了财政难关，解决了“土地工”的就业问题。之后，村书记作为有贡献的基层干部进入镇党委班子任副书记。当时，这个职位尚属荣誉头衔，村书记并没有真正参与镇政事务，“开会时去一去，有时忙了也不去”，分管的工作主要是“抓强村工作”，即主管自家村的工作。

与以往不同的是，在乡镇遇到财政困难时，这时候的村书记兼镇副书记便有义务为镇分忧解难，比以往提供更多的援助。这时候的村庄尚无多少向政府讨价还价的资本和能力，几年之后，当镇政府因无力偿还集资款而面临更加急迫的社会问题，不得已再次求助于塘村时，塘村已经在谈判中处于主导地位。在答应由塘村一次性代镇还清所欠集资款的同时，塘村获准得到被兼并的原镇办企业的土地使用权、向镇办工业园区置换土地的优惠待遇、免缴管理费等税费的政策，以及由镇政府出面帮助塘村向有关银行贷款的承诺。

这时候，塘村村书记不但在当地拥有了“为政府分忧，为群众解困”的口碑，而且对乡镇事务有了实际的影响和参与，在镇区工业布局、镇政建设、引进外资等方面，塘村村书记的意见都较之以往更加受到重视。

不过，村庄正式参与地方政治，仍是外部行政力量作用的结果。在苏南地区，地方行政力量始终对村庄有重要影响，政府与村庄之间较之其他地区有着更为密切的联系，与超级大村之间的关系更为特殊。苏南地区的县市，大多有奖励乡镇企业突出贡献的政策和待遇，其中之一是对优秀企业和企业家给予行政提级、解决农转非户籍的“政治待遇”。超级村庄及其领导往往位于被奖励之列，联村、北村、塘村等对当地的发展有突出贡献，村党支部即被升格为党委，村子也被当地人称为“党委村”，以示与其他一般村庄有政治上的区别。“党委村”在行政上仍与镇党委是上下级关系，但在党组织级别上已与镇党委相当，村书记还兼任镇党委书记或副书记，对镇经济和镇政事务具有发言权和决策权。

当超级村庄对当地社会经济的发展具有左右局面的影响时，地方政府就会积极地在行政上加以调整，对村领导继续委以高任，以便将村、镇的发展统一起来。北村有某市“第一村”之称，经济和社会事业的发展水平早已超过所属镇，成为事实上的地方中心。村党委书记被提升为镇党委书记后，兼管镇村两级事务。此后，镇政事务、规划和发展经费等，无疑都与北村建立了直接关系。以村办镇、以村带镇，在某些地区已经成为一种新型的镇村关系。

但无论如何，说到底行政权力是由国家力量赋予的，村庄对地方事务的参与无论能量多大，仍然不可能像形成经济和服务中心那样自然而深入。实际上，村庄对地方行政进行参与的重要形式是隐形参与，即利用的是非正式的互动和影响。这在社会性资源可以有效影响行政资源配置的地方社会中，显得更为有效，不但可以比正式参与的形式节约谈判成本，而且可以避开正面冲突，更加便于协调和合作。

隐形参与，不仅仅是通过通常所说的镇村干部之间的个人交情，而且有时还是通过镇村干部互聘的制度形式来实现的。在联村等村庄，干部之间这种交叉聘用的程度甚至是令人吃惊的。联村的村级干部中，外来干部占相当大的比例。现任村委会主任的进村方式颇具代表性，此人原任镇农工商总公司副总经理，曾与联村书记一起工作过，有多年的私人交情，在任期间就曾设法帮助过联村；当面临新的工作调动时就有意进比镇实力强大的联村任职，经过镇村两级书记的商量，同意在不减少原干部待遇的情况下调入联村工作。村公司其他一些重要岗位如供销、人事、宣传、办公室的干部中，大多也是以同样方式调入的原镇属乃至市属的干部。这些干部进入村庄后，将原政府工作岗位上获得的行政关系资源自然地带进了村庄。

在他们的运作下，乡镇的行政决策往往非正式地受到强村意图的影响。而这些强村的村干部又往往直接在乡镇政府内任职，如联村书记兼任镇党委副书记，村总公司总经理兼任镇供销社总经理，这又使这些村庄的意图有可能在正式场合得以顺利通过。联村能够在镇政府中心地起楼盖房，建成村干部大院，在村内拉上高压电网，在他村和交通要道上建农贸市场，大多经过这样正式和非正式的行政运作。这也就不难理解，为什么当国家部委和省市机构改革时，一些名村会反应快捷，立刻进京进省，出高薪聘请那些即将转职的高层干部进村工作了。

除此之外，超级村庄自身的中心作用发展到一定程度，亦有可能在外来行政的直接干预和支持下，转变成为受国家认可的建制镇，从事实上的中心转变成为正式的行政中心。目前已有大邱庄一例，主要是在原有村政基础上，另加上一个由地方政府派出和任命的建制镇机构。虽然这个村庄设镇建制有其特殊的政治原因，但是实际上它的发展水平与其他一些超级村庄一样，都已经具有了事实上的中心作用，也具有了突破行政限制的需要。当然，超级村庄发展到一定程度，是不是一定需要行政上的升格或正式的建制，无论对于村庄本身，还是地方政府，都仍然是一个敏感而难办的事情，也是一个需要在理论和实践上认真加以研究的新问题。

二、原有城乡格局的变化

在中国传统的城乡关系格局中，城市是发展的中心，存在着“中心—边缘”的梯度发展模式。中心的作用随城市的大小递减，形成不同的辐射和管理层级。乡是这个格局的边缘，村庄则是边缘的最末一端，一般只能逐级接受到微弱的辐射。村庄作为主体的能动作用虽然存在，但主要是接受辐射和作用的受体。由于村庄的落后和弱小，村庄一端对这种“中心—边缘”关系的影响是极其微弱的。现时存在的城乡关系虽然在政治和经济方面与传统的关系有了本质上的差别，但是长期以来在发展时序和秩序上仍然存在着同样的格局。不过我们看到，超级村庄的兴起却在一定程度上打破了这个格局，或者说它的发展基本上没有遵循这个格局中的秩序。

“城—镇—村”是我们对原有格局的简单描述。这个格局包含两重意义，其一是表明行政归属的层级关系，由村、乡镇到城依次递增，其二是表明城市化程度的基本秩序，由城市到乡镇、村依次递减。20 世纪 80 年代兴起的小城镇建设使这一格局中乡镇的作用更为明确，小城镇研究也曾对这种格局给予了科学的描述和分析，认为“城—镇—村”格局中小城镇的发展是中国城乡一体化的一种新的发展态势。这一研究关注到乡镇在农村基层社会工业化和城镇化过程中的地位和作用，不过它概括的主要是 90 年代以前中国农村工业化和城镇化的基本事实，对于 90 年代以来超级村庄兴起后的新情况，仍需要进行深入一步的探讨。

超级村庄兴起之后，对现存的“城—镇—村”格局产生了如下一些影响：

第一，村庄在行政上虽然仍受这一格局的约束，但是这种制约已经比较微弱。超级村庄更多的是以自己为中心，根据自己的需要来发展与外部行政体系之间的关系，而且新建立的关系并不遵循原有的行政格局。首先，超级村庄自身的发展已经有超过乡镇的趋势，仅靠乡镇的行政支持远远不足以解决它所面临的经济和社会问题；其次，它们的经济发展已经进入更大的社会经济体系，需要更高层行政力量的支持。于是，在寻求行政力量的支持时，更多的是寻找跨地区、跨行业、跨部门和跨所有制体系的行政支持。从它们直接打交道的行政部门结构来看，超级村庄的外部行政行为已经远远突破了原有的“城—镇—村”格局，它们甚至与大中城市建立了直接的经济联系，所获得的行政支持（往往是非正式的）也往往是更高层次乃至国家部门的。联村在发展轧钢业时所依靠的行政支持就直接来自市政府有关机构乃至国家部委机关，丰村对外的行政联系已经涉及所属镇、区、市、省的4大类、58个有关部门和机构。

第二，从城镇化角度来说，超级村庄的兴起也使这一格局发生了变化。在周边地区，超级村庄是自然城镇化程度较高的社区，地位比一般村庄高，作为地方新的经济和服务中心，又与乡镇存在着竞争的关系，有超过周边乡镇的趋势；在一些非发达地区，其经济和社会地位以及实际上的辐射和带动能力已经强于县城。这样，原有的城镇化程度依“城—镇—村”依次递减的格局显然已经被打破。

第三，超级村庄与周边村庄之间的横向联系增多，有的已经演变成纵向的层级关系。关系类型大致有三种：一种是前已述及的以超级村庄为经济中心的产业联合关系；另一种是帮带、扶贫的关系，一般由超级村庄出资帮助周边落后的村庄偿还债务，建设公用设施，扶助老弱等，这类活动往往是由地方政府推动的，帮带和扶贫的村庄相对固定，带有无偿资助的性质；还有一种则是通过租赁土地或兼并村庄而形成的新型关系。

上述种种关系的存在，使超级村庄与一般村庄之间发生了相对固定的连带关系。在一个超级村庄之下，往往“挂”“带”“并”有多个村庄，这些村庄对超级村庄的依附甚至比对所属镇还要强。特别是村庄兼并涉及多个村庄之后，村与乡镇之间的关系将成为城乡关系中的一个新问题。目前超级村庄在经济领域的扩展尚无行政上的制约，但在地域空间和行政控制范围方面的扩展有没有限制，扩展的极限在哪里，仍然是有待研究的新问题。

在上述影响之下，“城—镇—村”的基本格局发生了变化，其中超级村庄已经处在一个特殊的位置，将原来的单维链条变成了双重的：

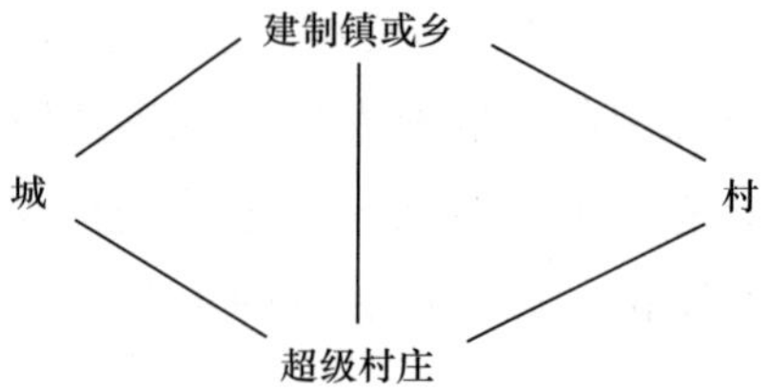

在这个新的格局之中，超级村庄实际上已经处于乡镇的位置或强于乡镇乃至县城的地位。在城乡之间，它具有既类似建制小城镇又不同于小城镇的地位和作用。虽然目前已经有超级村庄升格为行政建制镇的先例，但事实上，农村基层社会发展至今，无论在理论还是政策上，“非行政性镇”的产生和发展都已经不是预设而是实践之中的问题了。目前地方政府在考虑城镇规划、企业布局等问题时已经不能忽视超级村庄的存在及其地位和作用，有的已经在经济发展和政治待遇上制定了向超级村庄倾斜的政策。可以预见，在未来城乡关系的发展和农村工业化乃至城镇化的进程中，超级村庄将注定扮演重要的、不可低估的角色。

三、边缘地带新的“发展极核”

在新的“城—镇—村”格局中，超级村庄无疑处在一个十分特殊的位置上。无论从现有体制的约束还是它自身发展的规律来看，超级村庄都没有进入城市体系，或者说都无法直接“长入”城市体系。不管我们用什么名称来指称它，或者说让它在字面上属于城或是乡，它实际上仍是乡一方新的中心，或者说是边缘地带的新的中心地。这里，我们在“城市中心—乡村边缘”宏观体系框架的意义上使用“边缘”这个概念，将村庄一概视作处于边缘地带的结构要素，而不是从一些具体指标，诸如距离城市中心的空间距离、地形地貌、交通、通信、电力等，来测定具体村庄所处地点的边缘程度。

对于中心地的作用，已有“发展极核”的理论做过探讨。这种理论首先建立在区域阶段性非均衡发展的框架之上，“核缘模式”是其理论基础。美国经济学家赫希曼（A.O. Hirschman）是这种理论的代表人物之一，他认为经济进步不会在所有的地方同时出现，而且它一旦出现，强有力的因素必然使经济增长集中于起始点附近的地域。一种经济要达到提高国民收入水平的目标，必须首先发展其内部一个或几个地区中心的经济力量，在发展过程中，需要这些“增长点”或“发展极”的出现。发展极的形成需要在区域发展的初期阶段，通过“极化效应”实现，也就是说使有限的生产要素集中在少数点上，形成增长极，据此而获得集聚效应和规模经济。其他地区只能利用发展极的扩散效应而逐步得到发展。在区域经济发展的后期阶段，这种扩散效应会逐步加强，发达地区的经济能量向周边地区不断扩散转移，最后导致区域内部差异缩小。[①]

20世纪50至60年代，很多发展中国家都曾依据“发展极核”理论，采取了集中发展中心大城市的方针，试图以中心地的繁荣带动周边地区的发展。长期以来，我国的城市化政策也基本上遵循着这个模式，特别是在城市化程度较高的长江三角洲，由于接受以上海为中心的大都会城市群的影响，提供了乡镇企业迅速发展、小城镇复苏和繁荣的历史经验，使以大城市的发展作为“发展极核”的理论和政策不断受到重视。主张我国区域发展实行“非均衡协调发展战略”的学者还提出，在区域发展上，应选择有限的、区位优越的地域或地点进行密集投资，推动这些发展极的成长，通过这些发展极的极化效应和扩散效应组合带动整个地区的经济发展。在具体实施上，或者利用已有的发展极带动区域经济发展，或者根据地区的实际情况，结合资源开发布局和交通体系建设，培植和建立新的发展极，通过建立一组多层次、多目标和多功能的发展极开发系统（即城市体系），将整个区域经济组织起来，由“点”连“轴”及

① （美）艾伯特·赫希曼：《经济发展战略》，经济科学出版社，1991年，第166页。

“面”，联“点”成“带”结“网”，实现点轴面最佳开发和空间结构优化，推动区域经济、社会和文化的全面发展。[①]

在这个大的趋势和格局中，城市是最重要的结构要素，是发展极的自然载体。由于人们在其中关注的焦点是城市中心地，易于忽视边缘地带变迁的程度和实际内容，这就更易于集中发展城市中心地，而不给边缘地带发展的机会，或者集中发展中心地的优势，而使边缘地带始终处于被动的受体的地位。这种理论和政策上的偏向，也是与以往城乡关系制约下边缘地带的落后和贫困相互映照的。以往城乡关系的基本模式是：一方面城乡之间的发展有着等级的序列，城市的成长依赖于乡村，乡村的发展则依附于城市；另一方面城乡之间又存在着二元的经济和社会结构，乡村在相对封闭于城市的发展环境中，始终处于被动的境地。

农村率先改革之后，乡镇企业的创办，特别是90年代以来超级村庄的兴起，使这种发展格局被自然地打破了，村庄不再只是城乡关系变革的被影响者，而且是这一变革的参与者和构成者。其结果之一是，村庄在摆脱了对原有“城—镇—村”关系的依赖之后，经济反而迅速起飞，出现了超级村庄这样新的社会经济结构；之二是，相对落后的地区不一定就是以往远离城市中心地的乡村边缘地带，发展程度从中心到边缘递减的模式在某种程度上已经被打破；之三是，边缘地带的发展不一定依赖于城市的影响特别是城市体系的影响，或者说不一定必须遵循城市体系的发展规律，现在它有可能按照自己的内在逻辑来运作和发展。

我们正是在这种背景下来讨论超级村庄作为边缘地带“发展极核”问题的。

首先，超级村庄自身的发展是摆脱既定的发展极开发体系的结果。从它兴起、发展和持续增长的全过程中，都可以观察到它并未纳入既定的城市体系，特别是没有与以大城市为中心带动的“点”

---

① 张文合、张弘芬：《区域经济》，人民出版社，1994年，第20-21页。

连“轴”及“面”的空间结构发生必然的联系。超级村庄发展初期虽然受到城市中心经济的影响，例如丰村的发展与香港地区加工业向珠江三角洲的转移有直接联系，联村轧钢业的开办也与接受城市工业淘汰的设备有关，但都不是城市经济自然辐射的结果，而是村庄主动运作，“请”“拉”“挖”工业进村的结果，有的还是与其他中小城市或镇竞争的结果，大多与地方城市体系并无联系。

在这里，我国大中城市的经济辐射能力仍然是一个受到怀疑的问题，特别是在大中型国有企业不景气的情况下，城市经济逐级辐射的能力并不强，按照城市体系的辐射规律，村庄是没有多少发展机会的。在我们所调查的地区，乡镇企业的确有不少是与大中型国有企业直接挂钩的，目前不少企业也都受到大中型国有企业不景气的影响，但在调查所及的超级村庄中大多没有这种问题，反而有持续增长的趋势，一些地区村庄工业的经济效益不仅高于乡/镇办工业，而且高于办在当地的省部级工业。其中原因之一，就是它没有与城市体系建立依附的或依靠它辐射的关系，而是发展出了能够与城市工业竞争、直接参与宏观经济体系活动的经济结构。这说明以大城市为中心地的极化理论和实践，片面强调了累积性优势作用的结果，而忽视了空间距离、社会行为和社会经济结构的意义。①

事实上，超级村庄在发展中是以自己为中心向城或乡双向进取和扩展的。在与城一方的联系上，它跨越地方城市体系，与一切可以进入和渗透的城市发生联系，将那里的资源和机会直接请进村庄。而当它有能力向外扩展时，也是以自己的需要和可能向一切可以进入和渗透的城市扩展，并不遵循地方城市体系的聚集扩散逻辑和规则。联村就是这方面成功的例子之一。

联村在发展轧钢业时，最初的一台小型轧钢机是通过苏州钢铁厂一位退休工人介绍买进的大厂淘汰设备，原料是经村书记的战友介绍，从国家部委下设的公司搞来的拆船材料，与当地已经发展起

① 郑弘毅主编:《农村城市化研究》，南京大学出版社，1998年，第11页。

来的轧钢业没有任何关联。生产逐步扩大之后，它直接从国家部委下设的拆船总公司购进原料，借助部属院校力量进行技术和设备改造。当它成为同行业中有竞争力的中型企业时，已经在上海、杭州等七个大中城市建立了供销和经营部门或公司，直接参与了城市大市场经济，并且在各地都占有较为稳定的市场份额。它的供应网络也已经涉及山东、天津、无锡、江苏、邯郸一些大中型的钢铁厂，与它们建立了稳定的供应关系。

这说明，在市场经济条件下，超级村庄有条件按照行业经济规律参与宏观经济活动，当这种参与深入之后，还可能对城市企业产生控制和制约的作用。例如，丰村在积蓄了一定的经济实力之后，对深圳市三家国有企业进行参股。畔村的建筑陶瓷业发展成体系之后，也跨越了当地的建筑陶瓷专业市场，将产品直接带入了全国几乎所有的大中城市，参与那里的市场活动。

超级村庄与乡一方的关系，也没有受制于地方城—镇—乡体系，它们在租赁他村土地、兼并其他村庄时，往往突破地方行政体系的制约，具有跨省（区）的趋势。

超级村庄以自己为中心向城或乡双向扩展的实际说明，边缘地带的发展有可能以自己独特的方式和逻辑进行。一般认为，乡镇企业与城市企业之间存在争夺资源和机会的情况，从资源总量既定，一方得利必有一方失利的角度去看，乡镇企业的发展有可能不利于国家宏观经济体系的资源配置。这一判断正确与否，这里暂且不论，需要指出的是，它至少忽略了一个基本事实，这就是村庄向城市的进取和扩展，也是对城市经济潜力进行开发和利用的结果，这些潜力依靠城市自身是难以开发或不可能开发和利用的。这正如乡村流动人口进城后所从事的大部分职业，是无论他们进入与否，城里人都不愿去从事的。

其次，超级村庄在自然城镇化的过程中已经发生了“自然极化”，它们并不是政策支持和培植下的极化点，而是依靠自力发展而成，自然集中了周边乃至全国各地的人才、技术和资金。从它与周边乡镇和当地大中型国有企业的比较来看，它们作为极化点所拥有的实力和能量，都已经超过某些地方中心。而且由于它们一般起步较早，发展速度较快，具有了“先极化效应”，因此周边一般不可能再出现与它有抗衡力量的新的极化点。这从我们前已述及的超级村庄并没有连片形成，也很少相邻存在的现实中已经得到证明。从这个角度来说，在考虑区域发展特别是边缘地带发展问题时，忽视或漠视超级村庄的存在，甚至人为地限制和阻碍它的发展，都会造成战略上的偏颇、政策上的失误和极化扩散效应的浪费。

再次，超级村庄已经具备了“发展极核”的能量和作用，向周边地区扩散的速度正在加快。就调查所及的村庄而言，总产值达到5亿至10亿元的村庄，都有向周边扩散产业、加工点、分厂和分支机构的需求和能量，它们不但加快向周边扩散的速度，而且都有向边远省份扩散的计划。比如苏南地区的超级村庄目前正在考虑将劳动密集型的产业转移到苏北地区或其他边远省份，南部依靠外来加工业赚了钱的超级村庄，也在考虑将资金投向外省市的工业、其他产业或边远地区的农业。就目前而言，超级村庄的经济仍有持续增长的趋势，联村1996年的产值计划指标已接近16亿元，销售收入接近10亿元，丰村1995年的村财收入已经超过1亿元，并且这些村庄的社会服务功能也相应地提高很快。在积蓄了这样的实力以后，超级村庄作为“发展极核”向外扩散的能力已经不容忽视。

超级村庄作为“发展极核”，还形成了从乡一方反向推动城市化的力量。可以看到，在变化了的“城—镇—村”关系中，超级村庄是积极的参与者和影响者，显然不再处于被动的受体的地位，它的能动作用已经是一种客观存在。从乡一方对城的作用来说，超级村庄的发展，首先加快了乡一方自然城镇化的速度，多个正在自然城镇化的社区散布在乡村，并且其经济正在向城市渗透，正在与宏观社会经济体系发生更广泛深入的联系，这必然促使乡村建设向着有利于城市化的方向发展。其次形成了既与地方建制镇竞争又在财力物力和人力上支持其发展的格局，一些地方还形成了以超级村庄带动乡镇乃至区县发展的城市化格局。从上述意义上来说，边缘对中心已经产生了不可忽视的影响和反作用。

总之，超级村庄作为边缘地带的“发展极核”，就其自身特性来说，已经不再属于边缘，实际上是在边缘地带产生的一个“半边缘”区域，或者说是城乡之间的第三领域。这说明在地域组织和空间结构上，已经出现了一类农业活动和非农业活动并存且进一步融合的地域类型，带有非城非乡又亦城亦乡的“灰色地带”的特点。它的存在和发展，在诸多方面已经改变了现有的城乡关系和格局，以它作为中介打破城乡间分割的局面，进一步实现城乡一体化，也已经是实践之中而需要理论探讨和政策关照的问题了。

第十章
结　语

通过对三类村庄的个案比较研究，我们对超级村庄的兴起、发展及其对城乡关系的影响进行了描述与分析。在即将结束本书之际，我们想将超级村庄放到我国农村发展的大背景中再做一些远距离的观察，并就文中已经提出但未充分展开讨论的几个问题提出一些探讨性的看法，以此暂时为全书画一个句号。

改革开放以来超级村庄的发展过程，与市场化、工业化和城市化的经典模式大相径庭。尽管十余年来农村的工业化和城镇化都大为扩展了，但是并没有削弱和破坏这些村庄，相反却是加强和培育了它们。改革开放时期一些地区的经济增长，实际上正以这样的超级村庄为代表的乡镇企业的生产和贸易为龙头。办在村庄里的企业，虽然大多数经历了工业分散化带来的不便和不经济，但是也充分有效地开发和利用了内部资源，特别是利用了乡村社会的社会性资源，在物质资源和市场都不充足的情况下，开辟出了一条乡村发展的有效途径。乡镇企业特别是那些已经取得经济和社会成功的办在村庄的企业，无疑为中国工业化提供了一种全新的形式和经验；大工业直接进入村庄，使它一开始就转变成了为市场而生产和经营的主体，但是村社区的聚居方式不仅没有解体，反而因市场引起的开放和工业聚集引起的聚合变得更为完备；村庄的企业并不完全遵循经济利益最大化的原则，社区发展目标虽然阻止了企业向城镇的集中，却有效地刺激了它自身发展“极化”的过程，村庄反而成为地方新的发展中心。十余年的农村工业化、市场化和城镇化并未完全实现工业经济和城镇社区的更为集中，而是促使某些村庄的社区经济和社会发展更趋完备，边缘地带的发展更趋成熟了。

这个过程表明，简单地将一般现代化国家的工业化和城市化模式套用到中国农村是不适当的，即使是套用中国城市工业化的模式，也同样是不适当的。实际上，超级村庄的发展提醒我们去注意，一般工业化组织形式和城市社区组织形式并不存在向农村扩展的必然性，农村内生的现代化要素在中国农村发展过程中已经有了相当的发挥，超级村庄的例子，就以微观的形式简单明了地显示了中国农村发展的某些倾向。

内源性发展与社区现代化

超级村庄的研究给了我们不少新的启示，首先是农村现代化过程中内源性发展的可能性及其意义问题。超级村庄的发展就其本质来说是一种内源性发展，我们目前看到的超级村庄原来大多曾经是当地较为贫困落后的村庄，有的甚至是当地最穷最乱的村庄。其中一些虽然在改革开放之前就成为“农业学大寨”的典型，粮食种植业有一定的发展，但农业的实际发展水平仍旧很低，更没有什么非农产业，多数村庄都没有办工业的基础。

从这个角度说，那些成功了的超级村庄就不仅是乡村工业化的代表，也是改造乡村贫困的典型；不仅是乡村经济高速度增长的代表，也是有效地将经济成果转化为社区进步和发展的典型。在这里，我们无意于将超级村庄说成是中国村庄现代化的发展方向，而是强调从它们的发展历程中有可能总结出一些对乡村现代化富有启发性的东西。

从我们调查的几个村庄中可以看到，与其他村庄相比，这些超级村庄发展的过程中并没有得到什么特殊的政策优惠或物质支持，每个村庄引工业进村的过程都是一个曲折感人的故事，为此他们顽强主动地寻找机遇，一旦机遇出现就及时地抓住，无论遇到什么困难，都始终坚持努力改变自己的生活，把握自己的命运。“自力更生”“奋发进取”“共同富裕”，在这些村子里都有着动员内源性的特定含义，当然，这种内源性发展并不意味着是不借助任何外力的、独立的、封闭式发展，而是强调现代化要素必须由村庄主动引进，而不是由外部强行注入。即使外部环境完善，内部有无呼应也决定着社区命运的成败。

我们看到，在一些发达地区的超级村庄周边，有一些具备同样外部条件的村庄并没有达到同样的发展水平，而在另外一些不发达或欠发达地区，却出现了一些异常发达的村庄，这都从不同侧面说明决定超级村庄发展的主要因素在于村庄内源的开发，在于内部力量对外部机遇的回应。因此，在我们看来，超级村庄的成功对于中国农村现代化的终极价值，并不在于它提供了村庄工业化或非农化的可能和经验，而在于它启示人们要注重内源的开发和利用，将寻求发展的目光更多地投向村庄内部，关注人的行动在社区选择及其实践中所具有的建构意义。

我们的研究并没有能够全部验证本书导言中提出的诸多有关内源性发展的命题和假设，只是为此提供了部分的证据和经验事实，但我们相信，这些理论命题和假设，今后将会通过更多正反两方面的案例得到验证。

在这里可以继续讨论的，是如何看待乡土社会内源性发展中无法回避的传统与现代的关系问题。由村庄的内源性发展而形成的非农社会经济区，是中国农村现代化过程中出现的一个值得注意的现象。非农社会经济区是在原来农村社区的基础上形成的，由非农经济与社区实体结合而产生，它的形成并不以打破传统为先决条件，而是通过乡土文化与工业文明的相互接纳与融合内生出的新的社区形态。我们在前面的有关章节中具体描述过非农社会经济区内部的社会经济机制，在这里我们想再次指出，在发展中，乡土社会结构表现出了相当大的弹性、开放性和再创造能力，并不是传统理解中所设想的那样封闭、僵化，日益衰落和必将走向消亡。乡土社会接纳了大量外来的新的结构性要素，并且改造它们，使之成为能够与固有结构相融合的东西；同时不断改变和超越自己，实现结构的更新和再创造。在这里，传统与现代一方面存在着对抗和冲突，同时也表现为相互接纳和融合。在这个过程中，乡土社会秩序得以延续下来，并且成为社区发展的一个重要依托。

作为一种社会结构，非农社会经济区既不同于现代的城市社会，也不同于传统的农村社会。在它的发育、成长过程中，虽然经济成为社区最重要的领域，但是并不像某些理论所预料的那样：市场经济导致人际关系契约化，这种契约性人际关系将成为结合社会成员的基本纽带；传统与现代分离甚至对立，传统的社会关系将为理性化的经济关系所取代。

在新的经济结构发育的过程中，我们看到传统的社会关系起了重要的作用，传统社会关系与新的经济关系相互重叠，构成了超级村庄独特的结构体系。从本书各个章节中，都可以看到村庄内传统与现代的重叠与融合，可以说，传统与现代两种要素对村社区的发展都具有社会功能，都是村社区生活得以持续和发展的基本要素。

当然，并不是所有的乡土社会结构都具有同样的弹性。乡土社会结构有没有弹性以及这种弹性的强弱，都影响到村庄接纳和融入外来要素的可能性和程度，这可能就是造成村庄间发展不平衡的重要原因之一。在社区现代化过程中，村庄的传统社会结构是有可能自我发展和创新的，而这种发展和创新也是它得以顺利完成现代化过程的条件之一。我们不应简单地将传统视为发展的障碍，一味地加以排斥，而应当充分估计到传统村庄社会结构的弹性，给农民改造传统、建构新的社区结构的时间与空间。还应看到，开发和利用传统使得村庄能够较为顺利地迈过现代化起步过程中最困难的阶段，并最终完成现代化的过程。因而，我们主张挖掘和培育村庄内源性发展的能力，而不应对利用传统做过多的责难和限制。

实际上，超级村庄的内源性发展已经提示我们注意中国农村基层社区现代化的内在逻辑。

在村庄这样的基层社会中，社区发展并不是按“传统—现代”二分法的逻辑进行的。仅仅根据传统或现代两者择一的方法认识问题，肯定把握不到中国基层社会变革的真正意义。村社区内的企业、公司最接近于现代制度，然而其内部运作机制却受到乡土社会与文化的渗透；社区的福利、保障、仲裁等具有现代政府职能色彩的制度中，体现的却是社区保护的传统要义；非农化过程中农民的社会关系发生了一些重要的变化，但是新的业缘关系通常受到传统亲缘关系和地缘关系的制约；在村社区通行的规范和准则既融入了国家制度背景的法律规范、市场规则、企业制度等，又以乡土社会的承诺、信用、约定、惯例、关系网络和意识形态等为基础；在农民日常生活中，大、小传统之间时有对立，但是并没有以冲突的形式表现，而是发生了小传统对大传统能动性地“解读”的情形，等等。

我们在超级村庄的发展中更多看到的是一种静悄悄的变迁，工业文明并没有如疾风暴雨扫荡乡土社会的传统，促使村庄逐渐解体，而是如润物无声的细雨，渗入原有的社会结构，与乡土社会的传统相互融合，再造出新的社会结构与文化。换言之，与改革时期工业化相伴随的，是一种传统与现代相互融合、以发展为目的、变革中的非农社会经济区的逻辑和规则。

在基层社区经济中，土地、劳动力、资金和股份市场实际上不是按照自由竞争市场的逻辑运行的。只有外来工市场最接近于这种市场，而其他市场都受到各种社会和文化因素的制约，一般都以社区固有的社会关系、信任结构以及感情、互惠、身份等为基础。即是说，与改革时期地方市场发展相伴随的，是一种以社区长期利益为目的、保护性的社区经济的逻辑和规则。

进一步说，在基层社会的变迁中，社区发展也不完全按照“工业—农业”或“城市—乡村”的二元结构逻辑运行。在十余年农村现代化过程中，城市的经济发展对于整个国民经济发展速度和规模的主导作用已经相对地减弱了，由于城市经济体制改革的滞后，在城市一方这种封闭性至今仍然相当高，而在村庄方面，改革的先行性则给予村庄以超前发展的种种机遇，于是，村庄成为影响城乡关系的主动力量。并且，村庄自身找到的并不是一种直接向城市社会“转型”的发展模式，而是在城乡之间开辟出更为广阔的发展空间。可以说，与十余年来农村工业化和城市化相呼应的，是一种以基层社区自身为中心的本土发展的逻辑和规则。

正是这样一些看似不合经典、不符规范的逻辑，推动农村基层社会在不太长的时间里发生了令人难以置信的变化，它们还将持续地在农村现代化的总进程中发挥不可低估的作用。

“能人”的作用

超级村庄的出现、成功或失败，对许多人来说，的确是一个谜。在诸多的推测和分析中，“能人效应”常被作为解开谜底的一个变数，肯定者强调他们在乡村发展中的积极甚至决定性的作用，否定者则指出依靠能人治理的风险在于过分依赖其个人能力和品质，一旦坏人或专权者当道，其后果于国于民都将不堪设想。但是，不管怎样推测，有一个好领导，应当说是人们预期村庄这样一种微观的、在宏观社会体系中处于劣势地位的社区获取成功的一个关键性因素。

在这里，我们将能人限定为那些对村庄的生存和发展具有决定性影响的关键人物，在超级村庄中，他们集党政企最高权力于一身，在村中的政治、经济和社会生活中享有绝对的权威，在其之下往往还集结着一个按行政等级分担经营权力，各自对村庄生活有不同影响力的能人（也可称精英）集团。不过，我们并不将“好”和“能”只作为评判能人个人品质的标准，而是也作为村庄发展中一种可能的平衡策略和能力。从这个意义上来说，能人的作用可以归结如下：

官民两个体系之间的联系人。这种角色首先取决于能人得以掌权是由“民意”和“官意”共同决定的，尽管他们的权威是“群定”的，但角色却是“官赋”的，地方政府仍然保留着对村干部任选的否决权，因此，在许多村庄才会有干部任选的“结构定式”，也就是说，有能力者必须进入正式的党政组织结构中，才有可能执掌村庄的最高权力。虽然，超级村庄的能人由于他们所领导的村庄异常发达，他们的基本利益和权力都较之其他村领导更加集中在村庄里，他们并不企望出村升职，因而更易于成为民间的社区统治精英；但是，他们的官赋角色又使他们必须作为国家和地方政策的执行者和落实者，因此，他们更便于充当官民两个体系之间的联系人。当然，这种联系人的角色还取决于村庄现实生存和发展的需要，村民给予他们权力时抱有的期望之一，即是认定在村庄的现实生存和发展中，他们具有在两个体系之间进行勾连的能力和可能，而这种联系对于现今村庄的发展来说是必不可少的。超级村庄发展壮大的实践说明，能人的这一角色作用是不能低估的。

社区共同体的当家人。村庄能人发挥作用的基础，是他们有一个内聚力很强的社区共同体做依托，离开了社区共同体的支持，他们也就失去了用武之地，这也是超级村庄的领导为什么着力经营共同体而执意不出村任职，或者即使出任地方政府的领导职务，也仍然将原村庄作为他们经营的重点甚至作为退路的原因之一。作为当家人，他们一般都将自己的理想和目标竭力与共同体的生存和发展联系在一起，力争成为社区主题的解说者和实践者。这种非个人化的以共同体形式进行运作的方式，不仅适应了村社区的传统，而且也迎合了主流意识形态的要求，这正是能人及社区共同体能获得成功的一个重要原因。

合作预期的不断创造者。能人重建和维持社区共同体的基本策略，是不断在村民中创造出促进合作的预期，他们需要时刻保持警觉，身先士卒，消除村民对干群关系恶化、干部大权在握易于以权谋私的疑虑，否则，合作就难以持续。我们在超级村庄的发展中特别是在创业过程中，都能看到听到村领导“廉洁奉公”“吃苦在前、享受在后”“帮困扶贫”“敢冒风险”“勇担责任”等带头人的形象和事迹。能人的这些个人品质在这里显然具有很强的示范作用和号召力，使村民对能人倡导的合作抱有较高的预期，而且能人还须保持这些品质，不断做出好榜样，才有可能在村民中维持和提高合作预期。相反，如果能人以权谋私、贪污腐化，就会影响和阻碍村民对合作的预期，使他们怀疑甚至放弃合作，这正是导致某些村庄失败，共同体走向解体的一个重要原因。

外部关系网络的编织者。超级村庄发展初期，与其他村庄面对的是同样严峻的外部环境，但是，他们后来生存和发展所利用的大社会环境，却逐渐与其他村庄有所不同，那是由他们主动建构出来的，把那些对村庄发展不利的外在条件改造、转换成了对村庄有利的环境。能人，正是在这个过程中发挥着重要的作用。他们大多在外部建立有多种重要的、有用的关系，可以经过内外运筹办成别人办不成的事情，不仅包括经营上的、权益上的，也包括民事上的。这些，对于村庄在现有体制和市场环境下参与大社会的事务和竞争，无疑具有特别重要的意义。

不可否认的是，与能人效应相伴随的，或者说目前作为他们发挥作用而依凭的某些东西，恰恰正是有可能引起严重问题的线索。专权，即是其中一个问题。在一些超级村庄，权力向能人的过于集中已经导致诸多问题，例如，因为领导的个人失误，企业倒闭，村庄经济陷入瘫痪；由于对领导的个人品质过于信赖，一旦其个人品质发生变化，便无法阻止他滥用权力。与此有关的另一个问题是，对能人的权力还缺乏有效的制度约束，在村庄里虽然有村议传统的制约，地方政府也保留有任选否决权，但都难以及时约束各种权力在握的能人专横独断，只能在他们的行为触犯法律时才加以制裁，这时往往为时已晚。同时，对能人的过于依赖，还使村庄在创业的能人即将退位时，无法找到可以替代的人选，在有的村庄，能人甚至借此而将权力转交给自己的后代。这些，都已经成为超级村庄进一步发展面临的大问题。

社区共同体的力量

我们强调村社区这个特定事物发展中能人效应的重要性，事实上，更确切地说，它的发展是以能人为中心，以自治性的社区共同体为依托的“共谋性”的发展。从这个意义上说，能人只是社区共同体的代理人。这种共同体是在经历了村庄历史上的同族集团和集体制组织的衰萎，而后在新的社会经济聚合力动员下，利用以往的组织遗产再建构起来的。

这种社区共同体的重建依据小社区和大社会两方面的共同需要，对双方来说都具有积极的意义。前已述及，对于农民社会来说，国家政权力量退出村庄，一方面意味着国家放权给村庄，另一方面意味着国家和地方政府都不再为村庄承担经济上的风险和责任，国家的保障体系也彻底地将农民排除在外。农民只有两种选择：一种是以分散化的方式，以个人或家庭乃至利益小群体的力量直接参与大社会的竞争，争取自身利益的实现；另一种则是以集体进取的方式，包括集体地实现从农民向非农的转化，来克服单个农民在面对大社会竞争时的软弱无力，挣脱大社会对非农化和农民流动的束缚。

社区共同体的重建，与其说是社区属性的自然发挥，不如说是农民在面对外部环境的压力和威胁时，对社区的社会性资源重新加以利用的一种现实需要。只有在产生了这种需要时，才有现实可能性。只有当社区经过农民自己的建设和治理，有能力为社区成员提供就业和福利保障，形成经济上的相互依存关系，有能力为农民和他们自己的企业提供进入大社会体系的渠道和保护，进而，当社区的内聚力足以让农民以集体进取的精神走出社区，参与宏观社会的竞争，成为农民集体和个人追求发展的组织载体和场域时，社区共同体才可以说现实地形成了。

社区共同体的重建，不仅对农民社会的意义重大，对宏观社会的再组织也具有积极意义。国家对乡村社区放权之后，在国家与农民社会之间建立怎样的新的联结方式，一直是中国乡村社会重组中一个有待解决的重要问题。社区共同体的重建，是在国家与农民社会之间建立并强化了起勾连作用的中介领域。社区成为解决农民问题，化解农民与大社会冲突，促进整体社会协调发展的一个重要依托。在突破城市与乡村的二元结构方面，社区共同体特别是超级村庄这样的非农社区共同体的重建，也在城乡之间产生了一种非城非乡又亦城亦乡的中介社区，使城乡结构有可能发生重新组合。

此外，社区共同体重建在自然村还是行政村层面上，也是一个既涉及上述理论又涉及实践的问题。自然村的社区组织方式有没有必要恢复，完全取决于农民现实生活实践的需要。在我们所研究的这一类超级村庄里，由于工业化和非农化的需要，自然村作为“事实上的群体”正在趋于解体，而行政村作为农民非农化现实生活的“功能完整的社会单位”，却正在充分发育。虽然行政村一般不是一个自然形成的传统社区，却往往是大工业进村之后形成的功能更为完整的经济和社会共同体。今日之所谓行政村，已经不再是村级组织行政化的同义语。虽然国家对村庄放权以后，设立行政村，以维持社会控制和国家权力的实施，但是行政村的行政职能较之集体化时期的生产大队已经大大弱化，而自治自主的社区功能正在日益增强。从这个意义上说，所谓行政村已经名存实亡，代之而起的正是社区共同体的凸显。

超级村庄的出现和发展，向我们显示了社区共同体的积极作用，提供了在乡村重建社区共同体的可能性和必要性，也提醒我们注意，重建社区共同体，可能正是乡村社会未来发展的主题之一。

多种所有制下解决问题的趋同性

改革开放以来的农村问题研究，无论从理论还是从历史经验的角度出发，都对所有制改革给予了特别的重视和谨慎的态度，这在一定程度上反映了人们既对集体制抱有成见，也对私有制怀有恐惧的心态，以至于既忽视一些村庄现行的集体制与以往集体制之间存有的重要差别，也看不到私有化和分散化情形下也存在再合作的可能性。

本书所涉及的超级村庄，在所有制方面各自采取了多样化的选择，却都同样取得了成功，虽然它们的成功是由多种因素促成，但至少提醒我们，所有制可能并不是问题的关键所在。我们的研究在一定程度上证实了这样一种看法：所有制制度的一个主要功能是解决合作的问题。西方经济学的所有制理论认为，明确、稳定的所有制制度和法律制度为市场的发展提供了必备条件，但它却忽视了社会群体内部在没有明确法律和规则下自行解决内部潜在冲突的能力，而中国乡镇企业成功的一个主要原因正在于其合作解决问题的能力，而合作的基础即是信任。①

我们曾经指出，在村社区新的合作体系内部，建立在信任结构基础之上的模糊产权，并不一定重新造成内部的低效率、搭便车或积极性低等“外部不经济问题”，反而有可能是一种积极的有激励作用的因素。这种产权设计之所以能够在村庄里通行，并且受到村民的认可，有两个重要的原因：一个是经济利益的，因为在集体产权形成时承认个人投资的私有产权，使个人因投资不同而获取不同的收益，对个人的积极性具有激励作用；另一个是社会利益的，因为在熟人社会的信任结构基础上重又形成的“公意识”，使村民在实现了对私利的索求之后，并不反对出让个人的一部分利益给集体或他人，而会以此作为与他人合作的一种承诺，这种承诺为村社区种种受感情、信任、责任以及其他文化价值观和道德标准约束的人际关系所支配。

本书的研究使我们进一步看到，在超级村庄中，模糊产权是公共财产权存在的普遍方式，在许多村庄历来有之。即使在现时政府推动转制（在许多地区即私有化过程）的情形下，集体股虽

① 参见马丁·维茨曼和许成光，转引自周雪光：《西方社会学关于中国组织与制度变迁研究状况述评》，载《社会学研究》1999年第4期。

然部分或者全部退出企业，但公共财并没有消失，只是不再以企业产权的形式存在，而是如畔村和义村那样转化成了社区产权，仍然以“不明晰”的方式存在着，而且有增长的趋势。这不但说明，社区对公共物品和福利的需求决定着模糊产权存在的合理性乃至数量，也说明村庄的制度遗产、社区身份、信任结构和社会关系模式等社会因素决定着产权存在的方式，因为社区内部有可能在产权不明晰的情况下，不断创造出对合作的预期，依靠合作自行解决内部冲突。当然，合作及其所赖以生存的信任，即便是在社区的特定环境中，也不是自然产生而是被建构出来的。在这个建构的过程中，村庄的社会资本被充分地加以利用和强化，以至于社会资本权利（如社区身份等）的明晰化和产权（或部分产权）的模糊化同时并存，相互配合、相互促进，共同推动着这些村庄在数十年的变革中保持着持续发展的势头。不过，这已是需要进一步加以研究的问题了。

社区实践中的合作问题

在超级村庄发展壮大的经历中，还有一个耐人寻味的现象，那就是它们在不同的经济形式和所有制体制下都提供了合作的可能性，创造出了不同的合作形式。因而，我们将超级村庄的实践看作是合作主义取向的，并且使用合作体系、共同体、聚集区以及一致性取向、从众行为、信任结构、平衡机制等概念和分析框架对之加以诠释和具体化。

但是，我们强调合作，并不意味着这些村庄是处于内部和谐、外部调适的状态，更不意味着这些村庄不存在分裂、不一致、竞争、背离、敌对、压抑等因素，而是将这些因素看作是合作的伴生物和促进物。可以说，在我们强调合作的地方，恰恰正是冲突要素最为活跃之处。例如，建立合作体系的目的之一正是为了避免内部由于盲目竞争而产生内耗，结成共同体的目标之一也正是力图采用“内部抱成一团”的方式来抵御外部的压力、侵害和竞争；而一致性取向正是放弃个人独立性和分歧的一种表现，从众行为在某种程度上也正是对村里人严厉处罚背离者所做出的反应，平衡机制则更是为化解冲突而做出的种种努力。从这个意义上说，冲突有助于社区合作，但这种合作虽然可能，却不是必然的，而是需要社区居民的创造才能产生的，这正是我们强调超级村庄具有合作主义取向的原因所在。

值得注意的是，村社区基础上的冲突与合作之所以得以并存而且相互统一，均源自内聚的社区特质。可以看到，经过重新组织，聚合程度提高的村庄，反而较之分散状态下更易于产生矛盾和冲突，其中一个基本的原因就是，村民被重新整合进社区组织后，互动程度和相互依赖程度增加，导致矛盾和冲突的可能性也随之增加，即内聚的程度越高，冲突的可能越大。与此同时我们又可以看到，这些村庄化解矛盾和解决冲突的能力也来自内聚的力量，恰恰正是聚合关系的紧密性、长时段性和成员之间很强的感情上的相互依赖，以及在利用他人知识和资产上、在社区选择上以及整体利益上的相互依赖，又使冲突得以化解而不至激化。

因此，社区基础上的合作，只是这一过程中的一个阶段性的结果，一个由于内聚而产生冲突，又由于内聚而得以化解冲突，甚至是由于冲突而促进合作这样复杂的循环往复过程中的一个结果。

下面让我们对这种合作的几种基本形式加以总结：

“共有冲突”下的合作。共有冲突是以社区成员共同承认的基本目的为基础的冲突，这种冲突具有整合的作用，有助于内部团结和合作，最突出的形式是由于一致对外而使内部产生紧密的合作。我们在本书中曾经强调，小社区与大社会关系的变化是超级村庄发展的现实条件之一，这种变化，一方面使村庄得以摆脱大社会以往过于严格的行政控制，另一方面又使大社会环境对农民和村庄直接地形成压力、威胁和竞争，孤立无援的农民对外部世界充满不安全感和不信任，他们在如何对付外部压力和威胁上形成了共同的看法和目标。在这种情况下，外部冲突和共同的目标就有可能加强社区的内聚力，促使社区内部趋向于团结和合作。如果外部压力持续存在，就有可能使内部积累起来的矛盾、不一致或敌对情绪不一定演化成为冲突，这不能不说是大多数超级村庄得以持续合作，没有发生分裂的原因之一。

当然，我们注意到社区一致性的程度对于合作来说是一个更为重要的因素，如果一个社区缺少基本的一致，那么，外部压力就不能自然促成内部的团结，反而会由于社区成员之间的相互对立和冷漠而使社区面临被解体的危险。正如我们分析超级村庄在回应非农化策略上为什么与其他一些分散化的村庄有所不同时所说，村庄的社会结构是否具有内向聚合力，将决定着村庄对非农化等外力的作用做出不同的反应。

重复博弈下的合作。社区生活的长时段性乃至永久性，为人们之间进行多次重复博弈提供了可能，一般来说，人们不可能采用“一锤子买卖”的方式处理社区内部事务，特别是对于超级村庄的居民来说，在退出成本极高的情况下，更加不可能采用这种方式。已有研究指出，在多次重复的博弈中，集体经济中的“搭便车”（即偷懒、不合作）是可能克服的，只要政治和社会生活不断创造出相互兼容的促进合作的预期，“好领导”的功能、“团队激励”的方法以及“我为人人，人人为我”等平衡策略，都有可能成为克服“搭便车”行为的有力工具。[①]

制度控制下的合作。高福利政策和村籍制度，是超级村庄提高社区退出成本的主要办法，也是创造合作预期的手段之一。由于这些村庄的高福利直接与个人乃至农户在工作和生活上的表现挂钩，又受到村籍制度的保护，实际上已经演变成一种与工资、福利、就业、教育等相关联的制度综合体系，拥有村籍，就具有了优先选择职业，享受村民福利、补贴或集体分配，在村内批地建房办厂，入股投资分红等权利。因此，高福利制度和村籍制度在某种意义上成

---

① 崔之元：《第二次思想解放与制度创新》，第158页。

为社区控制的手段，它的有效性在于对不合作者的社区身份和利益实行剥夺，而对合作者则实行切实而充分的保障，从而促使个人放弃退出权（不合作），从长远利益出发与社区保持合作。

内部平衡策略下的合作。超级村庄内部的合作大多是在各种平衡策略下促成的。这些平衡策略针对的主要是由于分化而产生的不公，例如，就业平衡是为消除农户在收入方面可能出现的差距而实行的政策；集团平衡是为了避免权力和利益过于向党政企三位一体的权力集团集中，而向经济精英出让社区资源和利益的策略；贷股也是为了在实行股份制后避免两极分化而对相对贫困户实行的帮扶策略；甚至共同富裕也是社区为激励成员合作而采用的一种策略。因此，我们不能把体现社区公平的种种政策只看作是某种意识形态的反映，实际上它们也是博弈和合作中一些可行的平衡策略。

对能人高预期下的合作。对“能人是否有能耐带领大伙共同富裕”的判断，直接影响到村民对合作的态度。当村民对能人的正面预期较高时，就不但会积极参与合作，而且还会将个人的选择权力让渡给能人，反之，村民与能人之间的合作则有可能中断。

对内部背离者严厉制裁下的合作。村社区内结成的关系，往往紧密到不能容忍内部发生背离行为，对内部的背离者会采取比对外人更为强烈的处罚，或更为极端的做法。例如，有的村庄在实行集体办工业初期，绝不允许任何人在村内搞个体户、办私营企业，违背者将被责令出村；对承包土地时与全村人采取不同选择即放弃承包权而外出谋生的人，日后不仅不再恢复其承包权，而且也难以再接纳他们返回村庄恢复其村籍；对创业艰难时期另谋他途的人，日后也不再接纳他们重新加入合作，等等。这种严厉处罚的示范作用是很大的，与外部压力的作用相近，目的就在于刺激内部“抱成一团”，形成一致性的倾向。

不过，值得注意的是，在村庄自治程度提高的情况下，这种内部制裁一旦过头，并与能人专权加以结合时，则有可能导致严重的社区政治和管理方面的问题。某些村庄中已经发生的严重违法事件，已经向我们提出了这方面的警示。

新的地方中心——非行政性镇的可能性

超级村庄形成了城乡之间的第三领域。它的存在和发展，在诸多方面已经改变了现有的城乡关系和格局，使中心与边缘的关系成为动态的、相互作用的关系。随着活动领域的扩大，村庄由开始只进入农村市场，变为逐渐进入地方、区域乃至全国性的市场，从而在城乡之间形成了平等的市场交换与竞争关系。由于超级村庄以自身的经济实力参与合作和竞争，在这种关系中已实际摆脱了农村对于城市的单向依附关系，因而村庄逐步发展成为一些新的中心。从中可以看到，如果说发展中存在“中心—边缘”的结构，那么这种结构绝不是一成不变的，实际上已经出现了分散的多元化的农村城市化模式，在一些现代化的非起始点或后起始点上出现了新的发展极核。在经济起飞阶段或高速发展阶段，城乡结构由原来的稳态转为动态，城乡关系中出现了新的主体或原有主客体角色互换的现象，即使后发展地区也可能自然地形成一些新的发展极核，形成边缘地带新的中心，继而产生扩散效应，不仅向周边的经济落后地区扩散，也有可能向那些因旧体制的束缚而活力不足的城市扩散。

这样一来，进一步的发展就不可避免地涉及超级村庄的存在方式问题。与一般研究不同的是，我们没有特别强调它的乡镇企业组织形式，而是突出它作为非农社会经济区的意义。非农社会经济区虽然是中国特定环境下村庄的一种特殊的存在方式，不过，我们不认为它是一种偶然出现的、暂时的过渡形态，应当说，这种存在方式有着深厚的历史与文化背景，并且与地方工业化、农民大规模地转向非农、本土发展的内在冲动、乡土社会性资源的开发和利用，共同构成了20世纪80至90年代超级村庄发展的基础。在目前的条件下，它仍然存在着相当大的发展潜力。

在我们所涉及的超级村庄中，非农经济与社区实体都结合得相当紧密，超级村庄既不是纯粹的企业，也不是纯粹的行政性社区，但它又兼有企业及行政性社区的双重功能，而且还具有经济的和社会的以及服务的多种地方中心的功能，实际上，它们都已经在所处地域上变成了事实上的“非行政性的中心”。那么，在现有城镇化政策和体制下，超级村庄的存在势必与现有的建制小城镇之间存在竞争，就经济和服务功能来说，在一些地方完全有可能对现有建制的中心取而代之，但在政策上却得不到确认和支持。

我们认为，在现有的城镇乡建制下，对非行政性镇的认可，就可能成为一种既鼓励乡村自然城镇化，又使其与建制城镇在功能上相互配合的可行途径。目前，超级村庄向非行政性镇的发展，除去已经具备的条件，如产业聚集、人口集中、功能齐备等之外，更重要的，一是发展第三产业，以此带动地区市场甚至更大范围市场的发展，二是促进社区公共设施和公共事业的发展，特别是促进其公共性格的发育和成长，这在某种程度上决定着超级村庄有无可能肩负起新的地方中心的责任和功能。从上述意义上说，相当数量的超级村庄要成为名副其实的非行政性镇，还需要一定的时间和过程。

“有增长无发展”的难题

“有增长无发展”是对发展中国家或地区经济增长与发展关系失调的一个较为准确的概括，在理论上将之概括为“内卷化”，意指一种社会或文化模式在某一发展阶段达到一种确定的形式后，便停滞不前或无法转化为另一种高级模式的现象。[①] 这种现象最初被视为落后国家农业特有的现象，例如农业生产长期以来只是不断地重复简单再生产，尽管这种生产并未导致人均收入的急剧降低，却

① 克利福德·吉尔茨（Clifford Geertz）:《农业内卷》，转引自杜赞奇:《文化、权力与国家：1900-1942 年的华北农村》，王福明译，江苏人民出版社，1994 年，第 66 页。

阻止了经济的发展，即人均产值并未提高。以后，这一概念被用来分析农业以外的“无效益”问题，例如有对“国家政权内卷化”[①]的概括等。

黄宗智曾用“过密化”（亦即“内卷化”）[②]来概括中国传统农业生产中有增长而无发展的现象。在传统的农业经济部门，由于土地是非再生性的资源，而进入农业生产的劳动力人口不断增加，导致边际收益递减，农业生产的边际效益趋于零。当农业发展到一定水平时，经济总量虽然可能继续增加，但人均收益却是递减的，这是一种无发展的增长。黄宗智对长江三角洲农村经济进行研究后认为，农村工业化是解决农业过密问题的一个有效途径。从超级村庄发展的实际来看，这个判断无疑也是正确的。

不过，工业化虽然解决了农业剩余劳动力的出路问题，从而也消解了农业的过密化现象，但是这并不能够消除村庄作为非农社会经济区存在的其他“有增长无发展”的问题。村庄内部的发展可能是一个不断发生过密化和走出过密化的过程。过密化问题不仅存在于农业经济中，也存在于非农产业中；不仅存在于家庭经营的工业和手工业中，也存在于一些工业企业中。在我们调查的村庄中，几乎都经历过经济总量扩大而效益并没有增加的情况。如工业生产中的低水平重复建设，许多个同等水平、同行业的小企业同时存在于一个小社区内，这些小企业的生产水平低下，抵抗市场风险的能力也十分薄弱，常常处于勉强维持温饱的状态，在低水平上反复循环，无法扩大再生产。

除去工业的“有增长无发展”问题外，为保护村民就业，村社区的机构中人浮于事、人积于职，也使社区内各类机构的扩张难以建立在提高效益的基础之上。甚至于，村庄向区域以外的扩张活动

---

① 杜赞奇：《文化、权力与国家：1900–1942 年的华北农村》，王福明译，江苏人民出版社，1994 年，第 66–68 页。

② （美）黄宗智：《长江三角洲小农家庭与乡村发展》，第 77、308 页。

中，也因为没有立足于改进新机构的机制，提高新增机构的效益，而是靠复制或扩大本土旧有的村企关系来扩大其职能，出现了扩张的速度高于所得效益等问题。这些正是目前一些乡镇企业特别是办在村域内的乡镇企业仍然难以摆脱的困境。

村办乡镇企业之所以能够容忍某种程度的“有增长无发展”，是与它的社区存在方式分不开的，同时，它在解决这些问题时利用的也是自己特有的社区存在方式。

过去农户之所以能够容忍农业的过密化，是由于中国农村的生产与分配一直是以家庭为单位计算的，家庭的劳动力来源与需要养活的人口都是既定的，家庭在生产中增加投入的劳动力大多是它必须养活的人口。在这个过程中虽然就个人来说，单位工作日的边际报酬没有增加，但就家庭来说，收入的绝对量增加了，这种增加是家庭维持生存所必需的。也就是说，在资源、人口、劳动力等要素不能流动的结构下，农民不得不容忍过密化。

对于一般企业来说，从经济理性出发，生产的主要目的就是利益的最大化，因此企业一般都无法容忍长时期的边际效益递减，不会在劳动力边际报酬低于工资的情况下继续投入劳动力。

村办企业则不同，它之所以在相当长的时期内能够容忍无发展的增长正是因为它的社区存在方式。在这里，村庄作为一个基本的功能单位，参与村办企业分配的人及劳动力来源都是既定的，村办企业与工人之间的关系不是完全的契约关系。企业不断投入的劳动力都是村庄必须养活的人口，企业虽然是为市场而进行商品生产，但生产的目的主要在于保证本社区全体居民的收入，在很大程度上完全不是企业利益的最大化。这样，企业就有可能在边际效益递减的情况下增加劳动力的投入，以保证村庄总体收入维持在一定水平上。由于村庄与企业的这种关系，村内工人也有可能容忍一段时间内收入降低、延迟支付甚至不以工资的形式直接支付等，以求取长期的整体利益。

实际上，村社区中农业或工业中的过密化，有其深刻的社会根源，它既是村民过剩劳动力没有找到适当出路的结果，也是社区保护性经济和内部劳动力市场的伴随物。一些超级村庄企图通过内部产业的调整或产业的交替发展，来解决这一类问题。目前一些村庄中出现了劳动力向农业回流的现象，这种回归一方面与农产品价格的上涨有关，另一方面，也与工业中为提高效益而排出剩余劳动力有关。

工业的技术改造减少了对劳动力的需求，需要一些劳动力重新回到农业，为使这些回到农业中的村民的收入不至下降，村庄与农民个人都增加了对于农业的投入，农业内部的结构也转向收益较高的经济作物种植业及养殖业。对农业的资金与劳动力的再投入并不是简单的重复，而是伴随着农业生产水平的提高而增加。当农业的技术水平提高到一定程度，出现劳动剩余、发展停滞时，村庄又设法在非农产业中开辟新的领域，以吸纳农业排出的劳动力。

对于这些村庄来说，非农产业与农业之间建立了互补的关系，相互促进，共同发展，避免了一方发展而另一方萎缩的情况，从而也部分地改变了有增长无发展的局面。

在这一过程中存在许多用经济理论无法解释的问题。由于超级村庄以社区整体的发展作为目标，并不是一个只考虑经济利益最大化的经济实体，村庄内的合作建立在传统社会关系的基础上，而不完全是契约性的关系。在一些情况下，村庄与村民就可能会接受抑制经济增长和个人收益的办法，以换取长期的整体利益和持续的社会经济协调发展。从中我们可以看到，“有增长无发展”实际上是村社区经济面临的两难抉择，发生问题和解决问题往往基于同一个基础。从这个角度看，超级村庄在解决这一问题上所采取的各种措施，对于农村基层社区经济与社会的协调发展，具有可资借鉴的意义。从发展的角度看，过密化和走出过密化的不断交替是一个长时段的历史过程，对这一问题的深入研究，尚有待于长期观察和积累大量的时间序列的资料，不是目前可以立时做出结论的。

初期优势的转化和“富而思进”

农村工业化初期，村庄利用本土资源的优势和自治体制的灵活性，获得了相对于乡镇乃至城市在发展方面的某些优势，因而出现了超级村庄这样发达的乡村社区。不过，进入 90 年代中期以来，伴随着乡镇企业更为深入国内和国际市场、市场产品和技术结构的调整，以及其他企业主体更进一步地参与市场竞争，超级村庄发展初期的某些优势，有可能成为其持续发展的障碍。

在劳动力方面，发展初期廉价的劳动力大大降低了生产成本，提高了产品的市场竞争能力，但同时这些廉价劳动力也是文化水平低、素质低的劳动力，在企业以劳动密集型、科技含量低的手工生产为主时，他们完全可以满足生产的需要，而当企业需要由劳动密集型转向技术密集型，需要不断提高技术水平时，低素质的劳动力就成为提高技术水平的人才障碍。为摆脱这种困境，超级村庄大多利用各自具备的经济实力，向人力资源进行大量投入，一方面高薪聘用外来的技术人才，另一方面出资培养本土的年轻人，来完成人才结构的调整。此外也以社区保障为条件，逐渐将不适宜从事工业的村民转入其他行业。但是，由于外来人才的流动性大，而本土的人力资本投入又是一件耗时长、效益慢的事情，因而人才资本的匮乏和短缺，仍然是超级村庄进一步发展面临的大问题。

在资源的社会配置方面，超级村庄在经济结构逐步开放的同时，在社会结构方面仍然保留着相当的封闭性。以血缘和地缘关系为基础的合作圈子和村籍制度，虽然在保护村民利益、防止利益外流和平调、强化村庄整体利益方面有着积极的作用，但对于调动外来职工的积极性，稳定技术人员及技术工人队伍显然是不利的，也限制了村民向村外合理地进行职业流动；虽然缩小了村内收入差距，但也带来了人浮于事以及村民依赖性增强、生产积极性下降等问题。社会关系和体制上的封闭性，在帮助村庄实现保护性经济和社会发展目标的同时所带来的种种问题，显然成为超级村庄持续发展中将面临的最棘手的问题。

在企业类型和水平方面，初期的乡镇企业以不需要太多投资的加工型企业为主，规模一般较小，因而上马快、转产快，所谓“船小好调头”，但多属重复水平的发展。在许多村庄都可以看到，虽然社区和企业内部的组织体系和结构日益复杂化，却没有突破和创新，没有“上等级”，仍是低度发展水平的不断复制。超级村庄的发展过程正是对这种复制不断超越的过程。早在80年代中期，这些村庄就开始了以产业调整为中心的企业转制，将一些发展初期以“赚钱和安排村民就业”为目的、低水平重复建设的小企业“关、停、并、转、卖、送”掉，目前大多已形成以一个或几个主导产业为龙头的企业体系，这正是它们得以进入国内和国际大市场体系，并在其中争得一席之地的原因所在。

无论从文化的还是制度的层面上说，超级村庄都是一个复杂的融合体，企业制度与社区规则的融合，市场原则与村庄文化的融合，以及合作主义与个人法权观念的融合，等等。这虽然使超级村庄没有在“两者必择其一”的选择中举步维艰，却使它无法摆脱诸多“两难推论”问题的困扰。因为这些要素相互融合的结果，既会造成新的可能性，也会带来新的问题。

比如，村庄在利用传统的组织资源构建新的企业制度时，虽然节约了组织成本，引入了社区固有的信任结构，避免了因为制度变迁带来的社会动荡，但也将家族等传统结构同时引入了企业和公司体制，使一些村庄出现了管理人才在村域内“近亲繁殖”，权力结构家族化等倾向。

再如，村庄在利用和扩展内部的社会性资源，从外部获取各种稀有资源和收益时，也会对市场规范和经济法规的建设产生某些冲击和影响，从而使自己囿于关系网络的局限之中，难以超越，等等。

这样一些两难问题，仅靠村庄自身是难以摆脱和超越的。在现阶段，村庄仍有可能有效地融合和运用上述看似相互对立的要素，使其发挥积极的作用，但是，今后它们对于村庄的持续发展将产生怎样的影响，却是一个必须受到重视和有待深入研究的问题。

经过二十余年的改革和发展，超级村庄已成为农村先富起来那部分中的一个突出例子，“富裕之后怎么办？”也成为这些村庄进一步发展中需要认真思考的问题。在我们考察范围内的村庄，目前正在着手一些新的举措，有些已经初见成效，比如：

回报本土——为地方做贡献。无论是在经济发达的东南部沿海地区还是中西部欠发达地区，那里的超级村庄大多已经成为公认的日见成熟的地方力量，它们的举手投足在地方发展中都具有重要的示范作用和影响。这些村庄与地方政权机构的关系，也正在经历从一方摆脱而另一方放弃，到村镇竞争，再到村镇共商发展大计，从富村被动地对地方“尽义务”到主动地参与地方治理的变化。这些村庄大多热心于向地方的公益事业投资，兼并周边落后村庄以谋共同发展，甚至村领导以兼职的方式进入地方政府领导班子，参与地方决策。可以预测，与它们“新的地方中心”的地位相称相应，超级村庄将比以往任何时候都会更为积极地调适自己与地方的关系，配合地方的发展，以期造福一方。

走出社区——东西结合。调查所及的一些超级村庄正在考虑将劳动密集型的产业转移到内地或经济落后地区的农村，转移的方式恰如当年大城市将劳动密集型产业转移到周边的乡村去一样，一方面扶助落后地区发展乡镇企业，另一方面利用那里劳动力廉价的优势，继续发展这些仍然有利可图的产业。目前，国家农业部正在推行的“乡镇企业西进计划”，鼓励东南部实力强大的乡镇企业与中西部落后的农村地区发展经济合作关系，已经引起这些超级村庄的关注。一旦条件成熟，这些超级村庄向中西部地区的扩展，将在政策鼓励下更加扩大深入，更具有合法性。

复兴农业——新的农业预期和投入。20 世纪 80 年代初中期以前，村庄发展靠的是提供本土资源或接受城市工业的淘汰产业和设备，90 年代后，这些先富起来的村庄盯住的是城市经济或主流经济所控制的领域，开始向那些高科技、高投入、高收益的产业大量投入，目前它们除去巩固收益好的工业和科技产业外，另一个产业目标便是投资本土的高科技农业和开发中西部农业。我们案例中的丰村确曾考虑在新疆投资农垦，联村和北村兼并周边村庄的目标之一也是办生态农业和高科技农业，而全国闻名的华西村则早已捷足先登，在东北和西北兼并农业村，建立了自己的农业基地。可以预期，日后这些超级村庄有望成为城乡之间、农业地区和工业地区之间、发达地区和欠发达地区乃至落后地区之间新的粮油经销商。

最后，我们想强调说明的是，作为乡镇工业最发达的社区之一，超级村庄并不代表中国村庄的普遍情况；即使作为目前经济高速增长、社会事业发达社区的代表，也不意味着它们最终都一定能够在经济和社会发展两个方面取得成功。特别是作为乡村发展特定时期出现的一种新生事物，它们的某些优势或局限性也都还没有充分显示出来，它们仍然在经历急剧的分化、动荡、转型和变革，对它们的认识、分析和研究尚需不断扩展和深化。

但是，我们也看到，它们在工业化初期的经历和持续十余年的变迁过程，已经清晰地预示了80年代以来特别是90年代出现在农村基层社区的一些发展趋势，目前它们所面临和亟待解决的问题，也反映着农村现代化过程中重大问题的基本方面，因此，深入和加强对于超级村庄的关注和研究，是当前农村现代化中不可忽视的大问题。

本书正是从这个积极的角度对超级村庄进行了一些初步分析，相对而言，它们存在的某些问题和弱势则没有作为分析的重点。对这类问题的探讨，将是我们在下一步研究中要重点给予关注的。

超级村庄的实践正在呼唤着新的理论思维和新的农村现代化道路。

附　录

田野经验中的日常生活逻辑[①]

经验、理论与方法

有多年田野经历的研究者，总会记下一些个人的学术心得，作为学术生涯的一部分。这些心得记录多是经验、感悟和思考，既有与理论的对谈，也有对方法的检讨。分享它们的益处是可以为他人提供不同于教科书的独特见解，缺点是会受到个人学术水平的局限，有可能产生偏见。下面就尝试采用讨论的方式，来表述我个人的一些理解。

一、寻找经验与理论之间的中间机制：日常生活逻辑

从事田野经验研究的人，常常会产生一个误区，容易将经验与理论两者直接对应起来。这个误区是对巨大压力的一种妥协，好像不挂着“经典理论”就不是学术似的。

其实，对于社会学研究者来说，“实践—经验”最重要的特征，并不是直接相对于“理论”而言，而是首先相对于现实的即时即地的意识形态（制度）和积淀已久的日常生活逻辑（亦可称之为社会的“积淀根基”或所谓“底蕴”）（杨善华、孙飞宇，2015）而言的，它们构成经验与理论之间的中间机制。田野工作中的个案经验研究最为主要或曰最为基本的任务，即是发掘日常生活逻辑，解释它们背后隐藏着的道理。所谓“中层理论”所试图揭示出的，大概也就

① 本文原载《社会》2018 年第 1 期，作者为折晓叶。

是这种带有中间机制特征的、合乎逻辑的、推论性的系统知识。

从这个角度来说，单个案例（简称个案）的研究工作是至关重要的。

单个案例研究，是定性的田野经验研究最重要的一种形式，旨在避免研究中大而化之的缺陷以及对于科学实践的忽视。这类研究，看起来简单又易于个人操作，因而常被误用来“捡漏”，作为弥补研究条件不足的机会主义选择；又因为其代表性问题和推论难题而遭受诸多批评。但凡涉足其中的人都知道，这其实是一项极其需要智慧和坚忍精神的工作，不知深浅的研究者，会越做越没有底气，即使坚持下来的，能够做出漂亮活儿的也不多。大多数作品常常像是“雾里看花”一样，搞不清就里，又似粗茶淡饭，不易咂摸出味道。不过，这类工作又极具魅力，使陷于其中的人欲罢不能。有些地方、有些事情和有些人物的命运，会让人牵挂一辈子，因为说到底，他（它）们关涉研究者自身的人文关怀。

对于单个案例研究的意义，在我看来，它首先是一项提问、审美和解释的工作。个案的定性研究的手段，不是“精准技术”性的，而是开放探讨性的，魅力不在于严格而在于审美，目的也不是证伪而是提问和解释。如果仅用“技术方法精准科学”与否，来否定定性而肯定定量，依我看，这是搞错了方向。从事定性还是定量研究，其实是个问题的适应性问题，也是个偏好和条件问题，并不是因为这两种方法有本质上的不同。比如，不同类型的问题需要不同的方法来处理，适合于定性研究的议题主要有事件（过程）、意义、行为、行动、制度、组织和社区、结构及关系，等等。如果真的尝试过定性研究，就会发现它与定量研究的基本逻辑是一致的，只是它们处理的问题不同，描述和解释问题的方式不同而已。所以，在讨论方法先天缺陷时要同时比较和讨论方法后天应用中难以避免的问题。

单个案例在方法上有这样一些特点：在理解方式上，研究者会努力仔细地去认识案例单位的形成，掌握其各组成部分之间的关系

（而忽略类别及因果关系）。这种工作可能较为接近于某种“鉴赏”或“审美”工作，是为了努力去认识使各组成部分始终协调一致的原则，从而在理解的基础上提出一个好的学术问题。在解释问题时，主要兴趣在于剖析一个独立的事例，看看它出现或不出现的原因。在研究技术上，更多地依赖于广泛观察有关的事件和关系，以识别某种复杂现象及其含义，等等（斯梅尔塞，1992：15）。

在社会学研究中，个案研究的方法经常被运用于社会现象比较复杂、有关的理论解释又不十分完善的场合。个案研究的方法所涉及的调查对象较少，因而能够对较多的项目进行调查，比较容易形成完整的印象。同时，也便于研究者根据调查中的发现及时修改自己的调查内容及研究方案。

其次，单个案例研究可以作为研究假设寻找依据的工作。从“证伪”的意义上讲，个案一类的定性研究并不是“实证研究”，因为再丰富的个案也只能提供一种结果，它无法证伪。换句话说，单一个案不能解决“反事实”问题，也就难以得出确定的因果关系（刘林平，2011）。但是从科学的本意上讲，只要发现一个反例，观察到一种不同的现象，就可以提出一个怀疑，一个与原先科学结论不同的问题，继而提出不同的分析思路。应该承认“对这样（一类个案）一个小的社会单位进行深入研究而得出的结论并不一定适用于其他单位。但是，这样的结论却可以用作假设，也可以作为在其他地方进行调查时的比较材料。这就是获得真正科学结论的最好方法”（费孝通，2001：26）。从这个意义上讲，个案一类的定性研究极具价值，并且应该成为定量研究假设问题的先声和检验结果的部分依据。所以，从两种方法互补、结合和比较的意义上，从他们不同的任务和目标上去谈论问题，才是恰当的。否则，也不能真正地推动科学方法的演进。

最后，个案经验的意义还在于发现日常生活中具有典型性的制度逻辑。这正是本文的关注点所在。单个案例研究，最受怀疑和批评的，莫过于它是否具有代表性，能否成为产生推论的先导、能否完成理论建构的前期步骤，等等。我却赞成这样一种看法，个案不是统计样本，它并不一定需要具有代表性，但要求具备典型性。也就是说，典型性才是个案所必须具有的属性，是个案集中体现某一类别的现象（个人、群体、事件、过程、社区等）或共性的性质。至于这个类别所覆盖的范围有多大，则是模糊不清的。从这个意义上说，代表性只是典型性的一个特例（即普遍性）（王宁，2002）。

不过，具有典型性的案例，需要包括研究现象所有的或尽可能多的可能性。这里涉及对案例的选择，我主张：选择那些能反映出研究现象基本方面的个案，选择成熟的、过程尽可能完整的个案；选择可以说明研究志趣的、适宜主题的个案；选择“真实而易于处理”即用科学知识和分析技巧能够处理所要研究问题的个案；最后，选择容易进入和接近的个案，在“有接近可能，可观察了解，信息量丰富”与“代表性”之间，选择前者。总之，田野研究的内涵要旨是注重“现在时”和“在场感”，但是又不能只停留在对现场“白描”，而要进一步离开田野去进行反思与“深描”。

单个案例研究所具有的上述特点，使得它可以具体入微地深描和分析可观察的田野经验事实，展现其精彩的细部，特别是对于一项涉及事件较多的探索性研究来说，单个案研究的方法应当说是一个比较有效的方法。

20世纪90年代中后期我所研究的超级村庄，是一种结构十分复杂的非农社会经济结构，需要对这一事物的全貌进行缜密的观察，发现其中一些过去未曾被注意和记录的事实，然后才有可能进行归纳、分析和比较。出于这种需要，我首先选择了单个案例调查的方法，希望通过对个别村庄进行比较详细的调查，尽可能多地了解深层次的、本质性的东西。同时，由于研究目的是讨论中国农村的结构性变迁及城乡关系的变化，我选择了当时农村中经济最发达的地区进行调查。改革开放以来，这些地区的经济高速发展，经济结构与社会结构变动最为激烈，是农村变迁研究中首先受到关注的地区。

案例位于深圳市宝安区，基本具备了20世纪90年代超级村庄发展的典型特征。通过对它的研究，我对超级村庄有了一个定性的认识，确定了它的基本特征，从中得出的认识和结论被用作比较研究中设立假设的基础和依据，它所提供的调查资料本身，也已经被作为与其他几类村庄进行比较的材料（折晓叶，1997）。

当然，单个案例任务的局限性也是显而易见的。下面再来讨论单个案例研究所不能解决的问题。虽然单个案例对于现象所做的解释工作，使它实际上已经进入了对某些理论的讨论，甚至可以涉及分析的理论思路，但是，从中间机制即日常生活逻辑向理论的跨越，或曰从典型性的生活逻辑中提升理论特别是创新理论，尚不是单个案例研究的任务，而需要通过多个个案比较研究才能达成。不过，这两种研究并不能相互替代，而是各司其职，相互印证、相互补充、相互推进。

对于这一点，我和合作者也是逐渐领悟的。初入田野时，的确没有这种自觉，以为定性研究只是讲出一个好故事，说明一个好道理，不能从比较的或证伪解释的角度讨论问题，比如就某种现象说现象，没有观察到或者干脆不讨论在什么条件下出现此种现象，而其他不同的现象在同一条件下为什么没有出现，或者它们会在什么条件下可能出现，等等。这的确如一些批评所指出的，这是定性的个案研究所必须面对的基本难题。

随着研究的深入和扩展以及条件的具备，我们意识到比较研究的必要。比较研究至少可以采用以下两种方式进行。

一种是可以在单个案例内部进行个案扩展的工作。比如可以对案例加入历史视角，突出历史具体性，进行纵向比较和延伸；也可以把事件划分出多个阶段加以比较，特别有意义的是，当一个案例被“阶段化”后，就等于在其内部增加了案例，纵向延伸了案例；还可以在一个既定的个案中，对人物、地点、时段、事件等进行多种选择，横向延伸案例，或从同类事件中注重其相同点而忽视其差异，采用归纳法进行横向比较和延伸，等等。这种扩展工作，从纵向和横向上都延伸了视角，对于认识日常生活的逻辑，具有特别的意义，不但可以帮助我们深入观察了解即时即地的生活现象，而且更加有助于从历史积淀的根基中去揭示现象背后隐含的逻辑。

另一种则是进行多个案例的比较研究。比较性的描述往往与"深描"相对立，因为比较只能选择出个案之间"可比"的部分，而忽略了其他精彩的细部。当然这不一定是非此即彼的办法，但取舍轻重则是必需的过程。如果我们逐渐增加个案，将研究推展到类型比较阶段，就有可能最终更接近于整体。因此，将单个案例扩展到类型比较，是我们为克服个案方法局限性所做的一种努力。

我们对于超级村庄的研究，从单个案例开始，之后又对不同地区的发达村庄进行了考察，在经济同样发达的邻近的晋江市和长三角地区选定了不同类型的村庄进行比较研究。需要说明的是，在比较中我们对几个极其著名的村庄也进入实地进行过观察调研，但为了避免条件过于特殊，所以没有将它们确定为比较的案例。

类型的确定，主要依据村庄内部特征和外部环境两个维度的差异指标而定。分类中参照了当时乡镇企业研究和社区分化研究中比较科学的一种分类方法（王汉生等，1990），这种分类方法用集体化程度和工业化程度作为分类的两个主要维度，交互分类出四种社区分化类型，如高工业化高集体化、高工业化低集体化、低工业化高集体化和低工业化低集体化。不过，将这种分类方法直接用于超级村庄分类时，工业化已经是一个共同具有的特征，不再具有分类的意义，而"集体化"如果表明的只是集体经济总量在社区全部经济总量中所占的比重，或者在集体企业就业的人数占社区全部就业总人数的比重，也已经不能反映超级村庄再组织化的特征和合作水平。因此，对超级村庄的分类需要加入新的反映社区差异的指标。

我们增加了另外两个分类指标，一个是表示社区内部组织水平和合作方式的指标，主要分为集体制合作、股份制合作、村政与民企合作三种类型。这个指标不仅反映集体化水平的高低，而且主要反映合作水平和合作方式方面的差异。这个指标与反映地区发展模式的分类指标略有重合，比如集体制合作方式多发生在苏南模式中，股份制合作方式多发生在珠江模式中，而村政与民企的合作则主要发生在晋江模式中。这样分类之后，我们在“高工业化低集体化”地区，同样找到了村中虽然没有集体经济，但村财政实力雄厚，村政组织与民营企业合作紧密，村社区的社会事业发达，同样发展成为超级村庄的例子。

另一个分类指标是表示村庄外部工业化条件和背景的指标，主要分为大城市工业背景、外向型工业背景和无工业背景三种类型。这个分类的考虑，不仅要反映超级村庄散布的特征，还要反映工业外力导入的可能和程度与村庄内在组织化程度之间的互动关系。这个指标也与反映地区发展模式的分类指标有一定的重合性，比如大城市工业背景多发生在苏南模式地区，外向型工业背景多发生在珠江模式地区，而无大工业背景则发生在晋江模式地区。

经过上述两个分类指标的交互与筛选，我们最终选定集体制合作体系、股份制合作体系、村政与民企合作体系，作为对超级村庄进行分类的基本指标；再分别选出具有这三种合作特征的三个村庄，作为比较研究的案例村，深入地讨论了村庄实践中的各类问题，从中进一步发现了村庄工业化过程中“新的经济力量与传统力量之间互动融合”的种种新的日常工业生活的逻辑（折晓叶，1997；折晓叶、陈婴婴，2000）。

除了对超级村庄本身进行分类外，我们还在每个案例周边选择了一两个非超级的村庄进行观察比较，用以辨别为什么在相同的外部条件下有的成了超级村庄，而有的并未出现这样的特征，从而对变迁发生的限制性条件进行说明。

在时隔十年之后，我带着比较研究的视角，又一次回到最初研究的单个案例村，再度对它进行了追踪调研，对发展条件变化之后的村庄合作制问题进行了研究（折晓叶，2008）。

从单个案例到比较研究，最为困难的是怎样确定可比性。如果把没有可比性的两个案例放在一起，就好比“鸡同鸭讲”，南腔北调，各说各的，互不搭界。可比性首先包括外生条件，比如地区的先期发展基础、政策力度和地方治理水平、外来影响和促发条件等；其次包括村庄内生条件，比如内部条件成熟的程度（影响着村庄发展的渐进过程和水平）、内部动力的强弱（决定着村庄变革的实际程度）、内部乡土资源开发、利用和转换的程度（决定着村庄对外部资源利用的可能性和程度）、乡土社会结构有没有弹性或者开放性以及程度的强弱（影响着村庄接纳和融入外来要素的可能性和程度）、社区内聚力的强弱（既决定着村庄摆脱大社会控制的能量，也决定着村庄对大社会开放的程度），等等。

我们并不否认村庄发展过程中存在外部因素的影响，尤其是地方治理环境和城市现代工业的影响，但是，从超级村庄发展的实际情况来看，真正起决定作用的是村庄内部的条件和因素，并且由于内因的不同，这种发展是分散的，发展的水平和发展的道路在不同地区存在着相当大的差异。关注这些差异，是进行比较研究的基础。从类型比较研究的角度，经过对超级村庄与其周边相对落后村庄的比较，以及对不同类型的超级村庄之间的相互比较，我们发现，就其本质来说，超级村庄的发展是一种内源性发展。

这种比较的工作不是一种理论性的研究，一些概念和命题尚未经过反复的比较、提炼和验证；也不是一种政策性研究，目的不在于针对具体问题提出政策性建议或可行性方案。研究旨在描述现实生活中已经发生而易于受到忽视的那些变化，说明这些变化“为什么”发生，它们所揭示出的新现象“是什么”，未来的变化趋势将会“怎么样”，等等。

当然，个案的扩大化推理是分析性推理，即直接从多个个案的比较上升到一般结论的归纳推理形式，即形成理论的雏形。从这个角度来说，所谓质性研究中的田野个案经验，并不是一个自然存在，而是一个在理论视角下加工的案例。田野经验研究就是如何从现实世界的复杂现象中，找出某类在日常生活中重复再现的现象，挖掘其背后稳定的社会机制和“剪不断理还乱”的因果关系及其深厚的社会根基；同时发现理论的志趣，将微观经验现象变成个案，让它成为一种理论难题，一种在某些理论解释下显得不正常，而必须对现有理论做出某些补充才能解决的难题。

说到这里，寓意明确，就是说即便是田野经验研究，也不能再产生另一个误区，好像只要扎根田野，就能挖出宝贝。殊不知，要想把握对研究问题的洞察力和想象力，确立研究志趣和方向感，还需要借助研究者更高的理论素养，即对经典理论学习、掌握和运用的能力（应星，2016）。只不过，在田野经验研究中，它们是隐藏于研究者背后的、支撑其研究能力和科学态度的另一种知识底蕴罢了。

所以，这里谈论的田野经验、日常生活逻辑与理论之关系，是一个递增的、相互关联的互动过程和关系。只不过，在每一个环节和阶段上，各自强调的重心有所不同。

在搞清楚“经验”与“理论”之间上述关系之后，重要的是发现和揭示它们两者之间的“中间机制”，即“日常生活逻辑”。日常生活的秩序总是按照某种具备相对稳定特征的、即有生活的“积淀根基”的制度或规则逻辑来维持的。揭示这种规则逻辑，特别需要对实践状态的日常生活进行深入细致的观察和理解。

那么，我们在研究当下的新制度兴起时，为什么不能直接使用发展的标准来检验其现代化程度，来解释变迁的条件和结果，还要到日常生活的稳定状态中去寻找逻辑呢？难道特定的变迁条件或创新条件甚至巨变，都无法改变“中国社会自发保存的那些具备相对稳定特征的‘恒常’”（社会底蕴）吗？这样的问题会始终缠绕在田野研究者心头，需要认真加以处理。有一项关于“社会底蕴”及其与现代性变迁之间的互动机制的探讨，是非常有意义的。研究发现，在社会变迁的历史进程中，极具传统特性的社会底蕴并非以一种消极对抗的形式出现，而是不断与新的历史条件相结合，并由此生发出建设性和包容性的面貌（杨善华、孙飞宇，2015）。

如果我们发现某类现象在日常生活中重复再现，在社会变迁甚至巨变中仍然显现其身影，这意味着其背后的社会逻辑和机制不能简单地归于即时即地的现实的意识形态、体制制度政策或日常生活场景，而有着更为深远的因果关系和深厚坚韧的社会根基。田野个案研究的任务，即是透过纷繁复杂的田野现象情景，来把握社会制度变革的内在过程和其背后的社会（制度）逻辑，并探究表象与底蕴之间是如何保持“适度张力”的。这时，单个案例的方法也往往是最为合适有效的。

对这个问题的认识，我在研究超级村庄时就已经萌发了，并在研究乡镇企业转制时的产权界定过程中逐步加深。20 世纪 90 年代中期，在研究超级村庄时，我已经讨论过“新的经济动力与传统力量之间的互动关系”，并对由此引发出的种种新的动力、规则、行动、机制和结构进行过分析，深切感受到日常生活逻辑对新的工业化所产生的切实影响。当另一种巨大变革即乡镇企业转制席卷城乡地区时，我与合作者们接着追踪了这种影响力的变化状态。

我们在讨论乡镇企业的性质和兴衰过程时发现，经济学有关企业是“一种或一组市场合约”的中心命题，并不能对“不规范的市场”中的“非常规”的乡镇企业，特别是村办企业的本质特征做出令人信服的解释。如果从乡村工业化的日常生活逻辑出发，乡镇企业产生于社区母体之中，并不是一种纯粹的“市场里的企业”，它同时也是一种“社区里的企业”，不仅企业的经济活动深深“嵌入”社区的社会关系结构之中，而且非正式合约在解决产权问题上具有特别重要的作用。在我们看来，非正式合约不仅是建立在经济原则基础之上的交易合约，而且是建立在社会合法性基础之上的、以互惠交换为核心内容的社会性合约。这种情形下的企业，就不仅是“人力资本和物质资本的特别合约”，它还是一组包含人力资本和社会资本（含制度资本）的特别合约（折晓叶、陈婴婴，2004）。

这种在村域里通行的社会性合约，其本质也是规定权利关系，特别是对人们预期中的收入和资产在占有和使用中的互惠权利关系进行认定。我们注意到，在这类合约中，约定者关注的不仅是其未来的收益，而且在意其声望、声誉、信任以及互惠承诺；投入的也不仅仅是土地、人力或者资金，还有他们的互惠期望、社会期待、信任和忠诚以及机会成本和风险。这是一种隐含的、反映日常生活逻辑的非正式的社会性合约，它在确定企业事实上的产权安排中具有重要作用。20 世纪 90 年代中后期乡镇集体企业改制的某些经验事实就表明，社区集体产权主要不是一种市场合约性产权，而是一种社会合约性产权。这种社会性合约既不是某种有意识设计的制度，也不是社会关系的自然表达，而是特定行动关系协调的产物，反映的是一种社会和谐秩序。在市场合约不完备的情况下，它有可能以非正式的方式比较好地处理和解决社区内部的合作问题和产权冲突，具有界定和维护社区产权秩序的作用；但也存在潜在的问题，在制度环境发生急剧变化时，它的这种作用就是十分有限的。特别是依靠行政力量推动改制时，如果仅仅以制度设计来取代非正式的社会合约规则，而不能充分考虑到后者的延续或替代问题，将会给社区的持续发展带来严重的不良后果（折晓叶、陈婴婴，2005）。

通过这样一些研究经历，我对发掘日常生活逻辑产生了浓厚的兴趣，它成为我思考田野经验与理论之间关系的必经过程，同时我也将它作为勾连经验与理论的中间机制。下面再举几例以增进对这个问题的了解。

中间机制 1：法理和情理双重逻辑

我从正式制度里包含非正式要素，正式制度寄生于非正式制度过程（斯科特，2004：7）的角度来理解问题。即便说到日常生活逻辑，也不能仅在非正式制度层面给予考虑，而应看成是正式与非正式两种逻辑相互作用的结果，比如正式制度的非正式运作或非正式制度的正式运作。在这个视角下，代表正式制度的法理逻辑与代表非正式制度的情理逻辑，有可能互融为一体。

这种情形，在乡村社区多有发生。一方面，即便一项“善意”的政策，若想进入村庄并得到落实，也需要以村落社会既有的伦理价值和社会生活逻辑为前提和辅助条件；另一方面，在日常生活中，即使是具有社区情理合法性的处置方式，也常常借助于正式制度的合法性机制来发挥作用。

让我们用一个案例来详细说明问题。这个案例涉及土地产权共有人即成员权认定的双重逻辑。近年来许多地区实行“土地承包经营权确权登记颁证”，如何确定农户土地产权共有人即成员权，仍然是其中最为复杂的议题。在我们的案例地区，许多村庄为此大费周折。在政府部门制定具体细则时，也无法遵循地区统一政策，在另行补充规定中，仅“共有人确定基本原则”就补充有数十条之多，均涉及婚姻及户籍人口流动状况。

这些条例，让初涉该项田野工作的人一头雾水，摸不着头脑。仔细梳理之下，至少可以发现有两条线索：其一，法理（制度和政策）的原则。规定只有那些“取得本集体经济组织成员身份”者，才可登记为共有人；政策的底线即是“分田人头”的“承包合同”，人口流动的依据是户籍制度。其二，家庭和社区的自认定原则。即便是“续包土地”户中的人口，即“参加1998年续包并拥有承包土地的”，如发生变化，“是否列为家庭共有人填入经营权证书和登记簿中，由承包户家庭决定”，即共有人资格要由“承包合同”和家庭户意见双向决定。

在笔者访问的几个村庄中，家庭户和集体组织都不得不采用社区伦理的和习俗的原则，才能最终处理好“成员权”这样复杂的问题。显然，确定村集体成员资格的依据，来自法理和情理两个方面，前者包括“三级所有”的集体制、运动式确权机制等，后者包括社区情理（杨善华、吴愈晓，2003；周雪光，2003）和习俗等。

这两种原则之间的关系，可以这样表述：如果说法理是冰冷而刚性的，它负责界定和厘清权利，是技术活；那么情理则是激辩而有弹性的，它用来明辨是非（郭亮，2013：107），是情感活。它依据的是以社区互惠原则做基础的、建立在共同体合作关系基础之上的基本权利，我们称之为“社会性合约”。

如果说法理（制度和政策）是“提档线”，情理则是筛选原则。“分田人头”作为政策底线而发挥作用，犹如“提档线”，从这里可以看到正式制度的作用：只有进入者，才能通过社区的情理原则再加以筛选，有时情理甚至可以不顾法理的存在，从这里可以看到非正式制度的作用。

我以土地确权中成员权的认定为例。

土地股是标明合作社成员身份的最主要指标之一，主要依据“分田人头”这个带有国家政策性的原则，体现了国家权力的强制性作用，也体现了土地保障的公平逻辑，其中社区情理可运作的空间不大。但是，在总股权设置和分配比例中，土地股只占40%，而人口股占同等比例40%，农龄股占20%，这后两种股权的设置原则就显得非常重要。

后两种股权在设置时涉及成员权确定中最为微妙的村落习俗，全权由村民自主确定，多与国家政策“擦边”或“不搭界”。确定过程采用代表会议和“农户意见书”两种形式，其中意见书内容几乎涉及工业化和城市化过程中村庄人口变动的方方面面，经村民代表多数同意的，设立为股份合作社“人口股章程”。

其中因婚姻关系而拥有的成员资格极其微妙复杂，更多地遵守了明文的和隐藏的村规民约，包括“接纳”或“排斥”的种种原则，规定有5条之多，占到条款的一半。在这些让局外人摸不着头脑的细则中，因婚姻关系而设立的股权，对这个历史上出生率一直较低的地区来说，暗含着对生育制度和人口增减趋势的关照。

而“以姓氏为准”来确定成员资格，是一条传统悠久的村落习俗。这一习俗约定，子女姓本村人姓氏的才算本村人，不管是随父亲姓还是随母亲姓。这又与当地历史上出生率较低的生育状况有关，入赘外地人做女婿以保持本村人口减少外流，成为当地的习俗，因而只要随本村母亲姓，也自然被视为本村人。这一“本村人”习俗还延展到以结婚彩礼送到哪一边为标准，比如彩礼送到本村的，就可认定为本村人，否则落到他村的，被认为财富外流，不管嫁还是入，都不被本村人认可。可见户籍制度在“本村人”认定上，起到的作用是有限的。在合作社成员权认定上，这些习俗自然而然被写进了章程，成为认定原则。

法理和日常生活情理的逻辑是不同的。在成员权的认定上，法理遵循的是土地谋生和保障的逻辑，情理遵循的则是社区生存和安全的逻辑。

人口股的确定原则，还让我对一些经典的理论命题产生了质疑（折晓叶、艾云，2014）。经典的组织和制度理论，对“制度约束行为”或反过来“行为建构制度”都有相对成熟的研究（周雪光，2003），但是对制度（或政策）与行为之间如何发生作用，是否可以直接关联，并没有给出合理的解释。这部分原因在于其中发生作用的中间机制并没有受到足够重视。当我们关注社会关系的结构化及其演变过程时，这个中间机制就格外清晰地凸显出来了。

中间机制 2：机会结构逻辑

由上述可知，在“制度和政策”与“行动者行为和策略”之间存在一个“机会结构”，实际地发挥着勾连二者的作用。

可以观察到，国家所提供的外部制度环境并不能直接影响和制约行动者的行为，而是通过制度和政策所营造的机会结构对人的行为产生具体作用。这取决于促使制度和行动者相遇的两个关键条件：一是制度为参与者所提供的机会具有怎样的结构条件和参与空间；二是哪些人才有可能参与其中。制度和政策并不能自然提供均等机会，这还与政策利益相关者动员制度资源的能力、参与的可能性和参与的空间有密切关系。这种机会结构正是以村落社区积淀的日常生活逻辑为“底子”，反映的是不同人群和阶层之间的关系，较之社会结构分析更为具体并且提供解释社会结构形成的制度机会。

仍以成员权中“人口股”的确定为例。

上述因婚姻关系而设立的股权，已经彰显出社区婚姻制度提供的机会结构。在人口股条款中，还需要特别注意的是依据城乡关系结构的变迁而引出的机会结构。以“边缘人”以及因此而产生的“接纳”或“排斥”原则为例。人口股条款对四类特殊而复杂人口的股权进行了规定，比如现役军人、在校大中专学生及毕业后未落实固定工作和社保的人、被劳教人员、上山下乡在本村落户的家属、下放工人落实政策上调人员、离退休顶替人员、被顶替人员等复杂人口，都依据村民意见，做出了可享受0.5～1股不等的细致规定。但是对在村庄变迁中没有经历土地补偿追索过程、没有参与共同创业的人，对长期在村外、对村里没有贡献的、在非农行业里赚了大钱的人，村民的排斥情绪很大，确认的条件也就更加苛刻，几近剥夺他们的参与机会。

各种不同的社会性排斥规则，使得由经济权利界定的集体成员中出现了一群性质复杂的“边缘人”，在本研究中特别值得注意的是由于城乡关系碰撞、摩擦或冲突而产生的“边缘人”。排斥他们的原因简单而直白，比如他们在村庄重建过程的艰苦时期没有出过力、没有共同创业、他们从事非农比事农吃苦人赚了更多钱、他们早期买小城镇户口“沾过光”，等等。这样一来，成员权界定就具有了与正式的“集体成员”和“分田人头”不同的非正式的性质。这种非正式界定，包含观念的和道德的力量，它是社区成员互惠关系的产物，而不是有意识设计的结果；但它又不同于文化和信念，因为它还借助特定的法律合法性，如集体制度和集体企业政策等的支持。因此，我们也可以将它看成是一种介于正式与非正式两者之间的制度“合成物”。

这样确定的土地产权是极其稳定的，虽然被排斥者通过意见书发表各种不满和请求，但其申诉并不理直气壮。在村落新旧习俗作用下，非正式的“社会性合约”支持着“多数人同意”规则，他们的出局并不会引起村里人同情，于是再度申诉的情形也就难以发生了。这种情形下，习俗的正义往往高于分配和分享的正义。这有些类似于工业化时期成员权确定的情形。成员权是由“土地使用权人”和“共同创业人”两种资格共同确定的。虽然原来家庭联产承包责任制时的“分田人头”成为新的工业共同体成员资格的基础条件，但绝不是必然条件，有没有参与工业创业，是获得成员资格的另一个条件。只有这两种身份重合者才是当然的成员，有“分田人头”资格但没有参加工业创业者，如常年外出做生意而不屑村籍的人，则不能获得成员资格。与此相似，土地产权追索过程中社区集体的共同体成员资格也是由个人和共同体自主选择的，是不易获得也不易失去的。

这正是一个机会结构逻辑发挥作用的场景，充分表现出成员权的社区特点，它自然体现在日常生活里，不过受到法规制约，在产权界定时又加入了政策和制度规则的作用。所依据的既有“分田人头”所确立的正式经济认定原则，也有社区情理所确立的非正式社会认定原则，其权利既源自法理也源自情理，背后所遵循的是集体制的“天赋均占”和社区共同体的习俗正义这个双重逻辑。这就使得法和情两种“理”得以在成员权的动态界定中相互磨合，互相补充，共同发挥作用，甚至难分高下。成员权又隐匿于事件背后，在权利得到补充或受到损害时才站出来说话。成员权所彰显的非正式的集体土地产权，在村落社区总是要站在村落共同体的立场上才能表达。可以看到，村民所获得的集体产权是一种有限排他的、不完全的产权形态，它嵌入社区共同体的关系网络之中，是由共同体的成员关系来界定的。

这种田野观察和分析，加入了农民作为日常生活“行动者”的身影，揭示出他们的具体行为逻辑。因为研究城乡关系中的“机会结构”和“行为模式”，需要将其置于具体的社会情景中才能加以把握。换言之，只有将行动者及其行动引入观察和分析中心，才能够再现具体的社会情景，才有可能把握变迁中的结构和机制在具体经验中的作用和重要性。

在这种情形下，只讨论制度约束人的行为是没有意义的，只有将其中的机会结构及其逻辑揭示出来，才能对制度与行动者之关系做出更为恰当的解释；同时，也才能够对体制改革和制度变迁有如下的理解：改革应是一个释放制度潜力，调整机会结构，从而激发相关者积极行动的过程。

二、发现和揭示日常生活逻辑：几个方法议题

日常生活的逻辑是一种“积淀根基”，深藏于日常生活的细枝末节之中，需要扎根田野、深入生活去发现和揭示。在深入细致的田野工作中，研究者面对各种繁杂琐碎，不能不从方法上加以探究。

1. 做一个通达的理解者：从观察到理解

前面已经说到，个案不是一个自然存在，而是在某些理论视角下得到加工的案例。换句话说，案例中的事实是“观察到的事实”。观察会经历“设计观察—随意观察—设计观察”这样几个阶段。

我在村庄研究中就常常有这样的经历。从事田野经验研究的人都知道，反复进入调研点，是观察所必备的。当我在调研中第二次进入一个村子时，曾带着第一次走马观花引出的研究假设，有目的地收集资料，结果仍犯了先入为主的错误，在开始近半个月的调查中所获甚微，倒是在无意间收集到的资料和之后 20 余天相对自然的观察中，找到了很有价值的调查和分析线索。后来，由于其他任务缠身，暂时中断了调查，却给了我时间用以补充知识，有条件远距离地审视这个村子。到再次进入这个村庄时，已经可以或多或少在相互配合的默契中体会村里的许多事物和村里人的价值观。这时再来重新设计观察的要点，就不会不着边际了（折晓叶，1997）。

在这个过程中，注意观察工具的互补性，是很重要的。其中，访谈和参与观察是经验研究中最常用的方法。两种方法各有所长，不可偏废。

访谈的要义，是通过口述的方式了解事情的来龙去脉以及当事人的真实想法和观念。因为访谈常常涉及过往的或正在发生的事情，当事人又会受到社会情景和访谈人的影响，吐露的信息可能带有偏差，所谈故事在不同时点上会有不同版本，需要加以甄别。另外，切忌将自己要研究的抽象问题直接去问被访者，避免对方因理解上的偏差而答非所问，而需要将问题“操作化”到日常生活层面去，让对方用直接经验去回答。

参与观察的要义，是在自然状态或正常工作状态下，捕捉被访者的言谈和行为，记录对方在发生事件或“无事件境”（方慧容，2001）下的状况。对于观察到的东西，要系统记录，费孝通先生就曾安排学生记录江村人家庭从早到晚的生活细节，而不要只记录片段或取舍后的主题，以免丢失暂时认为不重要但实际有价值的信息。

这两种方法各有利弊，需要结合使用，从中生发疑问、追问问题、追踪结果。其中，观察细节是走向“理解”环节的重要工作。学术研究的典范作品，都会把清晰的分析逻辑和丰富的经验证据相结合，将微观过程与社会学的重大问题联系在一起，提出令人信服的社会学解释。社会学家布劳（Blau，1955，转引自周雪光，2009）在半个世纪以前提出：“通过对细节的孜孜以求，我们希望获得对现代社会重要问题进行科学分析所需要的系统知识。”今天，这仍然是社会科学研究特别是组织研究的至上目标。

即便是社会学研究方法的趋势发生重大变化，对日常生活细节的观察，仍然是研究最为基础的工作。一位有着两种方法经验的学者曾做出这样的反思：

20世纪80年代以来，社会科学诸领域进入了一个新阶段，即建立正式模型或者采用定量分析成为学术研究的新趋势。其结果是建立在大规模的、系统性的数据分析基础上的理论假设检验成为研究的主流风格。颇有讽刺意味的是，当研究人员花费更多的时间收集问卷或其他可供定量分析的数据时，他们离组织中的实际过程却越来越远。不幸的是，有关中国组织的研究正日渐被这种学术风格所影响。对中国组织的研究常常建立在问卷调查和对组织现象的远距离、宏观层面观察的基础之上，而忽略了学术研究的根本使命在于理解和解释。学者们竞相投入大量精力去学习精密的统计技巧和追求大型数据，却往往以牺牲近距离观察和意义解析为代价（周雪光，2009）。

如何通过观察来增进理解，是研究中不容易跨过的门槛。利用主位和客位之间的“张力”来增进理解，是可以借助的方法。由于研究者带有个人主观色彩的介入，不管有意还是无意，都会影响到研究的可信度与客观性。这就涉及另一个重要的方法论问题，即如何处理主位与客位的关系问题。

所谓主位研究，是指研究者“不凭自己的主观认识，而是通过听取当地提供情况的人所反映的当地人对事物的认识和观点，然后加以分析和整理。它是以被调查者的主体观定向的”；而客位研究则是“一种从观察者的角度出发，以科学家的标准研究文化的方法。它解释行为的原因和结果，以说明当地人可能不承认的信仰，并用比较和历史的观点来看待民族志提供的资料”。由于涉及如何才能听“明白”和设身处地地理解“当地人对事物的认识和观点”，又涉及要“以科学家的标准研究文化的方法”，因而主位研究和客位研究之间始终存在着“张力”。“严格地说来，社会研究中并没有绝对意义的主位研究，研究的真实性程度只不过是这距离（研究者与调查对象心理世界之间距离）的远近而已。如何在实地研究中把握好主位与客位之间张力的平衡，是一个不易解决的方法论困境。”（吴泽霖，1991：229、240）

如果研究者将自己置于“主位成员”的位置，即以“原土著者”的身份进入自己曾经生活过的社区，用自己在离开故乡之后学习到的科学知识，来实现对本土文化更为科学和深刻的认识，这当然是缓解“张力”较为理想的方式。但是，于研究者而言，主位成员的身份是十分有局限的，且不说由于他是本土社会关系网络中被网住的成员，难以摆脱被“结构”定位的某些偏见，以及他参与至深而对社区和社会关系负有道德上的责任，往往会影响到研究的科学性；仅就研究的深入而言，一旦他的研究进入个案积累阶段进而进入比较研究的阶段，他定会失去其主位成员的身份和地位，要去接触和进入他所不熟悉的环境。因此，于研究者而言，“客位成员”的身份才是一种常态。

我在村庄研究中所处的就是“客位成员”的身份，面临的是与“主位成员”不同的难题。作为客位成员，研究者需要根据研究主题的要求和时限以及对研究环境的知识储备情况，仔细把握是否具有深入到对方生活中的条件，能不能得到村里人特别是村领导的通力合作，等等。还要主动训练自己设法进入研究环境、贴近研究对象的能力，花一定的时间去熟悉对象和他所处的文化，而且在尽可能“站在对方的文化环境中，设身处地地理解对方的思想与行为”的同时，还要无时无刻地处在两种文化的比较中去处理理解上的“误区”。因此，客位成员在缓解主客位研究之间的张力时，与主位成员很不相同。主位成员是从认同对方的文化，在相互配合的默契中来体味社区的基本价值观念与规范的，只不过他要借助自己的学术阅历，努力克服“鱼儿在水中游来游去而不知水的存在”的麻木，以保持这种张力，使它相对平衡。而客位成员则从把对方的文化作为自己的异己力量开始，是从两种文化（于我而言，既有城乡两种文化又有南北两种文化）的不断比较中观察、发现、体味和认识社区的基本价值观念与规范的，他要努力克服那种由于不能进入对方的生活而使自己的观察流于皮相，或者由于不熟悉和没有默契而造成的“视而不见”“视而不懂”或主观盲断，从而使张力不要过于紧张，以保持相对的平衡（折晓叶，1997）。

总之，我主张从主客位的身份张力中去发现被调查者的日常生活逻辑，就好比你不了解在有限的土地上“讨生活”的艰苦，你就不能理解农民外出流动的逻辑；你不了解城乡如何变故横生，你就无法理解村庄内部工业化的逻辑。不仅如此，主客位之间的关系还涉及另一个重要问题，那就是田野权威掌控在谁手里。对于同一个田野，任何研究者长期进入都会产生不同的感受，做出不同的解释，那么由此产生的权威性就会受到主位生活的挑战，需要通过主客位之间的张力去调整。

调整观察的距离，让近距离和远距离观察交替进行，留出理解的时间和空间，也是增进理解所必要的。在主客位张力的强压之下，需要逐渐调整和改变对应的策略。首先是拉长研究的时限，至少留出一段时间做较为随意的观察，同时在间断收集资料的过程中，做远距离观察，补充背景知识和文献资料，让它们与已观察到的生活事件之间不断地对话和交流。在这个过程中，我们通常还会反复阅读文本和访谈资料，远距离地思考案例中的故事，重新连接和验证事件及其因果关系，并且将它们与已有的文献积累加以关联；在做完这样“乏味”而艰苦的工作之后，再去做追踪调研，就会有意想不到的新收获和新发现。最后，值得强调的是，需要站在被调查者的立场上想问题，也就是换位思考。关注被调查者的态度和立场、做事情的策略和逻辑，还要注意“进得去，出得来”。

总之，从观察到理解，需要完成从“常识”到“支配的知识”再到“理解的知识”的跨越，这是探寻日常生活逻辑的一个重要环节。

2. 提出一个好问题：从疑问到提问

在任何科学中，正确地提出问题通常都会事半功倍。那么，什么是一个好的学术问题，或者怎样把问题“问题化”，也就是把一个经验层面的问题变成学术问题呢？这是研究中必须花力气解决好的事情。这首先从产生疑问开始，好奇和敏感，则是产生疑问的前提。好奇来自志趣，敏感是一种研究经验和学术训练。对现象和理论始终保持好奇和敏感，是研究者最为可贵的基本素质之一。有这种素养的研究者，时时处处都可以对现象和文本产生疑问，从疑问中提炼问题。

好的学术问题一般源自两个方面，一是现实状况让你产生了怎样的“疑问”，二是学术研究的理论脉络中还存在哪些不能解释新发现的缺失，有什么“问题”需要进一步研究。

从疑问到提问的跨越，通常都是个案现象和问题扩展的结果。如果不完成这个跨越，就只能停留在对现象的说明上，既不能完成学术研究，也不可能从基础性的研究中提炼出政策性建议（注意不是诠释政策）。最难之处在于，经验陈述的真假是一个实然的问题，而逻辑陈述的真假是一个应然的问题。这就需要通过追问和反问“为什么”来提炼问题。同时也请注意，不同的提问所针对的现象和关照的议题是不同的。譬如，如果提出的问题是，在国家和地方政策并未特别眷顾某个群体的情况下，他们为什么并没有滑到最危急的境地？在这个问题下，你可能就会关注社会支持系统、家庭保障和社区救助；反之，在另一个问题下，如在政策和意识形态都特别倾斜于这个群体时，为什么好的制度设计并没有受到这个群体的认同，也并未产生有利于这个群体的结果？你可能就会关注和分析制度是否出了什么问题或者制度为什么会失败。当然，问题的确可以是“正向”的，可是它必须超越人们的“常识”。譬如“好制度得到好的推行，效果也好”，这是常识中的逻辑（可用来做工作总结），如果再追问一下，问出名堂来了，问题才出来了。譬如“好制度为什么失败”，预设的答案就将是研究的主题。

发现悖谬的现象，是最容易引起追问和反问“为什么”的。实际上，从“疑问”开始，悖论的逻辑就存在了，因为它所引出的不是理性原因会自然导致理性结果的事件，最容易让人产生疑问。例如，20 世纪 90 年代末期，一些县乡建工业小区时有实现聚集效益的预期，但村办企业就是不出村。那么，能够节约公用设施费用而不节约，能够出村而不出村，就是一件有悖常识和理性的事情了，就值得问一问“为什么”了。这一追一问，就问出了乡村社会成本怎样计算，以及社会性资源对经济发展的意义所在了，也就发现了乡村日常生活逻辑在工业化过程中延续的道理。

所谓真假问题，也常常是在追问悖论问题时加以鉴别的。真问题存在于实践状态的社会生活中（孙立平，2002），应是逻辑上的真问题。例如贫困问题，如果不能从日常生活逻辑上认识问题，又不能在理论上定义出贫困线，那么我们是无法提出和讨论贫困问题的。关键在于所论问题首先是从什么逻辑上提出和解决的，然后在学术的逻辑框架内再加以讨论，由此在理论的发展和知识的积累上才具有意义。

这样的研究实例很多，许多从悖论现象生发的问题都很有研究的价值，也都毫无例外地关照到日常生活的逻辑。例如这样一些有意思的提问：一项法律原本想让长期租客有房屋可住，为什么其结果却使一些租客无房可住？一项有利于农民工的制度和政策设计（社保随身走），为什么农民工不买账而发生退保潮？西方的模式是“大鱼吃小鱼，小鱼吃虾米”，为什么中国乡村工业发展初期的模式却是“大鱼帮小鱼，小鱼帮虾米”？一般来说，政府应依法治理，老百姓则以社情民意处理事情，但现实中何以会出现老百姓“依法维权”，官员却以非法律或非正式的手段来处理事件和问题？等等。

我们在研究项目制与基层自主性的关系时，也从发现日常生活逻辑出发，采用了这种提问方式。研究中发现这样的悖论现象：那些以发展和福利为主题的提供公共产品的项目和工程，有些却让基层难以承受，往往先受到热捧后遭遇冷遇，有的甚至失败，最终导致公益项目的“善意”遭到质疑。这类悖论现象发生在项目运作的过程之中。国家和地方政府在担当“发展服务”提供者的角色时，常常难以避免出现发展项目吞噬基层自主性的尴尬，出现“能者恒能”“强马多吃草”的局面，而绝大多数村庄却不能轻易引项目入村，由此也就难以成规模地改变村貌。值得深思的是，上述悖论现象引发出两种完全相反的村庄行动：一方面，有条件的村庄积极“跑项目”，村际竞争加剧，另一方面，没条件的村庄消极“躲项目”，不但从竞争中退出，而且抵制那些需要村庄“贴钱”又易于引发村庄深层矛盾和冲突的公益项目。这些现象，不仅出现在增长程度较低的地区，在发达地区内部也不断出现。

从这类疑问出发，我们提出了这样的研究问题：为什么以发展和福利为主题的项目会吞噬基层自主性，“自上而下”的控制逻辑和“自下而上”反控制逻辑之间存在怎样的互动关系？

研究发现，原来政府财政收入和分配领域发生了重大变化。首先，在集权的收入体制之外，存在着寻找和开辟另外一种可以直接支配和控制新财源的可能性，只不过仍需遵循和维持集权控制的逻辑。其次，出现收入越集权、支付越灵活的体制，支付大多由“条线”部门采用专项支付或者项目资金的形式自上而下地转移和流动。项目制不仅在数量上而且在各领域中都已经成为最主要的财政支付手段。最后，专项转移支付需要经过自上而下的招标和通过自下而上的竞争才能获得，存在着极大的不确定性和偶然性，但极富竞争力和诱惑力，于是形成了中央对项目“发包”、地方“打包”和村庄“抓包”的项目化过程。而“项目制”恰恰作为对新旧体制衔接过程中既得利益补偿的一个重要机制，为分级治理逻辑的汇合搭建了一个制度平台，所提供的制度机制遵循控制与反控制的不同逻辑，并且形成相互的对立和互补。这些正是项目制既为地方政府和基层社区带来机遇又造成诸多问题的原因所在（折晓叶、陈婴婴，2011）。

总之，没有学术素养和明确的学术定位，就难以提出好的学术问题，即便有无数个疑问，也只能纠缠于现象的层面。这也涉及如何将经验中提炼的问题与学术定位加以呼应和结合，又如何从完整的经验体验中发现问题，并将它们学术化。

3. 提炼一个分析性概念：从易感性到分析性

当社会研究者面对琐碎的日常生活场景或一堆复杂数据还没有

形成清晰的研究思路时，易（敏）感性概念（sensitizing concept）就成了研究的起点，它可以起到引领研究的作用。不妨将易感性概念理解为一种“大致的参照感与方向感”，即能提示出研究前行方向的感觉，因此社会学家将易感性概念用作一个深思熟虑的生成理论的策略，以便对理论发展有所贡献，并提供相应的分析视角。①

那么，什么是易（敏）感性概念呢？这是一个借用社会心理学的用语，特指一种自然生成于研究人群之中的、表达他们对其周围世界所赋予的意义。通俗地说，就是他们日常生活中惯用的、概括某一现象的意义的词语和说法。没有对日常生活逻辑的探究，就发现不了这样的概念。

分析性概念则与之不同，它是对易感性概念的学理递进和提升，具有相当的概括性，与某一项具体的事实和经验已经无关。它可以作为一种分析工具，用来处理某一类的现象和问题，并且有可能与既有理论形成对话。

费孝通先生对“差序格局”概念的提炼，就很能说明问题。在日常生活中，我们总会发现这样一些易感性概念或说法，比如“君臣、父子、长幼、上下”“一表三千里”“人伦”“蜘蛛的网”，等等。费先生从中归纳提炼出了“差序格局”这个分析性概念，意指以“己”为中心，像石子一般投入水中，和别人所结成的社会关系，不像团体中的分子一般，大家立在一个平面上，而是像水的波纹一般，一圈圈推出去，越推越远、越推越薄。分析结果落在对中国社会结构的总体认识上，他认为中国社会的基本结构——差序格局中，社会关系是逐渐从一个一个人推出去的，是私人联系的增加，社会范围是一个个私人联系所构成的网络，从而比较和讨论了中国社会结构与西方社会结构的差异（费孝通，1948：23-24）。

---

① 转引自张曙光：“敏感性概念”（译稿），http://www.doc88.com/p-731475832167.html。

在近年出现的关于项目制的研究中，[①] 我与合作者也采用过这种分析思路。在研究“项目进村”时，我们听到见到最多的，是“项目”“专项化”“跑部钱进”“抓项目”以及“大跑大项目大发展、小跑小项目小发展、不跑没项目没发展”等易感性概念和说法。经过对多个项目村和周边非项目村的深入观察了解，我们深感在解释上需要一个超脱于具体故事的概念来概括这一类繁杂的现象，我们使用了“项目制”作为分析性概念，指以项目化思维和方式进行治理的一套制度体系。项目，作为一种制度化的财政转移支付手段，表达着新旧体制衔接过程中政府间既得利益的补偿关系，引导和控制着国家和地方财力的投入方向，它不仅承载着资金，而且承载着一整套经济的、政治的和社会的意图和责任。

分析结果表明，国家部门、地方政府和村庄围绕着项目所采用的不同运作机制，使项目制度安排具有了多重性和综合性。国家部门“发包”，地方政府“打包”，村庄“抓包”，分别遵循控制和反控制逻辑。在“集权—分权”模式下，“自下而上”的竞争机制配合“自上而下”的分权原则，形成一种新的国家治理结构。

这类研究工作有一个共性，那就是为了给出分析性概念，有必要先确定一个逻辑。以不同的逻辑为基础，可以得到不同的分析性概念。这表明概念的分析性是以逻辑为基础的，仍以悖论的逻辑为例，它发现的不是理性原因会自然导致理性结果，而恰恰相反，会导致非理性结果。以此作为基础的研究工作，主张从悖论现象出发，到最基本的事实中去寻找最强有力的分析性概念，了解其逻辑，同时通过与现存理论的对话和相互作用，来推进自己的理论概念建构（黄宗智，2005）。

有经验的研究者通常都懂得，“得出一个有用的分析性概念的过程不仅漫长而且痛苦，还可能误入歧途而一无所获。但研究的过

① 参见项目制研究（渠敬东、周飞舟、应星，2009；折晓叶、陈婴婴，2011；周雪光，2012，2015；周飞舟，2012；渠敬东，2012；陈家建，2013）。

程就是这样的：从一个例子或现象开始，接着提出一个直觉上合理的理论，并随之创造出与模糊的概念相关联的理论术语。当出现各种看起来不同的例子时，就需要另一个理论。这个过程不断地继续下去，当例子和理论越积累越多，在同样的分析标题下塞入不同的分类会造成混乱时，这时每一个相关的理论都会变成特例，从而具有局限性”（张五常，2000）。简而言之，一个分析性概念需要一整套理论和关联性问题的支撑，那种生造概念、粗糙提升概念的做法，是万不可取的。

为了分析上的便利，还可以将概念“重新概念化”，使其具有分析的性质。首先将概念拆分出几个可以观察的维度，其次在同一个观察平台上辨析它们之间的关系，将它们糅合统一到总体概念框架之中。以一项关于“中国政府的治理模式”的研究为例（周雪光、练宏，2012）。该项研究借鉴经济学理论有关不完全合同理论和新产权理论的视角，将其中“剩余控制权”理论思路应用于政府内部关系分析。具体做法是，将“控制权”在概念上分解为三个维度：目标设定权，指组织内部委托方为下属设定目标任务的控制权；检查验收权，指在目标设定权基础上检查合约完成情况的控制权；激励分配权，指针对代理方的激励设置以及考核、奖励或惩罚其表现的权力。通过这三个维度将组织内部或组织间资产或活动的“控制权”加以重新概念化，然后再糅合统一于同一个概念框架之内。于是，控制权理论思路在研究政府间关系时具备了可操作性和分析性。最终得出这样一个富有创建性的结论：这三个控制权在中央政府、中间政府和基层政府间的不同分配方式，导致了迥然不同的政府治理模式，因此诱发了相应的政府行为。

4. 找出某些社会性关联：从技术过程到社会过程

前面已经说到，在田野研究中，捕捉易感性概念将其作为研究的起点，可以起到引领研究的作用，也可以按同样的思路，来看待从技术过程入手进行研究的工作。

这里所谓技术，是指形成某种工作流程或运作环节的方式，也就是对基本事实的技术性描述。当我们面对琐碎的日常生活场景而无法下手调研时，常会把这种工作作为“入口”，来观察一些主要的兴趣点。但是，它并不是我们社会分析的落脚处，只是引领我们进入生活现场，通过日常的生产和劳作环节找出日常生活中遵循的思维规律和规则。我称这个过程为“发现社会关联”，并将其作为社会分析的“出口”。

我和合作者们在研究组织机制对农村基层市场形成和发育的意义和作用时，多采用这种方式。在此就以蔬菜销售链环节的形成为例。在北方的一个蔬菜销售市场，我们发现在菜农、车贩、车库、菜贩和菜场之间，形成了一个复杂的“商品流”。在对种、贩、存、卖的主要环节进行了细致的观察了解之后，我们画出了清晰的蔬菜流动的技术路线图，并对各个节点上的另外两个流动环节，即“资金流”和“人际流”进行了观察和分析，结果有了令人惊喜的发现。

在资金的流动链条中，存在三种结算方式，即赊账、预结清＋赊账、结清。关键在于，它们分别对应的是菜农与车贩（小中间商）之间可以赊账，车贩与菜库（大中间商）之间也可以赊账，菜库（大中间商）与菜贩（中中间商）之间则采用清账后再赊账的办法，进入菜贩（中中间商）与菜场之间后，本地市场尚可采用结清＋赊账的方式，外地市场便只能采用一次结清的方式。

那么，为什么会在不同的流动关系上采用如此不同的结算方式呢？通过进一步对“人际流”的观察和分析，问题便有了初步答案。原来在基层初级市场上，菜农与车贩均为本村人，熟人之间历来都有赊账的信任关系，而菜库主要由本镇人经营，车贩与它们之间也更容易建立熟人之间赊账的信任关系。如果推及更大的市场，这种熟人信任关系就越推越薄了。

但是，仍然让人费解的是，当地的菜库市场已经充分发育，菜农完全有机会直接将菜卖给车库，还可能卖个更好的价钱，但他们却与车贩之间保持着超稳定的关系。为什么农户宁愿低价卖给车贩小中间商，而不遵循“谁给的价高就卖给谁”的市场交易常识？这仍然需要从社会关联上去找答案。原来，在地方社会关系体系和市场结构中，车贩这个行当固定地分配给了本村人，他们大多是村干部和本村经营能人，其他外人不可能染指其中，而赊账是熟人之间在打资金流动的时间差，并且农民这样算计自己的收益，卖菜给车贩可能一次吃亏但关系稳定可以长期受益，他们在“成本—收益”计算中加入了社会期待，遵循互惠逻辑。

在这一类研究中，我们的疑问可能是为什么连接地方市场与外部市场一定需要当地代理？为什么不能与农户建立直接的没有中间人的市场？为什么地方市场需要村庄商贩这个环节？可以作为学术研究的问题，则可能是“市场是怎样被社会关联组织起来的？”。经过这样的系列研究，我们可以对这种组织化过程给出一些初步结论，比如：这种“组织”不同于企业组织（一种突破市场经济约束条件的有限组织机制），而是一种由“中间商”勾连的商贸等级组合体系和结构。[①]

我指导的数篇博士论文也都采取了类似的方法，其中一篇在研究“乡土秩序与家户工业发展”关系时，[②]首先仔细观察了解了家户酿酒的技术过程，包括家户酿酒的产业链流程、酿酒的技术过程以及家户酒厂的组织结构和营销渠道，并且绘制出详尽的图示。接着从这些环节上梳理出可能存在的社会关联，包括收粮环节中的社会关联，如村民种玉米，以较低但稳定的价格卖给本村酒厂，以换取酒厂酒糟，酒糟又牵引出其他社会关联，如酒糟带动村里的养牛业，副业结余的人力进入酒厂；再如资金的社会关联，包括借（酒厂成立最初不足的资金往往来自亲属之间的借），抬（抬钱只是“贷”不是借，“抬钱有利息，借钱有人情”），赊（象征性预付订

① 参见艾云博士论文：《中国农村市场发育与制度变迁》（2011）。

② 参见姜阿平博士论文：《乡土秩序与家户工业发展——对昌五镇家户酒厂的案例研究》（2009）。

金或无须付定金，全部“赊糟”喂牛）。由此形成了一个由“关系”勾连支撑的完整产业链，在其中建立的劳动关系也就形成了如下新的社会秩序：

家户内部劳动关系中，外聘酒师被拟制为“自家人”，成为劳动过程的支配者。雇用工人的原则是首选本村人，实在雇用不到才招周边农村或外地人，因为“工人离家近，过来干活方便，有事好商量”，因此本村工人也被称为“自家人”；家庭成员被称为“家里人”，他们是隐性劳动力，不计时间不付工资。

家户内部的劳动关系形成这样的规则：以老板和酒师为核心的“家长制”（酒师享有老板家内的各种特权，老板则“隐身”，酒师支配和控制劳动过程），形成特有的合作产权和劳资关系；以酒师为核心的“师徒制”，勾连劳动关系。在外部合作关系中，则建立了以村落社区为基础的酿酒协会，用以和外部建立社会关联。

这项研究经过从技术过程跨越到社会关联的细致观察和分析，才得以讨论“大工业框架中家户工业的作用”议题，得出家户勾连的社区关联支持了农工相辅的循环经济，以社区为基础的协会关联支持了家户工业在与大工业的竞争中获得持续生命力等结论。

5. 讲出合乎逻辑的道理：从讲故事到讲道理

这里所谓“学术故事”，是个案载体的一种重要形式，按照一定的线索和叙事秩序对案例进行的描述和铺展，侧重于对事情过程的描述，强调情节、细节和脉络，从而阐发道理。那些合乎日常生活逻辑的、寓意深刻的故事，往往蕴藏着发人深省的道理，成为一种独特的思维和沟通方式。

每一个研究者在着眼于某个具体现象时，都会“讲故事”，也都会明确或含蓄地利用理论工具来分析和解释故事中反映的现象，即所谓“讲道理”。故事可谓是“讲出来的”事实，讲述的人具有话语权，因而“故事”从某种角度上说，是经过讲述者建构的事实。也就是说，讲什么、如何讲，取决于研究者如何理解个案故事。这也就决定了故事是难以讲述完整的，因为它超过了任何人的认识能力和讲述能力。不过，叙事形式可以是多种多样的。

讲述的方式各异，比如有让个案“讲述或呈现它自己的故事”，也有寻找个案参与者或叙述者话语中的功能意义，如对“易感性概念”进行的话语分析（词语出现频率），还有参与性的行动研究者讲述自己的故事经历，或者故事与说理夹叙夹议，或者正文讲故事、注释论述，等等。

不同学科也有不同的讲法，比如民族志（社区研究），对社区日常生活中相互关联的各个方面进行深入考察和细致描述，或以事件或社区及个人经历过程为依据的、按照时空转换自然秩序的白描和深描，讲述一个完整的、背后隐含问题和理论价值的故事，给读者一个想象世界的空间。

经济学通常也会按照理论线索组织故事，如“理想型”理论故事，往往可以借助大家熟悉的文学作品（如鲁滨孙的故事），用“假如或假设”来界定条件，或将几个故事中的有效要素组合成一个“理想型”故事，或者干脆为理论寻找可以作为例子的故事，在宏观理论视角下来组织案例的调查和分析，专注于搜集提供证据的资料。社会学是讲故事的能手，但很少用“理想型”组织故事，也不主张使用只为理论提供佐证而不能证伪的带有强烈倾向性的例子，而多是从真实的经验事实出发，尽可能地搜集正反方面的例证，以便对实践中的社会事实现象得出正确的认识。

在讲述田野故事时，有两个问题需要特别注意。首先，既然故事是建构的事实，谁是建构者就显得非常重要，因为讲故事或写故事的人，具有话语权；其次，谁是故事的主体（沈红，2007：31-53），更加决定着事实上的话语权是否落在真问题上。有田野经验的人都知道，故事讲来讲去，就会形成一个“精英版本”，同时也会形成一个“无话语群体”。他们并非没有故事可讲，而是那些由精英讲出的故事和事件，让他们再讲起来就有问题，比如他们觉得自己的经历似乎够不上讲故事，与那些事件的重要性相比，实在不值一提。又如“故事”离他们的日常生活琐事有距离，他们感觉无从讲起。如何让他们开口，实在是一个理念和方法上的难题。解决这个难题，至少要努力摆脱“话语暴力”，接近“无话语群体”，以便了解普通人是怎样考虑的、怎样选择的，又是怎样呼应精英的选择的（郭于华，2003，2013），等等。优秀的人类学和社会学作品，都具有这样的故事底本。

讲故事与讲道理，是个案研究不可分割的一体两面的过程。所谓讲道理，是指对故事所表现的事实现象提出一种分析和解释，也就是说出一个“理”来。这基于每个研究者在着眼于某个具体现象时，都会明确或含蓄地利用理论工具来分析和解释这些现象，即“讲道理”。从这个意义上来说，讲道理的过程，大致就是从挑选出的经验研究案例中，析取与社会科学相关知识的过程。个案经验不能作为推论总体的依据，但是可以作为定性解释的依据。讲道理即是从关注个案的本质意义过渡到达成科学研究的理论预期。

依据我的田野经验，从讲故事到讲道理中间还有一个重要的过程不能忽略，这就是需要对故事所表达的“现象”进行提炼，我称之为“故事—现象—道理”的三级提升。忽略这个环节，容易导致在讲故事与讲道理之间形成“两张皮”。

故事，是针对某一经验事实的叙事，方式多样，可以依据时空顺序叙事、事件线索叙事，还可以依据逻辑线索叙事等。现象，则是对故事呈现出怎样的状态、从故事中发现了什么的归纳。这个环节之所以重要，是因为通过它，故事才能或才容易通达道理。

我们在研究中遇到过一个实例，故事是这样的：小区业主买房时，合同上有分享分摊游泳池协议。入住后只有少数人有时间享用，多数人提出关闭泳池以降低费用。但少数使用者以合同协议在先不同意关闭。经过业委会多方征询意见，历时数周讨论，最终还是决定遵守初始协议，保持泳池开放。

那么，这个故事呈现出怎样一种状态？说明了什么？或说故事反映出怎样一种现象呢？我们发现，在一定条件下，如订立有正式合约且业主已经具有一些契约意识时，“多数人同意”并不是解决公共问题的治理之道，这与前述在社区情理支持下的“多数人同意”具有不同的意义和作用。有了这样一个归纳之后，我们对现象提出了分析和解释，尝试说出这样一个“理”来：在自愿合约条件下，“少数服从多数”并不能达成公平公正。

以上，我从田野经验与日常生活逻辑和理论之间的关系以及研究方法上，初步讨论了揭示日常生活逻辑对于社会学研究的重要意义。这个议题应是开放性的，其中许多难题在学理和实践中并没有完全解决，比如，我们说日常生活逻辑深藏于社会底蕴之中，那么即时即地的变革实践能否通过“路径依赖”而重蹈其辙，新的实践与原有的生活逻辑又在哪里相遇？如何得以重现？新制度兴起与底蕴浮现的激活条件和机制是什么？它们之间又有着怎样的张力？如何保持“适度”或“良性”均衡？如果这种平衡被打破，事情又将朝怎样的方向发展？在研究方法上，也有诸多难题需要讨论，比如，个案研究与“反事实”、与理论建构之间的关系如何处理等。这诸多问题，都需要有志于田野研究工作的人来认真作答，这个领域也需要有志者来共同建设。

本文参考文献

北京大学社会分化课题组，王汉生，阎肖峰，程为敏，杨伟民执笔. 1990. 工业化与社会分化：改革以来中国农村的社会结构变迁［J］. 农村经济与社会（4）：1–15.

陈家建. 2013. 项目制与基层政府动员——对社会管理项目化运作的社会学考察［J］. 中国社会科学（2）：64–81.

方慧容. 2001. “无事件境”与生活世界中的“真实”——西村农民土地改革时期社会生活的记忆［G］// 空间·记忆·社会转型：“新社会史”研究论文精选集. 杨念群，主编. 上海人民出版社：467–586.

费孝通. 1948. 乡土中国［M］. 上海观察社.

费孝通. 2001. 江村经济——中国农民的生活［M］. 北京：商务印书馆.

郭亮. 2013. 地根政治——江镇地权纠纷研究（1998—2010）[M]. 北京：社会科学文献出版社.

郭于华. 2003. 心灵的集体化：陕北骥村农业合作化的女性记忆 [J]. 中国社会科学（4）：79–92.

郭于华. 2013. 受苦人的讲述：骥村历史与一种文明的逻辑 [M]. 香港中文大学出版社.

黄宗智. 2005. 认识中国——走向从实践出发的社会科学 [J]. 中国社会科学（1）：83–93.

刘林平. 2011. 个案研究必须面对反事实问题 [N]，中国社会科学报（126）：2–16.

尼尔·J. 斯梅尔塞. 1992. 社会科学的比较方法 [M]. 王宏周，张平平，译. 北京：社会科学文献出版社.

渠敬东. 2012. 项目制：一种新的国家治理体制 [J]. 中国社会科学（5）：113–130.

渠敬东，周飞舟，应星. 2009. 从总体支配到技术治理——基于中国 30 年改革经验的社会学分析 [J]. 中国社会科学（6）：104–127.

沈红. 2007. 结构与主体：激荡的文化社区石门坎 [M]. 北京：社会科学文献出版社.

孙立平. 2002. 实践社会学与市场转型过程分析 [J]. 中国社会科学（5）：83–96.

王宁. 2002. 代表性还是典型性？——个案的属性与个案研究方法的逻辑基础 [J]. 社会学研究（5）：123–125.

吴泽霖，总纂. 1991. 人类学词典 [M]. 上海辞书出版社.

杨善华，孙飞宇. 2015. “社会底蕴”：田野经验与思考 [J]. 社会 35（1）：74–91.

杨善华，吴愈晓. 2003. 我国农村的“社区情理”与家庭养老现状 [J]. 探索与争鸣（2）：23–25.

应星. 2016. 质性研究的方法论再反思 [J]. 广西民族大学学报（哲学社会科学版）（4）：59–63.

詹姆斯·C. 斯科特. [1998] 2004. 国家的视角：那些试图改善人类状况的项目是如何失败的 [M]. 王晓毅，译. 北京：社会科学文献出版社.

张五常. 2000. 合约结构和非专有资源理论［G］// 经济解释：张五常经济论文选. 张五常，著. 易宪容，张卫东，译. 北京：商务印书馆，81–82.

折晓叶. 1997. 村庄的再造——一个“超级村庄”的社会变迁［M］. 北京：中国社会科学出版社.

折晓叶. 2008. 合作与非对抗性抵制——弱者的“韧武器”［J］. 社会学研究（3）：1–28.

折晓叶，艾云. 2014. 城乡关系演变的制度逻辑和实践过程（导言）［G］// 城乡关系演变的制度逻辑和实践过程. 北京：中国社会科学出版社.

折晓叶，陈婴婴. 2000. 社区的实践：“超级村庄”的发展历程［M］. 杭州：浙江人民出版社.

折晓叶，陈婴婴. 2004. 资本怎样运作——对“改制”中资本能动性的社会学分析［J］. 中国社会科学（4）：147–160.

折晓叶，陈婴婴. 2005. 产权怎样界定——一份集体产权私化的社会文本［J］. 社会学研究（4）：1–43.

折晓叶，陈婴婴. 2011. 项目制的分级运作机制和治理逻辑——对“项目进村”案例的社会学分析［J］. 中国社会科学（4）：126–148.

周飞舟. 2012. 财政资金的专项化及其问题兼论“项目治国”［J］. 社会 32（1）：1–37.

周雪光. 2003. 组织社会学十讲［M］. 北京：社会科学文献出版社.

周雪光，程宇. 2012. 通往集体债务之路：政府组织、社会制度与乡村中国的公共产品供给［J］. 公共行政评论（1）：46–77.

周雪光. 2015. 项目制：一个“控制权”理论视角［J］. 开放时代（2）：82–102.

周雪光，练宏. 2012. 中国政府的治理模式：一个“控制权”理论［J］. 社会学研究（5）：69–93.

周雪光，赵伟. 2009. 英文文献中的中国组织现象研究［J］. 社会学研究（6）：145–186.

本书参考文献

A. 恰亚诺夫:《农民经济组织》,萧正洪译,中央编译出版社,1996 年。

A. 恰亚诺夫:《小农经济的理论》(A. V. Chayanov, *The Theory of Peasant Economy*, University of Wisconsin Press, 1986.)

R. 科斯、A. 阿尔钦、D. 诺斯等著:《财产权利与制度变迁——产权学派与新制度学派译文集》,刘守英等译,上海人民出版社,1994 年。

阿道夫·贝利、加德纳·C. 米恩斯:《现代公司与私有财产》,商务印书馆,1961 年。

阿道夫·贝利:《二十世纪的资本主义革命》,商务印书馆,1961 年。

阿道夫·贝利:《没有财产权的权力》,江清译,商务印书馆,1962 年。

艾伯特·赫希曼:《经济发展战略》,曹征海、潘照东译,经济科学出版社,1991 年。

安东尼·吉登斯:《社会的构成》,李康、李猛译,生活·读书·新知三联书店,1998 年。

安东尼·吉登斯:《现代性与自我认同》,赵旭东、方文译,生活·读书·新知三联书店,1998 年。

奥古斯特·勒施:《经济空间秩序:经济财货与地理间的关系》,王守礼译,商务印书馆,1995 年。

北京大学社会学人类学研究所编:《东亚社会研究》,北京大学出版社,1993 年。

财政部清产核资办公室编:《全国集体企业产权界定案例》,改革出版社,1998 年。

曹锦清、张乐天、陈中亚:《当代浙北乡村的社会文化变迁》,上海远东出版社,1995 年。

陈吉元、胡必亮主编:《当代中国的村庄经济与村落文化》,山西经济出版社,1996 年。

陈介玄:《协力网络与生活结构——台湾中小企业的社会经济分析》,联经出版事业公司,1994 年;《货币网络与生活结构》,1995 年。

陈俊杰:《关系资源与农民的非农化——浙东越村的实地研究》,中国社会科学出版社,1998 年。

陈佩华、赵文词、安戈:《当代中国农村历沧桑:毛邓体制下的陈村》,孙万国、杨敏如、韩建中译,(香港)牛津大学出版社,1996 年。

从翰香主编:《近代冀鲁豫乡村》,中国社会科学出版社,1995 年。

崔之元:《第二次思想解放与制度创新》,(香港)牛津大学出版社,1997 年。

道格拉斯·C. 诺斯:《制度、制度变迁与经济绩效》,刘守英译,上海三联书店,1994 年。

杜闻贞、张二震主编:《农村工业区与农村发展新阶段》,江苏人民出版社,1992 年。

杜赞奇:《文化、权力与国家:1990–1942 年的华北农村》,王福明译,江苏人民出版社,1994 年。

段本洛、单强:《近代江南农村》,江苏人民出版社,1994 年。

法兰西斯·福山:《诚信》,李宛蓉译,立绪文化事业有限公司,1998 年。

费孝通:《江村经济》,戴可景译,江苏人民出版社,1986 年。

费孝通:《乡土中国》,生活·读书·新知三联书店,1985 年。

傅殷才主编:《制度经济学派》,武汉出版社,1996 年。

高俊良、宗泉超主编:《中国亿元村》,今日中国出版社,1994 年。

辜胜阻:《非农化及城镇化理论与实践》,武汉大学出版社,1993 年。

郝思恭、高硕德、张普:《乡镇企业的产权与发展战略》,山西人民出版社,1992 年。

何道峰:《从封闭走向开放的历史抉择》,《乡村变革:当代中国农村政策问题探析》,人民出版社,1995 年。

何高潮:《地主·农民·共产党：社会博弈论分析》,（香港）牛津大学出版社，1997 年。

鹤见和子、川田侃主编:《内发型发展理论》，东京大学出版会，1989 年。

黄少安:《产权经济学导论》，山东人民出版社，1995 年。

黄树民:《林村的故事：一九四九后的中国农村变革》，素兰译，张老师出版社，1994 年。

黄宗智:《华北的小农经济与社会变迁》，中华书局，1986 年。

黄宗智:《长江三角洲小农家庭与乡村发展》，中华书局，1992 年。

贾德裕、周晓虹等主编:《现代化进程中的中国农民》，南京大学出版社，1998 年。

江苏省小城镇研究课题组编:《小城镇 大问题——江苏省小城镇研究论文选》，江苏人民出版社，1984 年。

克里斯特·冈纳森:《发展理论与第三世界的工业化》，罗荣渠主编《现代化：理论与历史经验的再探讨》，上海译文出版社，1993 年。

李培林、王春光:《新社会结构的生长点——乡镇企业社会交换论》，山东人民出版社，1993 年。

李亦园:《人类的视野》，上海文艺出版社，1996 年。

李银河:《生育与村落文化》，中国社会科学出版社，1994 年。

林蕴晖、顾训中:《人民公社狂想曲》，河南人民出版社，1995 年。

刘军宁等编:《市场逻辑与国家观念》，生活·读书·新知三联书店，1995 年。

刘军宁等编:《市场逻辑与国家观念》，生活·读书·新知三联书店，1995 年。

刘诗白:《主体产权论》，经济科学出版社，1998 年。

刘世定:《占有制度的三个维度及占有认定机制——以乡镇企业为例》，潘乃谷、马戎主编,《社区研究与社会发展》，天津人民出版社，1996 年。

陆学艺主编:《改革中的农村与农民——对大寨、刘庄、华西等 13 个村庄的实证研究》，中共中央党校出版社，1992 年。

曼瑟尔·奥尔森:《集体行动的逻辑》，陈郁、郭宇峰、李崇新译，格致出版社、上海三联书店·上海人民出版社，1995 年。

毛科军:《中国农村产权制度研究》，山西经济出版社，1993 年。

裴叔平、沈立人、陈乃醒主编:《苏南工业化道路研究》，经济管理出版社，1993年。
秦晖:《耕耘者言》，山东教育出版社，1999年。
赦思:《非营利组织与民主》,《市场社会与公共秩序》，生活·读书·新知三联书店，1996年。
沈关宝:《一场静悄悄的革命》，云南人民出版社，1993年。
施坚雅:《中国封建社会晚期城市研究——施坚雅模式》，王旭等译，吉林教育出版社，1991年。
施坚雅:《中国农村的市场和社会结构》，史建云、徐秀丽译，中国社会科学出版社，1998年。
斯考特·罗泽尔、李建光:《中国经济改革中的村干部经济行为》，经济管理出版社，1992年。
孙立平:《传统与变迁——国外现代化及中国现代化问题研究》，黑龙江人民出版社，1992年。
汪丁丁:《经济发展与制度创新》，上海人民出版社，1995年。
汪丁丁:《在经济学与哲学之间》，中国社会科学出版社，1996年。
汪熙、魏斐德主编:《中国现代化问题——一个多方位的历史探索》，复旦大学出版社，1994年。
王春光:《社会流动和社会重构——京城“浙江村”研究》，浙江人民出版社，1995年。
王铭铭:《社会人类学与中国研究》，生活·读书·新知三联书店,1997年。
王铭铭:《社区的历程：溪村汉人家族的个案研究》，天津人民出版社，1997年。
王斯福:《面子的方位——当代中国乡村的公共空间与对公益的说法》，王铭铭、王斯福主编:《乡土社会的秩序、公正与权威》，中国政法大学出版社，1997年。
王颖:《新集体主义：乡村社会的再组织》，经济管理出版社，1996年。
王元才、汪丛林编著:《乡镇企业产权制度改革要论》，重庆出版社，1995年。

魏宏运主编:《二十世纪三四十年代冀东农村社会调查与研究》, 天津人民出版社, 1996 年。

魏杰、韩小明、杨瑞龙等:《产权与企业制度分析》, 高等教育出版社, 1998 年。

文建东:《公共选择学派》, 武汉出版社, 1996 年。

吴天然:《中国农村工业化论》, 上海人民出版社, 1997 年。

西奥多・W. 舒尔茨:《改造传统农业》, 梁小民译, 商务印书馆, 1987 年。

萧新煌编:《低度发展与发展——发展社会学选读》, 巨流图书公司, 1985 年。

阎洪生:《乡镇企业产权制度改革研究》, 东北大学出版社, 1995 年。

阎云翔:《礼物的流动——一个中国村庄中的互惠原则与社会网络》, 李放春、刘瑜译, 上海人民出版社, 2000 年。

杨国枢、余安邦主编:《中国人的心理与行为——观念及方法篇(一九九二)》, 桂冠图书公司, 1993 年。

杨懋春:《近代中国农村社会之演变》, 巨流图书公司, 1984 年。

詹姆斯・科尔曼:《社会理论的基础》, 邓方译, 社会科学文献出版社, 1990 年。

张克难:《作为制度的市场和市场背后的制度——公有产权制度与市场经济的亲和》, 立信会计出版社, 1996 年。

张乐天:《告别理想——人民公社制度研究》, 东方出版中心, 1998 年。

张茂龙:《为官一任》, 作家出版社, 1996 年。

张乃根:《经济学分析法学——评介及其比较》, 上海三联书店, 1995 年。

张曙光主编:《中国制度变迁的案例研究》(第一、二集), 上海人民出版社、中国财政经济出版社, 1996、1999 年。

张文合、张弘芬:《区域经济》, 人民出版社, 1994 年。

张晓山:《走向市场: 农村的制度变迁与组织创新》, 经济管理出版社, 1996 年。

张雨林、朱汝鹏主编:《苏南精神文明建设模式》, 中国社会科学出版社, 1996 年。

折晓叶:《村庄的再造——一个"超级村庄"的社会变迁》, 中国社会科学出版社，1997 年。
郑弘毅主编:《农村城市化研究》，南京大学出版社，1998 年。
中根千枝:《日本社会》，许真、宋峻岭译，天津人民出版社，1982 年。
周敏:《唐人街——深具社会经济潜质的华人社区》，鲍霭斌译，商务印书馆，1995 年。
朱玉湘:《中国近代农民问题与农村社会》，山东大学出版社，1997 年。

北京大学“社会分化”课题组:《现阶段我国社会结构的分化与整合》，《中国社会科学》1990 年第 4 期。
陈向明:《质的研究中的“局内人”与“局外人”》，《社会学研究》1997 年第 6 期。
费孝通:《中国城乡发展道路》，《中国社会科学》1993 年第 1 期。
郭于华:《民间社会与仪式国家》，《读书》1999 年第 9 期。
郭于华:《农村现代化过程中的传统亲缘关系》，《社会学研究》1994 年第 6 期。
国务院农村发展研究中心发展研究所综合课题组:《农民、市场和制度创新——包产到户八年后农村发展面临的深层改革》，《经济研究》1987 年第 1 期。
何梦笔:《中国产业文化的组成特点：地区团体主义与家族主义》，《农村经济与社会》1993 年第 6 期。
李贵卿:《对乡村集体企业产权制度改革若干问题的思考》，《中国软科学》1999 年第 4 期。
李路路:《社会资本与私营企业家——中国社会结构转型的特殊动力》，《社会学研究》1995 年第 6 期。
刘世定:《科斯悖论和当事者对产权的认知》，《社会学研究》1998 年第 2 期。
刘世定:《顺德市企业资产所有权主体结构的变革》，《改革》1995 年第 6 期。
孟晓云:《做土地文章的高手》，《光明日报》1995 年 7 月 26 日。
南岭:《私权的公权规制与公权的私权介入》，《开放时代》1999 年第 2 期。
秦晖:《“大共同体本位”与传统中国社会》（上、下），《社会学研究》

1998 年第 5 期、1999 年第 4 期。
邱泽奇:《乡镇企业改制与地方威权主义的终结》,《社会学研究》1999 年第 3 期。
石秀和:《社会主义市场经济与合作社的价值》,《财贸研究》1994 年第 6 期。
宋林飞:《"苏南模式"的社会机制与经济机制》,《江苏社会科学》1995 年第 4 期。
汪异明:《新议"产权清晰"及其实现途径》,《贵州财经学院学报》1998 年第 6 期。
王汉生等:《工业化与社会分化:改革以来中国农村的社会结构变迁》,《农村经济与社会》1990 年第 4 期。
王铭铭:《小地方与大社会——中国社会的社区观察》,《社会学研究》1997 年第 1 期。
王晓毅:《家族制度与乡村工业发展——广东和温州两地农村的比较研究》,《中国社会科学季刊》(香港)1996 年秋季卷(总第 16 期)。
王晓毅:《农村社会学在中国的发展》,《农村经济与社会》1994 年第 4 期。
王永进:《走走停停探南街》,《经济管理文摘》1998 年第 20 期。
项飙:《社区何为——对北京流动人口聚居区的研究》,《社会学研究》1998 年第 6 期。
阎肖峰:《新时期中国农民独特的分化道路》,《农村经济与社会》1991 年第 5 期。
杨宜音:《"自己人":信任建构过程的个案研究》,《社会学研究》1999 年第 2 期。
张建国:《集体股退出企业》,《乡镇企业与农场管理》1998 年第 6 期。
张静:《农村基层政权研究的若干问题》,《中国书评》1996 年第 5 期。
张晓山:《乡村集体企业改制后引发的几个问题》,《浙江社会科学》1999 年第 5 期。
折晓叶、陈婴婴:《超级村庄的基本特征及"中间"形态》,《社会学研究》1997 年第 6 期。
折晓叶:《村庄边界的多元化——经济边界开放与社会边界封闭的冲突与

共生》,《中国社会科学》1996 年第 3 期。
折晓叶:《农民再合作的制度体系和社区基础——对南部中国一个超级村庄的实地考察》,《中国社会科学季刊》(香港)1996 年夏季卷(总第 15 期)。
中国信息报:《我国农村劳动力非农化进程加快》, 1997 年 2 月 27 日。
周其仁:《市场里的企业:一个人力资本与非人力资本的特别合约》,《经济研究》1996 年第 6 期。
周雪光:《西方社会学关于中国组织与制度变迁研究状况述评》,《社会学研究》1999 年第 4 期。
祝瑞洪、须亚斌:《关于苏南模式产权结构转型中的几个问题》,《镇江学刊》1999 年第 3 期。
邹宜民、戴澜、孙建设:《苏南乡镇企业改制的思考》,《经济研究》1999 年第 3 期。

后 记

在交出这部书稿时，距最后一次离开案例村，已近两年的时间了。此间受到各种事情的打搅，也劳作于思考和写作，没有机会再回去过，但心里总是想着，不知村子里新近又发生了怎样的一些变化。此时此刻，最强烈的愿望就是再回到那些村子里去看一看，这种心愿，恐怕是做案例的人最难以放下而要时时牵着挂着的事了。

说起来，这项工作起始于 90 年代初期对一个村的个案研究。后来之所以扩展到现在这样对数个村庄进行比较，与中国社会科学院在 1995 年设立的招标课题“超级村庄的兴起与新型城乡关系”有关。中标这个课题并得到研究资助，使我们得以在对那一个村调查的基础上，有机会对地处不同地区的不同类型的超级村庄进行调查，并将这一专题进一步推展到比较研究的阶段。

对于案例，要不要从一个扩展到数个类型，学界是有不同看法和做法的。有人坚持终其一生只在一个或两个社区内从事研究，也有人致力于数个不同类型社区的比较。由于我们对组织和制度变迁的社区背景有着浓厚的兴趣，所以选取了后一种方法。尽管我们对类型比较倾注了一定的心智和精力，但是，深感此途艰辛，有待解决的理论和方法论问题还很多。现在，之所以敢把这样一部不够成熟的作品拿给读者，正是出于引发争论、促进思考和建设学术的目的。为此，我们十分希望能听到读者的各种批评、建议和评论。

为了达到比较的目的，我们在初始阶段希望尽可能地多跑一些地方，多掌握一些材料。所幸的是，在此期间我们得到了一些长期从事农村研究和农村工作的师友们的帮助，在他们的介绍下，大多数地方政府都热情地接待了我们，其中一些负责接待的年轻干部还对社会调查工作和技术抱有浓厚兴趣，成为我们的工作向导和地方朋友。如果没有他们的帮助，我们恐怕难以进入这个研究领域和这些调查地点。进入各地村庄之后，在那里结交了许多村干部朋友、农民朋友、企业家朋友和外来工朋友，如果没有他们的真诚与热情，我们的工作将更为困难，有些甚至无法进行。对于他们的感谢之情，是难以用语言表达的。

不仅如此，在过去的七八年中，超级村庄调查已经成为我们学术生活中的重要部分，以此为因缘而遇到的师友、所结交的朋友，已经并且还将对我们的生活产生重要的影响。他们的友情，将是我们十分珍重的。

最后还要特别提到的是，出版策划者和责任编辑对该书的关爱和帮助。他们的辛勤劳动，使本书得以尽快与读者见面，在此一并表示衷心的感谢。

作 者

2000 年 10 月 5 日于北京